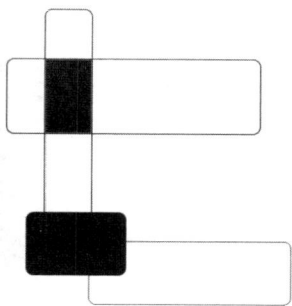

1368：
历史岔道口的抉择与国运盛衰

姚建光/著

九 州 出 版 社
JIUZHOUPRESS

图书在版编目（CIP）数据

1368：历史岔道口的抉择与国运盛衰/ 姚建光著. -- 北京：九州出版社,2023.3

ISBN 978-7-5225-1703-2

Ⅰ．①1… Ⅱ．①姚… Ⅲ．①中国历史－研究－明清时代 Ⅳ．①K248.07

中国版本图书馆 CIP 数据核字（2023）第 049303 号

1368：历史岔道口的抉择与国运盛衰

作　　者	姚建光 著
责任编辑	沧　桑
出版发行	九州出版社
地　　址	北京市西城区阜外大街甲 35 号（100037）
网　　址	www.jiuzhoupress.com
印　　刷	三河市三佳印刷装订有限公司
开　　本	710 毫米×1000 毫米　16 开
印　　张	19
字　　数	312 千字
版　　次	2024 年 1 月第 1 版
印　　次	2024 年 1 月第 1 次印刷
书　　号	ISBN 978-7-5225-1703-2
定　　价	58.00 元

序 言

旧世界的人类社会是由区块性文明构成的同中存异、异中有同的多元多彩社会。东北亚农业文明作为最重要组成部分之一，既区别于欧洲文明，又是迥异于近东和中东的东方文明范型，代表了远东地区的最高成就。古代中国无疑是东北亚世界体系——中华世界体系的核心区、领头羊、主力军和守护者。朝鲜半岛的先进与落后、富庶与贫苦都折射出大中华与小中华的同源一体共生性。

我记得中国有句古话说"世上没有常胜将军"，其实一个国家也自然会有盛衰轮替。近代以来，中国和朝鲜在人类跨入工业时代的进程中被西方反超，这是两国都始料未及的，也是不愿看到的。正是因为强盛的老大帝国早已走入风烛残年却不自知，也不服输，使得失去前驱力的东北亚地区整体落伍，民族、主权、社会和文化都遭受毁辱。这个奇迹令全世界疑惑和震撼。史学家们查找的病因千差万别，各有见地。姚建光博士独辟蹊径，利用他作为中国历史研究者的自身文化视角和条件，对照东西两方，将这段东北亚史视如人体来诊视析辨，既研究五脏六腑的病因、病灶和相互作用，更进入到意识、思想、文化这些精神方面的深层去探寻原因，还将肉体与精神病变结合起来考查，探究病源、病理和整个病体活动的机制、过程和不良结果。他的努力取得了惯常路数难以获得的成果，可喜可贺。

读完全稿，我觉得这本书视野广阔而考查精微，跨度远大而组织缜密，内容宏富而干壮脉通，观点鲜明而剖析冷静，认识新锐而理据充实，思虑深刻而表达浅近，言语严谨而幽默活泼，融学术性、思想性、知识性、趣味性于一体，既可雅俗共赏，又颇富可读性和历史获得感，还很有探讨价值。姚博士将东北亚置于人类同时期历史演进的总体格局中，视明朝为东西方先进与落后换位的起点和东北亚历史发展的拐点，决定了明季以还古代东北亚盛衰命运的看法，是东洋史研究观的一种新陈代谢，这种更新历史认识的精神应予肯定。此外，下述方面也体现了他的个人思考和观点，值得品读玩味：孔儒哲学思想的柔性和大地主极权专制的刚性紧密结合，共同作用于文明传承与嬗变的社会生态和致成痼疾；东北亚农耕社会的内部构造及其各要件、各层级相互作用的机理和过程；经济、思想、政治、知识四大垄断协同发力的皇权下位体制和运作机制；东北亚的古代社会生态与科学技术发展的畸形关系与后果；东北亚农耕社会商业生态和经商文化的形成、维系机制和负效应；明朝后期农业、手工业和商业为东北亚向工商业社会转型所做的准备以及高于英国工业革命前夕总体水平的进度和程度；东北亚传统海洋观形成、承袭的自然和认知源流与后效；郑芝龙海商集团对国家执掌海权的历史功绩和意义，等等。

最后，祝贺姚博士的这部著作出版，期待在韩国也能读到这本书。

是为序。

人文大学　　　　学　　长
大韩民国　圆光大学校　人文大学　　　终身教授 유지원
韩中历史文化研究所　所长

二〇二一年九月十二日于全罗北道益山市

目　录

上篇

下篇

上篇

第一章　纵横历史视界

1840 年第一次鸦片战争以来，中国经历了一个多世纪的国难和屈辱。事发于此，但灾难却孕育已久。从时间轴上去锁定关键瞬间，1368 年明朝的建立是中国古代社会发展历史进程中的一个关键转捩点，这个重要岔道口的一系列抉择，改变了中国历史发展方向、速度和进程，也影响了中国几百年的国运盛衰。

第一节　表象之下的本质

纵览几千年来的世事变迁，地球这个人类共同的家园，面积广大、形貌多变，地表各要素之间总是相互作用、相互影响的，地球跟太阳系内其他组成要素之间的位置关系和运动关系也是不断变化的，这些因素所产生的差异造成了全球范围内各种区域文明赖以形成的诸要素的巨大差异。由此，人类的文明进程不仅存在着文明类型的不同和各文明在特定时期里发展速度的不同，而且发生了在社会发展较低阶段产生了超越该阶段的更高级文明的情况和文明发展较高阶段的社会，却输给了较低级的文明要素的情况。

中国农耕地区数千年来的历史演进，就内部发展而言，是一部农耕民族与非农耕民族共同演绎的波澜壮阔的史诗。就 19 世纪以来的东西博弈而言，是以大陆农耕文化领衔的中华文明与海洋商业文化领衔的西方文明之间的非意志刚性交汇。

1860 年代以前的中国历史镜像始终是形变神不变的农家田园生活，是父传子、家天下的大农庄社会。向内，围绕维护既有统治秩序、既得利益和养尊处优的地位，它们都具有专制、残暴、伪善的一面。向外，其农耕文化表现的非进攻性平和生活状态无疑很早超越了海洋商业文化中好斗尚武的半劫掠式交易文化的粗暴阶段。所以，秉持尚和非攻的儒士官僚帝国在毫无准备的情况下与主动前来交易的剽悍海商主宰的商业帝国一决雌雄，前者必然不是后者的对手。正是这一个身体两张面孔的中国令西方人真面难识，如雾里看花，造成很多似是而非、颇有影响的误读。

众所周知，地球人同属人类。既为同类，必有共同的人性。人性共同必有共同的追求和理想。趋利避害、惩恶扬善是人类的共同心性，舒适温馨的生活、和平安宁的社会是人类区别于兽群生存法则的根本特征，也是人类追求自身幸福的最高境界。中国在农耕文化支配的社会模式下早于西方步入成熟农业发展阶段，获得优于同时代西方的和平温馨生活，随后却因遭遇先于自己的西方商业文化而被迫骤然转型升级，以期在更高发展阶段上恢复昔日的生活状态，历经了并还在经历着这个艰辛痛苦的过程。西方国家由于不具备优越的田园生活基础而早于中国创造出发达的商贸文化，终于在商业、科技时代逐渐步入了中国曾经拥有的平和温馨的生活状态。这就是人类文明发展的双螺旋结构进程。对这一复杂动程的解构是我们洞悉 14 世纪以后的中国历史的前提和关键。

人类早在 14—18 世纪完成在地球表面的横向开拓式发展之后，便步入了在地表阈限之内的横向合作与纵向深入相结合的全新发展阶段。在如今这个信息技术覆盖联结而成的全球化商业经济时代，不同区域文明的联通、交融、互补和碰撞正在以各种方式紧张地进行着，人类的文明面貌正在发生深刻改变。一方面，曾经活力四射的西方文明似乎有些发展疲劳，给人以激情早衰之感，正在放慢狂飙突进的脚步。曾因落伍而遭践踏的中国文明在代价惨重的转型、变革、升级过程中，渐入状态，潜质正在转化为实力。好似新一轮强弱换位已悄然开始。另一方面，各国的发展方向和经济模式比历史上任何一个时期都更具趋同性，各国人民生活水平的同质性也日益成为人类共同努力的目标。文明互动方式也由单方主导型转向多边合力型，合作互惠和共同行动的心向和呼声越来越受到尊重和重视。

从这一视角来审视历史，中国过去两个世纪以来经历的曲折、苦闷和痛楚，只不过是人类文明演进长剧中的一个短小情节，蒸汽英国让位于电气美国的事实也证明，任何国家都不可能始终稳居时代前锋而不被超越。

我们没有理由因此妄自菲薄、丧失信心。所以，通过多维度的审视剖析来思考这段历史对这个在横向开拓式发展的最后一程表现逊色的古老文明在合纵连横——横向合作与纵向深入相结合——的全新发展征程中革新文化内核、重塑文化自信、造福各国人民的启示，无疑是我们研究这段历史的使命之一。如情所愿，有着丰厚文明积累的中国自当把中华文化的优秀成分奉献出来供全人类分享和弘扬。同时，不利于自身在这个富有意义的进程中全面发挥积极能动作用的因素也应予以明确和摒弃，从而减少其羁绊、节省成本、少走弯路，为全人类贡献出更多。

因此，与西方学者的研究视角和重点不同，我在这里尝试的是在投射全球的广域视野中，主要进行农庄文明的内在形态、组织、结构和要素分析，通过对农耕文化的解剖和东西方的两相对比来阐释其各大因素之间相互作用的原理、方法和过程，从而解读农耕文化社会的运行机制并分析其在自身演进发展过程中的局限和对文明转型升级的巨大阻碍作用，呈现层级分明的立体图示。

第二节　人类历史进程经历了三级跳

反观历史，人类社会发展到现在，大致可以划分成三个阶段。第一个阶段是以采集、捕捞和猎取为主要谋生手段的共产自足社会。基本特征是主要依靠天然物产生存，凭借集体力量共同劳动、共享成果，在集团内部实现供求完足，交易鲜见。第二个阶段升级为以农耕、畜牧和渔业为主要生产、生活方式的自给易物社会。主要特征是劳动创造产品成为物产主要来源，依靠农、牧、渔三大产业中的一个或几个作为支柱产业，以部落联盟、城邦国家或者集权国家为自给单元。自足所余物产和专为售卖而生产的物品都可能用于交易，但商业仍存在于有限的局部领域、停留在低级阶段。商业思维尚未发育成主要交际思维。第三个阶段即我们如今置身于其中的交易社会。主要特征是工业和商业成为占据支配地位的产业，涵盖异常广泛。投资、经营和交易成为社会运行和民众生活的基本方式。不但一切劳动产品都可能以商品身份进入市场，而且人的思想、行为、活动和传统意义上不是劳动产品但却有交换价值的存在物——如人才、空气等①——也可能作为商品用于交易。商业思维上升为人际、国际交往的基本思维。在这个交易社会里，几乎一切都会进入交易，人与人之间、国与国之间"犹如两个情人，每人都不可能独自获得只有对方才能给予的满足"②，唯有借助交易之手。这其实是人类经过漫长的探求和发展过程才找到和达到的人作为一个利益个体谋求互相满足对方需要的最佳方式，所以商业交易其实就是需求者和供应者之间以价值为参照来满足自身需求的一种互换，尽管因为各种原因这种交换存在着对一方更有利或更不利的不公平现象，但是它仍是我们这个没有更好替代办法的时代里最合理也最有效的满足方式。

　　人类社会的这个三级跳是一个由生产力决定和推动的缓慢渐进过程，水源、土地和种子是其依赖的三大基本资源，宗教、战争和贸易是其交流的三大基本方式。在前两个阶段，族群矛盾、阶级矛盾以及国家矛盾，本质上，主要是围绕对土地、山林、草场和水源的争夺而展开的。随着生产力水平的提高，人类对这三大核心要素的直接依赖程度逐渐减小，三大矛盾的激烈程度逐步减弱，激化频率也逐步降低。继之而起的是后一阶段中凸显出重要性的商品生产资料、科学技术、海洋和市场。这一渐变过程，由于地理条件和发展水平的差异而有先后。不同自然地理条件下的人文环境和文化形态则影响着完成这一转变的积极与消极、主动与被动、迅速与迟缓。总体而言，受自然地理条件所限，农耕文化欠发达的地区，对由第二阶段到第三阶段的转型升级反应灵敏、态度积极、行为主动、变革迅速。这是因为量少且贫瘠的土地以及不适宜农作物生长的气候条件，往往难以满足这些人口的基本物质生活需求，尤其是粮食供给。饥寒所驱，演进成了外向进攻型社会，他们勇于冒险、闯荡大胆、注重契约，擅长以强迫——抢掠，或者自愿——易货的交易方式换取所需、补偿所无，改变生存状态和个人命

---

　　① 参见《加拿大公司往中国卖空气：一罐百元卖爆款》，http.：//news. mydrivers. com/1/463/463164. htm，2015-12-2509：45：40；《金华小伙卖空气一年热销两三万罐北方更好卖》，http.：//n. cztv. com/news2014/839506.html，新蓝网·浙江网络广播电视台 2015-03-1309：18.
　　② ［法］阿兰·佩罗菲特. 停滞的帝国：两个世界的撞击 ［M］. 王国卿，等译. 北京：生活·读书·新知三联书店，1993：4.

运。可以说，这是受到人作为一个物种的生存本能和人所特有的猎奇心这两种力量联合驱使的结果。威尼斯、葡萄牙、西班牙、荷兰、英国、日本等国均可归入此类。中国的非农耕区，也长期存在着这种文化形态，大元帝国的积极外向进取豪气曾给中国带来全新气象自不待言，重商倚贾的粟特人的声名远扬也是显例。他们的小孩出生后不久，就要给嘴里塞点儿糖，手心里涂点胶，粘一枚银币。塞糖是希望孩子长大后说话多甜言蜜语，用胶把银币粘在手心，是祈望孩子长大后成为抓钱高手。男孩子 5 岁开始学算数，15 岁便要离家外出经商。陆上丝绸之路沿线，是其商业文化的流播长廊①。处于农耕区但苦于无地可种的农民，为了活下去也可能前仆后继，抢在农业条件较好的"宽乡"之前踩踏出一条经商图存、致富之路，闻名天下的徽商即是一个杰出样板。当地至今流传着记述被迫少小离家谋生的无奈、愤懑和苦难的歌谣："前世不修，生在徽州，十二三岁，往外一丢。半夜收包袱，天光下饶州。赚得钱来心头肉，赚不钱来骂'天收'……"②

与之相反，资深农耕型自给易物社会则由于农业的有力支撑而发展成为内向防守型社会——一种对围墙外的挑战和冒险缺乏兴趣的自给自足式农庄文明，对这一转型反应迟缓、态度消极、行为被动、变革艰难。与前者不同，后者由于温饱富足、发达文化带来的满足感和比较优势带来的优越感，而将其好奇心引向了与前者相背的方向，甚至在超长时期内误导精英阶层鄙视生产劳动，特别是工商业活动，形成根深蒂固的重农抑商不良传统。这些国家以中国、朝鲜、北部越南等地为代表，而中国农耕区作为农耕文化的核心区尤为典型。

中国农耕社会自唐朝安史之乱推动经济重心南移就开始向第三阶段过渡。经过宋、元两朝，经济面貌已经大为改观，而在明、清之际，转型日益艰难，甚至陷入休克，如同一艘逆流而行的船，载货越来越重，但水却越来越浅，甚至搁浅。赵氏宋朝，这个统辖着相当于不包括俄罗斯在内的欧洲大小的国土、拥有 1 亿多人口的王朝，在 11 世纪的钢铁和金属制品生

---

① 新疆通商志商业和外贸志编委会. 新疆商业外贸史料：第一辑 [M]. 乌鲁木齐：新疆人民出版社，1990. 269-275.

② 徽州各地流传着歙县版、祁门版、绩溪版等不同的版本，但都表达了无地而无业，被迫离家经商谋生这一主题。参见：王振忠. 徽州 [M]. 北京：生活·读书·新知三联书店，1999. 30.

产，可能超过欧洲直到 18 世纪中叶的总产量。英国 1788 年的炼铁水平仍然低于它在 1078 年达到的高度。它的煤作燃料熔炼、取暖技术早于欧洲 7 个世纪。它的期票、信用证和纸币的广泛流通都是顺应经济发展新要求的金融创新。总之，宋朝的商业化程度、城市化规模、国内外市场化水准以及需求的普遍增长，都活像欧洲 18 世纪才上演的景象在东方的提前预演。可以毫不夸张地说，大宋王朝"完全称得上是当时世界上最大、生产力最高和最发达的国家"①，他的社会发展、科技进步已经为第三次文明转型的关键前提——工业革命——的诞生准备了诸多必要条件，英国历史学者约翰·霍布森称它为人类第一次工业奇迹的顶峰，"是 1100 年到 1800 年之间全球集约型经济力量的历史中最重要的事情……正是宋朝中国许多技术和思想上的重大成就的传播，才极大地促进了西方的兴起"②。

只可惜这个爱好和平的王朝错生在搭隋、唐顺风车壮大起来的游牧民族争先南下称雄的时代。它幼稚地以为这些肘腋之患觊觎的只是财富，要钱不要命，而国中掌权的军人则是心腹之患，既要钱又要命。即使对方步步紧逼、野心毕现、丢失了半壁江山，还是顽固坚持金钱换和平的过时策略，由酸腐儒士和自私无能的太监操纵的僵死而多牵制的军事指挥体系也根本无法形成战斗力，而忙于勾心斗角的保守政客们成事无能却极尽抵制一切创新之能事。结果，社稷易主、王命惨死，进取机锋全面折损，社会转型被迫陷于中断，使中国首次丧失继续领跑世界的机会。直至 560 年以后，才在一连串的打击下慢慢回过神来。

虽然宋朝以后的历代都不可能营造大宋王朝那样的时代气氛，但是蒙元

---

① [美] 罗兹·墨菲. 亚洲史 [M]. 黄磷，译. 海口：海南出版社，2004：199.
② 以工业水平的重要标志物——铁为例，806—1078 年之间，中国人均铁产量增长了 6 倍。中国 806 年的铁产量为 1.35 万吨，1046 年为 9.04 万吨，1078 年约 12.5 万吨。而欧洲大概 1700 年时才能大量生产铁，1788 年英国的铁产量只有 7.6 万吨。按铁与稻米的价格比计算，977 年时，中国铁的价格比率为 632：100，而 1080 年四川铁价格比率已降为 177：100，陕西是 135：100，东北部地区的价格比率更低。这表明宋朝前期，中国的炼铁技术进步很快，由此拉动了产量的大幅增长，从而市场价格迅速下降，仅在约一个世纪的时间里就下跌了 4 倍。而在欧洲，表现最好的英国在 1700 年时铁的价格比率才达到 160：100，而它用了两个多世纪（从 1600 到 1822 年）才实现中国同等水平的铁价下降。参见：[英] 约翰·霍布森. 西方文明的东方起源 [M]. 孙建党，译. 济南：山东画报出版社，2009：47-48.

的游牧商业文明也带来了农耕文化所欠缺的商业进取意识。特别是元朝空前的大一统格局①和外向进取文化，突破了虚伪的天朝自尊，改变了沿袭长久的招徕式对外交往定式，大元帝国凭借首屈一指的船舶和航海技术，成为南海—红海、东非商贸大动脉最具活力的主宰。元朝航海商人开辟、掌控并因明代海禁而放弃的这条海上商路，直到郑和舰队离开坦桑尼亚的麻林地（今坦桑尼亚的基卢瓦基西瓦尼，Kilwa Kisiwani）66年②后，葡萄牙的瓦斯科·达·伽马绕过好望角来到这里时，操纵权才转入他们的手中。横贯欧亚的陆上丝绸之路也在被分段阻隔400多年后重新全线直通，商贸往来之兴盛，空前未有。

但大明王朝这个有过苦难经历的农民建立的帝国是中原王朝③内向防守型社会大农庄理想的典型样本，空前集中的皇权禁锢着国家在循规蹈矩的套路上蹒跚前行。但到了中后期，伴随着帝国走向没落的脚步，民间推动的社会转型——大农庄全面商业化——曾达到一个令人欣慰的高峰，成为影响世界经济态势的最强大力量，明朝一咳嗽，全球都感冒。但这种势头被腐朽的国家管理中枢的极力剿杀、国际经济的普遍萧条、白银流入受挫引发的金融危机、连年战争催生的财政匮乏，以及国内社会全面崩溃导致的王朝更替时期社会大动乱所吞噬。

---

① 蒙古帝国的疆域面积为3千万平方公里，统治中国的蒙元帝国为1372万平方公里，为中国历朝之最，比669年的唐朝大296万公里、比1759年的清朝大71.4万平方公里。参见：宋岩. 中国历史上几个朝代的疆域面积估算 [J]. 史学理念研究. 1994.3：149-150；柏杨. 中国人史纲（下）[M]. 北京：人民文学出版社. 2010：369-370.

② 郑和远洋舰队第七次下西洋是1431—1433年，估计从非洲返航时间是1432年，达伽马1498年上半年到达马林迪，即郑和舰队所记地名麻林地。参见：海军海洋测绘研究所，大连海运学院航海史研究室. 新编郑和航海图集 [M]. 北京：人民交通出版社，1988：74. 另据英国郑和航海研究专家加文·孟席斯的研究，郑和舰队1421年可能已经绕过好望角向北航行，到达刚果河口后逆河而上，在马塔迪瀑布补充淡水并刻立石碑，此碑至今尚存。然后继续北行到达贝宁湾，直到塞内加尔、佛得角群岛并在此立有石碑。这比欧洲人首次到此早40年。参见：[英] 加文·孟席斯. 1434：一支庞大的中国舰队抵达意大利并点燃文艺复兴之火 [M]. 宋丽萍，等译. 北京：人民文学出版社，2012：57-61.

③ 中国在悠久的历史发展演进过程中，长期存在着以黄河、长江中下游地区为核心区的中原农耕文化区和它周边的游牧（半游牧）商贸文化区两大并列共存的文化形态，多个政权并存是常态。所以，当涉及到这两种文化形态范围内的政权区分时，为避免混淆，将农耕文化区内的各政权称为中原王朝（或中原政权），将非农耕文化区内的各政权称为游牧政权。这一点后文还会细谈。

以承继中原王朝正统自居的清王朝，除了为医治战争创伤而短暂放松对作为经济一大引擎和传感外界变迁的国际贸易的围剿封杀外，直到道光年间的大部分时间都处于王权控制外向持续收紧、转型升级日渐艰难的状态。不但未能在建国纲领、经济发展战略上发生顺应时代潮流的丁点儿转变，反而在外向思维和外交思想、海洋政策和海防战略等关键领域更加内向、守成、狂傲，日益积重难返，商业化进程较之于明末毫无起色、乏善可陈。一方面，守旧狭隘的皇权维系论一直主导着决策权和话语权，致使政府的管控职能逐步蜕变为阻碍社会进步、戕害经济转型、虐杀民众创新的工具。另一方面，思想领域，程朱理学的绝对权威更加巩固，其中的错误观念已作为圭臬渗入社会精英的灵魂。举国上下，在最需要思想变革来开启和引领时代风尚的关键时刻，思想界却被颓废腐朽、因循恋古的沉闷气息所浸淫。

下面简要浏览一下西方自我提升为引领世界的旗舰之初的大变革。首先是当时占有地利优势的威尼斯凭借欧洲领先的造船技术和罗盘航海技术进行海上扩张，其领先经济催生了银行、会计、外汇、信用、公共财产清偿和有效的外交服务等一系列新兴商业经济制度创新，它的图书出版、手稿收藏图书馆为即将发生的思想变革创造了条件，还把帕多瓦（Padua）大学建成了当时欧洲的学术心脏。接着是葡萄牙和西班牙，前者通过大西洋沿线的航海、贸易和殖民，开拓出环非"U"形航线，与中国开辟的南海—印度洋—东非航线合龙，继而取代威尼斯成为欧洲香料输入贸易的主宰。还占领了巴西，垄断了对摩洛哥香料岛屿和印度尼西亚的贸易。后者通过成功的麦哲伦西征风险投资，最终于1571年占据了菲律宾，从此垄断了用美洲白银换取中国丝绸和瓷器的太平洋—欧洲贸易，把人类引入经济全球化时代①。在葡萄牙的先驱忙于开拓新世界的同时，欧洲北部贸易被后起之秀荷兰掌控，这个靠战争红利、挑拨离间和损人利己致富的由航运与商业服务支撑的国家，发迹前土地上的产出只能供全国1/8的人口食用，自给

---

① 1571年的这次事件具有人类社会商品经济发展的断代意义。从这一年开始，人类完成了在地球表面的横向开拓式发展，步入在地表阈限之内的横向合作与纵向深入相结合的全球化发展阶段。

自足能力最弱①。步入 1700 年代的时候，在造船和航运的技术优势、大规模运河系统的建立、风车和泥炭动力以及农业园艺化的支持下已经华丽转身，只有 40% 的劳动力留在农业领域，培育出了佛兰德斯和布拉班特这两个欧洲最为发达的工业区，跃升为欧洲银行业、金融业和国际商业中心，成为推动国际分工专业化的最重要力量。而且，依靠其离间手腕，成功剥离出自己在东亚地区的贸易地盘。最后是工业革命的母体英国和自由民主的先驱之一法国的崛起所引领的全球化新兴经济体建构的新秩序，将在后文的有关章节详叙。

第三节　东看西说各不同

对于中国的衰败，特别是中英 1840 年的首战以来，大清帝国令西方学者既惊愕又费解的糟糕表现，自从外表强大光鲜的帝国如同一尊巨大的泥塑雕像在新时代风雨中迅速坍塌的那一瞬间起，就引起了研究界的广泛好奇。观察家和研究者们提出的理论观点也五花八门，各有见地。比如，18世纪 40 年代，孟德斯鸠男爵曾将这一悲剧的发生归咎于"既定的专制模式"，并认为专制模式的根源在于东亚气候条件决定的庞大的人口规模②。黑格尔指出，中国的衰败是由于"偏离了历史的普遍进程"，"缺乏欧洲人开拓海洋的巨大勇气"，"自我陶醉于农业社会的节律"。认为中国人把海看作"陆地的中断、陆地的天限"，"与海不发生积极的关系"③。马克思在认同赫尔德"木乃伊"理论④的同时又发展了这一观点，提出"与外界完全

---

① ［美］威尔·杜兰. 世界文明史·路易十四时代［M］. 幼狮文化公司，译. 北京：东方出版社，1998：230.

② ［英］尼尔·弗格森. 文明［M］. 曾贤明，唐颖华，译. 北京：中信出版社，2012：4.

③ ［德］黑格尔. 历史哲学［M］. 王造时，译. 上海：上海书店出版社，2001：93.

④ 德国的赫尔德在《关于人类历史哲学的思想》中讲道："这个帝国是一具木乃伊，它周身涂有防腐香料，描画有象形文字，并且以丝绸包裹起来。它体内血液循环已经停止，犹如冬眠的动物一般。所以，它对一切外来事物都采取隔绝、窥测、阻挠的态度。它对外部世界既不了解，更不喜爱，终日沉浸在自我比较的自负之中。"

隔绝曾是保留旧中国的首要条件"①。在对中国历史和现实进行广泛考查的
基础上，费正清提出了"冲击——回应"理论②，简明生动地概括了那段
中西博弈历程及中国的矛盾心态和作为方式，影响更为广泛。而斯密得出
的结论是中国"没有对外商业活动，因此失去了比较优势和国际劳动分工
所带来的优势。"欧洲历史编修者们则认为"是西方科技使西方战胜了东
方，尤其是持续推动工业革命的科技。"20世纪流行"儒家哲学妨碍了创
新"③，尼尔·弗格森则否认这种观点，支持斯密的"体制原因"④。伊曼纽
尔·莫里斯·沃勒斯坦（Immanuel Maurice Wallerstein）的观点颇为深刻，
他说："乍一看中国似乎具备向资本主义发展的较好条件，如发达的国家官
僚体制，在经济的货币化方面以及可能在技术上更加先进，可是毕竟处于

---

① ［德］卡尔·马克思. 中国革命与欧洲革命·马克思恩格斯选集（一）［M］.
中共中央马克思恩格斯列宁斯大林著作编译局，译. 北京：人民出版社，1995：692.

② 在《中国对西方的反应》《中国对西方反应的研究指南》等著作中，费正清认
为中国社会早期处于停滞或循环往复的状态是因为以儒家为代表的中国文化是封闭的、
与世隔绝的文化。欲打破固有社会秩序而走向现代化只有靠西方的冲击，并提出一个
长期具有影响力的观点：西方对中国的冲击和中国对冲击的反应是19世纪以来中国历
史变化的根本内容和动力。

③ 这一论断的主要贡献者是德国社会学家、哲学家马克斯·韦伯。他在发表于
1916年的宗教社会学著作《儒教与道教》中系统分析了中国的社会结构和以这种结构
为基础的正统文化——儒教伦理以及被视为异端的道教，并对儒教和清教做了对比研
究，阐释了儒教伦理与东方资本主义发展的精神阻力之间的生成关系，指出儒教伦理
"反对专业化，反对近代的专业科层和专业训练，尤其反对为营利而进行的经济训练"，
儒家是"活灵活现的书呆子，"他们"无军事的与经济的理化活动的活力，"只是"理
性的适应世界"，不具有西方修士那种"视证明世界和职业生活的特殊的客观目的为己
任"引发的"强烈的激情"。所以，中国虽然有"纯粹经济的资本主义"，但却"没有
西方古代（直到帝制时期）、东方和中世纪共同的政治资本主义"。在韦伯看来，正是
作为正统文化的儒教伦理造成中国政治资本主义的缺失而不可能健康发展。然而，20
世纪70年代以来，位于儒家正统观念区域、以亚洲四小龙为代表的经济振兴给他的论
断带来巨大冲击并引发了学界的大讨论，有学者因此否定韦伯的观点。笔者认为，韦
伯将儒教与其他宗教进行对比研究很可贵，所得结论也有说服力，不足在于他的研究
局限于宗教层面而缺乏对农庄文明全景的综合分析。那些因为儒学传统国家的经济发
展而否定韦伯观点的研究者们得出否定结论本身就已经说明他们的研究只是雾里看花
罢了。参见：［德］马克斯·韦伯. 儒教与道教［M］. 王容芬，译. 北京：商务印书
馆，1999. 296-301.

④ ［英］尼尔·弗格森. 文明［M］. 曾贤明，唐颖华，译. 北京：中信出版社，
2012：4.

较差的地位。它为一个帝国政治结构所制约。它为其价值体系的'合理化'所限制，这个价值体系否认国家才是变革的杠杆（假定它曾想利用杠杆的话），而欧洲的君主们却在欧洲封建忠诚的奥秘中发现了它。"① 以色列的尤瓦尔·赫拉利认为中国"缺少的是西方的价值观、故事、司法系统和社会政治结构"②。这些论说从西方看东方的视角出发，有摆脱了"灯下黑"束缚的可取之处，大都曾是先于中国史界问世的新观点，对后继研究产生了重大影响。但是，如果把那时的中国比作病人，把史学家比作医生的话，不难发现，由于他们中间没有一位学者是接受中国传统教育长大的，这些观点除了"儒家哲学妨碍创新论""帝国政治结构制约论"和"社会政治结构论"触及到病原体外，其余都是对病人的症状和病因分析，研究并没有深入下去找出病源和病理③。更没有把中国悠久的历史进程作为一个生命机体绵延时世的动程，将目光聚焦于国内漫长的文明形成和演进嬗变之路，将社会经济的构成、运行和发展与以皇权和官僚完美契合的整个政治生态体系为核心的文化诸要素结合起来进行解剖和问诊。如果假定他们对中国经历的这段发展挫折的研究结论是正确的，那么我们不禁要追问：中国专制模式产生和持续的地理、社会、哲学基础是什么？中国为什么会在受到强烈刺激之后才被迫做出反应？为什么"偏离了历史的普遍进程"？为什么"缺乏欧洲人开拓海洋的巨大勇气"？为什么会"自我陶醉于农业社会的节律"？为什么中国人总把海看作"陆地的中断、陆地的天限"？为什么中国没有诞生科技革命？是否存在其他重要却未进入研究视野的原因？帝国政治结构是如何发挥制约作用的？拖累进步的力量有哪些、方式怎样？围绕这些问题，针对他们的研究尚未深入的题旨和内在时空，做进一步地发掘探索，找出病源并厘清其生成机理和彼此互相作用的关系、过程和原理，对于剖析中国社会从农庄文明到交易文明的转型困厄和能否自我突围甚有帮助。

---

① ［美］沃勒斯坦. 现代世界体系（第一卷）［M］. 罗荣渠，等译. 北京：高等教育出版社，1998：50.

② ［以］尤瓦尔·赫拉利. 人类简史：从动物到上帝 ［M］. 林俊宏，译. 北京：中信出版社，2014：273.

③ 黑格尔进行了自然地理环境与文明形成之间关系的哲学论析，但是并没有详细考察中国农耕文化的特性及其对社会发展产生影响的具体细节。

由此假定，中国作为曾经千余年里少可望其项背的世界头号大国和经济强国①，从农庄文明到交易文明的转型过程漫长多舛、困厄丛生，特别是大清帝国在 1840 年代与西方展开正面武力交锋时，无备轻敌，迅速溃败，威风扫地、尊严尽失，惶恐失据、僵化无为，使国家和人民遭受曾被自己视为"蛮夷"的"弱小"国家的侵略和凌辱，绝非偶然，而是一种历史必然。原因固然复杂多样，但深入探查可以窥见，中原王朝精神世界的核心——农庄文明里处于中枢地位的内向防守型的文化内核——发挥的消极作用是最重要、最深层、最根本而又最隐蔽、最容易被忽视的原因。这个温馨舒适而又华美深幽的陷阱，就像罩在身上的一个非常坚硬的隐形囚笼，把视野和思想屏蔽、禁锢住了，使身居其中的人们，特别是作为国家脊梁的文化精英们，深受束缚、自我隔离于外界，无法自知而又不求突破。所以，尽管第三次转型起步很早，但是到了明清时期这个本该加速前进的关键节点上的时候，却被自己拖死了、扼杀了。即使在外力给予强烈压力的早期，也只是以不屑态度疲于消极应对而无法通过主动积极地猛醒顿悟发起变革、重整旗鼓。今天，冷静地审视那段残酷血腥的百年屈辱，与其说是对手强大，倒不如说是自己太过落伍无能。

---

① 在 19 世纪 90 年代让位于美国之前，中国作为世界最大经济体维持了近两千年之久。参见：［英］安格斯·麦迪森. 中国经济的长期表现：公元 960—2030 年［M］. 伍晓鹰，马德斌，译. 上海：上海人民出版社，2008：35.

第二章　中国农耕文化的地理与气候基础

打开世界地图，不难发现，在浩瀚的洋面上漂浮的北半球大陆这个地球宽阔的胸膛上，幅员广袤、土地肥沃、所处位置最适于农作物生长的地方只有两个。一个是美洲大陆的美国，另一个就是亚洲大陆的中国。美国所在的位置作为人类最后广泛知晓的大陆的一部分，由于被发现前的史料和遗迹严重匮乏而无从知晓很多详情，美国充实的历史记载晚至哥伦布首航新大陆后的移民开发进程，所以不能充当本著的主要研究对象，但它在建立之初即开始的工业化梦想及其神速成功转型，却对深为传统包袱所累的东北亚中韩两国提供了颇有比较价值和反思意义的内容。中国的中原，与地球上的其他几个文明发祥地并列，位于人类早期开发的前列，很早就被建设成了有声有色的大农庄，并且一直延续着其独特而宏富的文明。正是由于中原所处的这一适宜农业发展的地理位置和气候条件，支撑着这个地域及其农庄文明历尽沧桑而不灭、饱经患难而不亡。数千年里，凭借其儒雅秩序和辉煌文明焕发的磁石般的吸引力，始终作为钦羡的对象而处于光耀的中心，担任着亚太地区的主导角色。

中国古话说，"靠山吃山，靠水吃水"，"近水知鱼性，近山识鸟音"。这其实是达尔文进化论的通俗化概括和诠释，是人类社会发展模式的中国式朴素表达。"靠山吃山，靠水吃水"是说远古时代的人必须依赖于大自然提供的物质资源而存活。如果生活在山林，就得从山林中得到食物；如果靠近江河湖海，则只能依靠江河湖海生存。也就是说，自然环境决定着人的生存方式，从而最终决定了社会发展模式。"近水知鱼性，近山识鸟音"是说，生活在水边的人，与水交往频繁、关系密切，故而对生活在水中的鱼的习性了解甚深；同理，生活在山间的人，常与鸟同林，自然对各种鸟鸣了如指掌。这其实是说远古时代的人是从大自然获得知识。哪方面与所处环境越接近，哪方面的知识就越丰富；没有进入自己生活领域的知识，是无法或者难以得到的。这解释了不同生活环境中的人，为什么知识的来源、内容、结构和范围都会不同，并且其决定因素是所处环境提供的与生活相关性成正比的学习对象。我们关注的另一个问题也有了答案，那就是不同文明类型形成的原始机理在于不同自然地理环境中的认识主体——人——的认识客体——物——本身及其类型、多寡和范围的差异。

第一节　中国的先天地理气候优势

我们还应注意到，农业本身的优势对先民生活道路选择从而对文明类型塑造的影响力。先民们很早就从各种食物来源途径的对比中认识到，发展农业是人口增殖和减少季节依赖的最可靠方式与方向。根据美洲史前史研究学者的估算，"一英亩林地可以养活两到三个猎人或采集者。而同样面积的土地，如果种植玉米，却可以养活两百人之多"①。同理，种植粟米、水稻等粮食作物既可以减轻远距离、大范围狩猎、采集的奔劳之苦，降低遭受野生动物伤害的风险，又可以收获更多营养更为丰富的食材，养活更多的人口，还可以将它们晒干后储藏在陶罐里或者密封的地窖中，使他们在漫长而寒冷的冬季不至于食不果腹甚至活活饿死。农业的这些优势促使先民们逐步转向对采集、渔猎生活的疏离，对农作生活的依赖。

中国农耕区与欧亚大陆和太平洋之间的位置关系，构成孕育农庄文明的大背景。长城以北是蒙古高原，多风沙干旱，气候严寒。西边由南向北，是一步一登高的世界屋脊台阶，干燥、太冷、高海拔，生态脆弱，不利农作。东北倒是水网密织、平原广布，但其高纬度带来过于漫长的冰冻期，在科技落后的过去，人们尚不具备与天争雄的胜算，只得对这片现在看来潜力无比的土地报以诚服的轻视。东边和南边是不见尽头的大海，那是亘古不变的天的尽头和边界，与海交往极其艰苦，风险无尽，以至生死难料，不到万不得已，最好敬而远之。中国农耕区就是处于这样一个被周边不利环境包围的封闭区域里。西高东低的地势落差、南北对望的超大纬距与大

---

① ［美］马克·C. 卡恩斯，［美］约翰·A. 加勒迪. 美国通史 [M]. 吴金平，许双如，等译. 济南：山东画报出版社，2008：11.

气环流一起造就了这片土地上各个局部的不同物产条件。局部地域环境的多样性决定了物产的多样性，幅员广阔性决定了产出量的充裕性，强势王权营建的统一格局又提供了异地周济互补的可能性。这些地理背景和环境要素培育了农耕文化的内敛性和封闭性。毫无疑问，在人口与土地之间还没有产生尖锐矛盾的农庄社会早期，沿黄河、长江水系的广袤地域，自然是农耕文化茁壮成长最为理想的温柔富贵之乡。

所以，在农耕区内部，尤其是农庄文明形成早期，总面积64万平方公里、厚达50—250米的黄河水系黄土区①，特别是其盆地和河谷地带，是很适合长期、广泛发展早期农业的膏腴之地，加上水网、雨量创造的灌溉便利和明显的季节分布，使农作物的茁壮和丰产相对容易。这些有利条件构成的综合优势，使中原农耕区早在商代中叶盘庚迁殷（1324 B.C.）前后即

---

① 黄河曲折流过的黄土区是农耕文化的发祥地之一。约从第四季冰期（240万年前）起，干冷的西北季风裹挟着大量沙土迅猛南下，被横亘高耸的秦岭山脉阻挡了去路，沙土便散落在东西长1,000多公里、南北宽750公里，绵延青海、甘肃、宁夏、内蒙、陕西、山西、河南7大省区的广袤地域里，以大约1万年1米的速度连年沉积，最终形成汇集了全球70%的黄土、总面积达64万平方公里的地球上面积最大、最为集中的黄土区。黄土堆积过程中被层层埋藏的草皮经过自然化合形成有机肥和土壤孔隙，加上黄土层自身孔隙发达又富含氮素，这种土壤结构既利于水分渗入地下积聚起来，又便于稷、黍等农作物摄取浅层和虹吸深层的养分，而且保墒良好，这正是早期中原农业所独具的先天发展优势。参见：刘东生，等. 黄土与环境 [M]. 北京：科学出版社，1985. 参见：何炳棣. 黄土与中国农业的起源 [D]. 香港：香港中文大学，1969. 参见：[美] 欧文·拉铁摩尔. 中国的亚洲内陆边界 [M]. 唐晓峰，译. 南京：江苏人民出版社，2005：22.

能凭借勤劳和精耕细作自给自足①。秦岭以南，由广布的河流组成的长江水系以稻作为主的农业是另一个早期农耕文化的辐辏之地。这片以长江下游江南地区为主要耕种平台的辽阔地域在 7,000 多年前②，稻谷生产已占据农业支柱地位。考古人员在河姆渡和罗家角发现了截至目前年代最早、存量最大的稻谷遗存和为数众多的农具。拿位于浙江余姚的河姆渡遗址第四文化层来说，在 10 余个探方、400 平方米的区域内发现了平均厚度 40—50 厘米（最大厚度 80 厘米）的稻草、稻谷、稻壳和朽灰堆积层。根据研究人员

———————————

① 黄河水系的农业历史久远，从产生到取得支配地位经过了三千到六千年以上的漫长岁月。迄今为止，已得到考古证实的农业实物遗存都在万余年以降。山西怀仁县鹅毛口新石器遗址发现了距今 1 万年左右的农具，河南新郑裴李岗遗址发现了距今约 7500 年的农具，河北武安磁山文化遗址发现了距今约 7300 年的农具和农作物粟。现已发现的贮藏粮食的窖穴和实物的范围以河南、陕西、晋南为中心，东起鲁西，西至甘肃，北抵内蒙，南达汉水。碳十三（^{13}C）测定结果显示，从仰韶文化（约公元前 5,000—公元前 3,000 年）到龙山文化（公元前 2,500—公元前 2,000 年）时期，粟、黍和油料作物大麻籽在当时的食谱中已占有重要地位，还食用大麦、小麦、高粱和菜蔬，但也有部分人偏重肉食。此后，从夏到商代前期，农业种植技术仍很原始，完全依赖土地的天然肥力无法同地连种，需要歇耕，不得不搬迁换地。所以，总体上看，渔猎、畜牧和采摘仍占有重要地位，多次发生举国迁徙，国家处于半定居状态。到商代中后期，农业技术有所提高，重土厌迁观念日益强烈，大举迁徙的阻力越来越大。自盘庚迁殷后，举国迁徙再未发生过，说明农业已上升为第一产业，农耕文化全面兴盛的思想观念平台随着农业技术进步和生活方式的定型得以建立。周朝是把中原农耕文化扶上统治地位的最大贡献者。有关学者考证，汉字"周"的最古老形体"用"即是一幅网状田园景观速描图，所种之物应为"稷"。"周"先为其族名，后又成为其国号。相传周从其远祖"弃"（后稷）开始，直至"不窋"，世代担任农官。后来不窋遭排挤去职，夏朝的农业曾长期陷于停滞。有着农官传承的周朝因农而兴，当然最重视农业，重农传统得以全面巩固。周公总结商朝灭亡教训，特别强调最后几代商王"不知稼穑之艰难"，要求周朝后代之君要"先知稼穑之艰难"。周在立国之初建立亲耕籍田制度，并将其定为一项隆重的国家典礼，后为历代王朝所继承，直到清朝末年。参见：陈剩勇. 中国第一个王朝的崛起［M］. 长沙：湖南人民出版社，1994. 参见：胡幸福. 历史起跑线上的反思：中西古代文明向近代文明转型的比较［M］. 银川：宁夏人民出版社，2002：38；赵靖. 中国经济思想通史（第一卷）［M］. 北京：北京大学出版社，2002：15-17；宋镇豪. 夏商社会生活史［M］. 北京：中国社会科学出版社，1994：251. 参见：胡阿祥. 伟哉斯名："中国"古今称谓研究［M］. 武汉：湖北教育出版社，2000：35-40.

② 碳 14 测定，河姆渡遗址第四文化层的年代为公元前 4780±90 年；罗家角的年代为公元前 5190±45 年。参见：陈剩勇. 中国第一个王朝的崛起［M］. 长沙：湖南人民出版社，1994：158.

进行的朽灰换算成新稻谷估测，总量应在 12 万公斤以上。经鉴定，已经完全炭化的稻谷系栽培稻的籼亚种中晚稻型水稻①。20 世纪 90 年代，由美国安德沃（Andover）考古基金会农业考古学家理查德·马尼士博士领衔的北大考古系、江西考古研究所和美国安德沃考古基金会三方联合考古队，在江西万年大源盆地的仙人洞和吊桶环洞考古发掘中，发现了大量栽培稻植硅石和孢粉，综合分析认定，稻植硅石为人工栽培稻谷标本，这种水稻兼具籼、粳稻特征，是一种由野生稻向人工驯化稻演化的古栽培稻类型，距今 12,000—14,000 年，同时还发掘出了测定为 17,000 年前的条纹陶罐。这一发现把人类水稻栽培史又提前了 5,000—7,000 年，并且判定万年地区为世界陶器发源地之一②。2004 年，中美联合考古队在湖南省道县玉蟾岩发现了 5 颗被断代测年认定为距今 12,000 年、处于由野生稻向栽培稻转变过程中的最原始栽培稻类型的稻子实物。据此，可以认为，长江水系和黄河水系的农业，都在很早的时候，就在南北两地同时展开，并向对方的范围扩展，最终实现了合龙与交汇。

由农业耕作的性质和水平决定、制约的劳动密集型特征牵引着中国主流社会始终向着依赖集体力量方能获得个体价值最大化的轨迹演进，商业和贸易逐渐失去占据经济支配地位的潜在能力、竞争条件和观念基础。形成一种只见集体不见个体、个体服从服务于集体的群体依赖型社会，与此相适应的国家架构和管理模式也随之建立起来并长期延续。这种农耕形态的传承，世代累积便是长达几千年的农耕文化。但正是由于这种在自身范围内具备了一切再生产和扩大生产条件的地理环境优势，使得中国社会很难产生不断改变生产组织、开拓新的生活道路的内在需求，以部族（或家族、家庭）为基本生产单位的自给自足的农业存续架构具有超强的稳定性，成为社会和国家结构保持长期稳定的惰性因子，并形成、巩固了家族本位的宗法专制文化，凝聚成求安稳、尚静雅、重乡土、轻开拓的文化内涵，形成了农耕文明的内敛性和自守性。可以说，农耕文化是各种文化类型中游移性最弱、稳定性最强的文化，农庄文明是世界众多文明谱系中，最受地域局限的短半径、小圈子文明。由于它对本文化圈以外文化的依赖性最低，所以，对自身文明以外文明的寡欲无求催生出了浸骨入髓的自恋，狭

① 吕洪年. 中国稻作的起源与韩国的传播 [J]. 韩国研究（第三辑）：314. 参见：陈剩勇. 中国第一个王朝的崛起 [M]. 长沙：湖南人民出版社，1994：156-158.

② ［日］宫本一夫. 从神话到历史：神话时代、夏王朝 [M]. 吴菲，译. 桂林：广西师范大学出版社，2014：85-87；史俊，胡宏照. 稻花香里说万年 [OL]. http. ：//blog. sina. com. cn/s/blog_ 3d56e3030101j7x6. html.

小单一的视听范围和缺少变化的活动空间又使社会各大阶层都容易自大自满。

第二节　欧洲不具有中国这样的先天优势

　　而西方文明的代表地域——欧洲，地理状貌则另是一番景致。欧洲三面环海，如果把包含俄罗斯在内的欧亚大陆和海洋构成的地表看作一块遍布水坑的田地，那么欧洲大陆就是一只以伊比利亚半岛为头、尾巴被压在厚重的欧亚大陆板块之下、体形消瘦、满身"伤痕"、南向半卧在布满泥浆的田地里的可怜蜥蜴，意大利所在的亚平宁半岛和英国、爱尔兰分别是它掉进大水坑里的两只前脚，挪威、瑞典、荷兰、丹麦、俄罗斯所在的北欧大陆活像一只紧随其后的北极狼。这片土地支离破碎又瘠薄褊狭，加上纬度偏高、气温较低，粮食种植农业是扶不起又放不下的两难营生。晚至"9世纪时，欧洲的农业似乎仍以森林资源为主（自由放猪、打猎、采摘），而不是在固定地点种植粮食作物"。"大片耕种的土地都是粗放耕作，而不是集约耕作"，中国农耕区6亩地可以养活的人口，在欧洲需要36亩[①]。所以，农业"经济以森林为主，而不是以种植粮食为主"，"中国在公元6世纪时就差不多拥有了英国在18、19世纪农业革命相关的所有成就"，"欧洲作为一个整体，直到20世纪才达到中国12世纪时的水平。"[②] 由此，牧业、商业和贸易一直占有举足轻重的地位，国家官方和地方实力派对这三者有强弱不定的依赖，从业者也因此享有与农业不分贵贱的尊重，甚至受到两者的保护和鼓励。所以欧洲先民未能对农业前景产生迷恋，很自然地将目光投向未知但却存在希望的外面世界，以无畏地探索开辟出围绕地中海的富于冒险的航路，倚重野蛮或者文明的交易来获取所需，凭借商业贸易和税收制度的油水，逐步创生出以具有独立性的城市为中心、以商业交易为重点，向周围的乡村辐射，进行移民拓展的发展模式，并很早打破了家庭

---

　　① ［英］尼尔·弗格森. 中国. 文明 ［M］. 曾贤明，唐颖华，译. 北京：中信出版社，2012：10.

　　② 欧洲的发展，迟至英国库克船长率领英国皇家学会远征队于1768—1771年完成金星凌日天文观测之航以前不久，与亚洲相比，西欧以及不列颠群岛仍然是地中海世界偏远苦寒的边地。即使是能上台面的古罗马帝国，它的富有也主要依靠地中海南缘的北非、东边的巴尔干地区和中东各行省的资源和物产。这种长久存在的欧洲现象其实是亚历山大大帝建国思维的延续。参见：［英］约翰·霍布森. 西方文明的东方起源 ［M］. 孙建党，译. 济南：山东画报出版社，2009：52.

作为独立生产单元的体制，血缘宗族意识的社会组织功能远不如农耕文化那样受到重视而变得非常深厚，氏族关系和贵族制度很早就被摧毁，塑造了与城邦制度相适应的民主政治结构。同时，个体的独立身份意识、权利和自由受到肯定、尊重并得到法律的保护，逐渐形成了社会应当对此予以保证的牢固信念，从而建立起西方文明的价值观基础。后来，哲学家们又将其理论化，形成由规定了权利的法律所保障的公正理想、人与人之间的平等理想和基于个人自由的个人理想相结合的根本价值体系。所有这些要素都将西方社会导向与中原农耕社会截然不同的发展方向，创造出东方所否定的文明形态。因此，欧洲这种文明诞生基础和发展路径衍生出西方社会刚烈好动、重汲取、擅交易、广开拓的文化内涵。

显而易见，正是由于具有发展农业必需的良好自然地理环境条件这个大前提，中国农耕区的古代先民经过多种生活类型和发展道路的实践对比，最终选择了重点发展农业来发展自己的道路。就当时的情况来说，这无疑是基于客观地理环境和生产力水平做出的一种自然而又必然的选择，也是一种明智的最佳选择。换言之，中国农耕文化区的中国从发展的最初阶段起就与西方不同。两者处于不同的自然物质世界，并创造出了不同的人文精神世界。中国适宜发展农业，便形成高度发达的大陆农庄文明，欧洲农业条件逊色，便走向了海洋商贸文明。

正如屋大维在民众的强烈请求下实行帝制，使罗马因帝制而繁荣，然而罗马也必将因帝制而灭亡一样，农业立国的社会生产模式既从类别上决定了这片土地上会形成的基本文化形态——农庄文明，又从逻辑上决定了中国会创造辉煌并长期稳居先进文化地位的根基和命运，还从发展上决定了在向第三阶段转型升级时，即明清两朝的时间段上，必然要经历的曲折道路和苦难征程。

第三章　中国农耕文化的思想基础

　　特定的自然地理生态决定特定文化的基本构成要素，与这种特定自然地理生态相适应的生产劳动方式决定以语言为代表的思维方式和言语生成机制，从而构成文化的经络。文化经络决定思维发育的三维矩阵和思路扩展的方向。这一矩阵和方向始终影响着社会生产模式的形成与变易、社会结构类型的稳定性和抗干扰能力。古代中国的中原王朝以农立国，从交易模式看，是一种自给易物社会。包括神灵崇拜和宗教信仰在内的精神活动与满足方式，本质上都是与切身物质利益和精神需求密切相关的实物贿赂和心灵救助交易。从文化内核上看，是一种内向防守型社会。物质上的高度自足性极大地减少了对外部世界的依赖性，对外界关注的重点转换为以主动隔离的方式防范来自周边的干扰和破坏，与跟对方没完没了的纠缠相比，似乎关起院门儿自求清静的代价更为低廉，效果也更好。社会的交易模式作为文化的一部分，对文化类型的形成做出贡献。但是与文化类型对它的反作用相比，它的力量是比较薄弱的。生产模式决定文化类型，文化类型决定交易模式。同时，文化又如同连接系马桩和马头的缰绳，其长度决定着马能吃到的草的最大范围，也就是决定着自给易物社会要发展到什么阶段、会发生什么样的转变以及转化到什么程度。所以，农耕文化的内核是我们解析的重点。

　　农业是衣食之源，于国于民均为根本，古今中外，皆同此理。然而，因为强调和捍卫其重要性而导致由强权护持的产业认识畸变，创生出通过抑制其他来独重农桑的思想理论和哲学体系，并形成数千年难以更易的文化传统，却为古代中国所独有。

　　务农在没有现代机械作业的古代是一项长期而繁重的劳动。不但需要农业知识和经验，而且需要极大的体力付出和吃苦耐劳精神。农民从犁地开始到作物收割，每个环节不但劳作繁重，而且都有严格的时令要求，否则收获甚微。务农以田地为劳动场所，白居易用诗句勾勒出唐朝社会农民和官员生活境况的真实图景：

观刈麦

田家少闲月，五月人倍忙。夜来南风起，小麦覆陇黄。

妇姑荷箪食，童稚携壶浆。相随饷田去，丁壮在南冈。

足蒸暑土气，背灼炎天光。力尽不知热，但惜夏日长。

复有贫妇人，抱子在其傍。右手秉遗穗，左臂悬敝筐。

听其相顾言，闻者为悲伤。家田输税尽，拾此充饥肠。

今我何功德，曾不事农桑。吏禄三百石，岁晏有余粮。

念此私自愧，尽日不能忘。

　　白居易写生般描绘的田间劳动如此辛苦，却生活依旧贫困艰难、位卑身贱，甚至缺衣少食、流离失所。出于趋利避害的本能，务农并不是广大民众普遍乐意的人生选项，更为贵族、官僚、士人所不齿。特别是在农业作为第一产业的地位已经确立起来但巩固其产业地位的说教理论还未建立起来以前，尽管农业劳动力的保障，由主要依靠农奴制或农奴性的强制劳动，转向了租赁田地耕种交租纳税的农户承包制自由生产，但是生产力水平依然低下，农业技术仍很落后，导致生产效率不高，运营成本难以下降。对此，不愿从事田间劳动而且鄙视农业劳动、自认天命、坐享其成的贵族集团感到忧虑。这些人很清楚，自己的荣华富贵以农民的存在和付出为基础和保障，肯定和巩固农业的根本地位就是在巩固自己的地位、就是在为自己谋幸福。他们创造了一整套哲学体系①来服务于这一动机，从而构成了农耕文化的根本内核，具有宗教般的权威和力量。也就是说，是他们服务于自私目的的逻辑和主义决定了马的缰绳长度并创造了充分的理由。几千年里，被贵族和官僚集团树为思想教父和精神导师的孔子②，是这一理论大厦的主要发明人和奠基者，孔子的伦理思想、哲学思想、政治思想和经济思想是农庄文明的核心思想和理论基础，也是重农抑商思想的真正源头，

---

　　①　重农思想对农业的重要性和农民劳动与价值的褒奖，从哲学角度来看，对农民而言是迷魂药和烟幕弹，是无本万利的空口应酬，真正的好处、地位和奖赏，全都落入了不参加体力劳动却享受劳动成果的那些人的私囊之中。

　　②　自称周后的孔子是坚贞的复古守旧思想家，一生致力于将社会倒退至商周时代、传播商周时代奴隶等级社会的伦理道德哲学和培养维护这种过时秩序的君子及更易受君子役使的小人。值得注意的是，在孔子去世后的第16个年头，民主政体的创始人伯里克利开始统治雅典，他连续当选首席将军的34年，是雅典民主政体建设达到顶点的时期。东西方文明分野的产生如此久远，它从另一角度表明，东亚的专制包袱有多么沉重！19世纪以来的东亚命运在伯里克利时代就由政体这一重要因素预示了。参见：[美]罗兹·墨菲. 亚洲史 [M]. 黄磷，译. 海口：海南出版社，2004：79-84.

其后的众多学说都是对他的发展、深化和演绎。虽然变种丛生、花色各异，但都万变不离其宗，一直在围绕同一个陈腐的命题大发虚伪的诡论，推陈出新、兜来兜去。套用培根的话来说就是，这些经院哲学家们用他们的智慧编织出了精细得令人赞叹的学术蜘蛛网，但这张精湛华美的网却是空洞而无益的。

有必要指出，尽管在战争频仍、攻伐不断的战国时代，为保障庞大的贵族寄生集团的粮食供给和赋税收入，特别是确保消耗甚巨的军粮供应，商鞅在孔子等人的基础上提出以农养战的农战思想理论来服务于自己面临的政治任务和社会现实，在当时特定的历史时空背景下有其存在的合理性和必要性，作为一种战时养军策略和社会稳定战略也是富有成效的①。但是这种抑商思想理论和由此形成的政策却不具有在已经改变了情状的社会仍然需要而且可以不加变通地执行的长久性和普适性，更不能成为其历世不衰、传承不变的认识论基础和理由。

第一节　哲学源流

"子之所重：民食、丧、祭。"孔子将解决吃饭问题的农业生产视为与孝亲、敬祖、事天相并列的国家治理四大纲领之一，由此确立起农业作为支撑中国社会的四大支柱之一的地位。这是沿袭已久的重农意识作为一种观念被升华、包装成真理性哲学理论的开始。也是"重农抑商"思想中"重农"部分的思想渊源。下面看"抑商"是如何投胎、分娩的。

孔子提出了"义"和"利"这一对宽泛而笼统的概念，将人的行为划归到正确与错误、高尚与卑劣两组对立的范畴中，以义主利从理论为基础构成礼制秩序，要求在"礼"② 所限定的思想和行为边界内以"义"为标

---

① 商鞅领衔的商君学派对这一点看得最清楚，成为其抑商理论的重要依据。他们认为农民"用力最苦而赢利少"，而"商贾之可以富家也，技艺之足以糊口"，"则必避农"。"避农，则民轻其居。轻其居，则必不为上守战也。"还说"农战之民百人，而有技艺之人一焉，百人皆怠于农战矣"。

② 是孔子用于确定君臣、父子、夫妻、师生、兄弟、男女等所有人际关系的行为方式和规范，是显示出贵贱、尊卑、长幼、亲疏、内外等差别的仪式和秩序，是"仁"和"义"的制度化。在家国同构的古代，也同样适用于体现国家内部和国家之间的各种关系和秩序。遵守礼制则合仁合义，信奉且实行仁、义者必须遵守礼制，从而将"礼""仁""义"三者纳入一个理论体系中。

准提高心性修养，向"仁"①的最高境界看齐。"义"和"利"的具体内涵，孔子谈过很多，但从未给过明确的解释。儒家后学依据他的语录逻辑，解释为"义者，宜也"，即"一切正当的、合宜的行为准则"，即只有君子才能懂得"义"，小人只懂得追求"利"②。君子须"义以为质"之间来回往复。如果以君子之身干谋食之事，不仅有失身份和尊严，而且是妄自菲薄、不求进取的表现。孔子对自己"少也贱，故多行鄙事"③的谋食经历倍感耻辱，终生难以释怀，并以此作为教育学生的反面教材。因此，君子要终其一生以"义"为标准"修己以敬""修己以安人""修己以安百姓"，成为品德高尚的"仁人""君子"，即达到"内圣"境界。然后在此基础上施仁政、行王道，安邦治国，即"外王"。这样，从"内圣"目标开始到"外王"④目标实现，人生目的才算真正达到，才是君子的完美一世。如此这般华贵崇高的君子当然不可从事农、工、商这类应该由小人而且只能是小人才能从事的卑鄙、下贱、奸邪之事。

　　孔子之后，其弟子曾参著《大学》⑤一书，提出大学——15岁以上的人接受的教育——的宗旨，在"明明德，在亲民，在止于至善"，为了这一崇高完美的目标，要求"欲明明德于天下者，必先治其国；欲治其国者，先齐其家；欲齐其家者，先修其身；欲修其身者，先正其心；欲正其心者，先诚其意；欲诚其意者，先致其知；致知在格物"。"物格而后知至，知至而后意诚，意诚而后心正，心正而后身修，身修而后家齐，家齐而后国治，国治而后天下平。"接着强调："自天子以至于庶人，壹是皆以修身为本。

---

　　①　指孔子认为的人、家、国都应遵守和追求的全部道德、行为规范的总和，是最高标准和最高境界。

　　②　孔子认为，君子和小人有不同的本质，仁和义为君子所特有的本质，小人无论如何都不可能具有这种本质，不管怎样教育小人，都不可能成为君子（"未有小人为仁也"），但他认为，尽管小人不可能通过教化成为君子，但可以使其成为更顺从、更易役使的小人。

　　③　孔子虽为商朝贵族，但他出生时，地位卑贱，年轻时任过"委吏"（主管仓库）、"乘田"（主管牲畜）和贵族家臣或"宰"。这些今天属于财政、经济、管理范畴的工作，孔子均视为"贱业"，是很不光彩的职业，他也一直认为他这些经历是卑贱、可耻的。

　　④　"内圣外王"一词出自《庄子·天下》，后被儒学套用，并大加发挥，完全儒化。到朱熹时代，达到理论挖掘巅峰，并使该词成为理想人生的标签。

　　⑤　《大学》据传为孔子高徒曾参所著。根据朱熹之说，《大学》大体上是曾参的思想，但书可能是曾参的弟子完成的。无论作者是谁，肯定出自儒家学派无疑。

其本乱，而末治者否矣。其所厚者薄，而其所薄者厚，未之有也。"① 这一套有着严密逻辑推理的论述，反复强调修身、至善的极端重要性，是对孔子礼义至仁思想的阐发和方法论概括，为其后的历代知识分子所信奉和恪守，形成悠久的"内圣外王"模式和套路。在理学兴起后，朱熹根据自身学说光华之需做了新解，使《大学》升华为心性哲学，并从元代起成为士子参加科举考试唯一正确的必读教材、权威著作，长达 592 年。社会精英无不陷溺其中，不明其害也就无所谓自拔。

第二节　流弊剖析

孔子的这些思想当然包括积极因素，尽管后来发生的一切非他本人遗愿，也可能不曾料到，但其消极影响更为深远②。首先，西汉前期经过董仲舒的努力，使儒学成为官方意识形态以后，一步步将缘于墨家的物理学和

---

① 引文大意是：大学的宗旨，在于弘扬光明正大的品德，在于使人弃旧向新，在于使人的道德达到最完善的境界。为此，先要治理好自己的国家；想要治理好自己的国家，先要管理好自己的家庭和家族；想要管理好自己的家庭和家族，先要修养自身的品性；想要修养自身的品性，先要端正自己的心思；想要端正自己的心思，先要使自己的意念真诚；想使自己的意念真诚，先要使自己获得知识；而获得知识的途径在于认识、研究事物的道理。知识、道理的获得只有通过对万事万物道理的认识、研究；获得知识后，意念才能真诚；意念真诚后，心思才能端正；心思端正后，才能修养品性，修养好品性之后，才能管理好家庭和家族；管理好了家庭和家族之后，才能治理好国家；治理好了国家之后，天下才能太平。上至一国之君，下至平民百姓，人人都要以修养品性为根本。若这个根本被扰乱了，家庭、家族、国家、天下要治理好是不可能的。如果不分先后、轻重、缓急，本末倒置，将应该重视的事情忽略了，应忽略的事情却被重视起来，想要达到治国、平天下的目的，这是从来没有过的事。

② 必须指出，任何一位思想家的理论贡献，都是特定时代和环境下的产物，世上永远不会有超越时空的、没有历史局限性的思想认识，孔子也不例外，不能苛责古人。问题出在，董仲舒把孔儒思想顶到凌驾于诸子之上的地位并登上了思想之皇的宝座。随后，诚如金耀基所言："不幸被小儒塑成了一绝对主义与教条主义的学术界教主。从此，孔学本身只有爬梳附会之研究，而无真正之发明，即第一流之思想家，亦常嫒嫒姝姝牢守门户，而不敢稍有逾越，孔学（亦整个之儒学）之生机乃告斩断。可见，学术思想，不怕有'异端邪说'，但怕唯我独尊而自我僵化。"这是孔子的不幸，也是中国的不幸。参见：金耀基. 中国民本思想史 [M]. 北京：法律出版社，2008：43-44.

工程技术试验与应用研究、道家①的化学和医学实验与应用研究排挤到了悬崖边上，后来南宋朱子学夺取了儒学正统地位以后很快将这两个可怜的"科学婢女"彻底推下了悬崖。

其次，它为"士"群体不参加农工商活动却坐享其成发明了冠冕堂皇的理由并确立了强悍的正当性。更重要的是，它不仅从政治上、社会地位上贱视包括农工商在内的生产经营劳动，而且从道德上对这些从业者予以诋毁和贬损，造成对农工商业及其从业者的顽固偏见和鄙视，确立起狭隘偏执、自闭虚伪的价值观，唯以读书做官为正途，视科学、技术为歪邪淫巧的"小道"，视工商业为地位卑贱、离经叛道者才从事的鄙事和贱业，并为其后的历代权威学者所继承和阐发，形成了根深蒂固的耻涉农商、羞务工伎的贵义贱利思想，在东北亚农耕文化圈中长期占据统治地位，特别是皇帝、官员、学者这些国家精英阶层和社会有识之士，交易思维和商业意识非常淡薄，甚至视之为背离正道的奸邪之念，唯恐避之不及，直到现在仍未完全打破。通观中国古代历史进程，不难发现，政界、学界与工商界，官僚、贵族、士人与平民、商人、手工业者之间恒久的观念对立、固化了的猫鼠关系是导致大地主小农经济专政统治秩序无法孕育出资本主义工商业法律契约秩序的根本原因之一。

再次，基于前一原因的统治思维和经济思想，构成农牧两类政权间巨大而牢固的边关经济交往障碍。长期以来，它在严重损害中原政权对外贸易的同时，频繁诱发游牧政权为打破经济封锁而被迫兵戎相见的武装冲突，成为耗损双方国力、危害民众生命财产安全的思想根源。

以上述指导思想为渊源，孳衍出自由跨越王朝更替的农本商末、重农

---

① 道教对中国古代科技的贡献巨大、影响广泛而深远，涵盖了天文、地理、数学、地图学、农学、物理、化学、医学、植物学、建筑学、营养学、免疫学、内分泌科学等众多学科，科技界杰出人士为道士或信奉道教者众多，如天文、历法学家落下闳，宇宙学家、地理学家、文学家、画家、数学家、发明家张衡，医药学家、养生保健学家华佗，数学家刘徽，地理学家、地图绘制学家裴秀，杰出的道教理论家、化学家、医药学家、炼丹家、伏波将军葛洪，医药学家、养生保健学家孙思邈，天文学家、数学家、易学家、气象学家李淳风，物理学家赵友钦，营养学家贾铭，等等。另，道教中的太平道早在东汉时间就提出了"人无贵贱，皆天所生"的理论，比教皇格里高利一世提出类似观点要早400多年，比美国独立宣言"人人生而平等"的表述要早近1600年。参见：[美]罗伯特·坦普尔. 中国：发明与发现的国度——中国科学技术史精华 [M]. 陈养正，等译. 南昌：二十一世纪出版社，1995；刘钢. 古地图密码 [M]. 桂林：广西师范大学出版社，2009：346-352.

抑商、事本禁末①的建国理念和根本国策。农业长期成为支撑帝国经济庞大而单一的经济实体，全国 4/5 的劳动力被束缚其上，以占据国内生产总值（GDP）68%的高比例持续到 1890 年②。汉语文献中常以"末富"一词指代"经商致富"，即视农业为正业、首业，商业为最不重要、可有可无的末业这种畸形思维。这些现象暴露出农耕文化的最大弱点，也是明清时代中朝两国在第三阶段转型进程中原地转圈的最主要原因和最难冲破的思想壁垒。

承袭孔子思想的《大学》所提倡的修身为本、止于至善的理论观点可以作为华夏文明精髓与西方文明相区别，我们这里要探讨的是由它衍生出的弊端。这种"内圣外王"的德操至上传统，长期独占中原精英的思想阵地，使得从思维方法、体系到价值观念、取向的整个精神世界极为单一、狭隘，造成读书人的知识结构进而决定了能力结构普遍存在的世代畸形，从而一直未能选择审视自身的角度、上升到应有的高度、扩展到必需的广度。不好意思，我想引用一位我非常尊敬的历史学家钱穆的长篇原文做论据，让大家把这顽疾看得更明白。他在《中国传统文化之演进》一文中说："在先秦时代，孔子、孟子一辈圣贤，都已将人生理想讲得很高深，以后实在很难再超越。问题只在如何般去求实现。汉、唐的成绩在能依着先秦人理想逐渐做去，把那些理想逐步再现出来。那实在是了不得。中国古人的理想，像先秦百家提出的，本来已很高，很完美。直到今天，依然未能超过他们，这不能因此便说中国不长进。""我敢大胆说一句，今后中国的政治社会，恐怕依然逃不掉汉、唐的大规模，政治的一统，社会的平等，此下仍不能超过。这就是说，我们固有的崇高的理想，到现在还未十分达到，将来还要这样做去。"③

换个角度来看，会发现另一个弊端。这种说教字面上有理有据、堂皇

---

① "事本禁末"论是商鞅的发明，他在《商君书·壹言》中说"能事本禁末者富"，是孔子之后将工商业置于最艰难处境——末位的实力派人物，在中国盛行千余年的重农抑商理论即使不是对商君学派这一理论的直接继承，也肯定是深受其影响的结果。商君学派认为只有让尽可能多的人"事农"（主要指狭义上的粮食生产，不包括林、牧、渔等产业，因为这些也是抑制对象），才能使国家富强，不从事农耕者，尤其是工商业者，都是白吃饭的人，于是提出"苟令商贾、技巧之人无繁，则欲国之无富，不可得也"。意思是说，如果能够让工商业者这些白吃饭的人少之又少，国家不想富都不可能。因此，对"商贾技巧之人"（即工商业者）要进行无情打压。

② [英] 安格斯·麦迪森. 中国经济的长期表现：公元 960—2030 年 [M]. 伍晓鹰，马德斌，译. 上海：上海人民出版社，2008：20.

③ 钱穆. 国史新论·中国传统文化之演进 [M]. 北京：生活·读书·新知三联书店，2001：359-360.

而深刻，但在现实中，它更多的是扮演神像般的受膜拜角色，被需要它的人用于包装和粉饰而已，真正虔诚于它、以它作为人生标尺付诸行动者在食利阶层中并不普遍，大都是既做婊子、又立牌坊的双面人。正如福泽谕吉所言："教旨号称'仁义礼智'，只不过是彻头彻尾的虚饰外表的东西。实际上岂止是没有真理原则的知识和见识，宛如一个连道德都到了毫无廉耻的地步，却还傲然不知自省的人。"①诚然，吹嘘、想象出来的崇高而纯净的远大目标与客观现实和物欲追求之间的互不妥协，将人性扭曲成一面多棱镜，外表的儒雅恬淡、正直高洁与内里的狂放任性、卑污非为巧妙地贴合在一起进行游刃有余地转换，塑造成极不健康的双重人格，将人生蜕变为一种令人心累的假面舞会。"按理说，他们所受到的教养，都要求发扬为公众服务的精神；然而一旦接触实际，这种精神常常只是海上神山，或者干脆销声匿迹。有时他们身上的自私苟且，还远过于不识字的愚氓。"②这样的例子不用列举，只需看看历代皇帝和官僚的残暴与荒淫、盘点一下各朝显达和豪绅的非为与劣行，就一目了然了。

两面三刀（元朝）、假仁假义（宋朝）、口蜜腹剑（宋朝）、口是心非（东汉）、追名逐利（战国）、巧伪趋利（西汉）、尔虞我诈（战国）、行同狗彘（西汉）、见风使舵（宋朝）、随波逐流（宋朝）、宪章遐弃（隋朝）、贿赂公行（隋朝），等等，这些与正人君子品性要求相背离的汉语词汇常见于史书和文学作品的现象也是这种人格病态的反证。

清朝顺治皇帝曾因此而苦闷，给我们留下了绝好的看点："朕临御以来，各处提学官，每令部院考试而后用之，盖重视此学员也！比来各府州县生员，有不通文义，倡优隶卒本身及子弟，厕身学宫，甚者出入衙门，交结官府，霸占地土，武断乡曲。国家养贤之地，竟为此辈藏垢纳污之所。又提学官未出都门，在京各官开单嘱托；既到地方，提学官又访探乡绅子弟亲戚，曲意逢迎。甚至贿赂公行，照等定价；督学之门，竟同商贾；正案之外，另有续案，续案之外，又有寄学，并不报部入册。以致白丁豪富，冒滥衣巾，孤寒饱学，终身淹抑，以及混占优免，亏耗国课，种种积弊，深可痛恨！"③

---

① ［日］福泽谕吉. 脱亚论［N］. 原载明治十八年（1885）3 月 16 日《时事新报》.

② 黄仁宇. 万历十五年［M］. 北京：中华书局，2006：184.

③ 清实录·世祖实录·顺治十年四月［M］. 北京：中华书局（影印），1985：585.

第四章　中国农耕文化的
自我中心观和优越感

如前所述，中国农耕区处于相对封闭的地理环境之中，且占有沃土广大、水系贯串的利农条件。这一背景，一方面，使中原王朝创造的农庄文明屡经磨难而不断、饱受摧残而再兴，成为地球上四大古老文明唯一的幸存者和大寿星。而且，凭借其长久的先进文化和强大的辐射能量创建的独特世界秩序，对整个东方乃至全人类的文明面貌和内涵，都产生了不可忽视的影响。另一方面，封闭四塞的地理生态、对外部世界的微弱依赖和广受追捧的繁荣文化带来的自豪感和满足感，严重削弱了这个集群对外界的好奇心和探索欲，很自然地形成了"中于天地者为中国"的中华中心观和优势感以及中国即天下的世界观。

第一节　中国中心观和优势感的形成

"中"的甲骨文作"🖉"，义为"中间"，后产生了相对于"外"和"偏"的地理意义，即"中央，四方之中也"①。此后又演绎出多重文化意义，主要包括，"天地之道，帝王之治，圣贤之学，皆不外乎中"的政治哲学；"允执其中""用其中于民"的帝王哲学；"民受天地之中以生"的人身哲学；和"中"为"天下之大本"，"中即道也，道无不中，故以中形道"的处世哲学，从而赋予"中""为正，为顺，为和平，为忠信，为合

---

① 在科学知识，特别是地理知识不足的情况下，中原先民认为自己所居住的地方处在天下的中央。

宜"① 的正道、吉祥、美好等寓意。"国"②，本作"國"，甲骨文写作"或"③，义为"用戈守城"④。西周时期外加"囗"以示边界，其义经历了侯王封地、都城、一片地域、国家的演变。"中"和"国"组合连用，迄今发现的最早物证是周成王时代的"何尊"上的铭文"余其宅兹中国，自之辟民"⑤。春秋以后，"中国"逐渐代替了原来流行的诸华、华夏⑥等名号而日益通行，秦汉时跻身国家通用国号之列，朝代更替，继用不衰。到明清时期，又实现了官方化和国际化。促进官方化并让其走出国门的是明朝，它首先在诏令、敕谕等正式文件中以"中国"自称，在《明史·外国传》中，"中国"与朝鲜、安南、日本、苏禄相并列，并在外交官文中以"中国"自指。大力推动"中国"国际化的则是清朝，它在与俄国签订的《尼布楚条约》满文和拉丁文本中，首次以"中国"自称，此后签订的一系列不平等条约也使用"中国"作为国家称谓。"中华民国"成立，以"中国"为正式简称，使用由此更加广泛、频繁。另一方面，地理意义上的"中国"在"天下的中央"这一理念被固化的同时，伴随着中原王朝文化吸纳力和同化力的提升，他所指地域也屡经嬗变增广，京师、国都、王畿、天子直辖区、诸夏国家、地处中原之国、有中国认同的各族政权、大统一王朝的全部领土等等，成员日益增多、面积逐渐变大，直至定格为多民族共有地

---

① 胡阿祥. 伟哉斯名："中国"古今称谓研究 [M]. 武汉：湖北教育出版社，2000：254.

② 此形字是中华人民共和国成立后，郭沫若造的简化汉字。

③ 徐中舒. 甲骨文字典 [M]. 成都：四川辞书出版社，1989：1361.

④ 李学勤. 字源 [M]. 天津：天津古籍出版社；沈阳：辽宁人民出版社；2012：1108.

⑤ "何尊"——青铜酒器，1963 年出土于陕西省宝鸡县贾村。所引铭文义为"我已经据有中国，自己统治了这些百姓"。由此推断，"中国"联袂成词应该更早，甚至可能始自商代。

⑥ 古文献关于"华"的最早记载，始于西周，本指"花"，为光艳、鲜美之义，后经文化引申，产生了服章美、文化高的意思。自春秋时期起，中原农耕发达地区便有了"华""诸华"等称呼。作为夏朝国号的"夏"，甲骨文作 **𦤝**，本义是俗称"知了"的"蝉"，源自夏启崇仰"蝉"居高而鸣远、饮露而清高的特性。由于夏朝之所在物华天宝、文化发达，又衍生出华美、高雅之义。"华"和"夏"两者古音相近，字义又逐渐近同，加上表达习惯正经历由单音节到双音节的过渡，两者便渐渐演变成实同名殊的称号并经常并列连用，这样既加重了语气又加强了语义，以匹配帝王眼中冕服采章、礼义光华的华美和文化先进的大国地位，区别并凌驾于四夷之上。参见：胡阿祥. 伟哉斯名："中国"古今称谓研究 [M]. 武汉：湖北教育出版社，2000：245-248.

域的专称。最终，"中国"熔铸成了一个以诗书礼乐农耕文化为核心、吸纳融合了多种优秀文化因子的多元文明共同体。

纵观中国历史，会发现一个源自文化感召力的有趣现象。不管王朝大小、无论种姓源流，都有一种不约而同的强烈"中国"认同感，他们都努力争夺"中国"这一名号，以表政权的正统性和合法性，获得归属于中国的尊严感和优越感。这一点在群雄并起的大分裂时代表现得尤为突出。十六国时期的刘渊、刘勃勃都是匈奴人，但都以继承夏朝法统的中国皇帝自居。石勒和苻坚分别来自羯族和氐族，但都自视中国皇帝，反而辱骂东晋皇帝为"吴人""司马家儿"。南北朝时也是如此，南朝自命中国正统，骂北朝为"索虏"，而占据中原的北朝认为自己才是中国正朔，讥讽南朝为"岛夷"。与大宋王朝并立的契丹辽、党项夏、女真金也都自称中国，以各种方式彰显自己的中国正统身份和地位。就连地处中国最西边的喀喇汗王朝，也坚称自己是中国的一部分，谓大宋为东秦、辽朝为中秦，自己是下秦。"桃花石汗摩诃末""桃花石·布格拉汗哈森"等国王尊号，意思都是"中国之王"①。

我们不禁会产生好奇，为什么"中国"一词会被帝王们如此看重呢？除了文化吸引力和向心力之外，还得从源远流长的"中国"天下观和中心观方面去寻找原因。

迄今有史可查的中国农耕文化世界观的初创者是周武王之弟周公（姓姬，名旦。）他创立的世界观理论认为，头顶上的是天，脚底下的是地。高悬空中的天是半球形的圆，广袤无垠的地是一个大正方形。圆形的天投射到方形的地之后，圆边之外的四个部分是东、南、西、北四片海，称作海外，海的尽头是地的四大极点，叫四极。圆边以内的部分在四海之内，简称海内。四海和海内都在天的下面，叫溥天之下，简称天下。天下归天所有，但天不能亲自来管理，便派遣他的一个儿子作为代理人来掌管，这个人就是天子，尊称曰"皇"、曰"帝"、曰"王"，后来称作"皇帝"，自称"朕"。天子实际拥有整个天下，就是《诗经·小雅·谷风之什·北山》所

---

① 喀喇汗王朝学者穆罕默德·喀什噶里编撰的《突厥语大词典》中，对词条"桃花石"（对中国的一种古称谓）的解释是："桃花石，乃是摩秦（对中国的一种古称谓）的名称。秦分三部分，上秦在东，是桃花石，中秦是契丹，下秦是八儿罕（即喀什噶尔）。"这即是说，他们认为当时的中国由三部分构成：宋朝居东，辽朝居中，喀喇汗朝居西。起初，很可能中亚以远之人用"绮"（高档丝织品）的音译"Cin"来指称中国，后来嬗变成了指称秦国的"秦"字以记音记地。据此，现在的China，Chine，La Cina等都应源于"Cin"这一指称当时中国的发音。

言之"溥天之下，莫非王土。"所以，直至战国，天下与中国的范围都是可以画等号的，天下即中国范围内的全部土地。但是，同居天下的群落，由于生产力水平的不同而在经济上和文化上拉开了差距，从而在观念上产生了中国、四夷之别，孳衍出崇仰、贬损之念。自视中国正宗的农耕发达地区冕服章采，是"聪明睿智之所居也，万物财用之所聚也，贤圣之所教也，仁义之所施也，诗书礼乐之所用也，异敏技艺之所试也，远方之所观赴也，蛮夷之所义行也"①。而周边各地则被视为东夷、南蛮、西戎、北狄。他们或被发文身或衣羽穴居，或不粒食或不火食，衣服饮食皆殊异于华夏、落后于华夏。战国以后，随着天文、地理等科学知识的丰富、华夏民族意识的提高和文化优越感的增强，逐步确立起地理方位、亲疏层次和华夷差别三位一体、沿袭至清朝末年的天下观："天下由诸夏及蛮夷组成，中国即诸夏，为诗书礼乐之邦，在层次上居内服，在方位上是中心；蛮夷戎狄形同鸟兽，在层次上属外服，在方位上是四裔。方位和层次可以以中国为中心，无限地延伸；诗书礼乐的华夏文化也可以无限地扩张。最后的理想是王者无外，合天下于一家，进世界于大同。"② 在这种观念基础上，自恃经济文化的比较优势，衍生出了如众星捧月般的四夷奉中"正统"心理。正如朱元璋在伐元檄文中所言："自古帝王临御天下，中国居内以制夷狄，夷狄居外以奉中国，未闻以夷狄居中国治天下者也。"所以，历史接连上演抢注"中国"商标的有趣现象。

　　同样是基于这一逻辑，秦汉以还，"天下一家"③、"王者无外"④ 一直

---

① 叶适. 习学记言序目 [M]. 北京：中华书局，1977：255-256.

② 邢义田. 天下一家：中国人的天下观 [C]. 刘岱. 中国文化新论·根源篇：永恒的巨流 [M]. 北京：生活·读书·新知三联书店，1991：454-455.

③ 语出孔子学生子夏的一句语录"四海之内，皆兄弟也"。后经传播演绎，在据认为是汉文帝命博士所作《礼记·王制篇》中，出现了"以天下为一家"的表述。周代是封建制国家，其天下是由错综复杂的兄弟伯叔或者叔侄甥舅关系诸侯国组成，为天下一家之范例。打击匈奴险些被俘的汉高帝刘邦迫于安全压力，接受了谋臣们对"天下一家"思想的游说，改武装对抗为汉匈和亲，首开以"家"的理念来处理国家关系的先河。东亚世界从此步入以"家"为总纲来维系国内关系结构、建立国际关系秩序的时代。形成了以亲疏为尺度，由家天下、册封圈、羁縻圈、外人圈组成的同心圆式、中原核心、严格等级制国际关系秩序。

④ 语出《春秋公羊传》"王者欲一乎天下，曷为以内外之辞言之？言自劲者始也。"这意味着，在一个王者眼中，应该由近到远，终至四极，都统为一体，使整个天下成为一家，而不要拿什么内外来说事儿——把诸夏当作自个儿家（内），把夷狄当作外人（外）。

是儒者的理想和帝王的夙愿。不但治理好自己的国家是神圣天职，而且将浩浩皇恩惠及四裔也被视为自己的分内之职，即所谓"自古为天下主者，视天地所覆载，日月所照临，若远若近，生人之类，莫不欲其安土而乐生"①。以明朝永乐皇帝为例，郑和出使西洋，每到一地，首要任务是开读敕文，这一"最高指示"道尽了每位中原帝王心忧天下的"至诚"和"雄心"，将其视天下人为子民的"恢宏气度"表达得力透纸背："朕奉天命君主天下。一体上帝之心，施恩布德。凡覆载之内日月所照、霜露所濡之处，其人民老少，皆欲使之遂其生业，不致失所。今遣郑和赍敕普谕朕意。尔等祇顺天道，恪守朕言，循理安分，勿得违越；不可欺寡，不可凌弱；庶几共享太平之福。若有撊诚来朝，咸锡皆赏。故兹敕谕，悉使闻知！"② 所以，历代帝王都时刻准备着接受朝贺、普降仁爱、实施教化。如果一个闻所未闻的国家派使者来访，无论对方出于何种动机，他们都会像丢失多年的孩子回来认父母一样自居、高兴，想当然地以为对方是穷乡僻壤的蕞尔小国、是倾心向化的蛮夷戎狄，是恭听训导、接受教化来了。譬如大唐时代，各国杂色人等看到了这种商机和油水，真假特使纷至沓来，不绝于途。以微薄方物换得皇帝重赏的这些所谓的使者中，不少人因为优渥的待遇和一本万利的交易而乐不思归，仅居住首都 40 年以上的就达 4,000 余人，他们已经全盘唐化，但仍然享受着朝廷的外国使节大包干优待政策。这种不平等的尊卑主仆国际交流方式在今天看来实在有些离谱，但却实实在在地支配帝王思想和社会精英达数千年之久。

长此以往，"中国"一词在地理概念和文化差距的观念整合中逐渐形成了中央、中心、天下中心的国家、先进文化的中心等观念文化意义和根深蒂固的传统心态。帝王将相、豪门贵族、富贾学人往往俯视四裔，而习惯于享受他们的仰视。晚至明清两朝，君臣们仍固持这一心态而自命不凡，成为阻碍精英放眼开拓、虚心进取的一剂毒药，为害深重。这一点，外国人很容易感觉到并留下清晰印象。1500 年左右访问过明朝的波斯人阿里·阿克巴尔在他的《中国纪行》中做了敏感而冷静的描述："中国人看来，除了他们的国家，世界上没有其他城市。在中国，没有人知道外国国家的名字。因为他们没有习惯走出中国，看看在他们国家之外，世界上还有其他国家和城市。"中国皇帝和臣民还相信，"除了他们的国家，世界上都是荒

---

① 许嘉璐. 二十四史全译·明史·列传第二百十二外国（五）·爪哇 [M]. 上海：汉语大词典出版社，2004：6781.

② 郑鹤声，郑一钧. 郑和下西洋资料汇编（上册）[M]. 济南：齐鲁书社，1980：99.

地，并受中国皇帝管辖。由于大多数到过中国的人和中国的敌人，都来自那些荒芜之地，所以他们认为整个世界上都是荒地和荒地的人"①。这种看法虽然不全是事实，但确也看准了我们的短处。

乾隆时期编修的《清朝文献通考·四裔考》留下的"天朝上国"心理镜像，清晰完整："中土居大地之中，瀛环四海，其缘边滨海而居者，是谓之裔，海外诸国亦谓之裔，裔之为言，边也。三代以降，中原幅员视主德为广狭，四裔远近亦随时转移。懿惟我国家统一函夏，四裔宾服。"1793年，为谋求建立邦交、促进通商而来的英国乔治三世全权特使马戛尔尼，在经历了费尽周章的礼节谈判之后，终于在承德行宫万树园受到乾隆的召见，乾隆非常儒雅地向这个远离"上国"的"裔国"宣讲了正统的中国中心华裔尊卑国际秩序理论，他在给乔治三世的特颁敕谕中说："咨尔国王，远在重洋，倾心向化，特遣使恭赍表章……朕披阅表文，词意肫恳，具见尔国王恭顺之诚，深为嘉许……天朝抚有四海，惟励精图治，办理政务，奇珍异宝，并无贵重。尔国此次赍进各物，念其诚心远献，特谕该管衙门收纳。其实天朝德威远被，万国来王，种种贵重之物，梯航毕集，无所不有，尔之正使特所亲见。然不贵奇巧，并无更需尔国制办物件。"② 可以想见，那位英王读到这般皇恩浩荡的垂爱美词，尤其是加了着重号的部分，一定"感激"得涕泗交流吧。

这种浸淫骨髓的骄矜凌蔑心态害人之深超出想象，要挣脱它的深闭固拒非常困难，不但要付出高昂的代价，而且会耗费漫长的时间。1940年代，来中国研究访问的李约瑟曾参加过一场由中央博物院为他主办的演讲会，会上，他与当时中国知名学者们讨论他的"李约瑟难题"。在谈及中西区别时，他说："我自己并不是欧洲中心论者，但现在欧洲大部分人相信他们从一生下来就处在世界文化的中心，并非常有信心地走自己的路，他们相信沿着这条据说是万无一失的路，就能够走向充满光明与希望的未来。中国人就不同了，我相信中国过去伟大的科学技术曾给整个人类作出过巨大贡献，但现在的的确确是衰落了，这个民族正处于封建的农业文化之中，要掌握现代科学技术，就必须面对世界……"不料，此话刚一出口，坐在旁边的傅斯年再也忍不住憋在心中的怒火，突然跳起来大声说道："他妈的，

---

① ［波斯］阿里·阿克巴尔. 中国纪行［M］. 张至善，译. 北京：华文出版社，1986：44.

② 故宫博物院掌故部. 掌故丛编·英使马戛尔尼莱聘案［M］. 北京：中华书局，1990：645-648.

都折腾几千年了，怎么中国总得面对世界呢！"[1] 哈哈，李约瑟所言，在今天的在下看来，既不失偏颇也并不过分，可为什么会使当年的大学者傅斯年大为光火，以致作出有伤儒雅的过激反应呢？归根结底，是溶于血液和心魂的中国中心观和优越感从中作祟的结果，因为它已被无情的现实粉碎，而且如此彻底、如此迅猛，但我们又总是不愿意面对并接受这个事实。可以说，这是当时处于主流、高端的中国精英中的绝大多数都有的心病和怨怒，极具代表性和典型性。尽管他们在努力睁眼看世界，也在为振兴国家殚精竭虑，但是力大无比又晦暗无形的中国中心观和优越感却将他们的心灵和胸襟囚禁得密不透风、包裹得严丝合缝，使他们内心极端苦闷却不知也无法自我超脱，从而不愿承认现实也无力正视现状。

话说回来，其实，在中原王朝历史上，并非乾隆自个儿如此轻狂无人，隋炀帝杨广也称得上诠释老子天下第一的典型。这个给隋代民众带来无穷厄运的最高统治者治国理政的最大亮点是骄奢好大、摆阔炫富、耀武扬威、视众生如土芥、耗民力无极限，标准的官三代加富三代嘚瑟狂和虐待狂。607 年，他北上利城附近（今内蒙古和林格尔）巡行半年，为了迎接他，突厥启民可汗带领各部族首领"举国就役为御道"——给他除草清路，以表至敬之心。他带去的可坐数千人的超大型帐篷——"观风行殿"、可折叠移动式行宫——"行城"，都令"胡人惊以为神，每望御营，十里之外，屈膝稽颡，无敢乘马"[2]。他三下江南所乘坐的水上行宫——"龙舟"——都"饰以丹粉，装以金碧珠翠，雕镂奇丽，缀以流苏羽葆，朱丝网络"[3]。船共 4 层，长 200 尺（隋一尺折合 29.51 厘米），宽 50 尺，高 45 尺。上层外围环建轩廊，内中分设正殿、内殿和东、西朝堂，下层为内侍居所。中间两层共有房间 160 个。船队共用纤夫 8 万余人，绵延 200 余里，光耀川陆、旌旗蔽野。所经州县 500 里内居民都要来"献食"，多者一州可达 100 舁，均为水陆奇珍、美味佳肴。吃不完的，行前大都挖坑埋弃[4]。从下面这张他第一次巡游江都时的船队构成和数量一览表[5]（表一）可窥测其场面之恢宏。

---

① 岳南. 南渡北归：北归［M］. 长沙：湖南文艺出版社，2011：62.

② "观风行殿"是一种车轮上的可行走式宫殿，"离合为之，下施轮轴，倏忽推移"，可容纳数百人。"行城"，"周二千步，以板为干，衣之以布，饰以丹青，楼橹悉备。"两者都是卓越的城市规划大师、建筑设计大师和建筑工程专家宇文恺的杰作。

③ 魏全瑞. 两京新记辑校·大业杂记辑校［M］. 西安：三秦出版社，2006.

④ 张静芬. 中国古代的造船与航海［M］. 北京：商务印书馆，1997：107-108.

⑤ 此表由笔者根据席龙飞著《中国造船史》改绘。

表一　隋炀帝首次巡游江都龙舟船队一览表

船名	艘数	船名	艘数	船名	艘数	船名	艘数	船名	艘数	船名	艘数
龙舟	1	八棹舸	200	飞羽舫	6	艨艟	500	二楼船	250	平乘	500
翔螭舟	1	舴艋舸	200	苍螭舫	24	艚艐	500	三楼船	120	青龙	500
浮景舟	9	青凫舸	10	朱鸟舫	24	板䑡	200	五楼船	52		
漾彩舟	36	凌波舸	10	黄篾舫	2000						
				白虎舫	24						
				玄武舫	24						

大业六年（610）正月，炀帝"以诸蕃酋长毕集洛阳"，举办了"盛况空前"的国际大庆典百戏表演和商贸交易大会，以彰显帝国的繁荣昌盛。庆典从正月十五开始在端门街举行，会场"周围五千步，执丝竹者万八千人，声闻数十里，自昏至旦，灯火光烛天地，终月而罢，所费巨万。自是岁以为常"，令前来参会的酋长们大饱眼福、交口称赞。交易会在东市丰都——少数民族和国际贸易集散中心——举办，"整饰店肆，檐宇如一，盛设帷帐，珍货充积，人物华盛，卖菜者亦借以龙须席。胡客或过酒食店，悉令邀延就座，醉饱而散，不取其直。给之曰'中国丰饶，酒食例不取直'"，犹如极乐世界来到了人间。但是这些"胡客"并非没有自己的判断，"其黠者颇觉之，见以缯帛缠树，曰：'中国亦有贫者，衣不盖形，何如以此物与之，缠树何为？'市人惭而不答"。

第二节　中国中心观和优越感的历史惯性效应

炀帝这种借用面子工程来粉饰太平的骄奢行为折射出的中原帝王内心深处的优越感和自欺心理具有典型性和普遍意义，只不过其他皇帝——包括朝鲜国王——少有他这种任性而为的霸道和傻气而已，他们的劣迹是罄竹难书的。深作探究，这种帝王心态的形成和表现与中原农耕区悠久而恶劣的中国中心世界观和优越感关系极为密切。它的严重后果不仅仅是劳民伤财、鱼肉百姓那么简单。可以说，中国自宋朝开始的发展困厄，特别是18世纪50年代以后的所有迷茫和苦难，其思想的、政治的、经济的和社会的根源都可以从农庄文明的这一恶性基元和荒谬传承上找到原因，都是它从中作祟的结果。正是这种不良文化激流，使得包括统治阶级在内的社会精英囿于自我、夜郎自大、傲慢无知，将整个国家自闭在被虚空晦涩的儒家哲学和闭塞视听的庭院世界绑架了的颓废、迷魂环境之中，安于现状，对任何一种改革都心怀厌恶，不求自新也无意变革。恰如鲁迅所言："中国人的性情是总喜欢调和、折中的。譬如你说，这屋子太暗，须在这里开一个窗，大家一定不允许的。但如果你主张拆掉屋顶，他们就会来调和，愿意开窗了，没有更激烈的主张，他们总连平和的改革也不肯行。"

审视一下中国的历史沿革即可发现东北亚农耕文化的两大根本劣性。首先，奠定农耕文化思想基础的先秦诸子学说中，唯有法家正视现实向前看，有进取锐气，其他各家都是向后看，是抱残守缺的怀旧哲学，暮气沉沉、毫无开创意识、对任何新事物都有一种本能的排斥。名声大噪的儒、道、墨三家都特别怀古守旧，主张复古倒退，沉迷于被传说吹嘘、放大和过滤了的所谓美好社会的幻影之中。孔子一生以把社会拽回到殷商时代为己任，最低目标也要退回到春秋时期的状态，直至郁郁而终。而孟子则希望退回到尧舜时代。墨家也散发着腐臭味儿，想退到他们认为最好的大禹时代去。老庄退得更远，连黄帝时代都看不上眼，想一口气回到伏羲那个年代去，完全不着调！

与三者的理想主义相反，后起之秀法家学派是应时代需要产生的功利性极强的现实主义实用型思想学说，宛如时代的弄潮儿、诸侯的小棉袄，他们有强烈的使命感，渴望在诸侯建立霸业的过程中功成名就、力拔头筹。因此顺应时世是他们的亮点、与时俱进是他们的标签。法家也确实为群雄成就霸业立下了汗马功劳，还顺便为自己在你死我活的思想界赢得了生存空间。但是，法家也有它自己的缺陷：过于薄情寡义重利、为达目的不择手段、一心充当统治者的保镖和打手、十分残忍苛刻以至草菅人命等等狂放而冷酷的形象和手段都与儒家仁爱柔和的外表形成鲜明对照。然而这两者却正是帝王维护其统治所需要和看重的，他们需要柔和的仁爱来装点自己的"亲善"与"仁慈"，更需要压倒一切的威力和乾纲独断的权势来巩固至尊地位和江山。因此，长处被放大后的儒家与长处被抛弃后的法家实现了媾和，紧密纠结在了一起，让以儒家为代表的那帮怀古守旧派钻了空子、占尽便宜，悠久的农耕文化思想史，其实是一部儒家仁爱外衣包裹下的法家专制史，使农耕文化嬗变成以求安稳、尚静雅、重内省、轻开拓、内敛自闭为主要特点、缺乏开创精神和进取锐气的独裁专制文化，还传播到朝半岛并在那里生长得根深叶茂。

这又造成了农耕文化的第二个根本劣性——以农庄思维立身、做人、处世、治国。满足于待在院儿里过小日子，多一事不如少一事，不惹是生非、不张扬出头。整天围绕着饭桌、酒桌、书桌、茶桌转圈子。个人、家庭如此，国家亦如此。"树大招风""枪打出头鸟""出头的椽子先烂""木秀于林，风必摧之；堆出于岸，流必湍之；行高于人，众必非之"① ……在汗牛充栋的文献典籍中，这种被奉为箴言警句的说教不胜枚举，从幼儿开始灌输。也因为这种根深蒂固的农庄心态，中原农耕区汉族政权，对需要依靠外向和开拓才能取得的历史贡献，与游牧政权和农牧结合政权相比较，说他们"相形见绌"并不为过。

将中国的版图扩张速度拿到全球范围去做一番比较，更容易看出农庄心态的巨大内向防守效应。俄国是拥有 1,707.54 万平方公里国土面积的世界第一版图大国，这个国家从 16 世纪末开始，以莫斯科大公国的 280 万平方公里为基数、以平均每天进账 130 平方公里的速度扩张，仅用了 359 年就达到了这个规模。美国在 1776 年独立时，领土仅为大西洋沿岸的 13 个州、约 80 万平方公里②。此后，通过吞并、购买、武力征服和国际协定等方式，到二战结束时，美国已经扩张为拥有 9,629,091 平方公里广阔领土的大国。估算一下，美国以平均每天 144.27 平方公里的速度、仅用 170 年时间就将国土面积扩大了 12.04 倍。而中国，从夏朝扩大到秦朝时的 340 万平方公里，用了 2 千年时间。从这个面积再扩大到元朝的 1,372 万平方公里，又花了 1,500 多年。此后于 18 世纪 50 年代大清帝国乾隆时代达到空前的最大，总计 1,453 万余平方公里，这已经是整整 400 年以后的事了。

自称重塑文化正统的明朝是以农庄思维立国安邦的典型样本。他不惜民力、痛下血本修筑了距离最长、质量最好、功能最为完善的长城。边墙——明朝如此称呼长城，以便与骂名缠身的秦始皇划清界线——竣工之后，明朝的势力再未迈出过嘉峪关半步。历史往往就是这样好笑，拥有看似固若金汤的长城的大明帝国，何曾想过江山不保会祸起萧墙？后金（清军）屡次南犯、入关，如入无人之境，真是绝妙的讽刺。回看长城的表现，我们不能不客观地说，尽管它曾经为阻挡北方游牧人群南下破坏中原发挥过积极作用，但不可否认的是，它更大的作用在于为中原帝国提供了精神防线，使人们在空想虚幻的安宁氛围中享受自家院墙里真切实际的幸福。而且，从交流融通的视角来看，长城在超长时间内阻碍了两岸的正当交流和融合，致使农牧分界泾渭分明、文化差距悬殊长达 1,500 年之久。从这个意义上来审视清王朝帝国对形成中华民族大家庭的伟大历史功绩，必须给他点赞。明朝对待长城的态度、付出与所得回报的巨大反差表明，农耕文化信奉的固守和阻隔思路是不明智、不经济、不可靠的国家战略，以事

---

① 语出三国时代魏国文学家李康的《命运论》。
② 何顺果. 美国历史十五讲 [M]. 北京：北京大学出版社，2007：109-110.

实验证了农耕文化不积极外向、一味以守求安的定式思维的局限性和落后性。

另一方面，儒家思想垄断下的农耕文化视科学技术为邪术淫巧，野蛮贬抑了科技的社会地位，极大地挤压了科学的生存发展空间，扼杀了无数科技天才的出现和成才，使众多伟大的发现发明和科技成果没有得到应有的尊重，得以推广运用并进行后继研究，从而未能转化成先进生产力和经济增长点，抬升国家综合实力、提高国民生活质量，致使社会发展长期处于不健全的畸形轨道之上，与科技强国的人类发展总趋势渐行渐远。

东汉百科全书式人物张衡（78—139）除了官场上的尚书职衔外，更大的历史名分还有天文学家、地理学家、数学家、文学家、发明家和画家。但是他发明创造的地动仪（地震监测仪器，早于后世同功能仪器1,800年）、浑天仪（由水提供动力、与天体运转同步，显示天空周、日、时运动的仪器）很早就被当作垃圾丢弃了，现在连像样的仿制都未成功过；他在发明的指南车（依靠自动离合的差速齿轮系统带动木人始终指示南方的机械装置）和计里鼓车（利用差速齿轮来计算里程的机械装置）中使用的差速齿轮原理早于西方1,800年，均早已失传。他还发明了名为"瑞轮荚"的水动日历，相当于手表上的日期显示设备，直到中国人看到西方钟表上竟有这种神奇的装置之前，从未想到它会有什么社会功用。不夸张地说，张衡的这些科技成果在中国远未能发挥应有作用，而且即使在今天，知道他有这些发明的中国人仍是少数。

中医作为卫生保健、治病救人的科学，与每个人的切身利害最为直接密切，也最为重大。它上可治国、中可治人、下可治病，是世界上最早使用系统理论、平衡理论、调和理论来看待人与外界（自然生态、天地体系等）、身体和生命、生理和心理，宏观、中观和微观三位一体的生态医学。但行医却是官方鄙视、地位卑贱、收入微薄的行当。身处东汉末年三国乱世的卓越医药学家华佗（约145-208）是一位医学全才、药学通才、养生奇才。他技高人胆大，坚决主张给疑心很重的曹操实施开颅手术以根治其头痛顽疾。然而灾难因此降临，不但人被拷问致死，而且一生的实践总结和研究成果也悉遭毁弃。更可悲的是，由于无人再敢冒天下之大不韪，重蹈华佗覆辙，中医学从此停止解剖学研究与实践并不敢用外科手术治疗，中医外科从此大受挫折，直到快两千年后西医外科登陆中国并被逐渐接受之后才逐渐醒悟。所幸他发明的养生操"五禽戏"流传了下来，至今广为民众所好，效果甚佳。

当西方的先进技术以压倒性优势垄断中国市场的时候，这些西方舶来品常被冠以"洋"的称谓，如洋马、洋瓷、洋火等等。乾隆的两广总督长麟想要点烟，却发现专给他点火的奴才不在身边，正在跟他会谈的英国特使马戛尔尼心领神会，立即从衣袋里拿出一个小瓶儿，划着一根火柴帮他把烟点燃。这个动作令尊贵的总督大人既惊疑又感激。惊疑的是火放在衣袋里怎么没被烫着，感激的是特使救了他的急，还亲切地为他讲解火柴的神奇原理并将那个有魔力的小瓶子作为礼物慷慨地送给了他。看来，此时的大清国根本没有火柴。但是历史文献却告诉我们，远在6世纪时中国人就发明了火柴——名曰"引光奴"①，12个世纪过去了，中国人还是不知道自己有这项发明。在美名远扬的大唐时代，凸面镜②曾是世界第一大帝都——长安城——里时髦的儿童玩具。但在唐人眼里，永远只是个仅配给孩子玩儿的小物件而已。根据北宋人刘跂在去世前不久完成的著作《暇日记》的记载，他的同代人史沆和别的官员常常借助各种水晶放大镜来辨认办案中遇到的模糊不清的文字——这是使用放大镜的最早记载。还有官员在讯问案犯时，常使用一种深色烟晶——功能类似茶色玻璃之类的有色眼镜（由于不知道形状和使用方法等细节，姑且称它为眼镜吧），这样，他把当事人的反应看得一清二楚，而对方却根本无法看到他的眼神。这说明北宋人尚有进步，终将透镜用于社会实践了，但却始终没有得到推广和普及，更谈不上发展，反倒是比萨的一位普通玻璃工人在1286年前后将它制成了真正的眼镜。后来，明朝人得到这件洋物，甚是钦羡喜爱，戴上它读四书五经也更儒雅了，可是也就是用用而已。而荷兰一个小店里的伙计却发现了凹面镜和凸面镜叠加后的神奇，伽利略受此启发，人类便于1609年有了望远镜。

　　拿玻璃来说，虽然中国中原农民的祖先对它的熔造发明不如腓尼基人和黎巴嫩人早，但是周朝人已经掌握了这门技术却是没有疑问的，至迟在公元前300年的驺衍、庄周时代，玻璃制品"蜻蜓眼"等器物已经以高雅神奇的艺术兼尤物身份广受追捧了。战国、秦汉墓葬中发掘的龙、蝉、狮、刀、剑、璧等大量玻璃器物表明，普通家庭已将玻璃制品作为玉的替代品

---

　　①　元明之际的陶宗仪在其历史琐事笔记《南村辍耕录·发烛》中记载了北齐亡国后，有后妃因贫而以售卖"发烛"（即火柴）为生之事。《资治通鉴》陈宣帝太建九年（577年）也记有此事。陶氏生活的年代，杭州人常使用发烛作发火之器和灯烛替代物，他还引用了北宋初人陶毂所著《清异录》对火柴使用情况的记载。

　　②　在公元1世纪，或许还可以上溯到公元前3世纪，中国就已能制造玻璃双凸透镜了。参见：[英]李约瑟. 中国科学技术史·物理学及相关技术 [M]. 北京：科学出版社，2003：108.

或仿制品用于殉葬，这即是说那个年代玻璃技术已很寻常了。然而，令人汗颜又不可想象的是，当利玛窦将三棱镜拿给明朝高官欣赏时，都觉得"这是新鲜玩意儿，长期以来他们认为玻璃是一种极为贵重的宝石"，利玛窦也因此倍受尊重，还被认为是具有某种神秘能力的人，得到了宽敞的住宅和其他好处。这种历史大倒退的确非常有分量！

北宋中期的宰相、天文学家、天文机械制造专家、药物学家和发明家苏颂（1020-1101）的研究成果涵盖众多学科领域。1086年，他利用其研究团队研发的擒纵齿轮装置①，发明了世界上首座全自动机械天文钟——水运仪象台，它集宇宙模型、天体测量、自动报时仪器于一身，综合天文观测、天象演示和计时报时功能于一体，是现代天文台跟踪机械——转仪钟的远祖，它的天衡系统——擒纵机构——是现代钟表的先驱。

这个高12米，长宽均为7米的庞然大物极为巧妙精细，是公元十一世纪初叶中国数学、天文学、流体力学、计时科学，钢铁技术、水力转化技术、传动技术、权衡技术、虹吸技术、器械制造技术、报时技术等多学科领域知识、技术最高水平的体现和综合应用，是国家科技实力的代表，综合实力的象征，是当之无愧的国家重器，其震撼效应绝不亚于美国成功登月。它的擒纵机构至少领先世界210多年，它的准确计时技术至少领先世界100余年。它的创造性思维和科技创新创造了六项世界第一。它用水驱动，内置木人可以自动敲钟、击鼓、摇铃，准确进行整点、半点、一刻钟以及日出、日落、昏晓报时，还实现了与人类的原始时计——星空周日视运动同步。这一技术在100百后英国诺维奇大教堂等地的首批天文钟建成并投入使用以前，西方根本没有准确率哪怕稍微接近的钟表技术②。迟至公元1300年，欧洲仍没有任何种类的擒纵机构。但是，苏颂这个名字在当今中国仍然远不如李师师之名广为人知，至于他的水运仪象台，知道的人就更是少之又少了。

更具反省意义的是，利玛窦1601年到达北京时送给万历皇帝的16件礼品中，就有一大一小两架自鸣钟，利玛窦充满自豪地写道："他非常喜欢它，立刻给这些太监晋级加俸……他们之中有两个人被准许到皇帝面前给

---

① 根据英国科学家李约瑟的研究，中国的水轮联动擒纵机构可能得益于东汉张衡的类似发明。而迄今为止有足够资料证明的首个水轮联动擒纵机构是僧一行（俗名张遂）和梁令瓒在公元720年左右研制的。因此，中国的此项技术很可能领先于欧洲立轴横杆式擒纵机构1,200年左右。

② ［英］尼尔·弗格森. 文明［M］. 曾贤明，唐颖华，译. 北京：中信出版社，2012：11.

一个小钟上发条。皇帝一直把这个小钟放在自己面前，他喜欢看它并听它鸣时。这两个人成了皇宫里很重要的人物。"① 万历皇帝的母亲也对这个新奇又高级的洋玩意儿充满好奇，"皇太后听说有人送给皇上一架自鸣钟……她要皇帝叫太监把它送来给她看。皇帝想到她可能会喜欢它，到时候就决定留下了，同时他又不想拒绝她的要求，便把管钟的人叫了来，要他们把管报时的发条松开，使它不能发声。皇太后不喜欢不能鸣时的钟，就把它还给了她儿子。"为了这件心爱之物，万历还立了两条规矩，一是"以后不得把钟拿出皇宫"，二是"钦准神父们可以获允一年进宫四次而无须要求批准"。由于这两大金科玉律，"从那时起，他们就可以进入皇宫，不是一年四次，而是可以经常随意进出，还可以自由带领此后来京的教友同去参观"②。

遗憾的是，苏颂无法听到上述万历皇帝母子爱钟如宝的故事，不然，作为宰相的他一定会制作两架比利玛窦的自鸣钟还好的"圣物"敬献给他们。如此这般，一来省得头戴天下第一儒者和孝子两顶桂冠的皇帝为了一件心爱之物而玩弄不道不孝的阴谋诡计来欺骗母亲了。二来说不定万历龙颜大悦，扔给苏颂一袋银子，没准儿大明帝国的轻工业可能在这位大科学家宰相的苦心经营下，跃居世界第一哩！

言归正传，透过利玛窦所讲的故事，至少可以说明三个历史事实：第一，北宋曾创下的世界领先钟表科技到了明代万历年间，已经被全部葬送了③。直至清朝，西方人赠送皇室礼物，仍不乏巧夺天工的钟表。如今收藏在北京故宫的钟表古董，都是当年的贡品、国礼和来华传教士及其中国助手在"做钟处"的作品。不知从何时起，因忌讳"钟"的发音与"终"相同所带来的不吉利，钟不再被当作礼物，送礼送钟也成了历史。不过万历皇帝正是因为这位来自八万里之外的蛮夷专为给他"送钟（终）"而来，才成全了利玛窦进京传教的愿望。钟表在中国农耕社会的传奇与命运就是中国科技史的缩影，也是北宋以降中国科技真实境遇的写照，它预示了中国即将遭遇的悲惨命运。

第二，万历皇帝虽然喜爱小闹钟，但仅仅是一个俗人对一件玩具的喜

---

① ［意］利玛窦，［比］金尼阁. 利玛窦中国札记［M］. 何高济，等译. 北京：中华书局，1983：405.

② ［意］利玛窦，［比］金尼阁. 利玛窦中国札记［M］. 何高济，等译. 北京：中华书局，1983：420，426-427.

③ 事实上，苏颂团队研发的水运仪象台原件在靖康之乱后被南下金兵掠去，落得个损毁遗弃的下场。南宋立国后，曾试图再造此器，但都因核心技术已经失传而作罢。

欢。他从来没有也不可能从这个小小的闹钟身上开始中西科技差距乃至国家发展战略和道路的对比和反思，产生危机感和紧迫感，从而使国家政策和发展方向有所更改革新、奋起直追。不然，位居次辅高位的科学家徐光启怎么会身正学高而报国无门呢？

　　第三，万历皇帝对待自鸣钟的态度是中原王朝皇帝科技观的典型代表，在历代君主中，除了清朝的康熙皇帝个人喜欢——仅仅是个人的嗜好，并未对皇子皇孙和国家前途产生值得一提的积极影响，这个问题后面还会讲到——钻研科学文化知识外，其他绝大多数皇帝对待科技的态度和行为都乏善可陈。元朝皇帝妥欢帖睦尔虽然小有成就，但它因此而成为末代君主的结局更成为反面典型。按照中国史书和主流观念把游牧人群视为没有开化的野蛮人的逻辑，忽必烈没有从他宠爱的法国俘虏①那里获得精密机械的启示，应该值得原谅。但是，紫禁城里的大明皇帝可是深受高级文明滋养的国君，对他们的愚蠢无知，又该做出怎样令人信服的辩解呢？总之，纵贯三个时代、横跨东西二洋，苏颂、万历、利玛窦联袂上演的这出悲喜剧揭露了农耕文化的致命短板之一，它清楚地勾勒出了中国农耕文化营建的不健康、无后劲的社会生态，科学和科学工作者的困境是一枚毁灭第三阶段社会转型升级的定时炸弹。

---

　　①　金银匠纪尧姆·布歇是蒙古骑兵从东欧带回来的法国俘虏，因精通机械技术而受到元世祖的优待，他的杰出作品之一是一套自动机械玩具八音盒：一棵大树上长满了银叶、结满了银果，还有一位美丽的天使可以吹喇叭，树下有4只能够喷射马奶的银狮。

第五章　中国农耕文化的社会层级结构

纵观儒家思想对农耕文化的操纵和控制，不难发现这两者之间的互生互联关系。儒家为了确保自己作为食利阶层精神主宰的地位和实利，通过君子和小人的品级划分创造出将民众束缚在土地上为他们劳作的理论依据和合法性，又通过君子内圣外王的崇高光环掩盖了他们对名利的追逐劣行，伪装成君子和小人都是与生俱来的各就其位、各司其职的假象。儒家哲学创造的这个维系农庄平静运作的品级制人员职守定位系统跟宗法制伦理等级定位系统和君主制皇权天授继承系统①结合在一起，构成了一个稳定的铁三角关系，如同给农庄添设了一个无形的魔罩，外界的信息很难进入体系内部，从而加强了农庄文明的封闭性和保守性。因此，农庄内部，精英阶层的创造激情被转移到了追求衣食酒肉、享乐奢靡和相互倾轧、彼此削弱上，对外界充满冷漠、难以产生兴趣。这又反过来强化了农庄文明的慵懒性和内向性，丧失了通过感受不同社会、体验异域文化进行优势互补的机会，无法在世界文化体系中进行自身文化的定位，也就无法反观自我，及时做出反应，实现自我更新。

在这样一个理论平台上，中原王朝在步入第二阶段以后就逐步形成了士农工商四个群体强弱主次非常稳定的社会层级结构，因发挥的作用不同而处于不同的地位。如果把国家比作一台机器，那么皇帝就是这台机器的操作手和维修师；贵族、官僚和读书人组成的"士"群体就是机器的主要部件和操作系统；"农"群体是占人口大多数的农业劳动者，他们处在社会最底层，是机器得以运转的燃料；"工"群体是机器的润滑油和附属配件；

---

① 宗法制伦理等级定位系统是将人锁定在特定阶级中的特定阶层以确定继承规则的体系，它以父系血缘为基准，通过嫡庶之别确定权力和财产继承资格和顺序，从而确定亲疏、内外、贵贱、先后、远近等全方位社会关系。君主制王权天授继承系统是指以得到上天授权统治国家为假托，骗取统治合法性、皇权正统性、继承合理性并据此愚弄民众服从统治、巩固皇权的思想体系。

"商"群体处于末位，相当于装饰性部件和备用燃料。这样的社会成分组配方式形成的稳定结构与以儒家礼义法则为标准的心性修养哲学体系共同决定了农业文明的内敛性特征和发展方向，对社会施以全面、深刻的影响，而且被一代代传承发展，具有宗教般的权威，不必怀疑也不容怀疑。它不仅渗透进人的内心，并且像一只无形的魔掌控制着国家的各个领域和层面。

第一节　中国农耕文化社会的政治构造

中原王朝是家国同构。如果将人生划分为物质和精神两大板块，那么农耕文化的人生追求就是衣食贤达。"衣食"就是穿衣吃饭；"贤"，就是格物、致知、诚意、正心、修身、齐家；"达"就是治国平天下。国家层面，皇权与官僚作为利益联合体依靠强权专制进行着互为目的和手段的实利交易。下面择其要件略做分述。

一、皇权至上与四大垄断织造的文化樊笼

为了方便理解中原农耕文化如何影响文明转型，有必要首先了解农庄文明的发展变化轨迹，然后才容易明确在这个历程中各个段落的具体状貌、作用力量和方式。

1. 农庄文明嬗变轨迹

以农耕文化为核心成果的农庄文明发展至今，根据其精神支柱的嬗变演进过程和状貌特征，可以大致划分为五个阶段。这五个阶段中，经历了姬旦、孔丘、董仲舒和朱熹四个最重要的收缩禁锢步骤，使国家精英的思想和视域由宽到窄、从松到紧，直至最后被囚禁活埋。打个比方，周公为国家精英圈定了思想领地，孔子在此领地上盖起了一座农家院儿并将精英们的思想圈进其中，董仲舒将精英们的思想锁进了这个农家院里的一个小房间里，最后朱熹又将精英们的思想装进这个小房间里的一个深瓮之中。

从尧舜时代到孔子创立儒家学说之前为第一阶段，是农庄文明的萌芽期。这一阶段完成了农耕文化思想的理论奠基，主要贡献者是后稷和周公，主张君王切记稼穑之至重与艰难，不可偏废。以"天""孝""德""礼"等作为思想建构的核心范畴为贵族统治寻理、为世袭王权立威。

从孔子儒学诞生到西汉武帝时期董仲舒将儒学扶上思想正统地位之前为第二阶段，是农庄文明的过渡期。这一时期，封建制转衰而亡、中央集权制兴起。先是诸侯争霸、以求富求强为急务，继之以肃清封建残余、巩

固中央集权为治国之亟须。以维护封建制度为天职的儒家日益落后于时代，反封建的法家渐为国君所重，最终占据优势。总体而言，这一时期，孔子领衔的儒家、各国的农战思想家和法家是农耕文化思想的主要创建者，御用思想界尝试将百家学说、农耕思想和统治思想三者整合进行三位一体的儒学中心理论系统创建，儒家思想因农战思想而脱险，统治思想因百家思想而丰富。

从董仲舒立儒学为正统到南宋时期朱熹被请进孔庙接受供奉为第三阶段，是农庄文明的兴盛期。董仲舒解决了孔子以来的思想家都没能解决的一系列理论遗留问题，他选定儒学为思想正统，结束了各派相煎、诸学争鸣的纷扰局面，将上帝与皇帝、天道与政道、农耕（产业）与政权、君权与父权、国家与家庭（家族）等多对相互矛盾又必须相互支持、自成一体又必须彼此利用的芜杂概念群体笼络贯通，编织成各相统属、责权明晰、关系繁复、逻辑严密的农庄帝制、神学俗治哲学体系，并将礼、法、乐、孝、德等范畴整合于三纲五常①这一人伦、政伦规范和道德准则系统之中，建成家国同构、孝治同伦的统治模式。既符合皇帝实施统治的政治需要，又满足了食利阶层的各大关切。为从汉武帝元光元年（前134）到宋理宗淳佑元年（1241）的1375年里中原政权农庄统治的存续与繁盛成功保驾。

从朱熹进孔庙到1905年废除科举从而在法律上废除朱子道学的官方地位为第四阶段，是农庄文明的凋萎期。针对儒学因忽视士人（知识阶层）之心（精神世界）而折损魅力、缺乏活力的现实②，朱熹及其弟子对儒家

---

①　董仲舒在总结前人的基础上提出君臣、父子、夫妻之间的伦理关系为"王道三纲"，但董氏著作中并没有君为臣纲、父为子纲、夫为妻纲这样的表述，这一提法最早见于东汉班固整理的《白虎通·三纲六纪》。董仲舒在总结历代儒家言论基础上首次将仁、义、礼、志、信并提，概括为"五常之道"，后学惯以"五常"言之。参见董仲舒《春秋繁露》和班固整理的《白虎通》。

②　汉武帝和董仲舒构筑经营的精神大厦到西晋时期陷入了困境之中，仅为帝王统治的精神武器和普通百姓的精神枷锁，曾经倍受文人士大夫们（知识阶层）推崇的儒学经典、入世精神、务实态度和克己复礼传统已失去了威慑力。南北朝时期蜕变成了吟风弄月、狂饮裸醒的名士俱乐部。在这一背景下，玄学的兴起、佛教的涌入以及两者的合流成全了禅宗。道教也因广收博取而争得了自己的领地。这些势力日益壮大并长期填充文人士大夫的精神空谷。在朱熹之前的漫长历史演进过程中，没有一位儒士有能力恢复儒家独大、唯尊的昔日荣光。朱熹以他丰富的学养和过人的睿智，将禅宗、道教思想为我所用，巧妙渗入儒家学说里，使三者水乳交融、天衣无缝，加上弟子们的百变手腕，终于成功地将被挤到一边的儒家思想复归到知识阶层的心灵正中，稳坐头把交椅达6个多世纪。

经典进行了严密、系统的翻新注释，巧取佛、道营养，构建起以三纲领（明明德、新民、止于至善）和八条目（格物、致知、诚意、正心、修身、齐家、治国、平天下）为核心要义的朱子性理道学，击败了儒家内外的各大学说和宗教，成为科举必读权威教科书，雄踞孤独求败的学术高地，将整个知识阶层成功统束于其思想迷宫之中。同时，围绕德、孝、礼三大范畴，广罗儒学经典礼仪规范，制定覆盖全社会的行为细则和仪式细节范式，把被科举击败而势微的世族改造为明细的宗族家系，并赋予其维系宗法体制的使命，从而将确保个人食利地位的私德与确保社会秩序按礼制规范运行的公德统一起来，构筑起维系皇权官僚体制的又一砥柱，进一步扩大和巩固了守旧皇权的统治基础。由此，在这 664 年里，中原王朝整个知识阶层因视线焦点回复到比第三阶段更为狭小的精神空井中而愈发因循守旧、故步自封、脱离实际，更加缺乏对物质文明建设的兴趣和关照，社会发展的每一个新动向都成为他们无法应对的艰难课题，主动回避和暴力抗拒成为他们的思想策略和行为方式。所以，国家的神经中枢完全是一台老朽的、毛病丛生的机器，在这种时代空气中，根本不可能产生出主动适应社会生产力发展的思想变革潮流，尽管有不少明白人曾经为此而努力，但他们无非是这台机器里几个发出噪声的"故障零件"而已。

从废除科举到现在为第五阶段，是农庄文明的残存期。科举作为一种选举制度被废除，标志着农耕文化的精神支柱丧失其思想统治地位，失去了皇权的保护。整个知识阶层因此获得了精神的解放、吸纳先进思想的外部社会条件和内在的存储空间。但是这些与农耕文化精华夹杂而生的污染物质由于其坚实深广的社会根基和政治遗传，并未能很快被彻底剥离而抛弃干净，它还以各种可能的方式存活着并在一定社会条件下维持生存繁衍的空间。因此，清亡后的中国，农耕文化的糟粕残余仍然存有一定的影响。这一点，细心的读者自有体会，这里不必浪费笔墨，将皇权与官僚互为目的和手段的原理和过程进行明朗地解剖才是重点。

西方学者容易将中原王朝跨越易姓换代而平静存续误解为僵尸般停滞不前。从上面的农耕文化发展阶段划分可以看出，中国农庄文明从其建立到被西方暴力击败而毫无准备地被迫进行紧急转型，一直在沿着其自身发展道路向前运动，持续着"传统内的变迁"。作为农耕文化浸没中的政权，这种运动的源动力在于生产力发展推动的社会变革给食利阶层的地位巩固和利益垄断带来的威胁和挑战，是一个围绕这两大核心要素展开的被动适应和调整动程。所以，农耕血统政权的统治中枢具有突出的守旧滞后性和顽强的自新抗拒意识与力量。但是，尽管如此，正如前文所描述的那样，在没有到达缰绳长度所圈定的最远边界之前，马是能够向边际运动的，而且这个草场圈足能使其自肥。那这个迷惑了西方学者敏锐目光的假象和实质是什么呢？一言以蔽之，就是皇权至上哲学及其下位运作体制——经济、思想、政治、知识四大垄断织造的文化樊笼。

2. 理论建构和顶层设计

董仲舒是皇权至上哲学理论大厦的总设计师、建筑大师和集大成者，其思想主要集中在他的著作《春秋繁露》中。为了编造皇帝执政合法化理论并将其推向凡人不可置疑的神圣高度，首先，董仲舒在周公旦、孟子等人所创立的理论基础上塑造了集物性、人性和神性于一体的百神之大君——天。他话语体系中的这个"天"，拥有天、地、阴、阳、火、金、木、水、土、人十端①，是"百神之君"，"王者之所最尊"，是宇宙万物最后的本源——"万物之祖""群物之祖"，"亦人之曾祖父。"但是，"天高其位而下其施，藏其形而见其光"。而且"仁之美者在于天，天仁也，天覆育万物，既化而生之，有养而成之，事功无已，终而复始，凡举归之以奉人，察于天之意，无穷极之仁也"。可见，"天"不仅具有上帝的尊严，还具有曾祖父的仁慈和圣明，他的所有作为都慷慨慈爱地归属于人，是一位有无穷仁爱、可敬可感但不可见的隐形万能尊者和通才先知。同时，我们切不可疏忽的是，天还拥有无极的权势、无量的财富、无边的法力和无穷的手段，天上天下的一切都在他的掌握之中。无论谁触怒了他，都会受到惩罚。

其次，董仲舒说明了人为何物，人与天，天子、天下与天之间的关系。他说，人是天之十端的最后一端，人与天地共同构成万物之本。一方面，天地生养万物，赖于人成之。另一方面，天地生养万物，目的全是为了人，天的所有作为都归属于人。人既是天的生物，也是天的宠物。所以，他说"为人者，天也"，"人生于天，而取化于天""受命于天"。即人是天生下来的，采取天的化育，人的一切都是天给的，而且人接受天赋予的使命，需要从天那里习得"仁"并表现"仁"，只有人道可以参通天道。因此，人一定要敬天、事天、祀天，否则天必降灾殃于人。天用恩威兼具的王道来治理天下，但这王道是把天、地、人三者贯通起来的大事，浊骨凡胎的

---

① 天的十端是董仲舒在前人各大学说的基础上进行整合创新的理论体系，他说"天地之气，合而为一，分为阴阳，判为四时，列为五行"，从而把天地、阴阳、春夏秋冬四时、五行和人编织在一个相互配属的联动系统之中。这个系统的循环往复运动必须遵循不可颠倒淆乱、决定着天下治乱的"天次之序"。这个理论体系其实是董仲舒认为的自然界内部的生态系统和互动关系以及人与自然界的相互关系的原理和准则。

一般人是没有资格也没有能力胜任这一神圣使命的，所以，"天子受命于天，天下受命于天子"，"王者唯天之施，施其时而成之，法其命而循之诸人，法其数而以起事，治其道而以出法，治其志而归之于仁"。即天派遣他最圣明的儿子——天子——皇帝来到人世代他管理天下，完成这一使命。皇帝效法天时而成就人民，效法天命而抚慰人民，效法天数而兴起民事，效法天道而治理人民，效法天志而归向仁。

在这个小体系中，董仲舒的核心要义有三条：一是没有天就没有一切，人和天下都是天的创造物，是天的私有财产，所有权属于天，天拥有对人和天下的所有全权。二是只有皇帝作为天之子的身份才具备管理天下的资质，其他人就别指望了。三是唯身为天之子的皇帝才具有一统天下的德才能力，凡夫俗子就不要好高骛远、不自量力了。这三条赋予了绝对皇权的合法性、权威性和合理性。天子统治天下是天理，更何况天子有父亲——天——这个大靠山，谁敢造次？！

再次，董仲舒阐释了君——皇帝，与臣——官僚，之间的关系。在"天下"这一体系中，君就是"天"，即天下人的"天"，其德操与作为君的精神之父（世间的父亲为生身之父）的"天"是一样的，也具有尊贵和仁、神、明、刚等高尚的品性。因此，君为天、为父，则臣为地、为子。与五行相对应，君为阳、为尊，臣则为阴、为卑。此理延伸出去，父为阳、为尊，子为阴、为卑；夫为阳、为尊，妻为阴、为卑。他还将君臣关系跟心与身体的关系进行类比，以说明为臣侍君、唯君是从的天经地义，违抗君命的大逆不道以及两者之间利益上的共生性。他说："阴者，阳之助也，阳者，岁之主也……天下之三王随阳而改正，天下之尊卑随阳而序位……不当阳者，臣子是也，当阳者，君父是也。故人主南面以阳为位也，阳贵而阴贱，天之制也。礼之尚右，非尚阴也。""君者，民之心也，民者，君之体也"，"一国之君，其犹一体之心也：隐居深宫，若心之藏于胸；至贵无与敌，若心之神无与双也"，接着拿身心的相互依存、利害关系打了很多比方，最后说："君明，臣蒙其功，若心之神，体得以全；臣贤，君蒙其恩，若形体之静，而心得以安；上乱，下被其患，若耳目不聪明，而手足为伤也；臣不忠，而君灭亡，若形体妄动，而心为之丧。是故君臣之礼，若心之与体；心不可以不坚，君不可以不贤；体不可以不顺，臣不可以不忠；心所以全者，体之力也；君所以安者，臣之功也。"他还要求臣对君要像君对天一样，天子祭祀天，对天行作为儿子的礼节，天就会赐给天下幸福。同理，臣也要向作为君父的天子行身为臣子的礼节，把自己的成功和做的好事都归功于君，把错事和失败之事的罪责都自觉承担起来，这才是臣子的大忠、至义。反之，如果"人臣之行，贬主之位，乱国之臣，虽不篡杀，其罪皆宜死"。在董仲舒看来，如果臣子胆敢有贬损君的言行，虽然没有篡位那么罪大恶极，但也是不可饶恕的，应该以死谢罪。这实行上赋予皇帝对臣子的任免、升降、赏罚、生杀全权并构成巨大威慑。

董仲舒设计的这一君臣关系结构作为"天次之序"的一部分，君受天命，臣受君命。君守天条、效命于天；臣守君言，效命于君。君自当有为君之威严，臣须谨记为臣之从属，怀着对君的敬畏和忠孝之心，谨慎事君，这种君臣伦常是绝对不可亵渎的，否则必遭天诛地灭。然而，君臣虽有尊卑之别，但两者是利益联合体，是一根串儿上的蚂蚱，荣则俱荣，损则俱损。所以，臣必须全心全意地尽忠臣之义、孝子之行，才能确保君臣之间的共同利益。

基于董仲舒建立的这一逻辑体系，科举制度选拔官僚，考试科目设置和考查的重点始终围绕儒学经典进行，原因就在于此。皇帝利用科举制度绑定士子之心，从而绑定双方利益。具体剖析后面还有机会，这里要说的是以儒家思想为核心的农耕思想经过董仲舒的献策游说和理论建构，被确立为中原王朝的正统思想之后，知识阶层的哲学观、价值观、人生观和世界观都被圈固在他精心编织的这个精神网络之中，科举作为国家精英遴选制度使这一思想体系与个人的核心利益骨肉相连，自然而然地被全面灌输、世代传承，形成一个具有自我锁闭功能的循环系统，内在的演进只能向着哪怕是牺牲一切以维护这一体制从而保全双方地位和利益的方向运动，朱熹的性理道学本来是一种与时代相悖的倒退，却被统治者奉为圭臬，就是这种自锁功能强大力量显现的极致。就外界作用而言，这一循环系统增强了知识界排斥异己思想的免疫功能，即使是外来思潮的利箭也很难穿刺这坚硬的盾牌进入系统内部对其产生破坏，除非是处于这一利益链条对立面的外来力量强大到直接摧毁维系这一系统的皇权统治。中英贸易战恶化为兵刀热战给大清帝国的打击即是如此。结果，就像马背上的骑士讨厌风却把在风中奔跑的马杀掉一样，只能将科举制度全面废除才能在这个封闭系统上切开一条口子，等它慢慢死去。我们都看见了，这种死亡疗法付出的代价实在太大了。

与董仲舒的皇权至上哲学相适应，皇权的下位运作体制是彼此密切联系、共同配合发力的经济、思想、政治、知识四大垄断，即君臣特权垄断经济，官方意识垄断思想，政治法律垄断权力和愚人战略垄断知识。

3. 经济结构：君臣特权垄断经济

"溥天之下，莫非王土；率土之滨，莫非王臣"，皇帝拥有整个天下，虽然名义上产权归"天"，但皇帝是天的儿子，自然是"天下"真正的所有人，皇帝支配自家的财产天经地义。在此逻辑起点之上，皇帝以天恩仁爱之名赋予了他的忠臣孝子——皇家、外戚、官僚、贵族——在赋税劳役等方面的食利特权和占有专权。这一手段加固了皇权统治支柱，社会食利阶层也扩展到了更为广阔的范围，将经济垄断的最大障碍拉拢到自我阵营之中共享垄断成果，成为其智囊、死党和鹰犬。在这种利益联合结成的强势全权之下，皇族、官僚和仕宦依仗权势和财力，恣意圈占、收购土地，盐场，茶山，酒行，矿产，航道，湖泽等核心、肥水资源，攥握着经济规则制定权，物产财税收索权、分配权、处置权等经济管制权利，全面垄断经济利益。正如德国思想家马克斯·韦伯所言，他们"对经济的态度，也同在任何别的伦理中一样，是一个消费问题，而不是一个生产问题"①。从皇帝到县令的整个管理阶层关注经济的焦点，除了担心百姓没饭吃会犯上作乱之外，就是如何强化控制能淘索更多而不至激起无法收场的反抗，从不把聪明才智用在制定鼓励多元经济、推动工商业发展的法规和举措上，更别提扶持和保护了。相反，凭借威猛的皇权，他们调动各种社会资源、法律、道德、传统、民俗、官宦、打手，多管齐下，压制工商自由贸易活动、残酷虐待工商业者和商品经济，还将本来应该以商业形式存在和发展的行业和行为畸变为民众的忠孝职责或义务，进行变相掠夺、间接榨取，致使社会经济，特别是工商业经济，始终无法走上健康发展的正常轨道。

官僚作为臣子在皇帝面前是驯服的奴仆，但对于其权柄之下的百姓，却是拥有独裁权利的上人，有着自由而广阔的权威施展空间。所以，在他们的势力范围之内，又向下层层复制君臣之间的垄断牟利分肥模式，使工商业者和普通百姓遭受重重盘剥，苦不堪负。在整个王权官僚垄断经济的农耕文化存续期内，农村手工业一直是农民的副业、城市手工业始终是商人的副业、商业永远是被排挤到边缘的末业。工商业既无尊严感，也无安全感。工商从业人员由于地位卑贱，又遭受多种压榨和欺凌，不得不或者与官宦勾结，或者消极对抗，来求取生存空间，使商业和地权、商人与官僚通奸取利，经济面貌变得十分丑恶，经济秩序遭到严重扭曲。拥有实力的手工业主和商人迫于重农抑商社会氛围和渺茫的增值前景带来的心理危机，往往以末起家、以本守业，将商业资本用于购买土地、田产，或者接近、跻身官场以图保全、求尊显贵，或者不图进取，奢靡消费，聊以自慰。

---

① ［德］马克斯·韦伯. 儒教与道教［M］. 王容芬，译. 北京：商务印书馆，1995：209.

商业资本的这种转渠流通，断送了工商业及其从业者经由正常的自我积累来再行投资、继续扩展的前途。这种经济环境和秩序更不能使人自由转产、转行去经营更有利的事业，使行业敏锐感触时世变迁，自动实现新陈代谢、升级换代。挣扎在死亡线上的农民或被迫抗租抗税或被迫逃亡起事，常诱发复杂、惨重的大变乱，社会经济往往因此全面崩溃。各朝灭亡无不与经济垄断累积的尖锐矛盾和体制溃烂密切相关，东汉的豪族与官僚表里一体的经济垄断，明朝的盐业崩溃和土地兼并都是后果严重、影响深远的经典案例。

更有甚者，在君臣垄断特权中，集各种垄断权利于一身的皇帝为维护其至尊独享地位，形成了一系列畸形变态的制度和传统，对社会经济产生了巨大破坏和抑制作用。拿器物来说，皇室宫廷所用各类瓷器是全国最优秀的行业巨匠、工艺大师们经过精心设计、反复研究、试验才烧制成功的上等佳品。但每一形制所成瓷器还要优中选优，淘汰绝大多数，最后每种产品只有几件得以御用，其余的一律砸碎销毁，深埋于特定地点。被皇帝弃用和使用中破碎的所有瓷品，也都必须悉数敲成碎片深埋。最近，北京故宫西南角的南大库附件发现了明清瓷器碎片埋藏坑一处，考古工作者从中清理出碎瓷数万片，有年代款识的多达80%，根据年款和形制纹饰判断，瓷器烧制年代纵跨洪武至光绪时期，明朝碎片所占比例在10%以下，余者均为清代烧造。这些瓷器涵盖缸、罐、碗、盘、碟等多个种类，釉色包括黄、红、白、青花、釉里红等20多种，青花器物最多，象征最高皇权的黄釉瓷位居第二。这次发掘以实物验证了御用瓷器从烧制开端到精品选择直至用后处理都有严格的垄断和管理制度的历史记载，特别是对残损器物进行严格管控、集中销毁以防流入民间亵渎皇威的做法得到确认，为至上君权垄断特权的全面、彻底和完善提供了重要注脚和铁证。有趣的是，极权者"太阳王"路易十四却喜欢与人分享，如他喜欢别人效仿他的穿着打扮，主动向公众开放镜厅，扩建凡尔赛宫让贵族与他同住等等。

这种纯粹的政治考量损害经济发展的例子在古代中国不胜枚举，其阻碍和破坏作用表现在：一方面，代价高昂的顶级器物研发投入未能通过成果的市场化运作收回成本、取得经济效益，而是完全背离经济运行轨道、被皇帝垄断思维和制度异化成了政府的支出，最终转嫁到民众头上，成为沉重的经济负担。另一方面，从事这些工作的工匠们，尤其是高精尖技术持有人群，本可以将自己的智力成果、劳动产品转化为服务社会的高端紧俏商品，投入市场赚取丰厚利润，再进行新的研发，不断取得进步，不断获取收益，实现研、产、销的商业循环和资本增值，拉动经济增长和经济发展方式的变革，使自己和家人过上有尊严的生活，体现存在价值，为社会贡献财富与智慧。然而这种专为皇帝私利服务的制度和逻辑将他们的身心囚禁了起来，全部社会价值被转换成了为皇帝一人服务的个人责任，他们的劳动也变成了一种责无旁贷的政治义务，失败必受惩罚，成功不能得到应得的收益。既造成智力成果和经济资源的浪费，也导致经济发展无法解开的死结，还令技艺革新失去最强劲的牵引力。

4. 观念结构：官方意识垄断思想

秦始皇灭六国建立统一的中原政权后，创设了新的皇权官僚帝制。为了应对思想界已沿袭五百余年的学派缤纷、百家争鸣对帝王权威和帝国安全带来的挑战，皇帝及其臣僚们便开始探索统一全民思想、唯皇命是从的意识形态垄断策略。在帝国新立的复杂情势下①，师承鸿儒荀卿的秦相李斯实为法家践行派，主张禁造谤巷议、收诗书百家语于博士官衙、禁止私学、以吏为师，均得到秦始皇的支持。但他还没能把思想统束于百家语中的哪一家。

汉太祖刘邦曾解儒士之冠而溲溺，当了皇帝后，经叔孙通的建言制仪，已初识儒学对统治的好处，后来还亲至曲阜以太牢祀孔子。此后历经功臣叛变、外戚叛变、宗室叛变的危机和教训，加强精神控制以维持王朝国祚成为必须妥善解决的紧迫课题，为武帝时代董仲舒的登场做好了铺垫。董仲舒参透了各学派的优劣长短，众相对比，只有孔学儒术与当时的实际需要最为合拍，他让汉武帝感觉到，儒学主张仁政、要求服从、强调秩序、严守等差、尊崇宗法、看重忠孝等等独家所长可以满足自己渴望君威至上、权贵臣服、严格尊卑、调教顺民，思想归一、天下一统、江山永固的期许，简直是个贴心小棉袄。他进而提出"诸不在六艺之科孔子之术者，皆绝其道，勿使并进。邪辟之说灭息，然后统纪可一而法度可明，民知所从矣"②的主张，得到武帝的首肯。从此，儒家思想开始成为官方意识形态③，皇帝庇佑、科举传承，世代相袭，始终是农耕文化繁衍的精神要义。

在宋代，儒家内有流派纷争阋墙，外有释、道侵占领地，朱熹及其弟

① 当时最主要的理念对垒在于厚古非今派的分封（复辟）观与非古厚今派坚决推行郡县制的尖锐对立，前者以博士淳于越为代表，后者以左丞相李斯为代表。

② 许嘉璐. 二十四史全译·汉书·董仲舒传 [M]. 上海：汉语大词典出版社，2004：1208.

③ 儒家学说势力强大、历时悠久，是占全球1/3的东亚人口2000年来的人生准则，以致很多西方学者倾向于将它与犹太教、基督教、佛教、道教等真正的宗教相提并论。其实，它根本不是宗教，仅仅是一套世俗伦理规则和道德哲学而已。

子重释经典、翻新理论，又巧施手段使朝廷立其为儒家正统，为元明清三代所继承，一步步将全民思想驱赶到更为狭小封闭的角落里圈禁起来。可以说，中国的农庄文明自从朱熹得势，其进取的锋芒已经抵达儒家思想圈定的最远边界。这意味着，中国农耕文化在南宋晚期就已经到达其发展的顶峰，开始原地转圈儿了。

到了明代，思想樊笼中的中原主流社会已经蜕变成笼罩在颓丧和淫荡空气中的花酒青楼，文恬武嬉、逐香猎艳，追捧层出不穷的香艳小说、唱词和戏文渐成时尚，通过麻木不仁和堕落寻欢来消耗激情和斗志成为安全而富于快感的选择。清代更加没有余地，除了官场的阿谀逢迎和磕头下跪较为实惠可靠之外，在继承明代精神麻醉之术的基础上，依靠鸦片短暂地逃避现实、摆脱困窘心境，感受仙飘迷蒙的另一种存在和满足，成为靡费财富、麻木灵魂、排遣光阴的时代风潮。

通览儒学垄断农耕文化思想的两千余年，它不但统束了中原政权辖域内的全民心理、思想意识，钳制着政治生态、社会机枢，而且严重阻抑了农庄文明的演进和嬗变，其能量还辐射到中国的游牧政权和周边的朝鲜、日本、越南等广大地区，对当地思想文化施加了深刻影响，成为名副其实的跨越国家和文化的强势长命学说。

从刚才所述的思想垄断过程可以看出，皇帝要求思想归一的主要动机在于维护统治的便利和帝位的安全。这种服务于皇帝私欲的狭隘目的与农耕文化的内向防守性叠加在一起，形成了巨大的思想禁锢力量。首先，这种垄断将其他思想学说的生发土壤和传播环境全面封杀，使思想界一直在封闭狭小的儒学管道里循环往复。从汉武帝到清宣统，思想家们的学说、理论不管怎么翻新出彩，都是在为儒学这一棵古树浇水、施肥、修枝、美容。外表看似变幻无穷，内涵实为新瓶老酒，是一种自我陶醉和麻醉式的意淫。

科举作为指挥棒和富贵桥，始终是读书人离不开也惹不起的魔杖，在不可抵挡的权威、诱惑和利益面前，谁都输不起，他们的思想根本没有自由驰骋的余地，培养出来的是一代代旧式新人、陈腐精英、忠孝顺民。后面的图三展示的贡举考试科目沿革过程也显示了中国知识阶层主流思想意识逐渐收缩变窄的过程。所以，自董仲舒以来，官方思想意识始终是一枝独秀、孤芳自赏，世代传承着虚空的说教和僵化的教条，不但通过内部的自我否定来翻盘绝无可能，而且外来的任何异己都被视为邪说谬论拒之于千里之外。诚如于右任所言："绝大经纶绝大才，罪功不在悔轮台。百家罢后无奇士，永为神州种祸胎。"

其次，这种"朕即真理"的思想钳制依仗政治威慑有能力扼杀一切异己思想，可以将任何一个敌人从肉体到精神彻底消灭。在这种高压之下，社会思想生态令人窒息。王安石的一句"天变不足畏，祖宗不足法，人言不足恤"①，丢了相位不说，差点没被唾沫星子淹死。其实，性格倔强的王安石虽为众多儒士所不容，但并未越孔学雷池半步，只是有些不落窠臼，喜欢换个角度想问题，与主流观念不太合拍而已。他一生的宦海沉浮、非议缠身和挨骂千年，为我们呈现了中原社会僵死的思想状态和儒生群相。今天，我们站在另一角度来审视王安石的"三不足"，不得不唏嘘嗟叹：两千年来，中原农耕文化思想樊笼里最为缺乏而难能可贵的逆反自新精神，莫过于此矣！

话说回来，这种境域之中，在平静安定的表面之下，是权衡利弊之后的苟且偷生、安于现状。愚钝者盲目乐观、明白者自慰苟安；狡黠者空谈误国、敦厚者教条丧邦。极其所能固守成规、遮掩矛盾、抑制改革、维持原状，更别奢望他们能够转变观念、革故鼎新、激活生机了。只有极少数吃了豹子胆、离经叛道的家伙（王安石也算一个吧）冒着生命危险冲撞几下思想牢门，上演几出被讥讽为痴痴癫狂的历史短剧。明朝中后期，产业结构、阶级结构和社会结构都发生了重大变化，与此相适应，作为上层建筑的意识形态即使不能引领思想潮流，也应该随着时过境迁而开放转变。但是，事实与此相反，国家机器都被调动起来固守思想老套、剿杀新生事物，官僚阶层也阈于传统精神樊笼不能自省。即使是徐光启这类接触过西洋文明的开明官僚，慑于恐怖的专制淫威，也不可能冒天下之大不大趄冲破思想重围，只能以优雅的儒士风度温顺地履行身为忠臣孝子的义务。峰峦叠嶂、高潮迭起的海禁严禁派与弛禁派之间的论战是一幅中原帝制垄断思想意识形态的缩影，生动彰显了思想垄断的强势和杀伤力有何等强大，顺应时代潮流是一件多么艰险的事情。正当这些大明朝臣吵得不可开交的

---

① 王安石有独立的思考，其看待、分析和处理问题的角度和方式都与众不同，往往能直击要害、切中肯綮，而且敢于直言，常为传统和主流所不容。任宰相后，进行大刀阔斧的改革，损害了既得利益集团的利益。熙宁七年春（1074），久旱不雨，改革反对派便抬出董仲舒的天人感应论发起攻击，说是王安石搞的新法弊政触怒了上天，旱灾是上天对此发出的警告。监安上门郑侠甚至上奏说，旱灾都是王安石惹的祸，罢免了王安石，上天一定下雨。王安石却奏报说，水旱灾害是常会发生的事，尧汤时代也不能避免，只应当治理好人为之事来应对天灾，结果被罢免了宰相职务。面对非议，他说"天变不足畏，祖宗不足法，人言不足恤"。结果，招来群起围攻，王安石因为这"三不足"之说，被骂了一千多年！参见：许嘉璐. 二十四史全译·宋史·列传第八十六·王安石 [M]. 上海：汉语大词典出版社，2004：7318-7321.

时候，大西洋彼岸的小国纷纷鼓励、精心呵护商业探险，以一日千里的速度向外扩展，而明朝却在以同样的速度向内蜷缩，自我囚禁、隔绝于外界。有关细节留待以后再叙，这里先看一个皇帝亲自操刀扼杀自由思想的恶例。

中国的思想禁锢发展到清代，其横逆之盛已登峰造极，禁书即为显例。这里不妨多费点笔墨添个注脚。正如《清代禁书总述》的编者所言，"在禁书的阴影下，一切活动的生命，一切进步的思想，是都会受到摧抑的。清以后，中国落后西方近百年，传统的禁书政策是一个不可忽视的重要因素"①。根据该书的统计，有清一代，书籍禁毁总量为3,236种。令人惊愕的是，禁书除了涉及思想、政治、历史、民族等问题外，众多科学、技术、经济和军事类著作，譬如《经济言》《地图综要》《军器图说》《考工记解》《医贯》《音学五书》也遭禁毁。成此大业之"功勋卓著"者，莫过于乾隆。

乾隆皇帝自醉于太平盛世的优越感和满足感，按照贤明圣君立功、立德、立言的路数，他须在"十全武功"之后，留下"文治之盛"的美名。为此，组织天下精英编纂《四库全书》。乾隆37年（1772）诏谕说："今内府藏书，插架不为不富，然古今以来著作之手无虑数千家，或逸在名山，未登柱史，正宜及时采集，以彰千古同文之盛。"由此看来，"以彰千古同文之盛"是遍采天下藏书的目的。然而，乾隆自有其盘算，他是想"明季末造，野史甚多，其间毁誉任意，传闻异辞，必有抵触本朝之语，正当及此一番查办，尽行销毁，杜遏邪言，以正人心而厚风俗。"鉴于清王朝屡兴文字狱的教训，民间对他的诏谕敬而不理，乾隆再次诏告天下，"即或字义触碍，乃前人偏见，与近时无涉，不必过于畏首畏尾"，那些"不应留以贻惑后学者，进到时亦不过将书毁弃"，"不必收存于藏书之人，并无干涉，至督抚等经手汇送，更无关碍"，并保证"朕办事光明正大，各督抚皆所深知，岂尚不能见信于天下"。并责令各督抚，"若此次传谕之后，复有隐讳存留，则是有心藏匿伪妄之书，日后别经发觉，其罪转不能逭，承办之督抚亦难辞咎"。

图书搜集渐成规模，乾隆即命四库馆拟定《查办违碍书籍条款》，就赵宋以降之野史、杂志、诗赋、文集的全毁、删除和挖改做出详细规定。随后又将查毁范围扩大到方志、小说、戏文和唱本。凡涉及民族观念而无益其统治的、对历史事件的记述于清王朝不利的、思想观念与朝廷正统相左的、认为有伤世风良俗的一律视情节或毁或删或改，不得允其存留于世或

---

① 王彬．清代禁书总述［M］．北京：中国书店，1999．

以原貌流传。据不完全统计，因编修《四库全书》而在各地官府和北京被查禁后，焚毁的书籍有 3,100 多种，151,000 多部，70 到 100 万册，毁禁量与编入《全书》的存留量相当。至于各地藏书人为避祸自保而私下销毁的书籍，门类和数量根本无从统计。同时，有约 20 万块所缴禁书的书版被送往琉璃厂付之一炬①。此外，对于七经、二十四史、通鉴、文士诗文、和尚语录等等，均按乾隆皇帝的标准进行了抽毁和窜改。在遣词用语方面，像"贼""虏""犬羊""夷狄"之类都予以取缔，甚至"中国"一词也不得出现。由于官场的腐败，参与纂修、校订的官员只有少数以认真严谨的态度来对待这项工作，严重损害了《四库全书》的学术质量。这一文化浩劫，曾斥秦始皇焚书为无道的乾隆以另一种方式诠释了朕即真理的含义和威力。

5. 管理结构：政治法律垄断权力

农耕文化主导的中原政权，在秦朝以前，虽然是世卿世禄的非官僚体制，但是家天下和宗法制已经被发明出来并积累了丰富的理论成果和统治经验。秦朝创造了官僚体制并为汉朝所继承。在董仲舒的理论流播承传之下，君权天授观念入骨成髓，变得天经地义，并成功实现了国家家族化和家族政治化，将父子夫妇家庭伦理推衍为国家伦理，皇帝防范统治危机的责任散布到家庭和户族，由族长、家长、人父、人夫和官僚一起共同分担，垄断触角渗透进了社会的每个角落和每个家庭。一人当官，鸡犬升天；一人犯法，九族株连。天堂地狱间的利益对比发挥着诱惑和恐吓双重作用。朱元璋时，宰相制度被废除，皇帝升格为集军事、行政、司法、教育、监察等直接统治全权于一身的大独裁者，官僚臣子对皇权的依附更加紧密，以俯首帖耳的奴仆身份效命于皇帝，垄断达到了极限并被清朝全盘吸收、加码。

中华法系的法律从它诞生那天起就是护卫专制统治的盾牌和制裁亵渎最高权威的利剑，是贵族和特权的保护伞和刽子手。因为与强兵富国的第一要务格格不入，旨在维护封建制度的儒家在中央集权制成为君王新梦的过程中，思想地位被后起之秀法家所取代。所以，直到董仲舒的学说被汉武帝采纳为止，秦、汉法律纯本于法家精神。此后，日益得势的儒家便借助法律解释和经义决狱、以明刑弼教之名一步步将其"礼"的精神窜入法律，法律的同一性逐渐丧失，差别性日益增强。从魏、晋起，法律制定正式开始儒家化，经过北魏、北齐的过渡，在隋、唐时期确立起正统地位，

---

① 黄爱平.《四库全书》纂修研究 [M]. 北京：中国人民大学出版社，1989：76 –78.

直至清末。伴随着王朝更替，后代在继承前朝法律遗产的同时，又加入新的儒学因素，儒家化的法律内容愈积愈富，体系也愈为严密精工。到清朝时期，儒家思想法条已经如毛细血管一样遍布整个法律体系并且深植于君臣黎民的观念意识之中。从下面所列儒家思想渗入法律的容貌提纲可以体会到政治法律垄断的"天网恢恢，疏而不漏"。

第一，以加重主义法律保护孝道。一方面，子孙并无过错被直系尊亲擅杀，对尊亲的处罚力度与非尊亲的常人间杀人案相比，要轻很多，只受杖、徒之刑。尊亲杀害不孝或违犯教令的子孙，受罚极轻，甚至无罪。而常人殴打他人致死和杀人都须偿命，谋杀即使被害人未死也处绞刑。另一方面，不孝为重罪，处罚十分严厉。例如，常人间骂人未入法律，但骂祖父母、父母为十恶之一的重罪，要施绞刑。

第二，覆盖衣食住行的礼仪差别法条。有关这四大版块的规定自唐代起已达到琐细入微的程度，不仅写入了礼书，而且编入了法典。违犯者既要受社会制裁，还要受法律制裁，并且处罚严厉。服饰不但从材质、样式、色彩、图案等方面体现等级和尊卑，而且按用途和时令从冠冕到鞋靴的每个细节都有详明的差别规定，不得僭越。否则，将依法治罪。饮食方面，规定"天子食太牢，诸侯食牛，卿食羊，大夫食豚，士食鱼炙，庶人食菜"。居住的屋舍，大小、高低、形制、式样、颜色、用料、间数、装饰等等无不详细规定，以固定的差别来固定等级和尊卑。对出行时的代步舆马使用也同样有详尽规定，构成游走的尊卑等级秩序。此外，皇帝说话做事、所用器物必另命专名，以显至尊。与皇帝有关者，皆冠之以"御"——御览、御笔、御医、御驾等等。皇帝、皇后之名天下避讳，不可使用、不可言说。皇帝所用之物，只要可以操作，一律采取独有、独享以达独尊的做法，前文所举瓷器即为显例。所有这些编织而成的无形网络像灵敏的神经末梢一样维护着君臣们最害怕丧失掉的尊严和权威。

拿服饰颜色来说，孔子"恶紫之夺朱也"①，他首创给正色和间色定名位、别尊卑以巩固等级制度的恶例。自从战国阴阳家把五行相生相克的循环学说运用于解释朝代更替之后，改朝换代便要变服易色。由此产生了影响深远的正色间色尊卑论和服色五德转移论这两大迷信传统。黄色的地位变迁是最具典型性的样本。原本非皇家专属的黄色，"武德初，因隋旧制，天子宴服，亦名常服，唯以黄袍及衫，后渐用赤黄（习称杏黄），遂禁士庶

---

① 正色指青、赤、白、黑、黄五色。间色指由两种或两种以上的正色调和而成的颜色。

不得以赤黄为衣服杂饰"①。这是首次将赤黄用于身份限定。赤黄从此变得日益尊贵，令人畏惧。此后，郭威和赵匡胤接连被"黄袍加身"而称帝，使杏黄的至尊地位进一步巩固。元代明令"庶人不得服赭黄"（赭黄即杏黄)②。明代，弘志17年列加收紧服色之禁，谕禁臣民用黄，并规定"玄、黄、紫、皂乃属正禁，即柳黄、明黄、姜黄诸色，亦应禁之"③，不但杏黄为皇帝专有，而且其他黄色也被绑入士庶禁用之列，企图用制度鸿沟造成的明确界线来确保威权的绝对安全。清朝时，不知何故，明黄被皇帝据为己有，杏黄被贬入民间。从此明黄取代了杏黄的至尊地位，就像昔日的杏黄一样，具有近乎残酷的法律条款保护，还将这种颜色垄断形成的"尊贵"慎肃地用于收买人心——将赏穿黄马褂作为一种顶级荣耀与最高奖励④。对这种象征尊严、极权和威势的垄断专属制度，皇帝们非常敏感、看重。清朝末代皇帝爱新觉罗·溥仪回忆说，在清朝被推翻后的"暂居宫禁"期间，11岁的他一次跟比他小一岁的溥杰和9岁的大妹玩捉迷藏。正尽兴之时，他突然看见溥杰内衣袖子里露出显眼的黄色，便立刻沉下脸呵斥道：

"溥杰，这是什么颜色，你也能使？"

"这，这是杏黄的吧？"

"瞎说，这不是明黄吗？"

"嗻，嗻……"溥杰被吓出一身冷汗，连忙垂手站在一边，大妹溜到他身后，吓得快要哭出来了。他接着喊道：

---

① 许嘉璐. 二十四史全译·旧唐书·舆服志 [M]. 上海：汉语大词典出版社，2004：1529.

② 许嘉璐. 二十四史全译·元史·舆服志 [M]. 上海：汉语大词典出版社，2004：1518.

③ 许嘉璐. 二十四史全译·明史·舆服志 [M]. 上海：汉语大词典出版社，2004：1277.

④ 黄马褂，满语作"额伦代"，汉语曾称作"得胜褂"，是清王朝皇帝近侍服装的一种，穿在长袍外面，衣长及股，袖长至肘，以方便骑马、射箭，颜色为只有皇帝一人才可使用的明黄色，材质有绸缎和纱两种，但它没有皇帝特有的花纹和彩绣。赏穿黄马褂有两大类，一类属于行围褂子，钮祥为黑色，赏给在每年秋季木兰行围过程中射得鹿者、行围结束后献禽的蒙古人以及在此期间举行的射箭比赛中成绩突出（满官射中五箭，汉官射中三箭）且平时表现卓异的满汉高级文武官吏，但此黄马褂只能每年行围打猎时才能穿，否则即是犯罪。另一类属于武功褂子，明黄色钮祥，赏给立下卓越战功的高级武将和统兵文官。它一经赏赐，即可常穿，无明确的场合、时机限制。但这种赏赐形成较晚，道光朝以前十分鲜见，咸丰朝以后才逐渐增多。参见：郑天挺. 清史探微 [M]. 北京：北京大学出版社，1999：366-368.

"这是明黄，不该你使的!"

"嘛!"①

一个 11 岁的孩子皇帝在退位之后竟然仍对代表地位和权威的明黄如此警觉和在意，可见色彩被专制法律绑架后所具有的致命威力，正如他所说："这种独家占有的所谓明黄色，从小把唯我独尊的自我意识埋进了我的心底，给了我与众不同的'天性'。"②

第三，法律承认特权阶级并保障其特权。秦朝以前，从"五教施诸百姓，五刑施诸蛮夷③"到"礼不下庶人，刑不上大夫"，经过了由施刑于异族而非本国人到施刑于本国人中的特定阶级的变化，已经形成了刑不触碰某类人的法理传统。秦朝的大一统政治带来了大一统法典。从此，成为国家或者说皇帝统治工具的法律将除皇帝一人之外的全部臣民置于其约束之下。然而，这并不意味着秦汉以降，贵族和平民处于同等的法律地位。事实是，自儒家从汉代起势力日益强盛以来，其支配和操纵政治的能量越来越大，法家所主张的法律平等主义始终未能实现。法律一直承认八议者④、其他官吏和这两类人的亲属在法律上的特权，并在其法条之外另加特殊规定予以保护，这些人便是我们这里要讨论的法律特权阶级。他们不受司法机构及普通法律程序的约束。执法者无权依法逮捕、审问这些人，更不能判决其罪。对他们的违法犯罪行为，过问与否、是受罚还是免罪，以及减免到何种程度，都取决于皇帝的执法标准和个人觉悟，还会受他的心情、好恶、爱憎、私利权衡等诸多因素的影响。同时，法律特权还被延用于他们的家属，官爵越高，扩延范围越广，优待也越多。

法律特权的覆盖面相当广泛。贵族官吏与平民之间的诉讼，始终采取与皇帝的亲疏和官品的高低成正比的加重主义法理逻辑惩治平民。地方长官在辖区内被其属民所殴，也采取重于无隶属关系官民案例的加重原则处罚其属民。同时，对于具有此类隶属关系的官吏家属与平民间的案件，也沿前例加重惩罚平民。当官民诉讼本应对簿公堂时，为维护官员颜面和利益，无论其为原告还是被告，法律都给予其免于与平民同出庭、免于在法

---

① 爱新觉罗·溥仪. 我的前半生［M］. 北京：东方出版社，1999：49.

② 爱新觉罗·溥仪. 我的前半生［M］. 北京：东方出版社，1999：48.

③ 梁启超. 先秦政治思想史［M］. 北京：东方出版社，1996：58. "百姓"，在秦朝以前的古文献中，特指有封地爵位、有姓氏的贵族。

④ 指由皇帝认定的亲、故、贤、能、功、贵、勤、宾八种人犯罪后必须交由皇帝裁决或依法减轻处罚的特权制度受益者。八议者犯罪后可通过议请程序享受法律特权，曹魏明帝制定《新律》时首次将其正式写入法典。

官面前答辩的优待。贵族官吏在议请之外，还享受依例减赎待遇，不必议请。涉罪者在判决之后，可通过罚俸、降级、革职、收赎等方式抵刑，以此优免。而且，官职作为一种身份和权利，可以像用私人奴婢和财产去赎罪一样，涉罪官员既可以用官职去交换他的罪刑，还可以在致仕后同在任官一样，享有与在任官相同的各种特权待遇。

另一方面，司法终审权和最高裁决权一直掌握在皇帝手中，地方各级行政主管官僚既是当地的行政长官，也掌握着本级司法全权。这种司法与行政两权合一的体制，在中原政权成功实施政治法律垄断的历史上，互为原因和手段。司法和行政作为至上皇权和贵族官僚特权最忠实的维护力量和手臂延伸，加大了政治权威性、政策执行力和制度稳定性。进而，他们共同营造的政法生态和社会气氛减少了推行苛政的阻力、降低了追究枉法的风险。是故，政治和法律这一对好搭档，一唱一和，相资相养，构成中原政权儒雅外表下的强悍独裁专制，持续千余年之久。它所形成的内部高压在稳定内部结构和秩序的同时，还向外释放出巨大的排斥力和抵抗力，决定了这种政体只会自灭不会自新的走向和结局。

在这种政治法律笼罩之下，有皇帝撑腰、政治保驾和法律袒护的官僚垄断政治使贵族、官僚、仕宦等构成的统治集团与农、工、商等构成的被统治者之间的社会经济关系非常稳固，后者对前者的强烈依存性和前者对后者的巨大钳制力致使社会生产力的发展很难突破这种生产关系所能容忍的边界。同时，这种垄断政治还顺理成章地造成君臣理想的权力化和权力使用的实利化。对上，官僚集团是紧密依附于皇帝、绝对忠诚于皇帝，只对皇帝负责、看皇帝脸色行事的奴仆阶层，进一步巩固了皇权垄断政治的阶级基础。对下，官僚是当官就意味着可能得到想要的一切、官大权大利也大的土皇帝。不仅如此，依附于官僚的家人、户族、生徒、亲友、故旧等等，也可以共享实惠、利益均沾，这种看似松散的包容进一步扩大了官僚垄断政治的社会基础。因此，中原政权即使在最大的政治变动——王朝更替——发生之前、之中和之后，始终都非但无法改变社会基本经济结构，进行根本性的构造改革，反而在新王朝建立后设法巩固这种结构，使其更为顽强、更加不可救药。

中原政权在长期的发展延续过程中，发现并创造出的上文所述利益联合与共享政治法律垄断体制，成功实现了社会经济基本结构的再生产和生产关系的再生产，从而使官僚体制的再生产和王朝的再生产得以顺利进行，使同式政治形态在败坏和重塑的循环中能够不断再生和复活。这一内因复杂、结构精密、虚像难识的独特政治文化，如果从外围观察，就是西方学者眼中的停滞或沉睡，也是明清时代中朝自我孤立于世界的根本政治病灶之一。

6.　认知结构：愚人战略垄断知识

人"并非生来就像禽兽般活着，一无所成，而是要追求知识与善行"①。意大利诗人但丁的这一句诗没让中国皇帝听见算他走运。知识是人区别于动物又高明于动物的一项重要指标，人生几十年需要具备最聪明的动物也无法比拟的各种知识，而且需要不断学习、更新。从这个意义是讲，人的知识越丰富、更新越快，应该越有利于个人和社会的发展进步。但是我们的皇帝却不这么认为，他们的高智商想到了知识对皇权和江山的巨大威胁。因此，将知识的所有权垄断在自己手里，并将其作为一种神圣而谨慎的恩惠有限度地赐予受强大精密的职官体系控制的、想钻入其阵营分享利益的人。这是皇帝高超统治艺术的一部分，建立在只有属于自己的少数人有知识而绝大多数人永远愚昧无知这样一种由绝对优势固化了的稳定认知结构基础上的皇权帝制，会收到超出想象的维稳效果。有知识的皇帝会变得非常神圣，知识也会变得万般神秘，无知者甚至不相信自己也可以靠近知识、掌握知识，可以利用知识做他们想做的事，从而更加崇拜皇帝的神力、尊贵和超能。拥有知识的少数人理所当然地会因为知识的力量而处于崇高地位、享受无知者的无限崇敬，没有知识的多数人也很自然地认同自己的卑贱与无能。正如钱德明神父向西方人介绍的那样，"中国人对皇帝说：'您是我们的父母，有了您我们才能活着，有了您我们才有今天。'"②

同时，作为皇帝利益共同体核心成员的官僚、贵族群体，为了确保自己的养尊处优而真诚主动地站在了皇帝一边，与皇帝同心同德、共享垄断果实，即使是西方传教士也不例外。因为他们都非常清醒，欲使自己的地位无忧、利益无虞，必须严正维护皇帝的垄断制度，而从这种稳定的垄断制度中得到了满足的各种利益又会反过来成为保障这种垄断制度永恒不变最为可靠的力量。所以，皇帝和他的同盟者官僚、贵族、传教士共同构成隐藏知识、愚弄人民、阻碍启蒙、延缓中国社会顺利转型的垄断集团。

知识垄断往往经济、政治、法律、传统、误导等多管齐下、联动而行。以清朝最聪明圆滑的康熙皇帝为例。为了能够驾驭和奴役文化修养很高的

① ［意］但丁. 神曲·地狱篇［M］. 王维克，译. 北京：人民文学出版社，2004：174.

② ［法］阿兰·佩罗菲特. 停滞的帝国——两个世界的撞击［M］. 王国卿，等译. 北京：生活·读书·新知三联书店，1993：433.

汉族官僚和民众，他自己学习汉文化，孜孜以求，还学习西方传入的代数、几何等学科，毫不懈怠。但是对他认为懂知识、有文化即是不安定因素的族群，则采取野蛮残忍的愚化统治，绝不手软。对蒙古人的各项政策是最有说服力的例证。一方面，他通过将公主和宗室之女外嫁蒙古各部族首领的办法拉拢权势贵族，结成满蒙同盟，共同压制汉人，以求统治永固。物质上，给予他们优厚的待遇，纵容其沉醉于酒色和物欲追求，生活极度腐化糜烂，丧失排满斗志，不知更高理想。精神上，大兴藏传佛教，提高其社会地位，广建寺庙，通过政策倾斜和优越的物质待遇引诱男子出家当喇嘛，享受养尊处优的寄生生活，将精力和才智消耗于诵金念佛和无婚奸情。另一方面，严格实施蒙汉隔绝愚民政策，规定蒙人不得与汉人交往，不得学习汉语、汉字，不得持有汉文图书，不得聘请汉人为师，不得进入汉人学校读书、不得接触汉族艺术。

知识垄断最普遍的表现形式之一莫过于皇帝对天文学和星相学的操纵和神秘化。崇信君权天授和天人感应理论说教的中原帝王历来重视天文历法和星相占卜之学。拿以开明开放著称的唐朝来说，它沿袭了历代由中央专职部门研究解读天文现象的传统，专司天文历法的机构为隶属于秘书省的太史局。该局属员之职责由法律进行了明确规定，太史令"掌观察天文、稽定历数。凡日月星辰之变、风云气色之异，率其属而占候焉。其属有司历、灵台郎、挈壶正"，并明确要求"凡玄象、器物、天文、图书，苟非其任，不得与焉"。司历"掌国之历法，造历以颁于四方"。灵台郎"掌天文之变而占候之"。挈壶正、司辰"掌知漏刻，孔壶为漏，浮箭为刻，以考中星昏明之候焉"。这些职责规定使所有人员各司其职而互不交涉，观察天象的见徵祥灾异，须密封奏报，泄露消息者将受刑罚制裁。占卜和解释天象由灵台郎负责，太史令作为一把手须参与重大天象的占卜和解释工作。唐朝明令禁止民间存、藏、传、学天文、占卜之类的器物和书籍，《唐律疏议》规定："诸玄象器物，天文、图书、谶书、兵书、开曜历，《太一》《雷公式》，私家不得有。"持有和私藏此列违禁工具、仪器、书籍者，将会处两年有期徒刑。《疏议》还规定，如果前述人员还使用和传播了这些违禁之书物，其言论或行为在社会上造成不利朝廷的影响，将面临"造袄言罪"指控，可能被判处绞刑。对私习天文者，处罚也不轻，可判处两年徒刑。可见，唐律既惩治持有和私藏这类书物的行为，也惩治使用和私学行为，还从重惩治传播行为。全面细密，疏而不漏。其他王朝的相关规定都与唐相似。

康熙是中国历代帝王中科学知识水平最高的皇帝，对历法自然最为重视，他曾说"历象算法，朕最留心"。他自任主编，组织队伍撰成《历律渊源》100卷，还亲自修改梅文鼎的书稿《历学疑问》。《清史稿·梅文鼎传》记载说"中间圈点涂抹及签贴批语，皆上手笔也"①。帝王们深知垄断这两门学问对维护统治稳定和保持统治地位与神秘性的强大威力，始终将其握于掌心。由于民众科学知识的局限，皇帝利用人们对日食、月食、流星等鲜见天象的不解和恐惧，赋予它们神性、意志和道德力量，牢牢控制着操纵百姓惊恐、求助心态的专有权，通过天文知识掌握的日食、月食、彗星、流星等信息、提前量和安民告示，显示自己先知先觉的神秘能力，使民众产生对皇帝天子身份和政权合法性的威服、膜拜与感激，并借这些天象出现的机会以主动纠正过错、宽恕大赦罪犯等欺骗伎俩来平息民怨、捞取信任、巩固统治。皇帝的天颜、圣旨、龙恩因此更加崇高、尊贵、威严、神秘。所以，这种统治下的平民百姓，始终就像俄国彼得大帝所说的那种小孩子，永远长不大，很容易受"大人"们的影响，也很容易得到满足，听话和顺从被伪装成一种高尚的觉悟和需要终身修炼的品格。但是这些"孩子"中间很少有人知道他们自己仅是个孩子，更少有人知道他们之所以终其一生都是个孩子，正是因为他们顶礼膜拜的皇帝和"大人"们像园艺师栽培盆景一样强迫他们永远不长大的结果。

二、欧洲民主政治发展提纲

尽管有偏激之嫌，但我还是认为贪婪是人性的最大弱点，上至帝王下至平民无不如此，小到家庭大到民族概莫能外。任何一个不受监督、制约的个人和集体都会变成饕餮之徒。如果说垄断是满足贪婪欲望的法宝，那么民主和法治就是惩治贪婪的利器。虽然拜占庭帝国皇帝曾是上帝的选民、天下的主宰、政教合一的象征，路易十四也认为自己是上帝在人间的代表，但是与中国帝王的大权独揽、金口玉牙相比，他们都无颜扬眉吐气。在希腊罗马文化和希伯来宗教文化基础上发展起来的政治文明和西方思想文明走过了迥异于东北亚的道路，下面对西方民主思想与政治沿革的梳理将有助于更加深刻地理解四大垄断的残酷和贻害，揭示中国农庄文明滑入低谷的必然性，凸显西方文明必然爆发出强大发展后劲的文化渊源和基础。

如今令欧洲、澳洲和美洲人引以为豪的欧洲文明是建立在悠久的西方文明基础之上的，这一整套国家管理思想、制度和运作模式来源于三大基

---

① 赵尔巽. 清史稿·梅文鼎传［M］. 北京：中华书局，1976：13948.

元：一是希腊人和日耳曼人的民主理想①；二是卢梭对人民权利的理论化和其后脱胎于代议制的民主表达方式②；三是罗马人的法律和成文法思想及其孳衍的宪法精神与三权分立模型。下面逐一论述。

希腊是人类历史上首个允许公民参与国事的国家，也是民主的第一源头。它从王权统治过渡到贵族政权，再向民主政体进发的历程，早在殖民时期就已经开始，到公元前5世纪末的伯里克利统治时期到达了顶峰。

公元前6世纪的僭主统治接纳了广大的社会阶层参与国家事务，米堤亚战争孕育的集体主义和平等观念在战争结束后被延展到了政治生活中，任何自由公民都有权参与国家管理。伯里克利主张贫穷不能妨碍一个公民参与国家事务，并颁行了抽签产生公职的办法和公职津贴，规定公职任期为一年，以便能有更多人参与政治生活。这种保证所有公民在法律面前人人平等的尝试，开创了西方民主与东方专制的分野，尽管这时不享有公民资格的奴隶、妇女和侨民仍被排除在国家事务参与权之外。但是这一民主政治滥觞的自由、平等前提一直作为西方政治演变不可剪除的筋脉被传承和发扬，任何想独揽大权的君主和集团都要非常明智地避免因为亵渎这一传统而沦落到体无完肤的境地，转而绞尽脑汁地在它可以容忍的边界以内周旋和发威，即使宣称"朕即国家"的路易十四③也不例外。同时，言论自由作为这一开端的主要内涵之一，"使批评和涌现新思想成为可能"，而且形成了一种可贵的文化特性——"把实在的事物抽象化，提出种种似乎不可能实现的幻想"④。这一特性随后又进化为欧洲人喜新好奇、勤学好悟的共同心理，成为现代科学产生和发展的强大内驱力之一。

民主的另一个源头来自日耳曼自由人。在被罗马视为蛮族的日耳曼社

---

① 这种理想基于一个共同信念，即集体幸福产生于每个公民积极参与城邦生活。民主精神的另一个来源是日耳曼民族中的"自由人"聚合，他们在和平时期可以制衡首领的权力。

② 让–雅·卢梭在《社会契约论》中就作为政治集团的人民的不可分割和不可剥夺的绝对权力进行了理论化，后来逐渐从以自由选举为保证的代议制中发展出表达民主的方式。

③ 法国国王路易十四笃信君权神授，认为自己是上帝的人间代表，反对国王即是罪过，自称"太阳王""大君主"。他对造成投石党之乱的巴黎高等法院耿耿于怀，亲手将高等法院载有投石党运动的记录撕了下来，并对法院的人说，先生们，你们以为你们代表国家吗？错！朕即国家！参见：王忠和.法国王室［M］.天津：百花文艺出版社，2007：149.

④ ［法］J.阿尔德伯特，等.欧洲史［M］.蔡鸿滨，桂裕芳，译.海口：海南出版社，2000：91.

会里，作战时绝对服从首领的自由人在和平时期，竟然跟国王一样理直气壮地行使政治权力，尽管这些权力是微不足道的，但是它在人们心中形成的人皆必备的第二存在空间——政治权利空间——和主人翁意识培养的理念和传统却实实在在地封堵了向东北亚极权社会转变的道路。随着时间的推移，神圣罗马帝国皇帝的权威脆弱到中原皇帝无法想象的地步——自1356年颁发"黄金诏书"以来，帝国已不再是世袭的，皇帝须由在教会和世俗大公侯中确定的7人选侯选举团进行选举产生。

成功摆脱伊特鲁立亚人统治的罗马于公元前509年建立了共和国，从这一历史时刻起，王权观念被挤出罗马政治思想之外，虽然这时王政仍然广受民众支持、共和国还是贵族的公产。公元前5世纪中叶，以"十二铜表法"的竖立为标志，人类有了成文法，从此，欧洲依法治国的思想正式步入不可逆转的轨道。随后又建立起各权分立、互相监督的共和主义政治制度和行使行政长官选举权和法律、决定表决权的公民大会。虽然这些政治架构和国家机器主要控制在富人和贵族手中，但是它所开创的模式和方向却是不容否定的，其后效价值也是不可低估的。当这种罗马式欧洲法典精神与北欧政治传统合流，便孕育出宪法精神。在18—19世纪，英国的洛克和法国的孟德斯鸠共同完成了这种精神的现代表达——立法、行政和司法的分立。

在14—15世纪，伴随着政治地理大震荡带来的领土变动，12—13世纪确立起来的封建旧体制被新型政府所取代。时代新趋势迫使君主放弃只与贵族联合来实现共同利益最大化的传统，不得不在更广泛的合乎全民利益的层面上来确保自身利益，君主利益与臣民利益变得休戚相关了。因此，曾倍受珍视的罗马法"公共财产"概念又再度升温，臣民也逐渐重要了，成了某个群体、某个等级的社会范畴的成员。城市平民开始崭露头角，社会也因此形成教士、贵族和城市平民三个等级。这三个等级的代表召开的三级会议也绝非只是恭顺地聆听君主的意旨，而是要发表自己的意见，为自己的利益服务。这样，出于双方维护得到承认的自身特权的目的，行使权力遂成为由特权证书规定的君主与三级会议分享，而不再是单向的君主独享，从而能够成功阻止君主想扩大自身权力的企图。

所以，在14—15世纪的欧洲，随着国家任务的增多和法学家、经济学家等有专业特长者受到国家重用以及王国政府影响力的扩大，王国的官吏们在依附于国王还是王国的利益掂量中，选择了更加隶属于王国而不是国王个人。我们必须充分肯定这个在西方世界并未留下深刻历史印迹的转折对欧洲发展进程和后劲的重大影响，它标志着垄断专制势力的重大分化和严重削弱，标志着与时俱进的新鲜血液可以及时注入国家肌体的社会结构的形成。而这一事件，在东北亚由科举制度捍卫的君臣父子社会里，是不可能也没有发生的。故而，由于民主传统的钳制力量、没有中原王朝那种忠实奴仆一样的臣僚班底，君主为了自身利益不得不根据时事变化调整策略，谋求自己的支持者、利益保证者或联手合作者。

以英国为例，远在 12 世纪 30 年代，亨利一世就授予伦敦人选择自己中意的郡长和法官的权利、管理自己的司法和财务事项的权利，国王或其他机构不得干涉。1191 年，理查一世又赋予选择市长的权利。导致伦敦市民持续挑战王室权威，国王要得到利益，就得下放权利作为交换，甚至"给国王的借款多少和礼品价值成为了一个城市能否享有自治权的关键"①。在 1381 年的市民起义和理查受到上院上诉两起事件中，伦敦市民都不支持国王一方。1392 年，国王理查取消了伦敦的特权和自治权，可是 5 年后，国王就与惠廷顿市长达成了 10,000 英镑的互惠妥协，伦敦市民又恢复了曾经的特权。当然，英国国王的温顺和慷慨不是因为他们有超凡脱俗的人格品性，而是要归功于亨利二世时代颁布《克拉林敦条例》（1166 年）建立了司法陪审员制度，使英国人权有了具体的法律保障；更要归功于 1215 年 6 月 15 日那个晴朗的早晨——约翰王签署了具有里程碑意义的《大宪章》。这张普通羊皮纸记载的 61 条正式将国王权力置于法律制约之下，为英格兰宪政奠定了第一块基石，此后多数国王继位都认可《大宪章》的法律地位，共颁行 37 次②；还要归功于《牛津条例》（1258 年）诞下的国会及其通过的《权利法案》（1689 年），使英国专制王权正式让位于以严肃的法律为后盾的民主宪政。英国经过这个三级跳，以稳健的步伐捷足先登，将自由、法治、宪政一步一步推向成熟。集国家全权于一身、金口玉牙的中国和朝鲜君主总是梦想自己的王朝能与日月同辉、与天地同寿，事实却是，每个王朝都在被百般凌辱之后走进了坟墓，而至今健在的英国王室不仅创造了惊艳无比的国家辉煌，而且仍然有着广泛的民意基础。牙齿比舌头坚硬，但舌头总比牙齿活得长。中、英两国国王的权力故事不正是如此吗？看来，懂得敛退和舍弃的确是一种难能可贵的品质。由此可见，东方的四大垄断在欧洲没有生成的土壤。东西方的这种刚性和柔性反差，正是 15 世纪以后中国的日渐衰落而欧洲走向兴盛的要因所在。

---

① [英] 尼尔·弗格森. 文明 [M]. 曾贤明，唐颖华，译. 北京：中信出版社，2012：22.

② 任何企图破坏这一法律框架和政治传统的国王都将失去人心甚至性命，查理一世的结局即是一大显例。

第二节　中国农耕社会的多重拱卫

中国农耕社会的长寿秘诀，除了刚才所论四大垄断之外，还在漫长的沿革演进过程中，创造出了一整套拱卫体系。下面就此细加分述。

一、酒足饭饱弄风雅的饮食诗书文化

古往今来，满足正当欲望是人类进步的源动力，满足好奇之心是社会发展的推动力。饮食作为人的第一需要，始终是人类自身和社会的生产与再生产得以维系的根本前提。就个人而言，一旦饮食问题不再成为一个紧迫的问题，其源于生物特性的攻击本能冲动就会消退大半。作为个体集群的社会、国家也不例外。因此，饮食文化是决定一个地域的文明类型及其根本特性的核心要素之一。

中原农耕文化区由于占据了发展农业和农耕社会的地利条件，具有形成农庄文明并且持久繁盛的地理、生物和气象基础，所以，早至商代中期以后，已不再需要依靠强悍的外向进攻来满足部落成员的饥渴本能，饮食问题的重心已经转移到了对丰富多样性和品质精美度的追求上，并由此创造出了世界上首屈一指的饮食文化产业链和独一无二的诗书文化群芳苑，将农耕文化推进到了无与伦比的丰盛境界。在中原农庄文明世界，耕读是社会的轴心、餐桌是生活的圆心、舌尖是幸福的重心、诗书是成功的核心，美其名曰舌尖上的中国、味蕾上的文明。具体而言，集中体现在如下三个方面。

首先是饮食科技先进、品种繁盛、工艺精湛。这是因为：第一，早在公元前7世纪中期就开始定居、农耕生活的中原先民有条件将足够多的精力和智慧投入到饮食中去。第二，气候的差异性、土质和地形地貌的多样性决定了物产及其品种的多样性。粮食、蔬菜、瓜果、茶叶和畜类、禽类、蛋类的多产性又成就了饮品和食物的丰富性。第三，饮食丰富性带来的各种魅力无穷又回味无穷的口感享受和心理愉悦可以让人获得极大的身心满足，具有令人勾魂沉迷的吸引力和难以抗拒的依恋之情。因此，环视全球，唯有中原农耕文化圈的人最喜欢琢磨吃喝，拥有最为多姿多彩的饮食体验。不仅饮食加工种类之丰富全球第一，口味多种多样、做法千奇百怪，而且饮食与养生、保健水乳交融、药食同源同爨、吃喝健康相长。创造出了7

大食系、8 大菜系、35 大类基本烹调类型①，茶酒饮品种类均以千计②。在色、香、味、形、器、感、效③七个方面永无止境地追求着享受、满足和变化。如果要检验一个外国人是不是真正的中国通，最主要的不是看这个人是否通读过"四书五经""四大名著"，而是看他能不能读懂妙趣横生、令人垂涎三尺的中国菜谱。

远在人类文明早期，那袅袅炊烟和扑鼻香味的背后，是中原先民们在食品、饮料的生产、加工、储藏、保鲜、创新等领域取得的一系列技术突破，这些及时而丰富的成果为提高生活质量、增强身体素质、抵抗疾病、战胜灾荒、驱寒消暑、养生保健提供了技术支持和物质基础。由此，一年更比一年好的农家田园生活更加坚定了社会发展的农耕方向，也使从君王到庶民的心向和视野进一步向内倾斜聚合，朝着自给自足式生活和自恋自闭型文化转变。这里有必要把将中原社会和文化引向内敛和自满的早期饮食科技成果略做一表，以便理解中原帝王和农耕居民为什么会那么自满又自恋。

至迟在 5,500 年前的神农时代，先民们掌握了海水制盐技术；春秋时

---

① 七大食系是粤系、吴系、川系、鲁系、清真系、素食系和食疗系。八大菜系是川菜、鲁菜、粤菜、苏菜、浙菜、闽菜、湘菜和徽菜。参见：林乃燊. 中国古代饮食文化 [M]. 北京：中共中央党校出版社，1991：6.

② 茶叶加工与发酵工艺密切相关，视发酵程度（不发酵、微发酵、重发酵、全发酵和后发酵），茶可分为绿茶、白茶、黄茶、青茶、乌龙茶、红茶、黑茶 7 大类共 2,000 余种。酒以黄酒和白酒为主，而尤以白酒饮用最广，分纯酿、蒸馏和调制三大工艺。如果以香型来加以区别，主要有酱香、浓香、复合香、米香、清香、醇香、药香、豉香、雅香、馥郁香、芝麻香、特香等 12 种香型，酒精度一般从几度到 75 度不等，更高酒精度的酒比较罕见。果酒在宋朝以前占有很大的比重，随着蒸馏白酒的日前普及，大部分果酒市场被白酒覆盖。

③ "色"指视觉观感，食物色彩要丰富多样，每餐要吃五颜六色；"香"指嗅觉体验，飘逸的各种气味儿，包括食物直接散发出来的清香、浓香和闻着臭吃着香的暗香，能够极大地吊人胃口、刺激食欲；"味"指味觉感受，要求味道鲜美爽口、沁人心脾，满口余香、回味无穷；"形"指食物形体美感，食物加工过程的塑形和成品的整体造型都要富有艺术美感；"器"指盛器精致工巧，各种材质、色彩和样式的餐具与食物的色香味形配搭，组成一幅极具整体美感的立体动态拼图；"感"指食物的外在观感和进食过程获得的心理感受。色香味形器的百变组配都是为了获得对食物的综合美感，通过用餐过程来享受感官交感，并获得胃口的满足感和生活的幸福感。"效"指用餐不仅可以提供身体所需的各种营养成分，而且具有诸如美容颜、抗衰老、防病治病、增进感情、食色贿赂等食疗保健、愉悦身心、社会交际、利益交换功能。

期，开始岩盐开采；战国末期，在四川的李冰时代，井盐开采渐成规模①。战国时期，蜂蜜用于饮食制作已很普遍，并掌握了蜜蜂驯养技术。西周初年的宫廷诗章中记有用麦芽或淀粉发酵加温制成的饴糖。以甘草和甘蔗制糖在战国时代已很流行。5,000多年前的大汶口文化和龙山文化出土的大量酒器表明，当时已掌握利用酵母菌使糖类发酵来酿酒的方法。夏商周时期，培养出了能定向酿酒的大曲，并完成了从中筛选出酿甜酒的根霉菌制成小曲的技术革新，见于史料的当时酒品有澄酒、醴酒、香酒、桂花酒等多个种类，并将其用于烹饪和医学。商代，举国豪饮成风，《尚书》列举纣王的第一罪名便是酗酒，以至周朝初立，即以酗酒者判死刑的严厉处罚来扭转这一恶劣风气。东汉时期，制酒业又新增了蒸馏法。新石器时代学会了制醋，夏商周时期，醋已成每餐必用调料。周代宫廷中有一个40多名奴隶的制醋作坊。利用酸乳菌制作"菹"——泡菜，在夏商周时期已很普遍，为贵族餐桌必备小菜。发掘出土的秦代泡菜坛子，现在仍在四川等地普遍使用，造型和色彩都非常可人，但最高妙之处在于其形简理深的科学构思②。发酵家族还有一大不朽成果是制酱。这种让毛霉菌为生活服务的技术，在夏商周代传播日益广泛，豆酱、豆豉和酱油不但丰富了豆类、麦麸、淀粉的存储法和食用法，而且可与多种菜肴调和搭配，提味增香，促进新陈代谢，是营养和保健的双料佳品。周代王室日常备用酱料为120瓮，可见它在御厨料理中占有重要地位。汉代面食大量增加，面粉发酵后制作包点渐成通行做法。值得注意的是，发酵家族纵横捭阖的酒、神通广大的醋和族丁兴旺的酱并非中原农耕社会所独有，但论种类之丰富、品质之精优却唯其独占鳌头，根本原因在于这三兄弟对粮食品质有苛刻要求且消费巨大。如果没有足够量的上等好粮来满足它长年累月的耗用需求，都只能以瓜果、菜蔬来替代，品质必然天上地下。

　　食物存储方面，除了石器时代使用的熏烤法和风干法，夏商周又有了

---

　　①　考古界和盐史界近年来的研究分析显示，四川东部的先民开始用陶器收贮和加工天然卤水以摄取食盐，最晚在距今2,600年前。参见：郭正忠. 中国盐业史（古代编）[M]. 北京：人民出版社，1997：18.

　　②　它以1000℃左右的窑火烧制而成的土陶罐为坛体，具有良好的避光性能，还能与外界进行微换气。采用在坛口和坛盖儿接合部加卷边盛水的办法阻隔了外界空气和杂质进入坛内，腌泡过程中产生的气体达到一定压力时会自动顶开坛盖儿释放到大气中，这一自动恒压、保洁设计简单而轻松地达到了泡泡菜所需的避光、密封、厌氧、微换气环境要求和高标准卫生要求，而且蔬菜入坛之后完全不用人工干预，是极具智慧的发明。

冰窖和井藏技术。这较之于旧石器时代晚期山顶洞人的下层窖穴——已知世界上最早的恒温肉库——进步了很多。另外，《楚辞》中曾赞美冰镇甜酒的醇美和清凉，2002 年出土的九连墩墓冰酒器实物证实，最晚在战国中期，楚国贵族就已普遍使用这种冰箱来储存酒水饮料了。与追求长期保存相对应，蔬菜瓜果的温室栽培和移植技术在西汉前期已很成功①。以张骞为代表的使者和商队从西域带回的很多瓜果品种都移植成功，并逐渐推广到黄河、长江流域的广大地区。同样是在汉代，动物油的食用比率因为大豆油、芝麻油、菜籽油榨取技术的提高而大幅减少。西汉前期，豆腐被发明出来并很快推广开去，豆食家族由豆浆、豆花到豆腐的加工深入，将植物蛋白的开发利用又向前推进了一步。

食物加工方面，夏商周时期，牲畜和禽类宰杀后，会按肉质和烹制方法对肉料进行分档切割、按类分存，以便各适其用。周代厨师，还普遍使用米水沉淀浆液进行勾芡，使肉片嫩滑可口。对调味和火候，要求灭腥、去臊、除膻，三材（水、木、火）成五味（甘、酸、咸、苦、辛），九沸九变，达到久而不弊、熟而不烂、甘而不浓、酸而不酷、咸而不碱、淡而不薄、辛而不烈、肥而不腻的食用效果。

物产丰饶特性决定了蔬菜瓜果在农耕区饮食中的重要地位和与此相适应的独到加工。喜食菜蔬瓜果是中国人区别于西方人的重要标志，这种饮食结构和嗜好在营养学知识欠缺的古代是非常可贵的，为居民健康立下了汗马功劳。在 16—18 世纪，西方约有两百万船员死于坏血病。达·伽马的印度首航，竟有 2/3 的船员生命无一例外地被这位可怕的死神夺去。英国海军司令乔治·安森的舰队 1740—1744 年的环球航行，1900 余名船员中，死于坏血病的竟多达 1400 名②。尽管一再强调要坚持多吃柠檬，但是马戛尔尼访华团行至爪哇时，仍发现几人已患上了坏血病。但是中国航海人从未遭遇过这一厄运。郑和舰队出海，每次都是 2.7 万人左右的庞大队伍，

---

① 据《汉书·循吏传·召信臣》记载，"太官园种冬生葱韭菜茹，覆以屋庑，昼夜然蕴火，待温气乃生。"可见，温室种菜已有不错的成绩。召信臣是守旧官吏的典型。他主观地以为不是按季节自然生产的蔬菜，肯定会有害于人，当然不可供给皇宫食用，而且奏请朝廷叫停了一切反季节作物的种植，把这项实用科学彻底封杀了，每年为朝廷节约了数千万费用。这一事件其实是汉代科研环境的缩影，召信臣的观念是官方主流意识的代表。参见：许嘉璐. 二十四史全译·汉书·循吏传 [M]. 上海：汉语大词典出版社，2004：1801.

② [美] 菲利普·费尔南德兹—阿麦斯托. 世界：一部历史（下册）[M]. 叶建军，等译. 北京：北京大学出版社，2010：773.

也没人得过坏血病，其奥秘就在于船队的饮食保证了抵抗这一病魔的维生素的供应。因为他们每天都饮茶，如绿茶、乌龙茶、红茶等，每餐都有蔬菜或豆类，陈醋和瓜果（其中柑橘属水果很多，如橙子、橘子、柚子、椰子、柠檬等）也从不间断。舰队补给船不但饲养禽畜，而且种植蔬菜，还加工、存储有各种新鲜的、腌制的、脱水的、发酵的荤素食材和饮品。他们还使用一种古老的航海装货种菜法为舰队补给更多蔬菜。瓷器是易碎品，欧洲人有个比喻，中国瓷器是多么可悲的奢侈品，一只小猫用它的小爪子轻轻一扒拉，后果比好几百亩土地遭了灾还严重。所以，为了保证运输安全，茭草工扎瓷时，用绿豆或小麦填充空隙，适当洒水使之慢慢发芽、生长。航行途中随着幼芽的成长，瓷器会越压越紧，船无论怎么颠簸也不会损坏它们。卸货时，将麦芽和豆芽留下供船队食用，这个一举两得的发明正是水手们保持健康的重要秘籍之一①。

　　炒和蒸是最能保存营养也最为健康的常用烹饪方法。以爆炒为例，植物油烧至160-180℃时，放入提味料，五秒之内香气初溢，倒入食材，经过炒锅在手中几十秒钟的翻江倒海，已完成杀青、入味、塑形、着色的工序，立即上桌，投箸入口，色之美、香之韵、味之爽齐聚舌尖，顿觉心旷神怡，那种滋润和满足用任何精妙华美的言辞来形容都显得苍白无力。蒸的科学性尤其值得西方人学习，这种在商代就很常用的古老烹调方法应该列为中国的第一大发明。水烧开后可以保持最高100℃的恒温，与火和油的高温相比，用低温高湿的水蒸汽加工出来的食物，具有亲昵的外表、和美的观感、圣洁的质地，可以容纳和美化百变的口味，不但营养不会损失半分一毫，而且完全不会给身体带来任何不利的影响，是烧、炸、烤等高温脱水之法无法比拟的。如今中、韩、日等国普遍使用电饭煲来烹制米饭，口感、营养俱佳的奥秘也正在与此。

　　几乎每一位去北京旅行的外国人都不愿错过品尝烤鸭的机会。作为这座古都的饮食名片，烤鸭最初由朱元璋的御厨首创，朱棣迁都时它随之北上并繁育成庞大的家族。烤鸭之所以外焦里嫩、皮脆肉香，奥妙就在于蒸、烤两法的里应外合、相得益彰。鸭子宰杀去毛后要从刀口处向皮里肉外的脂肪层充气，八成满时扎紧。全部内脏要从尾部勾拉而出，以保证腹腔良好的气密性。清理干净后的空腔要灌入加有去腥膻的花椒、料酒等调料的开水，不少于八成，再用鸭堵塞封好。表皮要经过两次糖水打色才能入炉

---

　　①　[英] 加文·孟席斯. 1421：中国发现世界 [M]. 师研群，等译. 北京：京华出版社，2005：34.

开烤。烤鸭用的是枣、杏、梨、桃等烟少火硬的木料，炉温200℃时鸭坯入炉，全程炉温须保持在250-300℃之间。烤鸭过程中，鸭坯表面温度可能到200℃以上，但皮下存有足够的热不良导体——空气，使皮层下的体内温度陡降，形成里外之间100-150℃的温度落差。当皮下存热把腹腔中的水烧沸以后，在腔外皮下间形成低温密封层，依靠向外流动的水和蒸汽把鸭肉蒸煮至熟。而表皮由于脂肪层内的油和腹腔中的水分受火的热力吸引而外渗，温度相对稳定而且不会因为脱水过度而烤糊。所以，出炉的烤鸭油润发亮、色泽枣红、遍体幽香、令人垂涎三尺。

炊具、餐具、灶具方面，汉代的青瓷与商代中期的陶瓷①相比，不但品质飞越到更高阶段，而且产量大增，普通人家的餐具也大都使用青瓷器。西汉时，煤的利用拉动了冶铁业的进步，从而使钢刃菜刀和耐高温、用于炖煮与爆炒的铁质炊具诞生并普遍使用。汉代的炉灶也有巨大革新，发明了多火口曲突或弯突陶灶，提高了聚热效能，更节省燃料，美化了厨房环境、净化了厨房空气、减少了火灾发生机率，还提高了烹饪效率。

汉语古谚说："要想拴住一个人，就先拴住他的胃。"正是这些早期饮食成就给予中原先民胃口上的极大丰富和满足，将他们牢牢地拴在了农庄里，沉醉在佳肴、香茶和美酒之中的心志对通过冒险才能获得肠胃好感的生活方式充满畏惧、排斥和鄙视。

其次是人口的增殖显著。在公元1年，人口已达6千万，是欧洲的1倍，占世界总人口数的26.7%。公元1300年，达到1个亿，而欧洲仍只有5,200万，占世界总人口的26.9%。1820年，人口为3亿8千1百万，是欧洲的2.24倍，占世界总人口的36.6%②。尽管有如此庞大的人口，西欧迟至14世纪，人均GDP才超过中原政权辖区③。

第三是城市文化早入兴盛。战国时期的楚国都城纪南城，城垣周长15.5公里，共有7座陆门（车门）和3洞水门（船门），城垣底宽30—40米，高14米，顶宽10—20米。护城壕平均宽度40—50米，最宽处100米，最窄处10米。城市面积16平方公里，分为市民区、作坊区、商业区、贵族区和宫殿区（160万平方米）。城内散布着生活井、作坊井、冷藏井、储藏

---

① 现知中国最早的能烧制大型精美瓷器的窑是江西清江吴城遗址的商代龙窑；现存最早的瓷器实物为发掘于殷墟遗址的商代时期白陶。

② [英] 安格斯·麦迪森. 中国经济的长期表现：公元960—2030年 [M]. 伍晓鹰，马德斌，译. 上海：上海人民出版社，2008：12.

③ [英] 安格斯·麦迪森. 世界经济千年史 [M]. 伍晓鹰，等译. 北京：北京大学出版社，2003：30.

井共计 500 多口。城内人口最多时有 60,000 户、30 万人口①。稍晚一些的秦帝国首都咸阳是拥有 60 万人口的大都会②，其卫星都市丽邑和云阳，也是人口分别为 15 万和 25 万的大城市。从公元前 192 年开始修建的西汉首都长安，城墙高 8.2 米，墙基厚 15.9 米，周长 25.1 公里。全城共 12 座城门，主城门的三个门洞，"均宽 8 米余，间隔 4 米；每门可容 4 轨，共 12 轨（汉代车轨约 1.5 米）"。"主要街道，宽度在 40—50 米间"。常住人口最多时，总数在 30 万以上③。有六朝古都之称的南京城建康，在梁武帝（502—549 年在位）时期是人口逾百万的全球第一大都会。唐朝首都长安和明朝立国首都南京都是人口超过一百万的大城市④。宋代，人口在 10 万户以上的大中城市有 40 座以上。北宋的市镇超过 1,900 个，只剩半壁江山的南宋也有 1,300 个⑤。公元 1000 年时，中原政权辖区内，有 3% 的人口居住在万人以上的城镇，而当时欧洲的比例为零⑥。1420 年投入使用的明朝新都北京，是当时世界无与伦比的最大城市。"与紫禁城的层层厅堂相比，伦敦塔本身就是一个很粗糙的建筑工程。与中国的玉带桥相比，伦敦大桥不过是用支柱撑起的难看的杂货店罢了。""与南京相比，那时的伦敦几乎还不能叫作一个城镇。""伦敦补补修修的老城墙，长约 3 英里，而这和南京的城墙不可同日而语。"即使规模很小的北京紫禁城，面积也是伦敦城的 1500 倍，伦敦人口的 50 倍⑦。有四重城墙的南京城，总面积 230 平方公里，京城城

① 湖北省博物馆. 楚都纪南城的探查与发掘（上下）[J]. 考古学报，1982（3）：325-353；（4）：477-513. 另参见：郭德维. 楚都纪南城复原研究 [M]. 北京：文物出版社，1998：25-33；49-77.

② [日] 鹤间和幸. 始皇帝的遗产：秦汉帝国 [M]. 马彪，译. 桂林：广西师范大学出版社，2014：81.

③ 唐代长安城是中国历史上最大的城市，也是古代全世界最大的城市。城址东西长 9,721 米，南北长 8,651 米，周长 36 公里，占地 8,700 公顷。参见：董鉴泓. 中国城市建设史 [M]. 北京：中国建筑工业出版社，2004：30-31；47. 长安"从 618 年到 860 年作为国际都会的耀眼光芒，大概是任何其他地方永远无法比拟的"。参见：[美] 罗兹·墨菲. 亚洲史 [M]. 黄磷，译. 海口：海南出版社，2004：197.

④ 董鉴泓. 中国城市建设史 [M]. 北京：中国建筑工业出版社，2004：44.

⑤ 胡幸福. 历史起跑线上的反思：中西古代文明向近代文明转型的比较 [M]. 银川：宁夏人民出版社，2002：128.

⑥ [英] 安格斯·麦迪森. 世界经济千年史 [M]. 伍晓鹰，等译. 北京：北京大学出版社，2003：28.

⑦ [英] 尼尔·弗格森著. 文明 [M]. 曾贤明，唐颖华，译. 北京：中信出版社，2012：6；[英] 加文·孟席斯. 1421：中国发现世界 [M]. 师研群，等译. 北京：京华出版社，2005：11.

墙蜿蜒盘桓 29.5 公里，外郭城墙逾 60 公里①。

第四，辉煌灿烂的诗书文化成就。正如亚里士多德所说："迫切的需要既然得到满足，人类便会转到普遍和更高的方面去。"② 同理，在经济发达的农耕区，相对稳定的农业收成带来的丰衣足食常态化，使高于物质层面的精神佳品的创造和多产成为可能。东北亚在悠久的历史长河中，科学和艺术各大门类都曾诞生过众多全球视域下也毫不逊色的伟大巨匠和杰出成果，其中诗书成就最为独特卓著，世界级巨匠和不朽作品灿若群星。这里的"诗"指广义上的文学艺术，"书"指书籍和书法。拿中国律诗这种汉语特有、要求极为严格的体裁来说，到清康熙年间编录唐诗总集《全唐诗》时，仍有 2,873 位诗人创作的 49,403 首作品流传于世。就集成类书籍而言，也是举世无双的。《四库全书》《古今图书集成》《康熙字典》等等卷帙浩繁的鸿篇巨制与明朝永乐五年（1407 年）完成的《永乐大典》相比，便是小巫见大巫了。这一由时任太子少傅姚广孝和鸿儒解缙领衔，共 2,169 位学者耗时 3 年编纂而成的中国历史上最大类书，囊括了有史以来存留的几乎所有的百科文献，全书目录 60 卷，正文 22,877 卷，成书 11,095 册，约 3 亿 7 千万字，是狄德罗主编的《百科全书》的 12 倍，"整整 600 年后，才于 2007 年被维基百科所超越"。在欧洲，亨利五世（1387—1422）的图书馆中，只有 6 本手抄书（37 年后，欧洲人才有印刷术），且一半是借自女子修道院。同时期欧洲首富佛罗伦萨商人弗郎西斯科·达梯尼（Francesco Datini）拥有藏书 12 本，其中 8 本为宗教书籍③。

自古以来，私家藏书一直是书香门第最引以为豪的资本，也是富有的饱学之士的雅好。明代嘉靖年间进士范钦创建的私家藏书楼"天一阁"，庋藏图书 7 万余卷，被誉为"人间庋阁足千古，天下藏书第一家"④。清代，山东聊城杨以增建造的海源阁藏书 3,336 种，208,300 多卷，比 1929 年盘点

---

① 朱明，杨国庆. 南京城墙史话 [M]. 南京：南京出版社，2008：50-52.

② [德] 黑格尔. 历史哲学 [M]. 王造时，译. 上海：上海书店出版社，2001：214.

③ [英] 尼尔·弗格森. 文明 [M]. 曾贤明，唐颖华，译. 北京：中信出版社，2012：6；[英] 加文·孟席斯. 1421：中国发现世界 [M]. 师研群，等译. 北京：京华出版社，2005：16；[英] 加文·孟席斯 .1434：一支庞大的中国舰队抵达意大利并点燃文艺复兴之火 [M]. 宋丽萍，杨立新，译. 北京：人民文学出版社，2012：21.

④ 曹正文. 书香心怡——中国藏书文化 [M]. 上海：上海古籍出版社，1994：53.

清代皇家宫廷藏书时所得总量 13,081 部、196,732 册还多①。同处清代的瞿绍基，在其家乡今江苏常熟古里村所建的藏书楼敦裕斋（其子更名为铁琴铜剑楼）收藏经 82 种、史 265 种、子 370 种、集 525 种，含宋版 161 种、金本 3 种、元本 105 种，总计 10 余万卷。此外，还收藏有金石、铜镜、古陶、名瓷、书画和铁琴一架、铜剑一把，俨然一座多功能博物馆②。藏书尤为卓异者，乃湖南湘乡曾国藩家族宣厚堂内的藏书楼。这座始建于清同治四年（1865）的"宰相府"——"毅勇侯第"，辟出 800 多平方米、用房 16 间，分成求阙斋、归朴斋、艺芳斋、思云馆四大藏区，庋藏图书 30 余万卷（册）。其最为难能可贵处在于所藏除经史子集之类正统正、善本书籍外，还广罗各地地方志，陈列满架。此外，其涵盖西洋军事、政治、经济、教育、农学、医药等学科的外文原典以及《大英百科全书》之类的收藏，更铸成它私人藏书不可置疑的翘楚地位③。

有史以来，中原王朝血战沙场的将军很多都是文武双全的儒将，这样的例子不胜枚举。东晋的葛洪战功赫赫，同时又是杰出的医药学家；东晋的王羲之和唐代的颜真卿都以书法大家传世，南宋的陆游是文学家、史学家，诗作传诵尤广，辛弃疾是大宋词坛名家，被尊为"词中之龙"，但他们都曾投笔从戎、沙场点兵。

至今仍是东亚地区一大文化符号的汉字书法是与甲骨文同寿的艺术，毛笔诞生后形成的软笔书法为其杰出代表，成就亦最高。这种以柔弱纤细的动物毫毛为工具的书写艺术是农庄文明贡献给全人类的独具魅力的文化瑰宝。它曾是所有读书人的必修之功、必备之能。两千年来，流派众多、风格万端，造诣甚高的杰出书法家层出不穷，传世极品广布于典籍、文告、楹联、碑刻等各种载体。它以简单的点线变化和黑白对比，通过笔画的断连行滞、轻重洪细、曲直疏密、刚柔虚实来表现主次奇正、喜怒爱憎、善恶美丑等多重交感。其变幻各异的笔势和精巧睿智的布局把大地山川之美和人物、建筑之美韵化成汉字特有的线条形体之美，鲜活灵动地传递出书写者的品性格调和人文情怀，是各种哲学滋养的学人文士们个性情操和心灵密码的线性表达和视觉呈现。书法艺术本身与它所记录的文句内涵不但提供给书写者纵情驰骋的艺术天地，可以酣畅淋漓地抒发万种情愫，而且

①　焦树安. 中国藏书史话 [M]. 北京：商务印书馆，1997：107，122.

②　曹正文. 书香心怡——中国藏书文化 [M]. 上海：上海古籍出版社，1994：55-56.

③　岳南. 南渡北归：南渡 [M]. 长沙：湖南文艺出版社，2011：346.

给欣赏者以奥妙无穷的美感享受和涤荡心海的志趣陶冶。另一方面，如果从文化形态上来审视这门艺术，会发现它具有强大的性情约束功能，练习书法要求的宁、肃、克、韧和美学创造、功利效应，与农耕文化的静谧安和、恬雅纵情完美契合，是丰富和迷醉人们精神境界的重要工具和广阔天地，笔走龙蛇之功，经年累月方有所成，也是文人雅士展示教养的名片、独显风流的招牌。

当我们从语言文化角度品味东北亚农耕文化，会发现一个有意思的现象——人们习惯从"吃"的角度去观察事物、思考问题、寻求表达、宣泄情感，积累了丰富的"吃"的语汇和哲学。譬如，"吃"不局限于将食物送进胃里这个具体动作，生活的各个领域、社会的各种现象乃至抽象的心理世界都习惯于用"吃"去审视和表达。读书叫吃墨，受苦叫吃苦，惊讶叫吃惊，费劲叫吃力，无法承受叫吃不消。人缘好叫吃得开，受欢迎叫吃香。利益受损叫吃亏，吃亏不敢声张叫哑巴吃黄连。全能叫通吃，不清楚叫吃不准。女性漂亮叫秀色可餐，爱情嫉妒叫吃醋，占女性便宜叫吃豆腐。谋生叫糊口，干工作叫混饭吃。工作岗位叫饭碗，好工作叫金饭碗。受照顾叫吃小灶，花积蓄叫吃老本，靠长辈生活叫啃老，靠积蓄生活叫坐吃山空。丈夫靠妻子养活叫吃软饭，办事不力叫吃干饭。有靠山叫不是吃素的，事情无法收场叫吃不了兜着走。下定决心叫王八吃秤砣，让人放心叫吃定心丸。好说歹说都不听叫软硬不吃，惹是生非叫吃饱了撑的，玩忽职守叫吃粮不管事。理解透彻叫吃深吃透，以强凌弱叫大鱼吃小鱼、小鱼吃虾米。不忠于团体而为外人做事儿叫吃里爬外，吸取教训叫吃一堑长一智，贪婪叫吃着碗里看着锅里。男子不切实际的爱情幻想叫癞蛤蟆想吃天鹅肉，做事没得到好处反而受伤害叫没吃着羊肉惹一身膻。

这些语汇表明"吃"在中国农耕文化圈中的分量和地位。诚然，农业人口占绝对比重的古代中原帝国，追求的是一种温馨而雅致、丰裕而安定的生活，内容可分为上下两层各七件事，一高一低、一雅一俗。七高雅是君子的佩剑、七低俗是凡夫的标签。清代康乾年间的张璨有诗云："书画琴棋诗酒花，当年件件不离他。而今七事都更变，柴米油盐酱醋茶。"① 就是对这种社会面貌的白描。张璨按照儒家君子的理想人生，苦读圣贤书，中了举人，品性刚正高洁、为官清正廉明，官至大理寺少卿，荣享"书画琴棋诗酒花"的儒雅生活。但后来命运逆转，被罢官，在湖南湘潭老家过着为君子所不齿的农夫生活，叹息"而今七事都更变，"生活内容变成了"俗

① （清）袁枚. 随园诗话 [M]. 北京：人民文学出版社，1960：106.

不可耐"的"柴米油盐酱醋茶。"诗中透出的伤感与孔子的心病隔空相吻。

七高雅生活不仅是普通读书人的追求和理想，即使是处于至尊地位的皇帝也以专擅精深为荣。自诩为"十全武功"皇帝的清高宗乾隆弘历，其实还是大清帝国儒雅君子的代名词。他是文学家、语言学家、书法家、诗人和学者，尤为嗜诗。"几务之暇，无他可娱，往往作诗。""每天余时，或作书，或作画，而作诗最为常事，每天必作数首。"他一生竟然在业余时间创作了42,613首诗，与诗歌鼎盛的唐朝流传下来的诗歌总量相差无几[1]。这位帝王诗人的作品虽然今天没有一句广为流传，但是其持久不衰的诗兴诚为可叹。

下层农民终年被农事束缚在土地上，日出而作、日落而息，无暇旁顾其他。能吃饱吃好是一大理想。聪明的帝王往往会开心地看到这一点，着力于发挥农业的捆绑作用来稳定社会、延长王命。土地关系是中国农耕社会最重要、最本质的关系，土地制度是所有制度中最基础、最根本的制度，土地政策的好坏和执行情况是中国农耕区政权治乱兴衰的晴雨表。因此，一直以来，土地政策的败坏荒废既是天下大乱的诱因，也是王朝更替的主因，历史一直重复着失去土地的流民被报复之心和帝王之志所利用的悲喜剧。

社会中上层，除了锦衣玉食，就是金屋、香车、美女，儿孙满堂、光耀门楣，走张灿的路并避免他的结局。这种志趣取向有明显的内向性和烦干扰心理，它追求为人和善、家庭和睦、社会和谐、世界和平，无意染指别人、别家、别国的事儿。表现在国家层面除了下面要谈的和亲、册封和长城三个方面以外，我们还可以从宫殿的命名思路上得到印证。以北京的明清宫殿为例，宫殿群表现了儒家文化的"中正安和"理念，以一条笔直的中轴线为界展开对称布局，最高大雄伟的主殿群都骑居中轴线正中央，清朝命名为太和殿、中和殿、保和殿。大门的命名则分别体现"和"（协和门、太和门、熙和门），"安"（天安门、地安门、东安门、西安门、左安门、右安门、长安左门、长安右门）。还有祈望"定"的"安定门""永定门"以及突出"正"的"正阳门"。

以追求长生不老为动机的道士在研究炼丹术的过程中发明了火药，英国的李约瑟博士将其列为古代中国的四大发明之一。但是包括李博士在内的西方学者却对这一发明未被中国人深入利用大惑不解。其实上面的文字已经提供了破解这一困惑的基本信息。农耕文化圈中的居民在社会安宁、

---

① 阎崇年. 正说清朝十二帝［M］. 北京：中华书局，2004：133.

生活安定的情况下对血肉搏杀之事缺乏兴趣。火药到了宋代，虽然宋军有借用其燃烧时产生的推力将石头子儿打得更远的用例①，但这仅是入门级尝试。朝野上下根本没有在这上面绞尽脑汁获得军事上的压倒优势以称霸东方的思考。而按宋代的经济实力和人才基础，皇帝想要做成这样的事并非没有可能。正是他们的文化观念使之作茧自缚了。所以，在宋徽宗的阅兵式上展现的，仍然是和平利用火药的"爆仗"②。南宋的革新也只是这一和平路线的延长——"爆竹"——用于心理安慰的避邪驱鬼罢了。真正使火药在军事上显示其爆炸威力的是宋朝的坏邻居金军③。可见，乐享安和康宁，不愿寻衅滋事、重王道反霸道的内向文化心理多么根深叶茂。

（2）选拔忠臣孝子的科举制度

古代中原和半岛政权的官僚是其统治得以维持和运行的神经体系，也是支撑统治大厦的栋梁柱石。而且，官僚的知识结构和能力结构可以左右国家小到日常事务的处理，大到发展战略的制定和转变的所有选择与决策。科举制度④作为决定什么人进入官僚体系的遴选制度，考察内容直接反应国家文化类型。它所选人才因为不具备国家转型亟须的知识而无法适应使用需要，必然会作为一种强大的牵制力给国家和民族带来致命后果。

唐朝除了明经、进士科以外，还有明法、明字、明算科，虽然位居次要，但毕竟可以给低级吏员和庶人以进身机会，涵盖了较广的学科面。但

① 曾公亮、丁度奉敕编写的《武经总要》中荟萃了当时热兵器研发的各种成果，但是，总体上看，兵器革新并非赵宋朝廷的国家要务，它对这类新武器的认识、重视程度和投入是无法与战国时期的秦国相比的，即使与和平时期的大王朝相比，它的武器研发投入也不大。

② （宋）孟元老. 东京梦华录·卷七·驾登宝津楼诸军呈百戏 [M]. 北京：中华书局，2007：687.

③ 据《金史》第113卷列传第五十一《赤盏合喜传》载："其守城之具有火炮名'震天雷'者，铁罐盛药，以火点之，炮起火发，其声如雷，闻百里外，所蒸围半亩之上，火点着甲铁皆透。大兵又为牛皮洞，直至城下，掘城为龛，间可容人，则城上无可奈何矣。人有献策者，以铁绳悬'震天雷'者，顺城而下，至掘处火发，人与牛皮皆碎迸无迹。又飞火枪，注药以火发之，辄前烧十余步，人亦不敢近。大兵惟畏此二物云。"这段话记载了两种新式爆炸性热兵器，前者为"雷"类鼻祖，后者为现喷火枪的祖先。参见：许嘉璐. 二十四史全译·金史·金盏合喜传 [M]. 上海：汉语大词典出版社，2004：1925.

④ 科举考试科目包括贡举、制举（特科）、武举、童子举等种类。而前三者中又包括进士、明经、贤良方正能直言极谏、才识兼茂能明于体用等科目。在这些考试中，贡举定期举行、取士最多、存在时间最久，习称为"常科"，一般语境中所言科举，即就此而言，这里所论科举，也主要指常科。

到了宋朝，明字、明算科已不见踪影，只有明法一科尚存，后于1116年与旧有明经诸科一同被废。从1073年起，新应试者只能报考经义进士和诗赋进士。元、明、清三朝都承袭此制直到科举被全面废除。图三所示为科举考试的核心版块——贡举——考试科目的变迁沿革。

通观科举制存在的一千三百多年，无论怎么变化，都没有摆脱以文学、哲学、政治、伦理和军技为考查核心的选择路线。数学、医学、法学等历来位居次要，官阶很低，太没吸引力，少人问津。治理国家大量需要的农业、水利、经济、天文、地理、历法、商业、工程、武器等知识都不是主要的或者根本没有成为科举的考查内容，大都是当了官以后或者现学现卖，或者求助于民间布衣，或者"久病成良医"的。只有极少数顶着压力偏爱科举之外的邪门贱学且在科举考试中凭借所考内容幸运胜出，步入仕途后将这些"无用"的知识派上大用场的人。细看历代贡举科目的沿革演进轨迹，会发现科目设置一直在退步。没错，这个科目越来越少、入仕之桥越来越窄的变化过程是与官僚阶层毫无"经济的理化活动的活力"①、越来越无法适应时代变化、只得通过日益严密的思想控制来维持统治地位的思维变异历程相吻合的。朱元璋治下的洪武年间，科举制度受政治高压而畸变的程度最为严重和典型。

朱元璋、刘基规定，各级科举考试，只能从四书、五经中命题。文体仿宋朝之经义，格式排偶，名曰"制义"，要求考生用古人的思想行文作答，且只能据钦定的几家注疏发挥，不能发表与之相异的言论。于是，"自贡举法行"，读书人少有读四书五经以外之书者，既不知时事，也不思考前人言论之对错，唯恐自我见解不投阅卷官员的胃口而名落孙山，他们"知以摘经拟题为志，其所最切者惟四子一经之笺，是钻是窥，余则漫不加省。与之交谈，两目瞪然视，舌木强，不能对。"而学校"稍励廉隅者不愿入学，而学行章句有闻者，未必尽出于弟子员。"甚至发展到了"生徒无复在学肄业，入其庭不见其人，如废寺然"②的地步。这种科举制度下，读书人大多被畸变成投机取巧获取功名以图荣华富贵的蝇营狗苟之徒，早将"为天地立志，为生民立道，为去圣继绝学，为万世开太平"③的读书人天职抛到九霄云外去了。必须指出，绝不能轻看这科举考试科目设定的背后，帝

① ［德］马克斯·韦伯. 儒教与道教［M］. 王容芬，译. 北京：商务印书馆，1995：298.

② 吴晗. 朱元璋传［M］. 北京：人民出版社，1995：191-193.

③ （宋）张载. 张载集·张子语录［M］. 张锡琛，点校. 北京：中华书局，1978：320.

王和臣僚们的深远筹谋和如意算盘。以科举为选拔人才的主要手段自不待言，但通过科目设定来确保思想纯正和绝对忠诚以实现帝王的统治功能也是科举的重要作用却容易被忽视。皇帝作为大农庄主，时刻关心的，除了农庄的兴盛，就是农庄的秩序——王朝的长治久安，科举选人必须服务于这两大核心任务。然而，选拔出能保证秩序的人才——感念浩荡皇恩的忠诚奴仆——远比整天跟一群满脑子执拗主义的专家、学者们苦苦周旋要实惠、宽心得多。因此，科举的思想奴化与约束纯化功能便上升到更加重要的地位，以儒学教义为正统的诗赋、经义虽然与绝大多数官员将来的履职毫无关涉，但其重要性却从来没有帝王产生过怀疑，原因正在于此。非但如此，皇帝和重臣还通过体现特殊恩遇的制举，如诠选、选授、衡鉴等拔用方式以及荫补和捐纳来收聚人心、缩小异己。这种绑定了个人核心利益之后再借用制度的强制力予以保障的方法具有强大而恒久的吸引力和束缚力。个人欲从科举求取仕途，必修儒学教义；吸食儒学步入仕途的官僚唯儒学见长，则必视儒学为圭臬，从而为官与授徒都无不出自孔门。这样一个循环，构成了农耕文化中儒学与仕途、仕途与官僚、官僚与儒学的相生利益链条，周而复始地运转，穿越皇权易姓和时空悠然向前。农庄平静而安全，农庄生态因此而长久势固。但是，随着时代进步，要打破这种封闭的自转却是万分困难的。当然，这不是帝王们愿意去思考的问题。所以，科举的科目设定，在今天看来是一种缺陷，但在帝王和官僚眼中，却是高妙绝伦的。

但是，今天的我们应该把他们的障眼法看明白，科举考试科目的设计缺陷正是以孔子为代表的儒家内向性农耕文化盲点的产物，暴露了它的致命弱点。如果我们把农耕文化比作一个罩在国家精英身上的隐形魔障的话，那么科举制度表现的知识缺陷从而导致官员能力结构的畸形是最具韧性也最为厚实的部分。它遴选出来的精英分子只能适应封闭性农庄社会的使用需要，与工商业社会所需要的人才类型格格不入。正如西方学者看到的，科举这种异常激烈的竞争，"初衷在于催生操手派精英"，选拔的品质是"顺从和谨慎"，"它不是那种推动创新的竞争，因而也就谈不上什么变革需求了。"① 更进一步说，局限于个人心性修养并人为拔高和泛化其积极作用、鄙视农工商业的傲慢和清高、抑制工商业发展的国策是无法适应中国社会第三阶段发展需要的，是国家转型的思想桎梏。这一思想桎梏又通过国家

---

① ［英］尼尔·弗格森. 文明［M］. 曾贤明，唐颖华，译. 北京：中信出版社，2012：25.

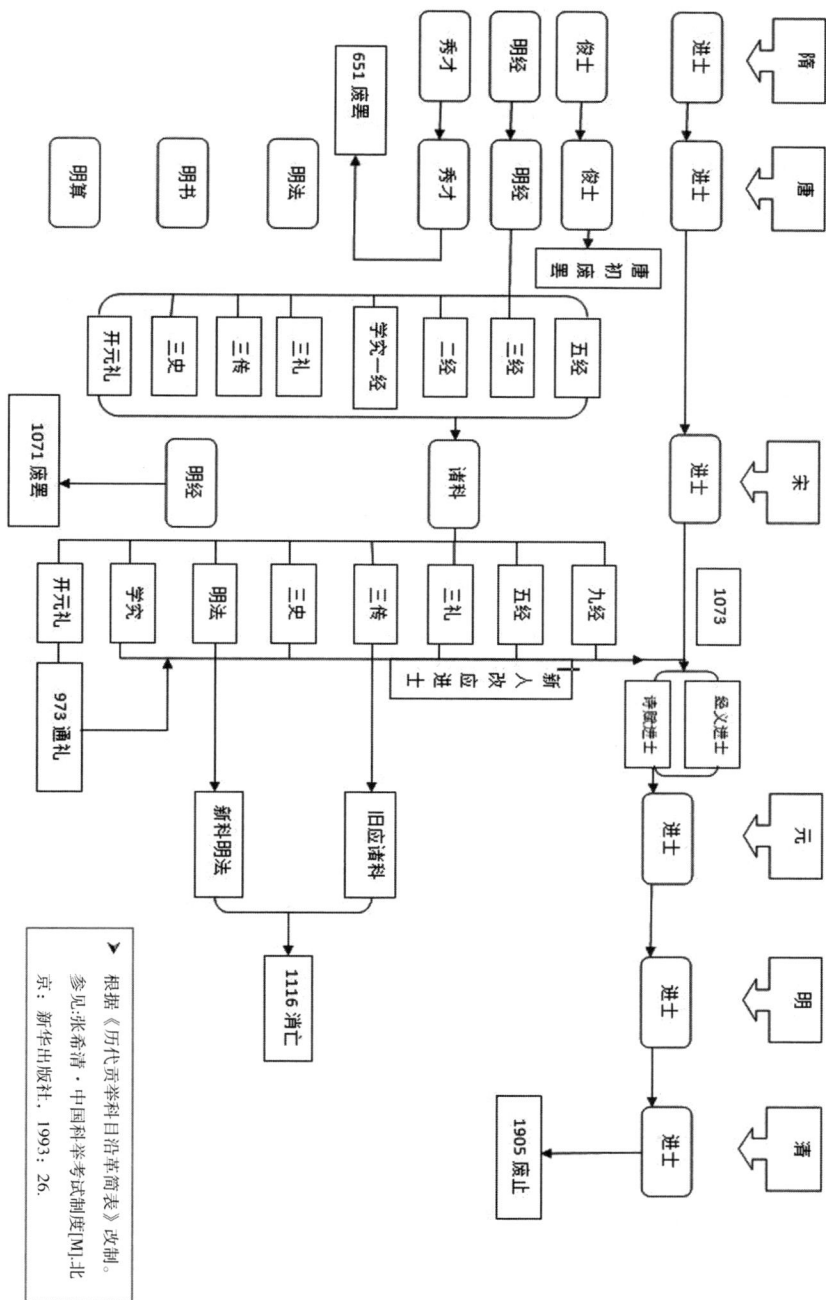

图一 科举制度贡举考试科目沿革简图

制度具体化为政治桎梏，并与专制极权联手阻碍社会转型的推进。所以说，思想桎梏是农庄社会转型阻抑体系生成和作用的真正核心和第一重要关节。

当我们从这种意义上看待科举时，不难发现一种文化特性的巨大影响力，它既可能使这个文化群体先进繁荣一时，也可能使之守旧自囚，难以突破。科举考试遴选的国家精英的文化修养决定着这个国家的基本面貌，管理水平，发展道路、方向和程度，当科举选择的治国之才无法胜任治国之职时，国家必然走向衰败。这不是科举制度作为一种以考试为手段选拔人才的方法的过错。甚至可以说，早于西方 11 个世纪的考试选才制度①是一项可与"四大发明"相提并论的了不起的发明，直到今天，全世界没有一个国家能够创造出比它更好的方法来取代它。然而，它却逐渐沦为被君王和官僚这些聪明的阴谋家玩弄并最终把他们自己也玩儿完了的一种诡秘游戏。所以，它遭受的指责和最终被废除是充当了儒家内向心性礼义文化短板的替罪羊，是倒洗澡水的时候把孩子也一起倒掉了。病急乱投医的清政府按照脸丑怪镜子的逻辑在对科举的诅咒声中终结了科举，同时也以亲手强拆帝国支柱的方式加速了帝国生命的终结。

三、江山情重于骨肉情的和亲

中国农耕区宜农的水土和气候为农业的发达提供了保障，吃苦耐劳的农耕文化传统和追求儒雅的中上阶层生活方式共同创造的文明，与周边游牧政权的同期发展水平相比，有很大的先进性和丰富性，对他们具有很强的吸引力和依赖性。所以，即使是蒙元和清王朝这样以军事上的胜利者入主中原的全国政权，也不可避免地成为文化上的失败者，要么退回故地、要么最终被同化。面对巨大的反差，这些周边政权与中原王朝的交流互动，往往采取己弱俯首称臣、年丰和平交易；彼弱则兵戎相见、灾荒则劫掠抢夺的策略。既承认中原的强盛和引力，又避免因过从甚密被同化而刻意拉开距离，或者伺机抖抖威风，满足一下征服欲和占有欲。这一心理导致有史以来由东到西漫长的农牧交接地带总是处于时断时续地战与和、进与退的交替循环之中。边地的动荡和时而强盛起来的游牧政权对王朝的威胁，是历代中原君主大伤脑筋的心病。战争不仅消耗国力，更重要的是干扰农事、破坏和平安宁的生活和儒士们最看重的礼义良俗，不胜其扰、不堪其烦。

在这样的背景下，一方面，中原帝王希望通过联姻与游牧民族结成亲

---

① 科举创始于隋开皇十五年（595），确立于唐武德四年（621）。法国 1791 年开始的文官考试制度为西方考试制度的首创。

缘或血缘关系，将家庭亲情沿用到国家事务上，使亲情关系和礼义秩序在王权之间产生亲和力、向心力和约束力。从而实现边境的安宁和彼此的友好共处。可以说，看重家庭和亲情的农耕文化，帝王之所以有超越骨肉亲情与游牧民族和亲的勇气，其实是在没有更好选择的情况下，不得不以牺牲亲情为代价谋求长治久安而采取的无可奈何的下下策。它的诞生既是受家国同构体制的启发，又是家礼适用于国礼的体现。

　　另一方面，游牧民族也有他们的算盘。和亲可以抬高自己的身价，拉近与中原王朝的距离。凭借公主的背景和地位，在多边往来中会有更大的话语权，还可能产生优越于其他王权的亲近感，提高自己在其他王权中的地位和安全感。还有很重要的一点，和亲可以得到巨额财富。公主的陪嫁妆奁①（物资、土地、财宝、技术、人才、书箱，等等）本身已经相当诱人，与所出聘礼相比，可谓一本万利，而且还有常年的节令厚礼。遇到饥馑、灾难，公主的面子也很好使。双方闹僵，还可拿公主说事儿。这种从实际利益出发的和亲效果如何，自然跟期待与现实的距离密切相关。如果

---

　　①　根据崔明德著《中国古代和亲通史》的统计，从西汉到清代，共有和亲公主417 名。历史文献记载和亲公主嫁妆详细清单者甚少，现仅能从大唐太宗朝文成公主远嫁吐蕃时的嫁妆概况来窥其一斑。这份嫁妆，吐蕃文献《吐蕃王朝世系明鉴》用"上赐公主嫁奁极丰，不可计量"作了概括，原文用工整的韵文写成，嫁奁具体种类和数目详略不一，但是基本情况清晰，包括：用十种宝物制作且已开光的释迦佛像（本师像和觉阿像各一尊）；宝仓御库中的各种府库财帛；享用一生的锦绫罗 2 万匹（颜色、面料种类齐全）和各种金玉饰品；鞍翼为玉片的黄金马鞍，能示休咎命运镜（即能识别善恶的镜子），绣有八头狮子、鸟、枝叶和篆书文字的锦垫；金玉材质告身文书，经史典籍360 部，五行图经300 部（以五行占卜吉凶祸福、风水、天文书籍），工巧技艺制造术 60 法（理工科技类和音乐、体育类书籍），四方、五诊、四论医典和六医器械以及医护人员；善解人意、温柔体贴的近身侍女25 名；烹调食物和饮料配制书籍以及厨师、营养师、保健师；临行前又追加了蔓菁种子。这套嫁奁，除了各类财宝之外，嫁妆配置囊括了公主一生各种需求、用度的全部，并且覆盖了生命全程，书籍和工程、医学、技术类人员随嫁，对吐蕃医学、工程、建筑、百工技艺、音乐、文学、占卜、宗教、农业、经济、文化、教育等各个方面的发展都有莫大帮助。而且，据说文成公主还把蚕茧藏在发髻里带到了西藏。看来和亲对于游牧民族政权来说真正是一本万利的大买卖。参见：索南坚赞. 西藏王统记（吐蕃王朝世系明鉴）[M]. 刘立千，译注. 拉萨：西藏人民出版社，1985：68-69；崔明德. 中国古代和亲通史 [M]. 北京：人民出版社，2007：554-594。

情况恶化到兵戎相见，和亲的作用就显得十分苍白无力①。所以长城作为中原政权的军事防御工程长期受到重视。

四、关好院门儿过日子的长城

　　长城这一被列入世界文化遗产名录的围墙从阻隔流通这一本质作用上看，与古罗马长城②、德国的柏林墙和以色列与巴勒斯坦边境线上的隔离墙有相似之处。世人今天赞叹它的伟大主要着眼于建筑学上的设计智慧、施工难度、工程质量、劳工苦难以及雄伟的气势，对它见证过的农牧文化冲突与交融的热忱则退居其次，我们这里要探查的主要是农耕文化为保有自己的安宁祥和而不惜血本修筑围墙这一行为反映出的内向性防守型文化心态、精神苦闷和自囚式隔离外界的反省意义。

　　最早的长城建于西周时期（前1046年—前771年），是周王朝为防御北方游牧民族俨狁的袭击而建，称为"列城"。最后一个修筑长城的朝代是

---

　　① 就每个家庭而言，婚姻关系也是着眼于共享或强化两家利益、巩固或提高自家地位，拓宽或加密利益网络的方式和产物。所以，作为家长的父亲始终主宰着子女的婚配，不符合家庭利益原则的自由婚姻不但是不孝顺和不道德的，而且是不识大体、不顾全局的不明智行为，法律、风俗和传统都体现了对一荣俱荣、一损俱损利益原则的支持和保护。这种文化传承也是农耕社会结构稳定性和心理内向性的体现。

　　② 古罗马长城是由哈德良长城、安敦尼长城和日耳曼长城组成的古罗马帝国边境线上的防御工事，建于公元2—3世纪。有趣的是，到3世纪时，罗马帝国已经被蛮族的入侵拖得疲惫不堪，这种严重而持久的威胁（实际延续了三个多世纪）迫使各城市都在设防的围墙中闭门自守。皇帝奥勒利安（270—275）甚至不得不在罗马建起坚固的城墙作自卫防御。这时的罗马帝国跟中原政权面临的情形非常相似。可以想见，当时的罗马君民应该最能理解这个遥远东方帝国的苦恼吧。但是，罗马的这种困境随着西罗马帝国的灭亡逐渐解脱，而中原政权的这块心病却一直持续到长城应该履行却未能履行其防守中原使命的清军入关。历史出现了惊人的重复：第45任美国总统唐纳德·特朗普（Donald Trump）将要继续前总统乔治·W·布什于2006下令建造的美墨边境墙工程。它与中国长城的诞生背景极为相似，主要区别在于它是国际边境隔离墙，为阻止走私和非法越境而建；而长城则是一个国家内部（尽管当时不这么认为）的农牧隔离带，是军事防御工程。

明朝①。在从西周到明亡的 2,000 多年里，历代筑城不懈，工程也日益庞大、尤以秦、汉、明三朝着力最多，修筑里程均逾万里（5,000 公里）。根据长城研究学者的推算，将中国古代各国、历朝所建长城累计相加，总里程达 50,000 多公里，其分布地域除了现中国境内的 14 个省、自治区和直辖市以外，现在的蒙古国、朝鲜（D.P.R.K）以及苏联境内的一些长城也是中国所建长城体系的组成部分。春秋战国时期，长城既被用于阻挡北方游牧族的南下，又被用于各国间的防御②。秦朝以降，长城一直位于农牧文化分界地带，各中原王朝都指望它能阻挡游牧民族南下实施劫掠，或能防御他们的军事进攻。前文已有所交代，中国的地理分布情况决定了中原地区在文化上的先进性和物产上的丰富性。而且，农民与牧民在生产生活方式上截然相反。前者渴望长久安定静处，不让庄稼地离开视线；后者必须不断迁徙游走，追逐丰茂水草。前者需要从抚育幼苗开始，以呵护之心培育作物直至其走完生命全程，然后以慈母心态收存粮食。整个过程不具攻击性，氛围轻松和谐。后者虽然也以慈爱之心对待牲畜，但是要剥夺具有攻击能力的动物的生命，必须不避凶悍，主动进攻，制服对方。还要从心理上战胜为了满足自己的胃口而杀死体形庞大的鲜活生命所产生的恐惧和怜悯。这些因素都决定了农民与牧民在体力、专长、心性和价值观上的迥异。农民像一汪水，性柔形散、顺善包容，只有承受极大压力才会产生强劲的力量。而牧民像一把剑，寒光四射、触刃伤人。所以，一旦在你死我活的血腥战场上展开对角，中原农民根本不是草原牧民的对手。草原铁骑防不胜防的侵扰和摧枯拉朽的劫掠成为安静恬淡的农庄生活挥之不去的梦魇，也给中原政权带来深切的危机感，迫使他们痛下决心。为了营造一个符合中原人生活理想的相对安全平静的内部环境，别无良策可施，只得硬着头

---

　　① 名曰"边墙"。根据 2009 年 04 月 18 日中国国家文物局和国家测绘局联合公布的由国家文物局与国家测绘局联合进行田野勘察所得最新数据，明长城经行 10 个省、自治区、直辖市的 156 个县域，总长 8,851.8 公里，由 6,259.6 公里人工墙体、359.7 公里壕堑和 2,232.5 公里天然险组成。明长城建有城堡、关隘各千余处，沿线分为 9 个军区（边）、共 80 万兵力驻守，后又兴建了众多墩台。建造过程贯串王朝始终，是投资最多、耗时最久、最为坚固、设施也最为完善的长城，明朝也成为最依赖长城防御的帝国，其浩大投入一直是中央财政的沉重负担。边墙示意图见图一图二。参见：胡阿祥，等. 兵家必争之地 [M]. 海口：海南出版社，2007：93-104.
　　② 所以，长城不只北方有，春秋时期，楚国率先修筑了防御秦、晋、齐等北方诸侯邻国的楚方城 500 公里。公元前 656 年，齐桓公率领的"八国联军"下是因为"畏楚方城之坚"而订盟班师的。但秦朝以还，长城都在北方。

皮修围墙，用最原始的办法把对方挡住、隔开，带有非请莫入、关起院门儿过日子的意味儿。这种劳民伤财的选择与战争的破坏损失相比，从长效上看还有值当的，至少当时的决策者们是这样认为的。显然，长城是内向防守型农耕文化的又一产儿，是自我封闭式文化隐忍心性的实体化产物，也是参透其本质特征的最佳对象。

谈到这里，不由得想起以文治闻名的大宋王朝①。这个生错了时代、很不幸地处于北方游牧民族集中强盛时期的文人天堂、农耕文化理想国的现实版，居然有三位皇帝做了对手的俘虏。不知道宋徽宗父子被押解出北宋边境、再穿越冷峻无语的长城向北行进时，他们和长城都做何感想？如果站在中原传统儒士的角度来看待这一史实，无疑是一种奇耻大辱。尽管在儒雅与剽悍的博弈中，前者最终会战胜后者，但是大吃眼前亏的肯定是前者。长城在它见证的无数次刀光剑影场景中扮演的摆设角色表明，它的巨大排场与其说是保家护院，不如说是心理安慰。今天，用历史的望远镜远观长城，它用屹立于时空的沉默告诉我们，作为主动隔离外界、消极自困家园的农耕思想的物质实体而产生、存续的漫长历史见证者，它代表的绝不是中华儿女值得夸赞和弘扬的民族进取精神，而是作为文化观念反思的一面镜子，为我们冷静地诠释昔日荣光无限的中华帝国为何曾被时代所抛弃，又为何饱经苦难而振作无门。

如果将长城与罗马斗兽场做一番比较，也会发现完全相反的两大思想观念孕育的这对儿建筑实体，传递出了根本对立的文化心理信息。长城是为阻挡马背上手持屠刀、横冲直撞的彪悍入侵者而建，斗兽场是为取悦从开疆拓土的血腥战场上凯旋的将士、赞美罗马帝国的伟大而建。长城护卫的是安泰温馨的农庄田园生活，斗兽场上演的是人与兽、人与人之间野蛮残忍的搏杀游戏②。长城折射的是谦谦君子不动粗、退避三舍、委曲求全的内向妥协型平和心性，斗兽场彰显的是"荣耀是斗士的专利，拳头刀枪即真理"的外向进攻型武力崇拜。可以说，这些不同早在一千多年前就决定了东北亚及其人民将要遭遇的厄运。

---

① 其统治地域跟不包括俄罗斯的欧洲相当，拥有约1亿人口，完全称得上当时世界上最大、生产力最高和最发达的国家。参见：[美]罗兹·墨菲. 亚洲史 [M]. 黄磷，译. 海口：海南出版社，2004：199.

② 公元80年，这座凝聚着至少4万名耶路撒冷俘房血汗的宏伟建筑竣工时，罗马官方举行了为期100天的庆典。其间，5千头猛兽，3千名奴隶、战俘、罪犯和上百名角斗士在观众的狂呼声中惨死。参见：金桂秋. 图说世界建筑文化 [M]. 长春：吉林人民出版社，2008：46-49.

五、万国来朝独享尊荣的册封

中原政权在依靠儒家礼义法则来维护内在秩序的同时，还将其运用到国际关系秩序的确立和维持中，这就是册封制度。其思想理论肇始于西汉宿儒董仲舒，他在回答汉武帝问策时说："为人君者，正心以正朝廷，正朝廷以正百官，正百官以正万民，正万民以正四方。四方正，远近莫敢不壹于正，而亡有邪气奸其间者。是以阴阳调而风雨时，群生和而万民殖，五谷孰而草木茂，天地之间被润泽而大丰美，四海之内闻盛德而皆徕臣，诸福之物，可致之祥，莫不毕至，而王道终矣。"① 这一明君圣人政治理想被皇帝们奉为自我标榜的绝好说词，惯以朝贺称臣和册封属国来标榜自己施行王道的功高德劭，享受"八方向化，万国来朝"的尊荣和快感。尽管为君、施政都与此相差甚远，但凭借中原物产丰饶的硬实力和先进文化的软实力形成的比较优势，中原王朝长期居于荣耀光环的中心，历代帝王都想借此张扬唯我独尊的极权欲和以我为尊的正统性。所以，无不重视册封。

所谓册封，就是将距离王朝相对较远，不便、无法或者不必实施直接管理或羁縻统治的政权，以皇帝敕命授予其名义上的封号、爵位、王位，并为其颁发诰命和印信②，从而将对方置于自己的皇权之下。受封政权有定期朝拜进贡的义务，而中原政权则有垂爱帮扶之责。受册封的政权，必须奉中国皇帝为元首、至尊。国家只能称王国，对皇帝要自称臣。从宫殿高度、间数、色彩使用到其他任何方面的器物、排场、阵势、规格、等级，等等，每一个中国皇帝及其使臣可能挑出毛病的细节，都一律要至少低于皇帝一等。而且，受册封的各政权之间也有严格的等级，不得僭越，历史上曾发生过多起受封国使臣来华朝贡时，因座次问题发生纠纷的事例。

册封制度的实质，除了满足帝王的天下共主欲之外，仍然是以礼义忠孝理论来确定尊卑秩序、建立亲疏感情，实现睦邻友好，维护区域和平稳定。如果说和亲是骨肉之情的嵌入，那么册封就是君臣之义的延展，是儒家情义礼秩宗法观在政治、外交领域的运用，体现的文化本质还是农耕文化以礼为纲、内向自守、主和求安的心态和思路。受封国之所以愿意俯首称臣，除了慑于中原政权的实力和压力外，获得经济援助、军事庇护和文

---

① 许嘉璐. 二十四史全译·汉书·董仲舒传 [M]. 上海：汉语大词典出版社，2004：1195.

② 诰命即委任状，是标志其管治权合法性的凭证；印信即用于官方文书的官印，是显示其权力有效性的凭据。

化智力资源，捞取自身需要的其他各种利益和实惠是更重要的考量。俯首和称臣只是表演给看重面子的皇帝看的，在自己国内，原来称什么仍然称什么，尊严和权威毫发无损，甚至有皇帝招牌做幌子，权势会更为有力，统治根基也会愈加巩固。

当我们回过头来审视饮食、长城、科举、和亲和册封的时候，会发现这五大宗已经覆盖了农耕文化的全部内涵和保障链条。眼前浮现的是这样一幅和谐温馨、幸福安宁的图景，宛如陶渊明笔下的桃花源：

中原王朝是一个大农庄，皇帝是庄主，他的臣民是庄员，长城是围墙。生活在其中的庄员们男耕女织，各司其职。老婆孩子热炕头，多子多福，四世同堂，其乐无穷。酒足饭饱之后，埋头苦读圣贤之书，修身养性，指望将来有一天金榜题名、光宗耀祖①。主业之余，权产阶级热衷于歌舞梨园、赋诗填词、行令饮酒、玩物斗趣的雅好，黎民百姓则靠江湖奇技、密传绝活、街头杂耍、赌博斗鸡之类的俗乐赏心悦目。围墙外面的邻居不是皇帝的女婿或者外甥，就是由皇帝册封的臣子，也都是自己人。

这一画卷，是包括帝王在内的所有人渴望的美好生活状态，显示出物、义、礼完美结合的神奇魅力。如果仅从人的生存质量和意义来审视农耕文化，这种场景无疑是很好的，具有普世价值。然而，理想与现实总是存在着矛盾，正是这一对永恒的矛盾将人并最终由人推动着生产力向前发展。人类社会的发展其实就是原来的生活形态被打破，逐渐形成新的生活形态，后来再被打破，再逐渐形成新形态的动程。优越物质条件孕育的农耕文化在给其拥有者带来幸福感的同时也不可避免地成为自身形态被打破的坚固盾牌。这是特性使然，不能脱离历史的时空场景对它说三道四，我们关心的是能否通过对它的解析，来力所能及地超越由于置身其中而无法体悟出来的迷茫。这大概就是读史书的价值所在吧。

---

① 这种人生理想目标被概括为"五福临门"，即一个人一生应得到五种"福"的幸福观，"五福"为：长寿（命不早夭，百年添寿）；富贵（财货丰足，地位尊贵）；康乐（身体健康，心安神宁）；好德（以传统的德性操守为嗜好，修养美德）；善终（年迈无疾离世，寿终正寝），源出《尚书·周书·洪范》，后学释义丰富，但都不离其宗。

下篇

第六章　中原王朝转型的早期面貌

通观世界历史发展进程，如果要选择一个起点的话，中国中原王朝的转型从唐朝的"安史之乱"后就开始了，比世界上任何一个国家都要早，在此后的几百年间，直到步入明朝这个最关键阶段的起点为止，虽然有过曲折，但发展势头并没有遭受致命打击。

第一节　唐和五代

"安史之乱"以后，遭受重创的大唐王朝，逐渐倚重江南存活。已有相当实力的江南带来巨大的人力、物力、财力和智力资源，在长足推动农业发展的同时，其综合实力迅速提升。为保障首都地区的供给，漕运经济推动了运河沿岸的城镇发展，商业日益繁盛。长安城的风光不再以及对丝绸之路沿线控制力的减弱，使得陆路对外贸易深受打击。但却给以东南沿海为主要阵地的国际贸易，特别是远洋贸易带来了绝好的发展契机，从此，海上航运丝绸之路逐步取代陆上驼运丝绸之路，向中国输送丰富的货源和财富。

天宝七年（748），鉴真和尚第五次尝试赴日传法失败，船漂至振州（今海南三亚），750年北还时途经广州并讲法。日本僧人真人元开（淡海三船）在《唐大和上东征传》中记载了鉴真一行目睹的广州印象："江中有婆罗门（指今印度）、波斯（泛指今阿拉伯地区的国家）、昆仑（指马来半岛、印度尼西亚等东南亚国家）等舶，不知其数，并载香料、珍宝，积载如山。其舶深六七丈，师子国（指今斯里兰卡）、大石国（指今阿拉伯国家）、骨唐国（不详）、白蛮（指欧洲人）、赤蛮（指非洲人）等往来居住，种类极多。"① 可见，开放包容的唐朝在安史之乱前就已经为广州在日后担当亚太经济中心的角色打下了坚实的基础。到 129 年后的乾符六年（879），黄巢抢掠广州时，仅广州一市被杀的"胡人"就有十二万②之巨。排除夸大成分，加上提前逃出中国者，可以估测当时常住广州的外国人应该不少于十二万，商业规模可见一斑。事实上，唐朝后半期，特别是晚期，江南地区在生产力水平、经济硬实力和文化软实力三个方面都明显超越广袤的江北，凭借区位优势和开放经营发展起来，以广州为代表的大城市展示的新气象，已经盖过了首都的风头。

唐朝开放包容的宏阔气度也使陆路国际贸易和藩汉互市发展到历史最好水平。但唐后期以土地与农民的被迫分离为要害的统治危机，最终导致帝国的土崩瓦解。随之继起的各个小朝廷，虽然如走马灯一般轮换，但是其对外经济政策仍有值得瞩目的亮点。一方面，各军阀势力为了在复杂、持续的武装冲突中求得生存和强大，不得不放弃华而不实的自尊本位以换取关键而实惠的经济利益，从而引发了如后唐朝臣萧希甫建议的，压缩朝贡规模、鼓励边境贸易等开放性政策的出台。另一方面，胸怀壮志和正义感的君臣，希望能够通过武力征服早日实现国家统一，恢复和平强盛。因此，搜罗天下宝货聚藏于宫廷不再是最为热衷的首选。他们认识到，继承隋唐的开放精神和政策、放松对市场交易的垄断和封锁，允许更广泛的社会阶层参与其中，更有利于国库充实和粮丰马壮。典型代表就是后周的开国君主郭威及其继承人、养子柴荣领衔的政治团队。正如郭威自己所言，他出身寒微，尝尽人间疾苦，又经历了国与家的灾难。所以，当了皇帝之后，性喜俭素，不爱金银珍宝。同时，他注意到宝货交易对刺激经济活力的重要性。便听任直接贡品之外的珍宝进入市场自由交易。结果，回纥商人的和田玉在加入市场自由贸易之后，市价下降了百分之七八十。其影响之巨可见一斑。

总体而言，五代时期战乱频仍，各国耗费甚巨而普遍财税紧张，在这一重要需求的拉动下，对商业和贸易的态度，整体上趋于积极，对藩汉贸易和国际贸易尤其如此，政策更加灵活包容、注重实利，既承盛唐遗风有开放进取的一面，又应切身之需而大胆改革，经济观念曾一度冲破朝贡传统的束缚，给予较大的自由开放空间。见于《册府元龟》的贸易伙伴有来

① ［日］真人元开. 中外交通史籍丛刊·唐大和上东征传［M］. 汪向荣，校注. 北京：中华书局，1979：74.

② 数据引自中外关系史名著译丛《中国印度见闻录》。参见：［阿拉伯］苏莱曼. 中国印度见闻录［M］. 穆根来，等译. 北京：中华书局，1983：96.

自高丽、契丹、回纥、党项、黑水兀儿、鞑靼胡禄末、吐浑①、吐蕃等国家和地区，商品涵盖了从高端奢侈品到各地土特产的各类物资②。值得注意的是，这些观念和举措出自官方，具有主动性特征，这在重农抑商观念根深蒂固的中原政治生态史上，是很可贵的变异，它无疑会对后世产生不同程度的影响。同时，民间直接交易较之于朝贡贸易的优点也逐渐为更多人所认识，更为广泛和频繁的"利伯维尔场"区间贸易和国际贸易，也为新的交易思潮和活力的显现创造了重要的认知前提和可资借鉴的先例。

第二节　宋朝

开宝四年（971），宋朝从孤悬南缘半个世纪的南汉手中接管了广州，便很快设立了市舶司，这座城市便一直作为面向南亚的贸易窗口持续繁荣。南宋时期，领土狭小，人口众多，"经费困乏，一切倚办海舶"③。在坚持农业立国的同时，对外贸的巨大油水体会尤深，采取了比唐代更为积极灵活的政策。外贸港口除广州之外，明州（今宁波）、泉州、杭州也活力四射。特别是泉州，取代广州成为新的亚太商贸中心，"番货远物，异宝珍玩之所渊薮，殊方别域，富商巨贾之所窟宅，号为天下最"。甚至皇家贵胄、宗亲国戚"逐什百之利，为懋迁之计，与商贾皂隶为伍"，有一半左右都移居于此，以方便享受远洋税财和异国风情。海上贸易线以"香丝之路""瓷器之路""茶叶之路"闻名于世。有来自大食、占城、阇婆、渤泥、真腊、浦甘、罗斛、新条、甘秝、三泊、绿洋、西棚、月丽、新州、朋丰、达磨、

---

① 即吐谷浑。

② （宋）王钦若，等. 册府元龟（卷999）［M］. 南京：凤凰出版社，2006：11563.

③ （清）顾炎武著《天下郡国利病书》卷120《海外诸蕃》。根据罗兹·墨菲的研究，海上贸易的税收占据政府岁入的五分之一。笔者以李剑农《中国古代经济史稿》第三卷所引毕仲衍的《中书备对》提供的数字和黄纯艳著《宋代海外贸易》的研究为依据，认为顾炎武的说法太绝对，也很片面，而墨菲所说的比例过高。资料显示，北宋英宗年间（1063—1067）的年市舶收入为63万贯，南宋高宗时期（1127—1162）增至年200万贯。总体评估，南宋时期，海上贸易收入占财政总收入的比例大约在2—3%左右比较可信，而北宋应更低。参见：［美］罗兹·墨菲. 亚洲史［M］. 黄磷，译. 海口：海南出版社，2004：206；李剑农. 中国古代经济史稿（第三卷）［M］. 武汉：武汉大学出版社，2005：148-149；黄纯艳. 宋代海外贸易［M］. 北京：社会科学文献出版社，2003：175.

摩送、三屿、高丽、达啰啼、三佛齐、木力千、登流眉、滨达浓、佛罗安、罗斯兰、蒲哩噜、白蒲迩、嘉令麻辣、胡麻巴洞等 30 国的外商云集于此。宝庆元年（1225），赵汝适执掌市舶司以后，细兰、南毗、故临、注辇、天竺、大秦、麻嘉、层拔、白达、波斯等 10 国商人也来此贸易。输入货物，由北宋初年的 50 种上下增至南宋绍兴年间的 250 多种。输出货品，据《会要》和《食货志》的零星记载估测，应以杂色帛和精粗瓷器最多①。

第三节　元朝

元朝地广、势强、开放，在东起日本海、西接欧洲的辖境内形成了统一大市场。深受游牧商贸文化滋养的蒙元贵族政府，对国际贸易采取"往来互市，各从所欲"②"勿拘海舶，听其自便"③ 的开放包容态度，并从法律层面对外贸和外商予以鼓励、吸引、优恤、让利和保护。全社会形成了热衷商业的氛围，商人阶层十分活跃。富商巨贾自不待言，上至王公贵胄、朝廷重臣，下至普通官吏、中小商人，都在直接或间接经营海外贸易，甚至和尚、道士、优伶、娼妓诸辈，也兴贩作贾不疲。因此，国内、国际商贸都空前繁盛。特别是国际贸易更是可圈可点。陆上丝绸之路交通网全线打通、遍布沿途的驿站为商队来往提供了旅行便利和安全保障，拜占庭、波兰、奥地利、捷克、俄国、威尼斯、热那亚、北欧汉撒同盟等地外商和西亚、中亚商人、蒙元色目商人不绝于途，进口以金银、珠宝、奇禽异兽、药物、竹布、香料为主。出口商品以缎匹、绣彩、金锦、丝绸、茶叶、瓷器、药材为大宗。元大都成为长江以北规模最大也最为繁荣的商业都会。马可·波罗在其游记中说："凡是世界各地最稀奇、最有价值的东西也都会集中在这个城里，尤其是印度的商品，如宝石、珍珠、药材和香料。契丹各省和帝国其他地方，凡有值钱的东西也都运到这里，以满足来京都经商而住在附近的商人的需要。这里出售的商品数量比其他任何地方都要多，

---

① 李剑农. 中国古代经济史稿（第三卷）[M]. 武汉：武汉大学出版社，2005：147-148.

② 许嘉璐. 二十四史全译·元史·世祖忽必烈（七）[M]. 上海：汉语大词典出版社，2004：162.

③ 元朝的海外贸易政策有过变化，虽曾禁商泛海，管理生硬、落后而混乱，但总的来说，海外贸易的自由和空间都是前所未有的。参见：许嘉璐. 二十四史全译·元史·食货志（二）[M]. 上海：汉语大词典出版社，2004：1891-1892.

因为仅马车和驴马运载生丝到这里的，每天就不下千次。我们使用的金丝织物和其他各种丝织物也在这里大量生产。"①

航海贸易较之南宋，又有很大发展。对外口岸有泉州、广州、庆元（今宁波）、杭州、澉浦（今海盐）、上海、温州、刘家港等8处，而以泉州为首。出口8类39种农产品和手工业品。进口商品多达250种以上②。时人汪大渊描述当年的景象说："海外岛夷无虑数千国，莫不执玉贡琛，以修民职，梯山航海，以通互市，中国之往复商贩于殊庭异域之中者，如东西州焉。"③ 他曾"两附舶东西洋"，共计8年之久，其《岛夷志略》记载所到异域地名达220个④，足迹远达地中海东岸和坦桑尼亚桑给巴尔（Zanzibar）⑤。从事远洋贸易的华商规模日益壮大，除零散的中小商人外，形成了以太仓为大本营的长江三角洲海商集团、以嘉兴澉浦杨氏家族为代表的浙东海商集团和福建泉州蒲氏家族为首的闽南海商集团。涌现出蒲寿庚、朱清、张暄、杨发、沙不丁、沈万三等海商巨富⑥。对海外各地了如指掌的元代海商，还充分发挥自己的资金、船舶、航海优势，大兴转贩贸易，现有史可查的货名有18种，使国际贸易的参与深度更进一层。

外贸给元朝政府和商人带来了巨大实惠，所得利润仅官贸一宗即"宝货赢亿万数"。至元二十六年（1289），江淮行省"岁输珠四百斤，金三千四百两，诏贮之以待贫乏者"⑦。另据方回在《桐江集》第六卷《己亥前上书本末》中的记载："泉之诸蒲，为贩舶作三十年，岁一千万而五其息，每以胡椒八百斛为不足道。"⑧ 私商获利之丰，可想而知。

---

①　[意]马可·波罗. 马可·波罗游记 [M]. 梁生智，译. 北京：中国文史出版社，1998：63.

②　赵德馨. 中国经济通史（卷6）[M]. 长沙：湖南人民出版社，2002：533-535.

③　（元）汪大渊. 夷岛志略 [M]. 苏继顾，校释. 北京：中华书局，1981：385.

④　（元）汪大渊. 夷岛志略 [M]. 苏继顾，校释. 北京：中华书局，1981：9.

⑤　这是如今已知元朝商人商业圈在非洲东南的极点，郑和舰队则继续向南，到达了麻林地（今基卢瓦基西瓦尼）。参见：高荣盛. 元代海外贸易研究 [M]. 成都：四川人民出版社，1998：60；张铁牛，高晓星. 中国古代海军史 [M]. 北京：八一出版社，1993：111.

⑥　庄国土. 论中国海洋史上的两次发展机遇与丧失的原因 [J]. 南洋问题研究，2006（1）：2.

⑦　许嘉璐. 二十四史全译·元史·世祖忽必烈 [M]. 上海：汉语大词典出版社，2004：262.

⑧　（元）方回. 桐江集·己亥前上书本末 [M]. 南京：江苏古籍出版社，1988：374.

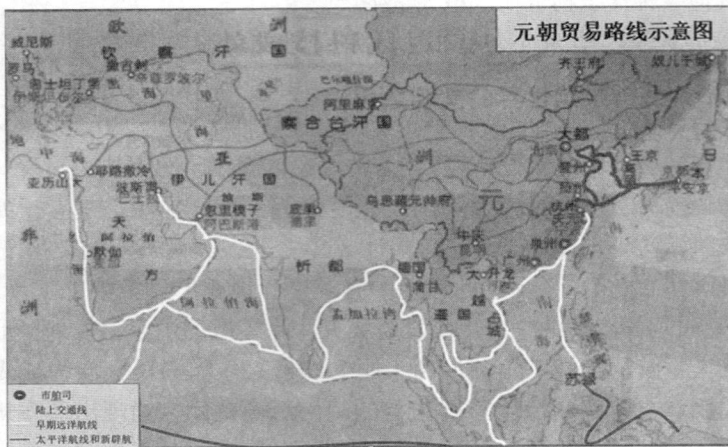

图四　元朝主要对外交通线路示意图（作者据网络图片改绘）

另外，也正是宋元时期，华商、水手在商路沿线驻留，逐渐形成了多处海外华人聚居地、社区和贸易基站。如因为缅甸乌爹"俗厚民泰"，"故贩其地者十去九不还"。马来半岛的龙牙门（今新加坡一带），"男女兼中国人居之"①。爪哇和苏门答腊已形成了大规模华人社会，郑和下西洋来到这里时，看到杜板、新村、苏鲁把益等地华人丛集。杜板"约千家，以二头目为主，其间多有中国广东及漳州人流居此地，鸡羊鱼菜甚贱"。"原系沙滩之地"的革儿昔，"盖因中国人来此居，遂名新村，至今村主广东人也，约有千余家"②。泰国华人势力也很大，阿陀耶最重要的寺庙越亚伦寺系国王与华人所共建。与当时的海贸国际环境相适应，海商集团组建了自己的组织机构，还拥有武装力量。梁道明雄视一方，为数千家之首。陈祖义是当地华人头目，麾下数千人马。这些耗时长久才积聚起来的人气和商脉，是海外贸易顺势发展的重要基础平台、可以共享的资源和补给以及保障基地。

毫无疑问，元朝统治者因受其与中原帝王相迥异的思想文化内核——开放率直、任性图利、擅长交易的文化特性——的支配，而将海外贸易助推到了中国有史以来的最高峰。在欢迎外商来华交易的同时，通过向外派遣陆路商队、实行航海贸易官本船制度和容许私人出国贸易，于无意中实

---

① （元）汪大渊. 夷岛志略 [M]. 苏继庼，校释. 北京：中华书局，1981：375-376；213.

② （明）马欢. 瀛涯胜览 [M]. 冯承钧，校注. 北京：中华书局，1955：8-9.

施了积极主动走出去战略，从而改变了自古沿袭的招徕式外贸模式。因此，造船产业，导航、海图等航海尖端技术的长足进步，使元朝和元人成为南海—红海航线上孤独求败的霸主。遗憾的是，后来的中原政权大明帝国并没有认识到这些作为和业绩的示范作用和启发意义，在对蒙元的讨伐声中将其一杖击毙，重犯倒洗澡水一并倒掉孩子的错误。这是中国第一次主动放弃外向型发展机会，也是文明转型继宋亡造成休克之后再次遭遇重创。

第四节　解析与评价

反观中国社会的转型，可以说，唐宋元三代面向海洋求发展，是中国古代社会向农庄文明可以容忍的边界延展的最后一程，它们所取得的成果，不由得让人产生一种由衷的赞美情愫。首先，积极向外，大胆开放，还主动走出去开展贸易，工商业经济的潜力得以初显，也促进了国内出口农产品和手工业品的发展，拉动了造船和航海技术的进步，使这两大关键领域的核心技术和产能仍然稳居世界第一。其次，积极外向扩展了国人，特别是商人的国际视野，丰富了海外知识，体会到国门之外还存在着发展潜力巨大的新天地，强化了继续向海外开拓的信心。为突破传统文化阈限准备了条件。第三，这个阶段，华商成为南海—红海—东非海上贸易线的主导者，走出去使得华商帮网建构编织成形，海外华商聚居地也因此建设起来，有了继续扩大对外商贸、文化交流的人脉和基地。第四，外贸的活跃促使对外贸易由主要面向贵族、富人阶层的奢侈品贸易转向奢侈品和面向大众的普通商品并重的社会全幅贸易。因此，对外贸易同时引发国内变革，除了商业交易思维对旧有贱商观念带来冲击外，为外贸提供货源的各类商品生产基地也得以培育，为后来各地特色产业区（市镇）的形成奠定了基础，促进了新的社会分工。第五，繁荣的贸易培育出新的社会有为成分，财富对社会文化的反哺效应更加突显，也给统治阶级带来巨额财政收益，从而间接减轻了普通劳动者的经济负担。

但是，我们不能忽略这些进步之后的阴影。虽然都是对外开放，但是就唐、宋、元三朝对海域和海外贸易的开放背景进行分析，会发现共同表象之下有两种不同文化观念的巨大差异和较量，两种文化的作用方式和影响程度都有很大不同。唐朝经过发端于安史之乱的长年战争，内忧外患不断，昔日由皇权强势和主动操控营造的宽松、开放的国内外环境已经荡然无存，皇权被极大地削弱而处于勉强苦撑的境地。在这种背景下，也就是在皇权已无力左右有违儒家正统权威的不轨趋势的情况下，甚至可以用更糟糕的推测来解释，即只有唯心地搁置高傲的正统哲学才能避免屈辱地灭亡的困境之下，只能无可奈何地放松对离经叛道之事的管控而听之任之了。另外，我们还应注意到，李唐贵族集团所具有的文化两基特性——农耕文化和游牧文化的兼具性和交融性。唐朝继隋朝而兴，李渊和杨广都是独孤信的亲外孙，这俩表兄弟都至少有一半鲜卑血统，两大家族都以两种文明交汇的农牧过渡地带为主要活动范围，跨文化的亲情交流和物资、文化交流使他们成为两种文明互动交织、融会贯通的文化载体。所以唐朝在接管隋朝全部家当的同时，也很好地继承发扬了其豪气大度和纵情开放的品性，对传统汉儒农耕文化持有一种灵动的重利尊崇。致使唐朝政治文化生态中，在内向与外向之间存在很大的伸缩性、游离性和变通性，利益砝码随时可能影响观念天平的偏移方向。从文化的影响作用来看，这是一件好事，中国文化的丰富多样性和有限的开放特性在很大程度上得益于此。

宋朝是纯正中原汉族农耕血统，建国治世总体上以循规蹈矩为基调。宋太宗于雍熙二年（985）九月"禁海贾"[1]，另据《宋史·食货志》的记载，太宗曾出台相当严苛的禁止非官方贸易的法规："太平兴国初，私与蕃国人贸易者，计直满百钱以上论罪，十五贯以上黥面流海岛，过此送阙下。""淳化五年申其禁，至四贯以上徒一年，稍加至二十贯以上，黥面配本州岛为役兵"[2]，条规变得更为严酷。值得注意的是，律条约束的对象是涵盖了海上和陆路这两种当时可能产生贸易行为的一切"私与蕃国贸易者"，这七个字将隋唐以来的开放风气一扫而光，是令人吃惊的大倒退，这种法律规定的颁行已经彰显出大宋骨子里潜伏的保守、自闭传统之甚。太宗之后，直到南宋淳佑十年，史书仍可见"申严下海之禁"这类字眼。围绕内部政权巩固和防止走私危害国家安全的敌国亟须物资，一直存在针对特种物资和特定地区的禁令，但总趋势是禁令渐变松弛。不难理解，这种现象的形成不是由于观念的转变，而是禁之不能和渴求实利的结果。对于维系国家安全的某时、某类物资禁运，当然无可厚非。但以此为由，不是着眼宏观和长远、从提高政府的有效管控能力入手研究对策，而是以激愤的情绪敌视私人贸易并将其全盘否定，企图用简单而幼稚的闭关自锁来应对本该予以鼓励、引导和规范的海贸走兴潮流，本身就是一个巨大的战略思维错误。这种思维的来源就是儒学蒙蔽下的农庄思想。可以说，宋太宗

① 许嘉璐. 二十四史全译·宋史·太宗本纪［M］. 上海：汉语大词典出版社，2004：62.
② 许嘉璐. 二十四史·宋史·食货志·互市舶法［M］. 上海：汉语大词典出版社，2004：3789.

首开"一禁了之"这一沿袭近千年的恶政之先河，影响很恶劣、后果很严重。

南宋小朝廷主观上是想要沿袭祖宗之法继续严禁的，但偏安一隅的客观现实和"农不若工，工不若贾"的弃本逐利民意洪流迫使当局不得不权衡轻重、掂量得失，走退步求存的路线。所以，我们绝不能因为南宋时期港口的兴盛繁华而误以为这是朝廷的本意。他们骨子里仍然是中原农庄思维占支配地位，所鄙视的仍然是商业和商人，只不过金钱对于他们的奢侈享乐和皇权存亡太重要了。同时，我们不能忽视的是，正是在南宋，朱熹被请上神坛接受供奉，他领导的新兴儒教道学对后世的消极影响也是从这个时候起开始发力，在明清两朝持续发威，把中国的思想界引入了自闭而张狂的死胡同。这一点我们后面会详细讨论。

元朝是入主中原的征服性王朝，其领导中枢占绝对支配地位的是游牧商贸文化，举国上下浓厚的商贸气氛前文已作交代。虽然也曾有过五次、法律上累计时间不过 12 年的海禁，但与其前的宋朝和其后的明清都有本质的不同。元朝主观上是积极外向进取的，是主张开放求利的，海禁的产生主要是蒙元贵族集团的脑满肠肥和疲劳综合征造成的，当然也不排除儒学智囊的馊主意从中作怪的因素。一方面，有出于战事所需或教训外邦而采取的有针对性的弛禁，有防止贿赂行为侵害统治机体的严禁，有王朝由盛转衰，各种社会矛盾交织叠加，日益尖锐，手足无措、病急乱投医的决策高烧炮制出的海禁。总之，原因各有不同，但多为缺乏深思熟虑的政策摇摆。另一方面，海禁的单向性强，即主要针对国人对外从事私人贸易，对外国来华贸易并无限制。法律对违反者的处罚力度也远比宋、明、清三朝都轻。规定"诸市舶金银铜钱铁货，男女人口，丝绵缎匹，销金绫罗，米粮军器等不得私贩下海，违者舶商、船主、纲首、事头、火长各杖一百七，船物没官"[1]。还有一点值得注意，元朝后期出现了一组新矛盾——倭寇扰边[2]。当时的主要袭击目标正从山东半岛逐渐向南蔓延。内外交困的蒙元贵族早已雄风不再，无奈之下想出个掩耳盗铃的应对策略——海禁，这个短

---

① 许嘉璐. 二十四史全译·元史·刑法（三）[M]. 上海：汉语大词典出版社，2004：2086.

② 第一次海禁，并非全面禁商出海。卢世荣搞的官本船贸易力图海贸全覆盖，采取了一刀切的武断做法，权豪势要所属商贩也被包含其中，这无疑断了他们的财路。所以，被激怒的权豪势要便联手反扑，卢世荣迅速失势，此次海禁结束。此后，元代进入了包容多种经营形式，向包括权豪势要在内的所有社会成员全面开放海外贸易的时代。

视羸弱、后患无穷的发明，被明清所继承和"发扬光大"，以致在最糟糕的时候，华商几乎从海上消失了。明朝的海军力量在郑和下西洋后迅速萎缩，成化十年（1474），大型战舰已被损毁65%，仅存140艘，大部分船厂倒闭、军港关闭①。清王朝在利用残酷海禁和野蛮迁海政策收复台湾后便以大功告成、以海为障的农庄心态放弃海防建设，到嘉庆十年（1805），负责广东海防的部队仅有57艘船可以使用，沦落到打击小股海盗都得求助于洋人的地步②。

将元朝与南宋相比，会发现两者正好相反，南宋是无奈之下背叛自己的信仰放松海禁，给了外贸一条生路。元朝则是无奈之下背叛自己的信仰，实行海禁，给外贸指了一条死路，所幸时间很短。尽管原因和动机相反，但客观上的开放、外向和进取给传统守旧的农庄观念的冲击是非常巨大的，中国社会转型也因此得以深入和拓展，特别是元朝的积极开放心态和眼光，更应给予充分肯定。这一文化视域里的元朝，其开放的游牧商贸文化与农耕文化的对比意义，是最有含金量的文化价值。

或许当时的帝王们对这些看似平常的动向的实质、价值和历史地位并无意识，但是他们还是于无意识之中适应并推动了这些转型。明显标志之一是长安已经无法重塑昔日的辉煌，帝都从隋唐大运河上的洛阳过渡到开封后，在连通海洋的长江之滨南京和大运河南端、经浙东运河连通明州入海的杭州，以及大运河和海路双通的北京落户。与陆运相比，水运在时间成本、经济成本和安全系数方面具有无与伦比的优势。首都的位移表明，向东并靠近大江、大河、大海是为了适应社会发展对物资流通的运量和效率的新要求，标志着国家财富和民众福祉对航道、港口和大海的依赖性显著增强。更为重要的是，它标志着政治中心与经济中心始终合二为一时代的终结，继之而起的新模式，是经济中心城市可能远离政治中心并不限于一城一市，而政治中心城市在承担国家管理职能的同时可能是经济中心，也可能只是兼具辅助性的经济城市功能。

① ［英］麦迪森. 世界经济千年史［M］. 伍晓鹰，等译. 北京：北京大学出版社，2003：59.

② ［日］上田信. 海与帝国：明清时代［M］. 高莹莹，译. 桂林：广西师范大学出版社，2014：425.

第七章　明朝时期的转型困厄与进展

前文谈到，中国的社会转型升级，发展到明清时期这个关键阶段必然会遭受挫折，这是其文明类型和文化内核决定的必然命运。打个比方，辽阔草原上的一匹马以系马桩为圆心吃草，还没吃完缰绳半径范围内的草的时候，它是看不到自己的草区非常狭小的，似乎整个草原都属于它，自我感觉良好。只有当吃完缰绳半径内的草，需要到更大半径范围去找草吃的时候，缰绳长度的限制才会显现出来。当马到达缰绳长度圈定的圆边，即中原农耕文化所能容忍的发展范围边界——明清时期——的时候，必定会原地转圈儿，慢慢懂得求取突破。唯有挣脱缰绳获得自由，马才能吃到更大草场里的草。同理，中国社会转型要想取得成功，唯有挣脱缰绳——整套旧有思想体系和国家管理制度与体制——的束缚一途，别无他路。明确了这一点，就不难理解当时的中国为什么被优越自大冲昏了头脑，对自己的衰颓、停滞和倒退全然不知，被时代所抛弃、遭受反超自己的国家的入侵和欺凌。因此，接下来将通过对明清时期中原王朝阻抑转型的指导思想、建国理想、国家管理以及内政外交从宏观战略到微观举措的解剖论证和横向的中西对比来呈现两国经历的困厄和痛苦，从而探明工业革命没有首先在中国发生的原因以及中国能否在没有西方干预的情况下自我脱困、振作自新。下面看中国农耕区的情况，因为这是引发所有转型洪流的真正源头。

第一节　人地矛盾尖锐化与时代风向新变化

前文谈到，中国与美国共同分享了地球上两块最理想的农业区域。但是，如果我们就此大而化之地看中国，是无法摸出门道的，必须算一笔细账。明清时期的自然地理构成与当今中国版图的地理构成大同小异。南北长，有高达约 49.69 度的纬度差；东西短，经度横跨 61.39 度。地势西高东低，由高到低分成四个梯度到达大陆架浅海区。这三级台阶被山脉和水道分隔成高原、山岭、平原、盆地、丘陵五种基本地形。除平原和盆地的中央平原区外的山区占据整个版图的三分之二。这些区域，受地形地貌和大气环流形成的季风制约，又被分割成东部季风区、西北干旱区和青藏高寒区三大板块。其中，东部季风区只占全国总面积的 47.6%，干旱区和高寒区分别占 29.8% 和 22.6%。以年降雨量 400 毫米为基准，形成草原与森林以及农业与牧业的分界①，而可种植作物的土地只占全域总面积的 11%②。

这些数据表明，中国的农业优势区域并不是模糊印象中的那么浩瀚无垠。干旱区和高寒区在生产力落后、科技水平很低的古代，农业发展一直举步维艰，牧业也因降雨量的制约很不稳定，造成物质与精神两界的共同大反差。灾荒之年和青黄不接之时，居住在干旱、高寒区的游牧民往往会翻越长城南下或者长驱东进引发农牧冲突，这些不请自来的"客人"会给中原农庄社会平静的生活造成巨大的破坏，他们来势之凶猛犹如肆虐的山洪，"马过生灵齑粉，血流河洛腥膻"，魂随乌飞兔走、家破人财两空。这就是不绝于史书的时断时续、没完没了的抢掠、杀戮和相互攻伐的原因。物质财富与精神文明的双重落差造成的农牧血腥互动一直是文不敌武的漫长历史时期里中原王朝最大的痛楚，是从周代到清朝完成统一之前，中国的最大内耗所在，也是南北差距一再拉大的重要原因。可以说，"不教胡马度阴山"是自秦朝到清代统一中原以前农耕区君民共同渴求的梦想。为了形成以弱制强、以静制动、以文制武的周边环境，自保而共存，才有了长城与和亲这一硬一软、一死一活的文化产物和标志。

造成民众吃饭成为"问题"的还有一个不可抗力——自然灾害。中国从古到今都是多灾害国家，旱灾、水灾、风灾、雪灾、霜灾、雹灾、蝗灾、鼠灾、歉饥、瘟疫、雷电、地震、岩崩、滑坡、坍陷、泥石流、沙尘暴、火山喷发等灾害记录遍布史乘。而且灾害的周期性和并发性特点突出。如"六岁穰、六岁旱、十二岁一大饥""三岁而一饥，六岁而一衰，十二岁而

---

① 邹逸麟. 中国历史人文地理 [M]. 北京：科学出版社，2001：177.
② BBC 纪录片《鸟瞰中国》上，23′03″。

一康""六岁一饥，十二岁一荒"① 之类的记载屡见不鲜。从晋武帝泰始九年（273）到隋文帝开皇六年（586）的313年时间是颇为典型的多灾多难年代，此间曾发生水灾183次，旱灾177次，蝗灾54次，虫灾32次，瘟疫52次，共计811次，还有次数难以统计的雪、霜、风、雹灾害若干次。可以说年年有灾、众灾同发，后果非常严重。比如永嘉四年（310）的蝗灾致使"草木牛马毛鬣皆尽"；咸康二年（336）久旱，"谷贵，金一斤直米二斗，百姓嗷然，无生赖矣。"永和十年（345）的蝗灾"食百草皆尽，牛马相啖毛，猛兽及狼食人，行路断绝。"② 李约瑟的统计研究表明，中国"每六年有一次农业失败，每十二年有一次大饥荒"，过去2100余年里，中国共遭受了"1600多次水灾，1300多次大旱灾，很多时候旱灾及水灾会在不同地区同时出现"③。看来，自然灾害是古代农业中国忠诚的朋友和恐怖的敌人。更不幸的是，从元朝后期开始到清末，中国的自然灾害愈发频繁、多样、严重，使广大民众的生活雪上加霜，这一点后面还会讲到，现在我们把目光转向农庄文明和财富的主要贡献区域——东部季风区。

常言说，上帝为你关上了一扇门，肯定会为你打开一扇窗。其实，又何尝不是为你打开了一扇门，同时会给你关上一扇窗呢？东部季风区普遍具有适宜农作物生长的气候条件，但却不完全具备适宜农作物生长的土地和水利条件。从北向南看，东北水系发达却气候严寒。华北平原雨量不足且时段、地域分布差异突出，空气干燥、缺水严重。陕西、河南、山东、安徽、苏北一线，不但雨量欠佳，而且黄河就像一头倔强的骡子，四千多年间，见于史料的小决口1,500余次、大决溢7次、大改道8次④。中下游河床由低于地平面逐渐垒积到高于地平面3到10米，成了一条悬河。历

---

① 许嘉璐. 二十四史全译·史记·货殖列传 [M]. 上海：汉语大词典出版社，2004：1541.

② 许嘉璐. 二十四史全译·晋书·志第十九·五行（下）[M]. 上海：汉语大词典出版社，2004：683；许嘉璐. 二十四史全译·晋书·载记第十二·苻坚 [M]. 上海：汉语大词典出版社，2004：2467；许嘉璐. 二十四史全译·晋书·载记第六·石季龙（上）[M]. 上海：汉语大词典出版社，2004：2372.

③ 引自《大公报》1974年5月29日登载的李约瑟于当月25日在香港中文大学的演讲。

④ 8次大改道中，有1次是公元70年的人为改道。参见：柏杨. 柏杨全集（一）·中国人史纲（上）[M]. 北京：人民文学出版社，2010：30-32.

朝历代都无能摆脱它的淫威，出产力与破坏力相当。长江以南的浙江、福建、广东，虽然水系发达，但是可耕种土地面积太小。浙江和广东是"七山一水二分田"，而福建则是"三山六海一分田"。江西、安徽等省则群山叠嶂，多险峻陡峭之地，如徽商故里徽州，是一个依偎在黄山南麓的小盆地，本来山多地少，自西晋永嘉之乱起，中原豪强世族纷纷迁入，借山川之险避乱，之后历代持续，人口在元代已达85万，明代还在增加，地少人稠的矛盾长期突出尖锐，素有"七山半水半分田，两分道路和庄园"的古谚①。仅靠如此稀缺的土地养活大规模人口、发家致富几无可能！

这样，中国农业的中坚，就只剩下零散分布的汾渭平原、成都平原、长江中下游平原和开发甚晚的珠江流域等几大片区。它们在其他零星分布的河谷、丘陵和平缓山地的帮助下，养活了数量巨大的人口，维系着农业中原的命脉和香火。粮食与人口矛盾，本质上是土地短缺与经济发展的矛盾从明朝后期起就已经上升为江南最突出的根本矛盾之一②。从文化角度来审视，这种现象背后的本质是农庄文明的封闭性外壳的最薄处已经受到源自内部的裂变力量的强大冲击，就像孵化了21天的鸡蛋，小鸡已经长成，正在用新生之喙击碎老旧外壳要破蛋而出了一样。社会转型升级已经到了非转不可、不升不行、刻不容缓的地步！

前文曾谈到，中原社会的转型，发展到明清时代所在的时段上，已经进入关键期、深水区。要想转型继续，必须要冲破一个复杂的矛盾体系。第一，随着变革的深入，经济基础与上层建筑的矛盾日益尖锐化，新兴商品经济要求上层建筑变革以适应发展需要。全球化的商品经济，

---

① 张海鹏，张海瀛. 中国十大商帮［M］. 合肥：黄山书社，2008：440.

② 汉代人均耕地67亩。唐初，除去可新垦土地，狭乡每丁可授田30亩。宋朝人口过亿，土地开始吃紧。明代末年，人均拥有10亩地的人家就可算作中农了。清代初年，人均土地仅剩2.19亩。另一方面，粮食亩产增长缓慢而微弱。粟在汉代的亩产量约为60Kg，明清时期上田亩产仅为75-100Kg；稻米亩产，南宋时期，即使在集约程度最高的江南地区也仅为1.3石，明代上扬至2.1石。与此形成强烈对照的是人口增长速度。截至清朝灭亡后，中国的一般人口增长率为7‰—10‰，而富裕家庭要远高于这一水平，以资料最为可靠的皇室为例，西汉皇室的增长率为38‰，明代皇室为32‰，也就是说，到明嘉靖二十七年（1548）时，朱元璋的后人已近10万之巨。可以推测，明亡之时，朱的子孙已远超10万无疑。参见：胡幸福. 历史起跑线上的反思：中西古代文明向近代文明转型的比较［M］. 银川：宁夏人民出版社，2002：46-47；邹逸麟. 中国历史人文地理［M］. 北京：科学出版社，2001：176.

需要有适应和支持自身发展的上层建筑作为靠山，以保护和推动国际化进程。第二，面对日益激烈的国际竞争，中国经济欲在国际经济体中占据有利地位，需要积极参与新型国际经济秩序的建立和治理，把握话语权、发挥主导作用并形成一整套对自己有利的国际经济规则。第三，在国内，产业的重新布局、结构的优化升级，也需要政府的积极干预。第四，资源的开发利用，国内统一市场秩序的建立和维护，劳动力流动的引导和雇佣关系的发展，也离不开政府的积极作为。第五，新的社会变革，对从国家精英到普通民众的科学文化知识结构和水平，都提出了新要求，原有培养模式和称量标准，都必须被全民性教育、科学主干教育和新的评价体系所取代，接受教育不再是只为了做官，而是作为人的一种社会生存和发展的根本需要。只有这样，发展才能保持适当的速度，在正确的轨道上前行。如果明王朝能够正视这些挑战、顺应时世、积极应对，高屋建瓴、革故鼎新，那么，在唐宋元三朝奠定的厚实基础和高起点上实现社会转型，将会比西方容易和快速得多。

然而，历史事实恰恰相反。

宏观上，经过一百年的孕育和预热，东西方从 14 世纪后半叶起开始了全方位的先进与落后的换位。西方走出了黑暗，越来越阳光，东方却走向了黑暗，越来越昏蒙；西方思想逐渐解放，民主理论引导启蒙，东方思想愈加陈腐狭隘，奉理学为教义和圭臬；西方王权受法律约束渐强，日益开明进步，东方皇权强化至极，愈加保守腐朽；西方积极向外进发，开辟新航线、抢占新领地、拓展远洋贸易，发展资本主义商品经济，东方大步向内龟缩、屡次重申海禁政令、要求片板不得下海、还毁船杀人，力主自绝与外部世界的联系，全力维护自给自足的小农经济秩序；西方敢于承认自己无知、勇于探索未知，丰富新知识、发展新科技、兴办各级各类学校，科技日新月异并与资本主义相结合，创造出新式帝国主义①，东方继续佯装全知全能，排斥新知识、藐视新事物、封杀新观念，仍视科技为淫巧、领

---

　　①　16 世纪后半叶到 19 世纪初叶，欧美新兴资产阶级先后发动了尼德兰革命、英国资产阶级革命、美国独立革命和法国大革命四次具有重大影响的政治革命，确立并巩固了自己的政治统治地位，使国家机器为自己的经济利益服务，从而造就了欧美领衔的世界工业文明历史发展不可逆转的大势。而中国的明亡清兴改朝换代，虽然代价不亚于这四场革命，但仍然是旧式帝国的易姓复活、异体重生，迂腐过时的封建势力和极权君主专制统治不仅没有被打压，反而地位更为巩固，统治愈加野蛮残酷、守旧自封，还吸纳了更多奴隶制度和民族压迫因素。

先地位一落千丈，考试还局限于经义诗赋，全民教育毫无进展，动用全部国家机器并绑架知识阶层来维护旧式帝国主义。

微观上，明朝毫无历史担当，完全是一部老机器，带给商品经济的是一整套腐朽不堪的东西，它的新发明也都是为服务和巩固这一整套过时系统而做出的设计。清朝虽然比明朝晚了近三百年诞生，而且有明朝衰亡的教训，但是由于清王朝贵族与中原精英在文化上的巨大差距，他们能够在较短时间内接受中原传统精英——相对于清王朝贵族，他们是先进文化携带者，但与同时代的西方精英相比，他们已经严重落伍了——的指导和协助、熟练掌握驾驭那套陈旧国家机器的传统技法已非常不易，更无可能实现对农耕文化阈限的超越。所以，统观中国社会转型所经历的一切艰险曲折和痛苦磨难，明朝开国皇帝朱元璋既是首位罪魁，也是罪魁之首，正如柏杨所说："朱元璋对中国人最严重的伤害，是他在政治上所做的若干重要措施。中国文化和物质文明，一直到十四世纪都比欧洲先进，但朱元璋使这种进步停止。以致十九世纪欧洲人侵入中国时，中国已堕落成一个白痴般的部落，至少落后三百年，植根于此。""三百年的落后，才是朱元璋和他的明政府的无与伦比的罪恶。"① 这一评价看似极端片面，实际上，在我看来，与明清所致之民族灾难和屈辱相比，可以说已经很客气了。

但是，这并不意味着中国的农庄文明将从此一蹶不振，而是相反，生产力的旺盛生命力如同石板重压下的一粒种子，仍在非常险恶的环境中顽强地挣扎、生长，求取任何一点可能的进步。如果没有西方的强行介入，中国也最终会实现自我突破，只是比西方晚了一步。事实上，在宋元时代打下的基础之上，明清时期的农工商经济仍然发生了深刻的变革，尽管社会的转型在落后但仍很强大的上层建筑的重压下步伐日益艰难，甚至出现过暂停和倒退。

为了厘清这个重要时段上转型的多重困厄，必须沿着时间轴探查各个重要节点上的指导思想、制度法规、政策措施，通过横向和纵向对比做出明晰呈现。明朝不但是处在中国文明转型关键时段上的，最重要的农耕文化典型和自然经济实体，而且是中国从世界文明巅峰滑向低谷，并最终被东西双方赶超的转捩点。明以前，来自西部和北部的游牧民族，带着物质渴望和羡慕嫉妒恨，一波接一波地东进、南下。然而，无论他们曾经多么

---

① 柏杨. 中国人史纲（下）[M]. 北京：人民文学出版社，2010：233.

强大，最后都毫无例外地在经济上得实惠、文化上被征服。但是，从明朝这个历史时刻起，中原政权的外来安全威胁开始由传统上的北部和西部，转向原来相对安全的东部和非常安全的南部。清王朝入主中原以后，西、北两方的不安定因素曾被一度消除，直至东、西两股西方侵略势力合流，中国开始殖民地化以后才陷入全方位安全危机之中。东部，倭寇日益猖獗，长期滋扰犯边，而且首开军事入侵朝鲜的恶例，播下了邪恶的军国主义种子。从此，日本企图拔掉朝鲜半岛这颗亚洲门牙、最终"并朝鲜、中国、日本为一国"①的野心不曾释怀，蛇吞象的阴魂和遗患至今尚存。南部，远渡重洋而来的欧洲各国人等，在政府支持、经济实力、航海技术、金钱贪欲和改宗愿望的驱使下开启了全方位的东向时代。东西方的全面较量和实力换位，最终导致中国在经济上被打垮。同时，也是从明朝开始，西方各国和尔后的东部日本颠倒了历史乾坤，成为向中国输入文明转型智力资源和产品的两大方位和地域。而且，东部和南部地区还是国家内部变乱频生的源发地和革故立新的思想策源地、运动主战场。

另一方面，明朝将中国中原农耕政权推上了极权专制的顶峰。如同以往秦汉和隋唐之间的高度承接与发挥关系一样，明朝的"发明"和"创新"大都被清朝所继承。这一特性又增加了我们更加细密地探查它的必要和价值。明朝还有两个特性值得我们多加关注，即它源于纯正农耕文化血统的极端封闭性和源于程朱理学控制的极端守旧性。如前所言，明朝从立

① 丰臣秀吉是日本军事扩张主义的鼻祖，有着极其狂妄的侵略野心。他北向将北海道收入日本，南向要吞并琉球、我国台湾和菲律宾，西向要吞并朝鲜半岛和中国。他曾誓言要"像强暴少女一样"劫掠中国，要"像粉碎一个鸡蛋一样"粉碎中国。死之前一直在利用兼并、占领、战争和胁迫等手段推进他的计划，死之后他的思想虽沉寂了一段时间，但当日本谋求开化强国之后，佐藤信渊、吉田松阴等人便煽风点火，尤其是经过军国主义思想理论家福泽谕吉的大肆煽动，他的计划又被重启，将日本恶变为本已动荡不安的泛东亚地区遭受更加深重灾难的罪魁祸首，至今军国主义阴魂不散，仍然是危害东亚和平的一枚未被拆除引信的炸弹。可以预言，环太平洋地区要想获得长期和平，泛东亚国家必须做好粉碎日本军事扩张主义残余的战争准备，这场恶战迟早会来，而且非战争手段不可能解决。只有将其彻底制服，方能由泛东亚地区的各国共同建立公平合理的、符合本地区各国根本利益的国际政治新秩序，日本也才有机会成为一个真正的正常国家。参见：[美]菲利普·费尔兰德兹—阿麦斯托.世界：一部历史（下册）[M].叶建军，等译.北京：北京大学出版社，2010：616；[美]威尔·杜兰.世界文明史·东方的遗产[M].幼狮文化公司，译.北京：东方出版社，1999：989.

国起就开始主动迅速向内蜷缩，而且不惜财力和民力，构筑阻挡别人又囚禁自己的城墙和边墙（长城），均为历代之最。朱元璋"率先垂范"，一边修长城一边为首都南京建造了铜墙铁壁般的四重围墙后才放心地死去。他的子孙们积极继承太祖的未竟事业，给帝国修筑边墙直至国破家亡方止。他们修筑的长城不但质量最好、设施最全，而且它一朝所修里程 8,851.8 公里就占去了历朝所修长城总里程的 177%。

因此，对明朝扼杀文明转型关键细节的揭露和病原的探摸对于全面破解整个转型困厄难题尤为关键。着眼于这一目的，对明朝的生老病死，可结合君主表现、经济状况和对外政策三个方面的因素大致划分为立国疗伤修元气的前期、守成无为国力日衰的中期和执迷不悟自作死的末期三个段落，具体起讫点为：从朱元璋登基到宣德末年为前期，从正统元年到嘉靖末年为中期，从隆庆元年到明朝灭亡为末期。鉴于有明一代基本国策的高度继承性和前后连贯性，对前期的考查和讨论较之于中后期会更为详细。同时，为了方便行文和理解，采用纵向分段考查、事项跨段通论的办法展开论述。下面先从朱元璋的建国思想谈起。

第二节　明朝建国及东西方解决主要社会矛盾的方法

一、明朝的建国思想和理想

蒙元帝国作为第一个颠覆中原汉族四夷奉中传统心理的政权，其建立本身已使传统中原政权势力范围内的民众心怀排斥，而它推行的一系列国民差别政策更加重了这种心理逆反。元朝末年，旱灾、蝗灾、洪灾、瘟疫、地震、气候变冷等灾难此起彼伏，疯狂的土地兼并又催生流民无数，主荒臣怠的政治气候使昏昧颟顸的蒙元贵族再也无能掌控局面，"人心离叛，天下兵起""死者肝脑涂地，生者骨肉不相保"的大变乱，表明这片多灾多难的土地又开始了新一轮的改朝换代。在这一不同以往的背景下，欲反元新立以扭转所谓冠履倒置的不正常状态，必须借助"驱逐胡虏，恢复中华"和"立纲陈纪，救济斯民"两张王牌来凝聚人心、激发斗志，而这两者也是新政权认为的两大历史使命。所以，朱元璋的建国理想是要承继大宋王朝之根脉正朔、重塑农耕社会之文化正统，建成一个汉族血统纯正、儒学精神抚控、男耕女织、丰衣足食的农庄文明国家。除了思想、文化因素以外，这一目标的确立当然还受制于朱元璋个人的教育背景和成长经历以及元朝末年由生产力水平决定和生产关系制约的社会生产与再生产模式。

朱元璋出生在河南行中书省安丰路濠州安抚司钟离县（今安徽省凤阳县）孤庄村，此地位于黄河溃堤与治理矛盾诱发民众暴力反元的中心地带。天灾人祸曾使朱家这个多子女贫困家庭 15 天内失去 3 位亲人。为了生存，朱小时候曾长年为富人放牛牧羊，稍大些时又入寺作小行童、游方僧，出家累计 7 年之久，直至寺庙被兵火所毁，无处安身，经过艰难的煎熬，才最终决定投奔反元义军寻求绝处逢生的机会。他的父亲朱五四是接受农家传统教育成大的普通农民，勤恳忠厚、生活节俭。和其他贫穷农户一样，丰衣足食、儿孙满堂是一生的最大追求。他"守分植材"，不得"悖理得财"的人生信条和处世原则影响了朱元璋的一生，也是明朝建国思想的家庭渊源。他认为"凡人守分植材，如置田地，稼穑收获，岁有常利，用之无穷。若悖理得财，如贪官污吏，获利虽博，有丧身亡家之忧。"① 这里的"守分"即遵守务农的本分。在中原农耕社会传统中，从衣食之源到成家兴业无不依靠土地、来源于农桑，即所谓"树艺养蚕皆远略，从来王道重农桑"②。守此本分而不是弃农逐末、好逸恶劳是走正道、做好人的首要前提和重要标志。这对于从小遭受饥寒交迫和政治碾压之苦的元末青年农民朱元璋而言，更是如此。所以，在未入义军之前，继承父亲遗志、成就祖辈梦想顺理成章而又理所当然地成为了他的人生理想。元至正二十六年（1366），当他平定淮东，衣锦还乡扫墓时，就真诚地嘱咐乡亲父老："幸教子弟孝悌力田，毋远贾。"③ 当了皇帝以后，把自己的帝国建成一个衣食丰足、安宁祥和的大农庄，让全天下百姓都过上好日子，也就自然而然地拓展为其伟大帝王理想中最现实、最重要的内容之一。诚然，盘点朱元璋 71 年的非凡人生，他确实为此忠贞不渝、持之以恒，直至油尽灯枯，而且创造了所谓的盛世"洪武之治"，这当然是他的可取之处。

但另一方面，虽然朱元璋是个非常勤勉好学的人，但是他的精神世界不可能逃出儒家思想体系的隐形囚笼。而且如前所述，就他本人的主观意识和明朝的宏观环境而言，接续南宋确立的朱子理学为儒家正宗，建成高

---

①　黄冕堂，刘峰．朱元璋评传［M］．南京：南京大学出版社，1998：30.

②　左景伊．左宗棠传［M］．北京：华夏出版社，1997：39.

③　许嘉璐．二十四史全译·明史·本纪第一［M］．上海：汉语大词典出版社，2004：12.

耸而威严的精神殿宇，以巩固其思想制高点地位、扩大其民众基础，使它牢牢占据全民的思想阵地既是他的帝王理想之一，也是确保大明江山永固的绝佳精神迷药之一，是既可满足民众精神需要也可满足皇帝统治需要的两全其美之策。但是，放眼全球，把同时代的中西双方放在同一平台加以对比审视就会发现，朱元璋的这种建国思想和治国方略，局限性显而易见而且影响很坏。中国社会转型的一系列问题都发端于斯、受制于斯、梗阻于斯。下面将分头详论。

二、元末明初东西双方面临非常相似的社会主要矛盾

14—18 世纪，改变西方进而改变世界的地理大发现，本质上是欧洲人迫于盘根错节的社会矛盾的困扰而进行的对外平面扩张解困运动。这一矛盾集合体①固然有包括贪婪在内的多重复合因素，但是仍可以归并为三大要因组群之中。

首要的，也是最根本的原因在于人口过剩与土地贫狭之间的尖锐矛盾。尽管在 1347—1374 年间，罪恶的黑死病反复摧残贫弱的欧洲，致使人口从1300 年的 7300 万陡降至 1400 年的 4,500 万，满满的欧洲变成了空荡荡的欧洲。但是，落后的生产力、贫瘠而紧缺的土地，加上以伊比利亚为重灾区的经济危机，使一直对外来供给依赖度很高的欧洲根本无法满足这些人口的粮肉需求。立足于当时的生产条件，唯有大量扩大耕地和牧场面积并积极采用先进技术来增加总产量，才有渡过难关的希望。

其次是意大利各城市与东方的国际贸易被偏执的奥斯曼帝国土耳其人掐住了咽喉，几近瘫痪。这引发了一大堆麻烦：不可一餐不用的香料和一日不可缺少的糖，都无法运进来；作为新的经济增长点的纺织工业，原料和市场都遭到封堵；既为商品又为通货的黄金、白银也没无法保证供应。

最后，也是很重要的一点，即源自方济各会修士们（后来还有别的传教会参与）仁爱理想的劝人改宗愿望。可以说，修士们既是特洛伊木马，

---

① 14 世纪是欧洲的灾难世纪。气候变得既寒冷又潮湿，农业收成锐减，空前的大饥荒蔓延全洲，经济持续衰退，一场严重的国际银行业危机又使经济雪上加霜，祸及下个世纪；肆虐的黑死病夺走了约 1/3 欧洲人的生命，市中心、大学城和识字阶层的死亡率尤高，使欧洲损失了大量精英；此外，基督教世界的统一被破坏、英法百年战争、农民暴动和社会动荡等也使欧洲困局越陷超深。参见：[美] 詹姆斯·E. 麦克莱伦第三. 世界科学技术通史（第三版）[M]. 王鸣阳，等译. 上海：上海科技教育出版社，2020：220-221.

也是引擎和战士，是潜隐着的一大强劲、坚韧而持久的推动力。

元末明初的中国，面临的挑战与欧洲有惊人的相似。如前所述，尽管人口总量从元至顺元年的 8,500 万①左右降到明洪武三年的 6,000 万上下②，北方土地荒废严重，但是在农业发达、人口密集的长江水系，特别是需要养活全国 3/4 人口的江南，在当时的生产力水平之下，耕地的面积扩展和产量增长已经没有多大空间。土地与人口之间的矛盾已经明朗化、尖锐化。这个问题在广东、福建、浙江尤为突出，正如英国经济史学家 R·H 托尼看到的那样，这些地方的农民好像生活在深及颈部的水中，即使是最轻微的涟漪也可能淹死他们。朱元璋发起的严苛海禁最终导致海盗的长期猖獗即是这种状况的生动呈现。

下面这组数据有助于更清晰地了解明初的人地矛盾概貌。太祖洪武一朝计 31 年，平均户数为一千零六十六万九千三百九十九户（10,669,399户）平均人口总数为五千八百三十二万三千九百三十三人（58,323,933人），每户平均人口数为 5.47 人，每人拥有耕地面积 0.065 顷，合 6.5 亩。人口的最高峰值出现在洪武二十六年，共一千零六十五万二千八百七十户（10,652,870 户），六千零五十四万五千八百一十二人（60,545,812 人），口户比 5.56③。不难发现，整个洪武年间，人口总数比灭元立国时不相上下。但是，洪武一朝，政府安置流民，移民屯田，出台了鼓励农桑、减免税负等惠民政策，北方土地复耕面积大幅增长。资料显示，洪武二十六年（1393）"核天下土田，总八百五十万七千六百二十三顷"。这一数据比洪武十四年（1381）增长了 1 倍多，比洪武初年增长 4 倍多，也是整个明代史料可见的最大耕地面积④。一面是耕地面积的剧增和扶助农桑政策的实施，一面却是人口数量增长极缓。这种不寻常的现象表明：

（1）元末明初的大动乱造成的灾难非常深重，民众的底子普遍太薄了。而且明王朝并未能妥善解决尖锐的土地占有和分配问题，这一核心资源的配置不良挫伤了民众生产的条件、热情和能力。因此，灾后、战后重建，

---

① 据《元史》卷 34《本纪》，至顺元年（1330 年），户部钱粮户数为一千三百四十万零六百九十九户（13,400,699 户）。

② 邹逸麟. 中国历史人文地理［M］. 北京：科学出版社，2001：138.

③ 杨子慧. 中国历代人口统计资料研究［M］. 北京：改革出版社，1995：909-910.

④ 杨子慧. 中国历代人口统计资料研究［M］. 北京：改革出版社，1995：891.

对于元气大伤的国家和一穷二白的家庭而言，过程既艰辛又漫长。

（2）立国后进行的全国统一战争、肃清蒙元残余的战争和镇压民众反叛朝廷的战争，造成了极大的国力消耗。

（3）受当时的耕作技术制约，原有粮食品种的单产量很难提高，增加总产量的快捷方式只能是扩大耕种面积（此时玉米①、红薯等作物尚未传入中国）；即使如此，也只能勉强维持基本生存，人口增长极缓的事实说明，民众的温饱状况并不乐观。

（4）在气候变异、天灾频仍的情况下，靠天吃饭的农业很不稳定，而且产出有限，全面依赖农桑的单一经济结构，即使全身心地投入，除了能够满足基本衣食需求外，很难积累财富，产生全面的社会繁荣，国家富有、民众富足几无可能。

（5）洪武时期排挤、束缚国内工商业和消灭国际贸易的海禁政策等造成的发展负效应已经全面显现，朝贡贸易反而不利于国家财富的积累。

到宣德朝时，情况更令人沮丧。先看户数、口数和田地对比。宣德一朝的全国总户数、总人口平均数两两骤减，只有九百七十八万三千二百三十一户（9,783,231户），五千一百四十六万八千二百八十四口（51,468,284口）。以洪武朝为准（100%），平均分别占洪武朝的91.69%和88.25%（表二）。而宣德朝的田地总面积是洪武朝的111.36%。具体情况是，全国的平均田地数，从洪武朝的平均每户35.3亩上升到42.9亩，每人平均田地数从洪武朝的6.5亩增至8.2亩（表三）。再看国家财政收入。由于洪武朝没有逐年的详细统计，我们选择洪武后期——洪武二十四年的数字作为参考。这一年，麦米豆谷总收入为三千二百二十七万八千九百八十三石（32,278,983石），宣德朝有逐年资料，米麦收入平均数为三千零一十八万二千二百三十三石（30,182,233石），最高的是宣德四年，计三千一百三十三万一千三百五十一石（31,331,351石），峰值和均值都没能达到洪武二十四年的水平（表四）。绸绢布，洪武二十四年共收入六十四万六千八百七十匹（646,870匹）。宣德朝分列较细，包括丝、绵、布、棉花、绢五大构件。宣德一朝这五宗总和的平均收入值为八十八万一千一百二十九匹·斤（881,129匹·斤），比洪武一朝多出二百四十万匹·斤（240万匹·斤）

---

① 玉米最早传入中国，很可能是郑和舰队中由周满率领的那个小分队。现在在菲律宾有相关证据，参见：[英]加文·孟席斯. 1412：中国发现世界 [M]. 师研群，等译. 北京：京华出版社，2005：124.

（表五）。但洪武二十四年的钱钞收入为四百零五万二千七百六十四锭（4,052,764 锭），而宣德一朝的最高钱钞（折色钞）收入为宣德七年的十万零五千六百七十一锭（105,671 锭）[1]，平均值为七万三千七百四十锭（73,740 锭）（表六）。洪武朝的钱钞收入是宣德朝最高峰值的 38.35 倍，是平均数的 54.96 倍。显而易见，太祖之死将明朝的兴盛也带进了坟墓，明朝开始演绎七斤太老哲学——一代不如一代了。人口缩水使人均田地数增加了，但是人口减少也使国家财政收入减少了，说明百姓手头紧，国家也不富裕。特别是宣德朝，实物税种类和收入都明显增加，而钱钞收入却一落千丈，简直不可同日而语。可见国家的经济政策毫无改进、货币混乱状况已经非常严重，这是社会大步倒退的主要标志。

　　上述对比不难看出，明朝初期的中国和欧洲面临的社会主要矛盾大同小异，都是土地不能为人口提供足够的食物供给，需要扩大耕地面积、积极采用新技术来提高粮食产量和搞活工商业——欧洲是尽快摆脱奥斯曼土耳其人的阻挠，明朝是革除贱工抑商的不良传统、给工商业以发展自由——来减少对农业的过分依赖，将经济发展引入快车道。但是，面对相似的"病情"，明朝皇帝和欧洲君主开出的"药方"却完全不同。事实证明，历史岔道口的两种不同选择，有高下正误的天壤之别，给双方带来了明暗对立的前景。

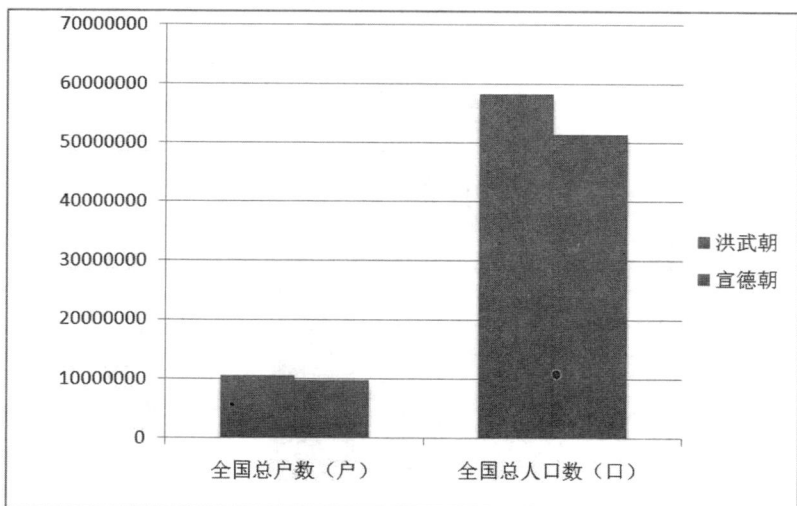

表二　洪武、宣德朝全国总户数、总人口数对比图

---

[1]　梁方仲. 中国历代户口、田地、田赋统计 [M]. 上海：上海人民出版社，1980：185，189，201.

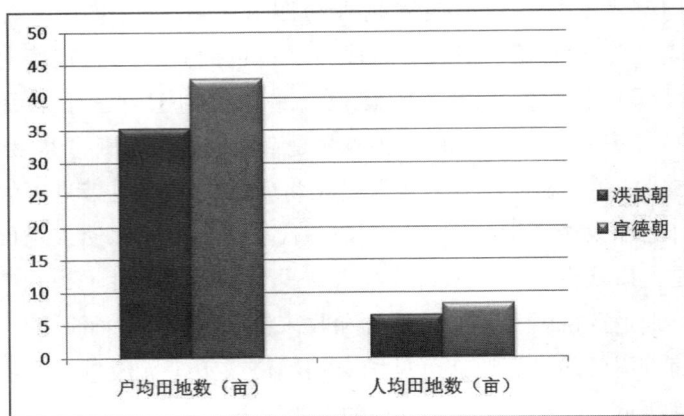

表三　洪武、宣德朝户均田地数和人均田地数对比图

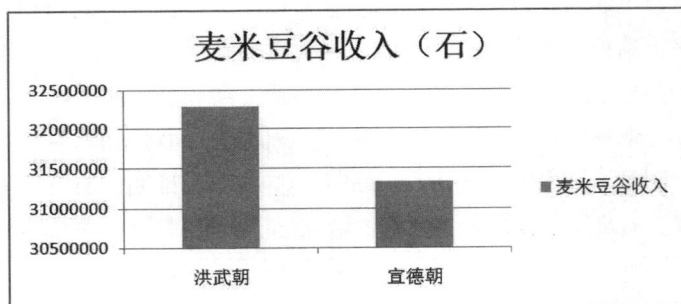

表四　洪武、宣德朝麦米豆谷收入对比图

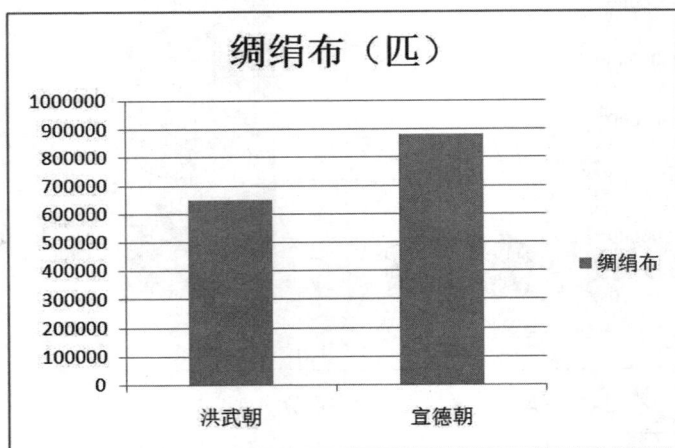

表五　洪武、宣德绸绢布等实物收入对比图

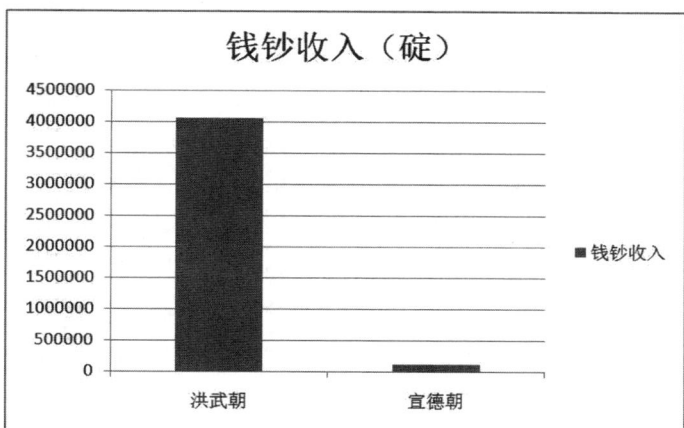

表六 洪武、宣德朝钱钞收入对比图

三、东西方的应对策略对比：朱元璋朱棣父子 VS 若昂亨利父子

打了完胜翻身仗的朱元璋登基后，有了实现自己成就圣君梦想的极好机会，除了他自己殚精竭虑，身边还汇聚了众多名士鸿儒充当智囊和助手，又博取千年统治经验之精华，本着皇权至上、江山永固、国泰民安的基本原则和总体目标，创建了与自产自用、自给自足的自然经济模式相配套且只能与此相适应的空前完备的中央集权统治体系，整个工程直至朱棣即位后很长时间才基本终止。这一政治框架，如清顺治皇帝所言，"洪武所定条例章程，规画周详"，胜于"历代之君"，朱元璋本人对其实用性、先进性和真理性充满自信且深信不疑，要求子孙务必严格遵守，还放话说："后世有言更祖制者，以奸臣论。"① 这里有必要重点交代在政治体制、思想管制和特务活动三个方面的新垄断模式。

政治思想方面，架构上，朱元璋罢中书省、废除丞相等官，强化了皇帝的万机独断之权，将各种决策权全部收聚到皇帝一人手中，其他官僚只

---

① 《皇明祖训条章》，参见：许嘉璐. 二十四史全译·明史·本纪第三 [M]. 上海：汉语大词典出版社，2004：46.

有参与权、建议权和执行权①，相当于秘书和助理。朱棣又在此基础上确立内阁制度、完善中央各部机构。思想上，朱元璋直承宋祚，独尊朱熹之学，编《祖训录》（后扩充内容，易名《皇明祖训》），颁《昭鉴录》（后扩充为《永鉴录》），制定八谕告诫武臣并颁发《逆臣录》，设孔、颜、孟三氏学说、设立社学，加强了对从皇室到官僚的精神控制，通过礼仪典章、乡约社学勒紧了从普通文士到黎民百姓的思想缰绳。朱棣编纂《性理大全书》《五经四书大全》，指定为科举的权威参考，确立八股文为唯一范式，把士子思想牢牢禁锢在了朱子理学的精神牢狱之中。他夺位登基后，为树立孝子"牌坊"，大发遵从祖制高论："凡开创之主，其经历多、谋虑深，每做一事，必筹度数日乃行，亦欲子孙世守之。故诗书所载后王之善，必曰'不愆不忘，率由旧章'，于警戒后王曰'率乃祖攸行'，曰'鉴于先王成宪'，此皆老成之言，后世轻佻诡谀之徒，立心不端，以其私智小见，导嗣君改易祖法，嗣君不明，以为能而宠任之。徇小人之邪谋，至于国弊民叛而丧其社稷者有之矣。岂可不以为戒？"② 于是，颁发《祖训》画地为牢，令后世历代守业之君头悬利剑、战战兢兢，行事无不从、守二字当头，沐猴为冠。这些举措清楚地表明，从朱元璋开始，在经济结构基础上形成的官方意识形态，已经反过来全面制约了经济结构，思想和极权强强联合，将经济囚禁在了地狱死牢里。

另外，朱元璋还设立了他的私人特务机关——锦衣卫，监视面覆盖全国范围、全民上下。永乐十八年（1420），又增设集特权监察、特务情报和秘密警察三权于一身的东厂。后于成化十三年（1477）又加设西厂，正德初年还增设内行厂。这些机关都直属皇帝且只对他一人负责，头目都是皇帝的武将亲信和太监私奴，在从业人员最多的天启年间，人数多达 34,400余名。这一唯皇帝马首是瞻的朱氏创新成就了中国历史上绝无仅有的厂卫共舞、举国惊悚的恐怖统治。

如果说朱元璋打造了铁桶一样的大明农庄王朝，那么朱棣则帮助父亲给这个铁桶安装了加固箍。这套洪武创建、永乐完善的国家制度与法度决

① 《明史》原文为："朕罢丞相，设府、部、都察院分理庶政，事权归于朝廷。嗣君不许复立丞相。臣下敢以请者置重典。皇亲惟谋逆不赦。余罪，宗亲会议取上裁。法司只许举奏，毋得擅逮。勒诸典章，永为遵守。"参见：许嘉璐. 二十四史全译·明史·本纪第三［M］. 上海：汉语大词典出版社，2004：46.

② （明）余继登. 典故纪闻（卷六）［M］. 北京：中华书局，1981：101.

定了有明一代的基本形态、发展模式、变革空间和活动边界。特别是朱元璋诅咒般的"言更祖制者，以奸臣论"的训诫，令后世皇帝都不想背大逆不孝的黑锅，都不敢有些许乖违，恪守祖制、法祖从宗是明朝最鲜明的特性之一①。

显然，朱元璋父子为明朝所做的顶层设计、构想的蓝图、定下的基调、确定的方向和营造的氛围，都与时代发展给君臣和政府提出的变革要求完全南辕北辙、背道而驰，引导着国家步入歧途渐行渐远。对于处在文明转型岔道口的整个中国来说，这种强势政府的负能量阻碍历史进程的后果，无疑会超过以往任何一个历史时期。下面将揭开明朝厚重历史幕帘的一角，窥探密如蛛网的经济、法律和外交政策阻抑文明转型的具体过程。

1. 全民户役锁链

朱元璋为了确保他的农庄王朝需有所供，根据从皇宫修建到手纸生产的全部劳动和生产工种，将全国 1,000 多万个小家庭（一个家庭为一户），以户为单位、一个行业为一类，划归为军户、民户、坟户、水户、灰户、蛋户、乐户等共 91 个役户门类、188 种行业，按照其职系和轮班周期（从五年一班到一年一班不等）承担赋役，每次三个月，父死子袭、役皆永充，不得更易。每户或负担力役、或缴纳实物、或施展技术，中央和地方各级机关所需一切物品和所用全部劳力，都由所设专户分担。将全国建成了职业分工高度凝固的横向互无交涉、纵向政府统一驱使的纲目结构，宛如一夜之间穿越到了战国初年。全民丧失了几乎所有的自我支配自由，政府却拥有了绝对的操控能力。

与这一体制相适应，除了众多临时工程以外，明政府在首都开设了规模宏大的官营手工业坊场，由住坐匠和轮班匠从事生产。因此，首都会常年聚集大量各业劳工。洪武年间，各地到京服役的轮班匠达十二三万之众。宣德年间更是"数倍于祖宗之世"。这些人，必须在官员的严密管控之下按要求到达指定地点工作，服役结束须同样按要求返回原籍。他们既是生产

① 中国古代家天下统治思想的祖制传统源于北宋的"祖宗之法"奉行成规。最初的动机是纠正唐朝安史之乱以后形成的宦官、后宫和大臣共同弱君的政治积弊。开国之初的强势君主，希望通过加强对守业君主们的教条式约束，来增强其继承和发扬历代先祖成功的治国思想、制度和政策的强制性和自觉性，降低基业传承风险，确保祖宗江山延续不倒。这一政治文化发展到明代，经过朱元璋的着力强化，达到了前所未有的高度、紧度和僵度。到清朝后期，更是无以复加，是制约王朝革新的一大主力。

劳动者——但劳力价值和劳动产品作为"义务"无偿供给了政府，被剥夺了交换价值，自己毫无所得——又是靠政府供给来维持生存的庞大消费群体。另一方面，政府每年需要在调配、管控门类众多的匠役人群上投入巨大的人力、物力、财力和精力，还会影响沿途各地正常的交通、生活和社会秩序。在这个过程中，服役匠工往返京师要自筹盘费，还要遭遇诸多不便不适、忍受各种艰难苦痛。常有举家被征入京而死在路上或京师的情况发生。如洪熙元年（1425）九月，严州石匠方真，一家6口全都赴京服役，有4人死在了京师。在经济水平较高的地区，社会分工发达，各类匠工也更多。如苏州府吴江县有各类匠户 2,700 户、浙江嘉兴府有 5,277 户。这些家庭每年均须往返奔波服役，而且时间很长。比如有一位造衣甲的工匠，年服役时间竟达 294 天。如此长久的服役时间消耗，当地的各种生产经营都因此搁浅。不赴京履职的役户，负担也非常沉重。如洪武九年，徽州府共有捕兽户 94 户，每户须办虎皮 1 张、杂皮 9 张，共 940 张。捕禽户 9 户，须各办翎毛 4,000 根，共 36,000 根。

　　这种实物献役的思路，在首都等大型城市建设中，更是劳民伤财的苛政，一大显例是朱元璋修建南京城墙。为了保证京师坚不可摧、牢不可破，按朱元璋的要求，先后营建了 4 重城墙，总长 101.2 公里。其中，砖墙所用的方砖，根据现已发现的来源地点统计，系由 3 个省级行政区的 34 个府、共 180 个州县①的窑户烧制完成后，择其精品运送到南京后建成的。这些窑户分布，以南京为中心向外全方位发散，有的远至湖南永州。这个距离，即使如今驾驶家用轿车前往，最短为 1,200 公里的直达高速公路，仍需 13 个小时。在 14 世纪中后期的交通条件下，仅运输一项，百姓所受折磨可想而知。朱元璋为了防止窑户以次充好，要求砖上须镌刻州、县、窑户、督管官员等所有相关责任人的名称和生产年份（见图五），以方便追责，将

---

　　① 南京明城垣史博物馆. 南京城墙砖文 [M]. 南京：南京师范大学出版社，2008. 随着研究的深入，窑户信息仍在被刷新。这里采用的是 2016 年 5 月更新后的数字。

中国古老的质量追踪体系发挥到了极致①。

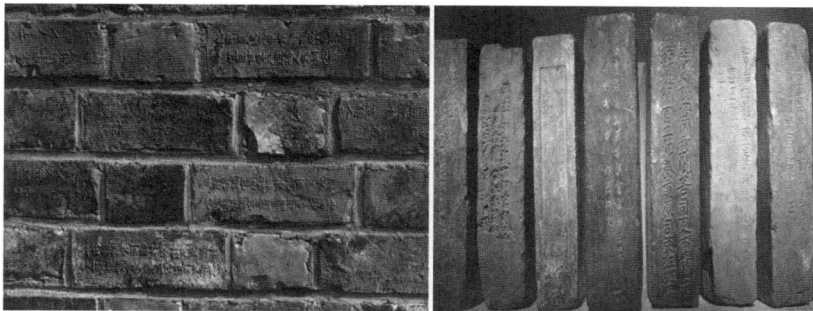

图五　南京城墙方砖铭文（图片来自网络）

　　更深层的问题在于，这种由官方控制、以官府为根本服务对象的手工业和劳动力占有、调拨体系，将国家的最大商品生产群体——各级各类工匠，劳动力供应单元——家庭和最大消费群体——宫廷、军队、官府，都完全剥离了商业领域，造成局部的产品过剩、大部的产品紧缺和资源配置不当，浪费巨大，堵塞了通过正常流通来合理分配产品的渠道。背离了本可通过市场交换来实现劳动者及其产品的价值增值的正确方向。不但工匠的劳动热情深受打击、浇灭了他们创新逐利的主动性，而且民间手工业失去了最大的消费市场，商品经济蜕变为皇家和官府自产自用型自然经济，没有必要也不可能得到发展。另一方面，户役制度及其各匠行只能在家庭内部传承、世代不可更易的僵死规定，封堵了本可通过自由进出和竞争实现的技艺交流和革新门径，使众多行业在无法实现技术信息共享和优势互补的封闭空间中艰难维持，不是发展缓慢就是走衰失传。总之，受户役制度封堵的手工业丧失了自由发展的基础和条件，从而使大明丧失了社会整体财富积累和全面繁荣的基础和

---

　　①　中国的质量追踪体系源远流长，秦始皇兵马俑一号坑中的六件青铜戈上镌刻的"相邦吕不韦造"铭文证明，战国末期的秦国在实施由督造者刻铭追踪的"物勒工名"制度，文献资料显示，至晚于春秋时期，中国就已建立起这一产品质量监管制度。编于公元前620年左右的《礼记·月令篇》中有"物勒工名，以考其诚，工有不当，必行其罪，以究其情"之语，吕不韦主持编修的《吕氏春秋卷十·孟冬纪·孟冬》也收录此言。这种追踪式质量监管铭文在秦王国和秦帝国时期的兵器、兵马俑、铜车马、砖石等器物上都已发现实证。朱元璋在14世纪末期将这种体系进一步完善，砖上刻写的铭文更为详细，记载了生产链上承担质量责任的管理层和制造层所有要员（含领班工匠）的职衔、姓名和产地信息。

条件。这个完全依靠徭役运转的国家实质上已经沦为一个自给自足式大农庄，丧失了推动经济发展的根本动力，而制度的刚性又成为阻碍这一体制解体的最大障碍，使商品经济的解困和突围都非常艰难。

2. 抑商组合拳

朱元璋是个货真价实的复古守旧派，对传说所浮夸的蛮荒时代推崇备至。洪武十八年（1385），他给户部下旨说："人皆言农桑衣食之本，然弃本逐末，鲜有救其弊者。先王之时，野无不耕之民，室无不蚕之女，水旱无虞，饥寒不至。自什一涂开，奇巧之技作，而后农桑之业废。一农执末而百家待食，一女事织而百夫待衣，欲人无贫，得乎？朕思足食在于禁末作，足衣在于禁华靡。尔宜申明天下四民，各守其业，不许游食……"基于这套高论，他一生信守"农为国本，百需皆其所出"的唯农富国思想不动摇，始终坚持"以农为本，故常厚之；以商为末，故常抑之"① 的经济指导方针，非常重视通过制度、法律、道德、民俗等多重手段来捍卫这一治国基本原则，对任何挑战者和违犯者均施以重典惩处，从不姑息迁就。这些理念和政策，其后世皆悉加继承。

首先，为了把百姓捆绑在土地上，并将其调教成死守本业的顺民，扭转元朝传下来的弃本逐末、图厚利速富的厌农风气，朱元璋除了户籍制度、户役制度外，还实行了"路引"制度。路引是当地政府给其辖区居民开具的离家出行百里以上的许可证明。通过各处关卡，任何人都须出示这份官方文书来证明自己出行的合法性。路引记有出行者的姓名、籍贯（住址）、体貌、去向、事由、日期等信息。欲获得路引的居民须交纳相关费用，且各地每年可发放的路引数量由政府部门自上而下划拨指标，不得超额。这一政策对居民各种目的的出行都予以监控和限制。尽管可能对于遏制役户、工匠和流民逃亡有一定作用，但这一政策的诞生本来就是一个彻头彻尾的错误，其副作用也是显而易见的。

其次，对企图让工商业抬头的任何进谏和行为都予以致命打击。下面两大案例给我们提供了完美注解。先看言铁流放案。洪武十五年（1382）7月，广平府吏员王允道上书，请求开放磁州铁矿冶炼。朱元璋斥责说"朕

---

① （明）陈子龙，等. 明经世文编（卷12） · 王翰林奏疏［M］. 北京：中华书局，1962：88.

闻王者使天下无遗贤，不闻无遗利。今军器不乏，而民业已定，无益于国，且重扰民。"① 将王允道施以杖刑并流放到了岭南。看来，在这位天子眼中，铁只有造兵器一种用途。兵器不缺，当然无开铁矿的必要了，还省得骚扰百姓！国家搞好农业就足够了。其实，在中国历史上，与朱元璋的观念雷同且水平相当的皇帝并不鲜见。所以，理解了这个案件也就理解了明朝统治下的中原地区，科技实力以及由科技支撑的工业水平为什么会以一日千里的速度被西方抛在身后的原因了。

再看驸马走私茶叶赐死案。洪武三十年（1397），朱元璋将安庆公主嫁给了才貌双全的进士欧阳伦。然而这位驸马却不守正道，更置泰山之圣旨于耳后，大肆贩茶出境牟取暴利。而且"所至绎骚，虽大吏不敢问"。更糟糕的是，他纵容家奴周保仗势欺人、竟强令地方官员为其征用民车贩茶，还动辄"擅捶辱司吏"②，致使官民叫苦不迭，忍无可忍，一纸诉状告到朱元璋那里。一向执法铁面无私的朱元璋勃然大怒，将欧阳伦赐死，周保等家奴也都被处死。从这个案件中，可以读出几条重要信息：一是朱元璋推行的严禁私自与西蕃互市的政策，导致边境茶叶贸易成了具有超级暴利的大买卖，诱惑力难以阻挡。并且表明，仅靠朝贡根本无法满足西部广大市场对茶叶的巨大需求。如果政府能因势利导、有效监管，推进其健康发展，不但可为明政府增加巨大财政收入，而且有利于边境安全。二是朱元璋大义灭亲之举固然有惩治私贩茶叶和横行乡里的劣行两大目的。但从驸马方面来看，其东窗事发之根本原因却并不在违禁贩茶，而在于强行绑架地方官吏于其走私马车之上，给他们的仕途乃至九族性命都构成了严重威胁。更重要的，他们没能从中得到任何好处，承担了风险，但权力、体力、精力投入得到的回报值为零，而且还遭受他们的皮肉和精神折磨。这样的事，任何人都不愿意干，更何况这是犯罪杀头之事。所以，地方官才有勇气借力打力，将其除之而名命双全。看来欧阳伦跟他岳父一样，是个不懂得用经营来盘活全局的智障者。三是虽然连普通百姓都明白，朱元璋的既定国

① 许嘉璐. 二十四史全译·本纪第三·太祖（三）[M]. 上海：汉语大词典出版社，2004：35.

② 许嘉璐. 二十四史全译·列传第九·公主 [M]. 上海：汉语大词典出版社，2004：2538.

策是违背时世的倒行逆施，但是朱自己却始终未能明白。朱元璋以实际行动昭告天下，皇威不可能向任何人做出让步，既定国策也不可能有丝毫改变。任何人的胆大妄为，都是飞蛾扑灯、自取灭亡。灭亲之举除了赢取大义灭亲的美誉，还收到了杀鸡儆猴之效。然而，尽人皆知的是，与其说欧阳伦死于自己的违法走私，不如说死于岳父的保守无知。

再次，朱元璋通过贬商、控商、抑商、禁商、灭商等一揽子制度、法规和政策，对商人、商业进行全方位打压。一是动用法律、道德、流俗等武器将商人逼到社会的犄角旮旯里，置于倍受鄙视的卑贱地位。洪武十九年（1386）规定"市民不许为吏卒"："今后诸处衙门皂隶、吏员、狱卒，不许用市井之民……"① 虽然商人难以入仕客观上减缓了通过金钱的诱惑力去腐蚀王朝肌体组织和神经体系的步伐。但是官本位农耕社会这种从商家庭长期没有资格通过科举步入仕途、提高社会地位，从而为商人争得更多话语权和生存空间的不利处境，使得抑商国策根基深厚、难以撼动，严重阻碍社会进步。现在连皂隶这种最低层级的差役从业资格也被剥夺，它的打击面和力度可以想见。洪武二十二年（1389），申严巾帽之禁，"不亲农业者不许"。洪武二十四年（1391）又出台限制商人着装的更详细规定："农家许着绸纱绢布，商贾之家只许着绢布，如农民之家但有一人为商贾者，亦不许着绸纱。"② 而且朱元璋在骨子里贱视商人，洪武二十四年（1391），他竟然发出"若有不务耕种专事末作者，是为游民，则逮捕之"的荒谬圣旨。另外，明法还沿袭了商人和贱民不得用车马的规定。这些歧视性法定条款从法律上，进而从民俗和观念上贬低了商人的社会地位，令商人处境雪上加霜。

二是限制商人的自由和行动，将其置于官府的严密监视之下。除了针对全民的路引制度外，朱元璋还为商人量身定制了"市籍制度"。行商入市籍并向官府申领"商引"后方为合法。外出买卖货物，必须随身携带商引以备查验。晚上住店，须在店历上详细登录商人姓名、人数、来往地点、日期、货物概况等信息。而且还对商人携带财物的最低数额做出了规定，

---

① 杨一凡. 明大诰研究·附录·御制大诰续编 [M]. 南京：江苏人民出版社，1988：327.

② （明）田艺蘅. 留青日札（卷22）·我朝服制 [M]. 朱碧莲，点校. 上海：上海古籍出版社，1992：427.

以防居民假冒商人四处流窜。如洪武十九年（1386）的规定为"……及称商贾，虽有引，若钱不盈万文，钞不及十贯，俱送所在官司，迁发化外"①。对于坐商，市籍约束更为细密，经商者在城镇开设店铺，须定期向官府报告从事行业、资本额、经营状况和所得盈利。店铺开业、歇业、转业、移徙等动态信息官府都要全部掌握。朱元璋对经商者的敬业程度还有堪称严苛的要求："无物引老者，虽引未老，无可鬻，终日支吾者，坊厢村店拿捉赴官，治以游食，重则杀身，轻则黥审化外，设若见此不拿，为他人所获，所安之处，本家邻里罪加之。"② 这种规定本来已是多余，其处罚之重更是毫无法理可言，对邻里的连坐就更为荒谬可憎了。

三是课重税抑商。成祖朱棣曾说："商税者，国家以抑逐末之民，岂以为利？"③ 这句话向社会宣示了明朝的商税征课动机。而且对商人逃税行为，均以重典严惩，"凡客商匿税及卖酒醋之家，不纳课程者，笞五十"。从洪武末年起，税收日益混乱、加重，在产地收税之后，商品运送沿途还要多次征税。宣德四年（1429），"全国33府州县商贾所集之处，市镇店肆门摊税课，增旧五倍"，并在全国商贾辏集之地，增设以收钞为主的税收机构"钞关"，向过往载货车船征税。征税方式经历了由按商船船身长宽尺寸计算装载量的办法改为按船头尺寸长短计算的"梁头税"，加重了对商人的盘剥。且规定过关船只，"隐匿及倚势不纳钞者，船没入官，犯人治罪"。

从成祖朱棣对商税的定性可以看出，明朝对商人课税的动机全在"抑商"，这是非常错误的观点。这种课税观使官府对税种、税率、税卡的设定背离了税收本身的社会公共财富增殖方向，转而将关注点放在对商人及其商业行为的打压效果上去，酿成课税繁、重、滥等社会顽疾。商人不堪重负，不但经营积极性难以高涨，而且往往铤而走险偷税、漏税、逃税，还容易刺激官商勾结等社会腐败现象的滋生。国家难以营造有利于商业发展的正常生态，社会毫无商业活力。上文所引明前期的课税变迁乱象，就是这种消极影响的生动显现。宣德朝较之于洪武朝在钱钞收入上的陡降也充分说明，由于对商

① 续修《四库全书》编纂委员会. 大明会典（卷19）[M]. 上海：上海古籍出版社，1995：331.

② 杨一凡. 明大诰研究·附录·御制大诰续编 [M]. 南京：江苏人民出版社，1988：266.

③ 郭厚安. 明实录经济资料选编 [M]. 北京：中国社会科学出版社，1989：659.

业活动束缚太紧、搜刮太多，明前期已经出现了商人穷则国亦穷的恶性循环。

四是颁行边禁、海禁、迁海政策，主动切断与外界的商贸往来，实行禁止私商外贸的基本国策。明朝与其他各类政权在西、北和东北三大方位有很长的边界线。这些地方世代与中原政权有商贸往来，形成了三条悠久的外贸路线：西北方向是穿过河西走廊通往中亚、阿拉伯、欧洲的陆上丝绸之路。西南方向有起自桂林，经云南沿茶马商道进入乌思藏（今西藏自治区）的滇藏商路和以川北剑南为起点从西川入藏的川藏商路。两路合拢后通往印度（南亚）、阿拉伯直至非洲和欧洲。这是一条陆海结合商路，覆盖了大西南全境。东北方向是从北京出发穿越辽西走廊，过辽阳渡鸭绿江，通往朝鲜和日本的人参、貂皮商路。这三大陆路经济动脉及其延长线将新大陆未发现之前的旧世界全部连通，明朝如果能够利用、发挥好从唐到元奠定的外贸基础和尊享的盛名，很容易延续元朝的商业兴隆之势，为朝廷赚取无尽的财富。然而，朱元璋却关闭边境转身向内，禁止私人互市，将对外贸易全部捆绑在官府严控的"茶引"和"朝贡"两张虚华招牌下面，将本可名利双收的大好事业搞成了满足虚荣心、打肿脸充胖子、干吃哑巴亏的折本买卖，苦苦支撑。不但各方不能自由互通有无，满足生活所需，而且明朝国家财政捉襟见肘、百姓生活贫困拮据。

洪武五年（1372）正月，朱元璋对中书省的臣子们说："西洋琐里，世称远番，涉海而来，难计年月，其朝贡无论疏数，厚往而薄来可也。"这是他给明朝对外贸易制定的总纲领，有效期达272年！紧随其后的成祖朱棣领悟老子的思想非常到位。朝贡者附载胡椒与民互市，有人请征其税，他说："今夷人慕义远来，乃欲侵其利。所得几何，而亏辱大体万万矣！"这所谓征税即被万万亏辱的"大体"为何物？坑害世代帝王臣民的蛮夷奉中、皇泽天宇的中国中心观、优越感和虚荣心是也！洪武九年（1376），"禁秦蜀军民入西番互市"。永乐时，要求在四川、陕西与生番接近的关隘，严加把守，"不许透漏段疋、布、绢、私茶、青纸出境"。违者，犯人和把关头领"俱各凌迟处死"。对很有卖点的茶叶贸易，明政府制定了"茶引"榷茶法。规定"官给茶引，付诸产茶郡县。凡商人买茶，具数赴官，纳钱请引，方许出境贸易。每引茶百斤，输钱二百。郡县籍记商人姓名以凭钩稽。茶不及引者谓之畸零，别置由帖付之。量地远近定其程限，由、引不许相离；茶无由、引及相离者，听人告捕。而于宁安府及溧水州置茶局，批验引、由，称较茶货，茶引不相当而羡余者好为私茶，并听执问。商人卖茶毕，就以原给由、引赴所在官司投缴；如引不即缴，展转影射者，论同私茶法"。朱元璋这一茶法对商业运作的行政干预非常强势，违背商业规律且程序繁冗、管束过死，商、官双方均为其所缚，引发了多重矛盾。直接恶果是茶叶走私泛滥，局面几近失控，实际情况完全背离了官方垄断茶叶贸易以操纵外方马价的初衷。出现了商人以身试法、官茶价格暴跌、外方坐收渔利、官府疲于应对、朝廷高价买马、皇帝杀亲儆猴的乱相。

在明朝的东缘和南边漫长的海岸线上，散布着已经兴盛了数百年的良港城市和外贸重镇，它们与内地的主要水道和交易中心网状交通。像应天府、苏州府、常州府、扬州府、徽州府等经济发达地区和福建、广东、浙江等地"土窄人稠，五谷稀少"，"边海之民皆以船为家，以海为田，以贩番为命"，有悠久的经商传承、丰富的外贸经验和雄厚的资金积累。而且，海上商路具有速度快捷、成本低廉、承载量大、商品多源、覆盖更广等陆路商道无法比拟的长处。这些都是明朝发展对外贸易的既得优势和良好基础。而且如前文所述，元朝在先进的造船技术和航海技术支撑下，海上商贸航线除了东向的琉球、朝鲜、日本商道外，南向航路延伸到西洋之滨，再南向直至坦桑尼亚桑给巴尔（Zanzibar）的广大范围之内，沿途华商众多、站点遍布，元朝海商是没有挑战对象的海上霸主和商路魁首，而且大元及其转口货物种类之丰富、品质之优良有口皆碑。可以说蒙元帝国留给大明王朝的这份家底儿，只要平稳承接、乘势推进，开创国际贸易的新局面毫不费力，延续主导海上丝绸之路大动脉的世界格局也绝非难题。

然而，农民皇帝朱元璋及其子孙率领的国家领导团队就是看不到这一点也听不进别人的意见。朱元璋迅速转身退出全部海域，使中国一夜之间从海上消失。此后的历代继承者都个个死守祖训、不思更易、一错到底。即使是隆庆开海，也仍然监管繁冗，不利商兴。这漫长严酷的海禁，浪费了宝贵的海贸资源、全面丧失了海上优势，沿海居民的饭碗被夺走、国家财源也被斩断，三番五次错过发展机遇、社会转型进步被迫中断。把整个海洋世界拱手送给了欧洲冒险家，让"西方蛮族在几个世纪里使伟大的

'天朝'黯然失色"①。对此，博克舍以不无嘲讽的口吻调侃说"要感谢中国皇帝孤立的海禁政策所造成的刻意的缺席，使得葡萄牙人能在毫无东方海权的抗衡下，以惊人的速度成为印度洋上的主宰者"②。反观有明一代，不难发现，这个王朝一直面临的经济疲软与财政紧缺，长期位于引爆点的官民矛盾和东南沿海长期的倭寇、海盗袭扰犯边，无不与其顽固坚持的错误海防战略和违逆时代方向的海禁政策有着密切而深刻的正相关，这个问题后文会辟专节讨论，下面先考查明初的海禁政策与法规情况。

洪武四年（1371），朱元璋"诏吴王左相靖海侯吴祯：藉方国珍所部温、台、庆元三府军士及兰秀山无田粮之民尝充船户者，凡十一万二千七百三十人，录各卫为军。仍禁濒海民不得私出海"。这是今日已知文献中关于明朝海禁的最早记录，但是"仍禁"告诉我们，朱元璋的海禁之策发端之时要早于这一记录发生时的1371年12月。此后整个洪武一朝，海禁越来越严。乃至明清两朝文献中，凡涉及"海"的内容，"禁"字的使用频率最高，出现了言海必言禁、无禁不称海的局面。

朱元璋要求片板不得下海，禁令不断。洪武十四年（1381），"禁濒海民私通海外诸国"。洪武二十七年（1394），"禁民间用番香番货"。因为"缘海之人，往往私下诸番贸易香货，因诱蛮夷为盗"，所以"命礼部严禁绝之，敢有私下诸番互市者，必置之重法。凡番香、番货不许贩鬻，其现有者，限以三月销尽"。此禁令还殃及国内香木贸易，"两广所产香木，听土人自用，亦不许越岭货卖。盖虑其杂市番香，故并及之"。洪武三十年（1397），"申禁人民无得擅出海与外国互市"。成祖朱棣继承了父亲的做法并强化、细化了海禁举措。他在《即位诏》中就急切地宣布："缘海军民人等，近年以来，往往私自下番，交通外国，今后不许。所司以遵洪武事例禁治"，将其继承父亲遗志的立场告知天下。接着，永乐二年正月（1404年2月），又出台具体整改措施："下令禁民间海船。原有海船悉改为平头船，所在有司防其出入。"这改船的损招如为鸟折翼，海民更无路可逃了。平定安南后，朱棣又速将海禁政

---

① [美]斯塔夫里阿诺斯. 全球通史（上册）[M]. 吴象婴，梁赤民，译. 上海：上海社会科学出版社，1999：445.

② 陈尚胜. "怀夷"与"抑商"：明代海洋力量兴衰研究 [M]. 济南：山东人民出版社，1997：71.

策延及该地，诏书要求安南"不许军民人等私通外境、私自下海贩鬻番货，违者依律治罪"。宣宗朱瞻基更加过分，宣德八年（1433），命行在（副都南京）都察院严私通番国之禁："私通外夷，已有禁例。近岁官员军民不知遵守，往往私造海舟，假朝廷干办为名，擅自下番，扰害外夷。或引诱为寇。比者已有擒获，各置重罪。尔宜申明前禁，榜谕缘海军民，有犯者许诸人首告，得实者给犯人家资之半。知而不告及军卫有司之弗禁者，一体治罪。"这一上谕，不但申禁下番，而且鼓励海民互相检举。被检举后查验实属的，收没其全部家资；对举报者给予被举报者一半家产的奖励，而对知情不报者，罪与犯者同等。不但恶意制造人人自危的恐怖气氛，而且只要通番被举报，全家人都无活路，惩罚严酷之甚，令人发指。宣宗一朝，还曾两次无情封杀沿海渔民下海捕鱼求生的正当请求和行为。第一次是宣德九年（1434），"宁波知府郑珞奏请弛出海捕鱼之禁，以利民"，被宣宗无情否决。第二次是宣德十年（1435）严私自下海捕鱼之禁。行在户部言，"时有豪顽之徒私自造船下海捕鱼"，"宜敕浙江三司谕沿海卫所严为禁约，敢有私捕及故容者悉治其罪"① 这次，宣宗欣然应允。显然，海民的生存处境在不断恶化，而海禁却愈加严酷细密。朱元璋亲手关上了明朝通向外界的大门，朱棣及其子孙则给关闭的大门加装了锁闩。

　　除了上述那些皇帝应事"圣旨"之外，明朝法典为海禁提供了法律保障，且在整个明代持久发力，成为对外贸易和商人们无法摆脱的枷锁。《大明律》中列有惩治"私出外境及违禁下海"的专条，现略举一二。如规定："凡将马、牛、军需铁货、铜钱、段匹、绸绢、丝绵，私出外境货卖及下海者，杖一百。挑担驮载之人，减一等；物货、船车并入官，于内以十分为率，三分付告人充赏。若将人口军品出境及下海者，绞。因而走泄事情者，斩。其拘该官司及守把之人，通同夹带，或知而故纵者，与犯人同罪；失觉察者，减三等，罪止杖一百；军民又减一等。"② 此后不久，又做出更细的规定："若奸豪势要及军民人等，擅造三桅以上违式大船，将带违禁货物下海，前往番国买卖，潜通海贼，同谋结聚，及为向导劫掠良民者，正犯

---

① 郭厚安. 明实录经济资料选编 [M]. 北京：中国社会科学出版社，1989：666.

② 高攀. 大明律集解附例·私出外境及违禁下海 [M]. 台北：学生书局，1986：271.

比照谋叛已行律处斩，仍枭首示众，全家发边卫充军。其打造前项海船，卖与夷人图利者，比照将应禁军器下海者，因而走泄事情者，为首者处斩，为从者发边充军。若只将大船雇与下海之人，分取番货，及虽不曾造有大船，但纠通下海之人，接买番货，与探听下海之人番货特来私买，贩卖苏木、胡椒至一千斤以上者，具发边卫充军，番货并入官。"

与海禁律条和圣旨相配套，朱元璋还制定实施了迁海移民政策，将离岸各岛居住的海民悉数强制迁出，把北起山东南抵广东的海岸一线变成了无人烟地带。洪武二十年（1387），明太祖令"徙福建海洋孤山断屿之民，居沿海新城，官给田耕种，从左参议王锐请也"。《福建通志》留下了福建迁海更清晰的细节："明洪武中江夏侯周德兴视海防倭，侯转委福建右卫指挥李彝。彝索贿无厌，民怨之。福清林扬者，素任侠尚气节，乃率里人逐彝。彝怒遂画图以奏，且言：'海坛山本一孤屿，外通琉球一昼夜，内接镇东城三昼夜。'……太祖览图下旨曰：'各省孤屿，人民既不得他用，又被他作歹，可尽行调过连山附城居住，给官田与耕、宅舍与居。'于是，福建、广东暨澎湖三十六屿尽行调过，以三日为期，限民徙内，后者死。民间仓卒不得舟，皆编门户、床簀为筏，覆溺无算。"王士性在《广志绎》中留下了两段迁海纪录。一段提到山东半岛强迁后的情况，说："长山、沙门诸岛在登、莱外，大者延袤十余里，小者二三里，皆有饶沃田以万计，犹闽、浙之金、堂诸山也，往者皆有禁。"另一段记录了汤和在浙江一带执行迁海敕令的情况："宁、台、温滨海皆有大岛，其中都鄙或与城市半，或十之三，咸大姓聚居。国初汤信国奉敕行海，惧引倭，徙其民市居之，约午前迁者为民，午后迁者为军。"

我们不禁要问，朱家父子如此歇斯底里地禁绝私人下海、通商，还大举迁海，究竟是出于什么伟大的深谋远虑呢？除了中原王朝帝王共有的天朝上国夜郎自大的通病之外，将明朝的国际环境与朱元璋的锁闭严防安全观联系起来考查，便一目了然。（1）朱元璋对长期游走海上、连大元朝廷都拿他没办法的方国珍集团仍未能斩草除根。被明朝砸了航海饭碗的兰秀山残余势力也败走东洋，但重操旧业之心不死。两者的合流与外逃他鞭长莫及、寝不安席，这是海禁的导火索。（2）日益嚣张的倭寇乘机劫掠添乱，与明朝玩儿起了猫抓耗子的游戏，令朝廷怒火中烧而又束手无策，给了以关门防守为第一安全理念的朱元璋让海禁火上浇油的理由。（3）悉心继承外交传统但囊中羞涩的朱元璋将传统的中国中心外交秩序推向了崩溃的边缘，接连引发使臣被杀的屈辱，刺激了朱元璋以海禁避外夷奸诈的决心。（4）百姓往返海外经商和朝贡国来华进行民间交易都可能危及朱元璋设计的现货交易和其后的无储备金宝钞主体经济秩序，为极具能量的金银货币经济创造侵蚀帝国根基的空间，促使朱元璋坚定不移地通过海禁和"贡舶贸易"体制①来排除帝国威胁的意志。

这四重因素的叠加，使黔驴技穷的朱元璋无计可施，只得死死抱着隔离观念不放，他曾坦诚地将其隐忧和想法暴露无遗。洪武四年（1371），他给大都督府臣的上谕说："朕以海道可通外邦，故尝禁其往来，近闻福建兴化卫指挥李兴、李春私遣人出海行贾，则滨海军卫岂无知彼所为者乎？苟不禁戒，则人皆惑利而陷于刑宪矣……"这条看似简单的语录包括众多关键信息，深加琢磨便可明了他的逻辑和忧虑：海道与外邦相连，常去国外可开阔眼界、接触新思想，这样能使他们变得聪明、狂妄，从而难以控制、无法调教，这还了得？而且一旦他们勾结起来构祸朝廷，甚至与夷人勾搭作乱、在海外建立反对朝廷的基地，那会多么危险！再则，他们有钱了，财大气粗，岂知作良民的本分，怎么会把朝廷放在眼里，不禁能行吗？还有，看着不务正业的刁民出海好赚钱而不禁止，人人舍本逐末，家家不劳而获，人民的幸福从何而来？国家岂不也要完蛋？显然，这一国策的诞生和持续，完全是源自对专制极权统治安全的莫名恐惧和对假想敌在量上与面上的自我放大，是企图幼稚地通过对民众与外界的完全隔离，将可能来自外部的所有反对力量及其土壤彻底消灭的愚蠢无知、简单粗暴之举，是朱元璋骨子里视商业为多余和邪路、视商人为刁民和盗匪的荒谬观念的体现，是明朝统治集团锁国闭关、消极防御，唯农桑是正业、商业误国惹祸等一系列落伍又荒诞的建国理念和治国思想的综合反应和结果。他们忘了祸患不仅起于边关，肌体的癌变同样会死得很快很难看。

更为糟糕的是，野蛮海禁孳衍了困扰明朝大半生的日本怪胎——袭边倭患。此时，遭逢明朝列海禁为基本国策出台，正好与这一外部状况重合

---

① 朱元璋创设的配合其海禁国策的朝贡贸易规则。这一体制对外国而言，只能有官方朝贡往来，私商不得来华贸易，朝贡者也只允许与明官方贸易，不得开展民间交易；对明朝居民而言，要求禁用番物，更不得与来华朝贡者进行交易。

叠加，情况迅速复杂化，在日本国内倭寇的产生根源没有被铲除之前，对于倭寇眼里机会无限的明朝来说，倭患本来难以真正芟除。而通观这一灾难的来龙去脉，明朝错误的海禁政策使中日二力合流，其促成与加固效应将问题复杂化、寖深化，解决起来也更为困难，其中的关键因素在于海禁使倭寇势力与反倭寇势力的力量对比发生了颠倒，明朝政府将地利、人和优势悉数丧失，还犯了战略错误和官僚主义。

明政府不分青红皂白，又缺乏胸襟、眼光和关怀的愚蠢做法将自己推到了普遍民意的对立面。因为这些人中间的很多大明海民与真正的倭寇和徐海之辈的海盗有本质不同，他们可以根据需要改变自己的身份和角色，以方便跟政府联合或对抗①。海禁政策和军队、官场的腐朽败坏、脱离群众，使官军未能分化瓦解自己的敌人，既不能保护民众生命和财产、赢得更多人心，又不能削弱对手力量、降低自身耗损、减少居民损失和负担。他们只是盲目出击，既无广泛的民意支持与配合，也不了解地形地貌和人心所向，自然难收成效。再则，官军中间的多数人并不关心倭寇能不能剿灭，也不关心同胞的安危与死活。他们关心的是如何不择手段多制造"敌人"首级或者多抓几个"俘虏"以多得奖赏、升官发财。所以，这种倭患愈演愈烈，甚至深入内陆徽州、饶州、南京、芜湖等财富囤积之地行凶作乱，如入无人之境。

总之，明政府的战略失策和应对失当是倭患持久和嚣张的一个主要原因，既把朝廷搞得焦头烂额，也给当地居民带来巨大灾难。浩繁的战费消耗②不但使民众负担逼近极限，而且将国家经济拖到了悬崖边上，特别是沦为战场的数省，本是社会经济的领跑者，此一浩劫，其经济基础和社会转型遭遇的破坏更是无法估量。倭患的绝灭之路也雄辩地反证了明王朝海禁思维和抗倭路线的完全错误。严禁派势力粉碎了王直的开海之梦并将其送

---

① 王直曾对他的同乡吴宗宪派去的人说"我辈昔坐通番严禁，以穷自绝，实非本心，诚令中国贳其前罪，得通贡互市，愿杀贼自效。"综合考查王直的整个人生历程和做人行事，这应为其真心话，但吴宗宪并没有能力左右朝廷的决议却自信过头，王直一片诚心换来的却是斩首惨死的下场。此事的是非曲直天地共鉴。参见：（明）李诩. 戒庵老人漫笔（卷五）·蒋陈二生——附王直徐海妓[M]. 魏连科，点校. 北京：中华书局，1982：185-187.

② 嘉靖年间，山东、浙江、直隶、福建、广东，每年须筹备抗倭兵饷2百万两，而当时的中央财政，如嘉靖11年，实物之外的银两岁入仅有243万两，占了91%强。参见：侯家驹. 中国经济史[M]. 北京：新星出版社，2008：748.

上了断送台（嘉靖三十八年，1559），这位天星入怀、绝非凡胎的徽商终究未得上天眷顾，活到开港之日，不过日本平户的巨变和怀念很能反衬明朝的问题。日本的丰臣秀吉继织田信长将日本归向统一，1603年德川幕府统治确立，日本战国时代结束，倭寇的主根从此断绝。隆庆登极之始（1567）即开放了东西二洋航线，准许私人出海贸易，倭寇于不经意间分崩离析、烟消云散，长达两个多世纪的"倭患"终于不再成为一个时代话题。

对富商巨贾进行毁灭性打击，以彻底清除潜在的皇权威胁。前文曾谈到，宋元以来福建泉州的蒲氏家族在对外远洋贸易中出类拔萃，实力雄厚，是名扬四海的外贸大户和经管重臣。这个经商家族本为阿拉伯伊斯兰商人，从事远洋贸易一路东来、渐行渐住，南宋时期到商业前景看好的泉州定居，大展商人精明、财力急速膨胀，成为南宋和元代两朝的官商双料巨擘、倍受朝廷倚重，在自家富可敌国的同时，也为国家海外贸易的制度建设、外向扩展和实力壮大做出了重大贡献。然而，明朝建立之时，即是蒲家厄运降临之日。元明更替引发的去蒙元、续宋祚浪潮和时代病，加上朱元璋对商人贱视入骨的偏见和对巨贾摄政的担忧，将这个家族及其商业帝国悉数摧毁，蒲氏家族的毁灭史是朱元璋荒谬绝伦的灭商政策的一本明细账，也是明朝商人险恶处境的一部写真集。

招致朱元璋清剿蒲氏家族的导火索是宋朝灭亡前夕的蒲寿庚反水杀人事件。景炎元年（1276）5月，南宋陈宜中、张世杰等人在福州立益王赵昰为帝，年号景炎。11月，元军攻入福州，赵昰小朝廷逃到泉州避难。船到泉州后，蒲寿庚前来谒见，请帝驻跸，张世杰不放心。因为那个大厦将倾之时，朝廷那帮家伙满腹狐疑，信不过商人，但又很需要商人的钱财和船只，所以内心非常矛盾。当时有人出馊主意，扣留蒲寿庚以使之无从控制其海上船舶，但张世杰没有采纳。然而本来对南宋皇室在泉州横行霸道、劫掠海商心怀积恨且精明过人的蒲寿庚①，既看到了朝廷的来日不多和对他的不信任，又嗅到了对他极为不利的异味儿。这种情况下，双方自然都各怀盘算。但多疑而鲁

---

① 据《朱文公集》卷89《直秘阁赠朝议大夫范公（如圭）神道碑》载：宋宗室之人，"挟势为暴……至夺贾胡浮海巨舰，其人诉于州于舶司者三年，不得直"。身为商人兼市舶司掌门的蒲氏处身两难之境，郁气可知。参见：方豪. 中西交通史（下册）[M]. 上海：上海人民出版社，2008：350.

莽的张世杰很快将双方推向了正面对立。惶恐不安的小朝廷还是觉得到海上最安全，但船只不够、资财不足。张世杰便强征蒲家海船并抢掠其钱财以备逃海呕须。这一损害商人核心利益的举动使本已摇摆的蒲寿庚一怒之下杀了在泉州的宗室、士大夫和张世杰的淮兵，既为自己解恨，更为元朝献礼。于是，宋灭元兴，蒲氏家族又迎来了如日中天的 90 余年辉煌。

不料，这件事被朱元璋抓住了把柄，成了他迎合去蒙元化思潮并借机灭商的两全对象。《蒲氏族谱》记"大明建极之后，劫数难逃，阖族惨遭兵燹，流离失所，靡有子遗"①；《泉州杂志》载"我太祖皇帝禁泉州蒲寿庚、孙胜夫之子孙，不得齿于士"。全部家产遭抄没，对已经故亡多年的蒲寿庚掘墓鞭尸 300 下，被朱元璋斥为危险余孽的蒲氏后人，大多充军禁锢，只有少数逃脱，还规定世代不得读书、不得为官。这场于法于理都讲不通的秋后算账，实在太过分了！从朱元璋挑出这笔陈年老账说事儿并残酷野蛮地对待后世无辜的行为可以看出，这位穷苦农民出身的皇帝对"不务正业""不劳而获""越贩外番"的商人有多么厌恨、多么担忧！活在这般阴影之下的商人们，还有心思做买卖吗？结果，本来可解明朝经济之困局、于大明昌盛有利、于中国转型有助的商人和商业不是罹难而亡就是残喘苟活，方兴未艾的海外拓展事业因此夭折，无人能敌的远洋贸易霸主地位顷刻丧失，宋元以来各大商业都会的商海风云人物也都很快销声匿迹了。

3. 明初的开放假象

前文已述，明朝是纯正的农耕血统政权，具有极端封闭性和守旧性，它建国后即马不停蹄地制定、实施的一系列倒退政策，都是为了将朱元璋的大农庄帝国理想迅速变成现实。但是，很多人会以为这种观点是片面的，不符合事实。因为所谓郑和大西洋的"壮举"，众所周知、口碑载道，岂容否认？因此，非得不惜笔墨将这个问题剖析明白、透彻不可。为了全面了解这段颇具迷惑性的历史假象，必须从朱棣其人其事谈起。

朱棣在朱元璋的 26 个儿子中，排列第 4，很受父亲器重，10 岁受封燕王，17 岁曾奉父命到祖籍凤阳体验生活、了解民情。这段时光，他"民间细事，无不究知"，对世俗民情有了真切认识，达到了父皇的教子初衷。也

---

① 《永春龙溪蒲氏族谱》，参见：林仁川. 明末清初私人海上贸易 [M]. 上海：华东师范大学出版社，1987：422.

如朱元璋幼年接受父亲教导一样，影响了他整个一生。20岁就封北平后，多次参与军事行动，并两次率军北伐，创下了生擒北元大将索林帖木儿和招降蒙古乃儿不花两项佳绩，使明初最大的安全威胁渐趋微弱，朱棣也因此名利双收，乘机坐大。然而，随着朱元璋走向死亡，潜藏的继承危机由家庭内讧迅速恶化成一场殃及大半个明朝的兵燹之祸。能屈能伸、智勇双全的朱棣不但逃过了生死之劫，而且还逆袭成功，夺取了大位：

首先是被父皇的暴虐残忍吓破了胆的太子朱标先于朱元璋忧郁而终，此后，棣之二哥、三哥也都随大哥而去，造成权力交接真空。其次是高估了自己权威的朱元璋将皇位传给了为人、为皇都全无经验、阅历和能耐的小皇孙朱允炆。紧接着是朱允炆在患了斗争幼稚病的辅佐大臣齐泰、黄子澄等人的挑唆下，根基未稳即草率发起自掘坟墓的削藩除王运动。继之，朱棣明修栈道、暗度陈仓，在极富韬略的高参道衍和尚（后被成祖赐名姚广孝）的协助下，一面被迫装疯麻痹敌人、摆脱监视，一面秣马厉兵、蛰伏等待。最后是绝地反击，起兵南下，4年鏖战，入主南京，成功登基。

但是问题也随之而来，令其隐忧甚重、寝不安席。主要有以下几个方面。一是朱允炆活不见人、死不见尸，意味着其势虽去但气未绝，复辟阴影令他如鲠在喉、如芒在背。二是以方孝孺为代表的愚忠派书呆子和以景清为代表的愚孝派官僚不识时务、软硬不吃，接连制造事端，使他的权力合法化进程遭遇超出预料的巨大阻碍，虽灭其十族，仍收获甚微。三是他为迅速根除建文余党而大开杀戒，招来朝野非议。同时，几起不祥巧合奇事也给他带来了日益沉重的心理压力。四是他还面临迫切的战后重建、充盈国库等内政课题和解决父亲留下的棘手外交难题。如内外勾结的走私猖獗无度，朝贡国家骤减、门庭冷落，甚至发生了使臣和佛教徒惨遭杀害等严重损害帝国利益、漠视天朝威严的恶性案件。最后，朱棣绝非等闲昏君，是一个不甘庸碌、力图作为、怀大志做大事、有雄才大略的皇帝。所以，理想与现实的矛盾也令其十分纠结。当然，以凡人之心度君王之腹，也不排除他有尽快做好几件大事来立威扬名、证明给反对者们看的想法和决心。

面对重重困难，朱棣在谨守祖制的框架下展示了灵活应变、主动出击的外向战略以求突破。他锐意通四夷，派遣后宫亲信出使各国，李达赴西域、海童去迤北、侯显往西番、郑和与王景弘下西洋①。核心内容是以走出去的办法扩大本朝威名和朝贡贸易，博收名利，顺便消除执政隐患，得一箭双雕之效，其经典之笔即是陆上的弛禁边贸、招徕朝贡和海上的郑和舰队出使三洋。

先看西、北、东北方向的陆地面貌。朱棣屡次派遣使臣赴西域、中亚诸国和朝鲜访问，宣示大明宗主国地位及其执政合法身份，并招徕朝贡、获取经济利益、正面挤压边境走私、重新主导以茶叶统束马价的大陆外贸战略。建文四年（1402）11 月，朱棣"诏谕兀良哈、鞑靼野人诸部，特令百户裴牙失里敕谕尔，其各居边境，永安生业，商贾贸易，一从所便，欲来朝者与偕至"②。从此，洪武中后期以来茶叶走私猖獗的状况有所改观、马价居高不下的失控局面得以扭转。永乐一朝 22 年中，现史料可见的累计贡马次数为 21 次，可谓马源充足。朝鲜贡马数量最多，有两次均达万匹之巨；西域贡马质量最好，膘肥体壮、耐力持久。明太仆寺养马量因此增加数倍，政府还在甘肃、陕西、北京、辽东等地广设马苑牧养，畿内农家也承担了部分牧养官马的任务。成祖五次北征均无战马之忧。同时，与西域诸国的朝贡贸易也日渐兴旺，包括元朝后裔在内的各国纷纷参与。仅河西走廊以西一个方向，就"有 20 个代表使团来自撒马尔罕和哈烈，32 个使节来自中亚其他城镇，44 个使团来自哈密绿洲西北部附近"③。同时，中国货物也远销各地。西班牙卡斯蒂利亚王国的宫廷大臣、使节罗·哥泽来滋·克拉维局（Ruy González de Clavijo）在撒马尔罕曾目睹"骆驼八百匹载运货物由汉八里（北京）而至"的庞大阵势，他在《游记》中写道："由俄罗斯及鞑靼里（今内外蒙古）运来竹布、布革。由支那（明朝）运来丝货，美丽非凡，尤以绸缎为最。又麝香一物，世界他处所无。红玉、钻石、珍珠、大黄等物，亦皆来自支那。支那货物，在撒马儿罕者，最良且最为人宝贵。支那

---

① 永乐元年（1403）8 月，朱棣向东、南两方各国派出使节，具体情况如下：行人吕让、丘智使安南；按察副使闻良辅、行人宁善使爪哇、西洋、苏门答剌；给事中王哲、行人成务使暹罗；行人蒋宾兴、王枢使占城、真腊；行人边信、刘亢使琉球；翰林侍诏王延龄、行人崔彬使朝鲜。参见：郑鹤声，郑一钧. 郑和下西洋资料汇编（中册）[M]. 济南：齐鲁书社，1980：854.

② （明）谈迁. 国榷（卷12）[M]. 北京：中华书局，1960.

③ [美] 莫里斯·罗沙比：《明代到内亚的两位使者》（MorrisRossabi, TwoMing-EnvoytoInnerAsia, T'oungp.ao, Vol. LXIII1-3, Leiden, 1976.）汉译《明代到亚洲腹地的两位使者》原载《中国史研究动态》1982 年第 2 期。

人者，世界最精巧之工人也。"① 可见，思路一变，状况迅速好转，朝廷很快恢复了元气，为朱棣做成各件名垂千秋的大事提供了和谐的外部环境和可靠的财政支持。客观地说，朱棣虽然也是典型的农耕保守派、传统的专制君主，而且残忍滥杀，还做过不少不靠谱的事儿，但是他不但是明朝 16 帝中仅有的 3 位像皇帝的皇帝之一②，而且是明朝唯一而短暂地积极防御和借外力解困历史的创造者，这一点在有明一代实属可贵，不容否定。

再看郑和舰队出使三洋。郑和是有勇有谋、忠诚干练的朱棣后宫亲信，这位苦命少年从傅友德家的火者到朱棣王府宦官的身份转变，给了他实现人生逆袭的平台和机遇，博辩机敏和果敢有为使他迅速从众多同命者中脱颖而出，"靖难之役"中屡建奇功的非凡表现，将他水到渠成地推向名垂千古的人生顶峰，他笃信真主、敬奉妈祖、又皈依佛门③的"诸神"信仰，满足了朱棣挑选出使代表的多重政治需要和精神需求，他不避劳勋、谦恭谨密的优秀品质成为最让朱棣放心的绝佳人选。所以，出洋的特殊使命非他莫属。除了 1 赴东洋④之外，在跨度达 28 年之久的岁月里，他以钦差大

---

① 张星烺. 中西交通史料汇编（第一册）[M]. 北京：中华书局，1977：326-327.

② 指太祖朱元璋、成祖朱棣、孝宗朱佑樘三位皇帝。太祖、成祖自不必言。称孝宗像皇帝不是因为他有值得称道的业绩，而是因为他与明朝其他各位荒诞昏君相比，有点皇帝的模样而已。他身体不好，生活作风也不出轨，性格中庸缺乏张力，像似一种亲和力，与官僚的口味相合，是前朝、后宫都好拿捏、横竖都不出格的"好皇帝"。

③ 郑和祖辈都是穆斯林，他信仰伊斯兰教是家族信仰的继承。郑和曾于永乐元年（1403）捐资给工部刊印佛经《摩利支天经》，题记载其为佛门弟子，受菩萨戒，法名"福善"。从事航海工作后，郑和又如出海船工、渔民一样信奉妈祖以祈出航平安。

④ 郑和奉永乐皇帝之命出使日本，现有多处史料可查，但所述时间不一。《海底簿》和《宁波温州平阳石矿流水表》所记为郑和奉旨率领使团于永乐元年出使东、西洋。郑舜功的《日本一鉴·穷河话海》、胡宗宪的《筹海图编·直隶倭变纪》和顾炎武的《天下郡国利病书》都说是永乐二年往谕日本王。综合分析之，笔者认为各记录均应指同一次出使，此行意在解决倭寇来犯之事，郑和使团与日本交涉成功并达成共靖大明海疆的非文本型"永乐条约"，文献差异仅因各记述者所采用时间的精度不同所致。参见：郑一钧. 论郑和下西洋 [M]. 北京：海洋出版社，2005：30.

臣（皇帝特使）、钦差总兵太监（大明远洋舰队总司令）和奉佛信官①（拜佛信使）的身份率领舰队②，8 下南洋、7 下西洋，3 次远航到非洲坦桑尼亚的麻林地③（今基卢瓦基西瓦尼，Kilwa Kisiwani）。共使用航线 21 条，总航程逾 16 万海里，相当于绕地球 3 周有余，到访过 30 多个国家④和地区，航海图绘制地名 530 多个。

这些代表着辉煌和荣耀的数据，就创造航海历史而言，正如尼尔·弗格森所说，明成祖朱棣在 1417 年"将一个中国太监送到东非海岸，在很多方面堪比将美国宇航员于 1969 年送往月球的伟大壮举"⑤。诚然，郑和统帅的远洋舰船编队代表了当时世界航海的超级规模和最高水平，创造了人类木船、风帆航海的多项空前绝后的世界之最，极大地促进了中国远洋航海产业链的发展和科技链上各大领域的技术进步。就皇帝特使的表现而言，可谓不辱使命、完胜还朝。除了带回巨额金银，各国贡献给皇帝的奴隶、舞伎和朱棣最关心的有关暗寻建文帝下落的消息之外，郑和还"归献大廷珠玉锦绮，珍果异香并狮、象、驼、鼠、猛獒、火鸡之属，磊砢然充后宫，

---

① 郑和刊印的《伏婆塞戒经》卷七后刊刻有郑和于宣德四年（1429）写的《印造大藏尊经题记》，其中有"大明国奉佛信官内官太监郑和，法名速南咤释，即福吉祥"等语；郑和在《施印大藏经发愿文》中写道："大明国奉佛信官太监郑和，法名福吉祥，谨发诚心施财命功……"但至今仍未发现官方记载，很可能永乐皇帝秘密授予郑和这一身份，作为其私人宗教信使拜奉佛祖和菩萨。史料显示，郑和在下西洋过程中，确实代皇帝进行了大量的佛教活动。参见：郑鹤声，郑一钧. 郑和下西洋资料汇编（上册）[M]. 济南：齐鲁书社，1980：36.

② 郑和出使西洋期间，朱棣授权给予他已经盖好玺印的空白官文纸，以便他根据需要以皇帝之命发号施令或者代表皇帝开展外交活动。

③ 郑和舰队很可能已经进行了环球航行，去过南美洲、中美洲、北美洲，还有南极和北极，至于南太平洋上的澳洲，中国舰队早在宋元时期就去过，郑和舰队无疑也多次航行到那里，而且他们很可能还去了新西兰等其他岛屿。参见：[英]加文·孟席斯. 1421：中国发现世界 [M]. 师研群，等译. 北京：京华出版社，2005；Gavin Menzies and Ian Hudson. *Who Discovered America？ The Untold History of the Peopling of the Americas.* HarperCollins Publishers（Australia）Pty. Ltd. Level 13, 201 Elizabeth StreetSydney, NSW 2000, Australia.

④ 根据长乐《天妃灵应之记》碑实物，碑文确为"三十余国"。但从已有郑和航海史料和宋元明时期中外交通史料来看，三十余国明显太少了，但三千余国似乎有些夸张。总之，具体数量已经无数弄清楚了，不过根据史料、逻辑和近几十年国外的郑和研究新成果推断，郑和舰队到过的国家远大于三十余国是没有问题的。

⑤ [英]尼尔·弗格森. 文明 [M]. 曾贤明，唐颖华，译. 北京：中信出版社，2012：14.

实外囿，贡琛之盛，前此未闻。"① 同时，"三十余国皆随使入朝，所奉献及互市采取未名之宝以巨万计"②，"各国贡物，自金、银、犀、象、香药、珊瑚、鹤顶、龟筒诸器皿外，鸟则有孔雀、火鸡、红白鹦鹉、倒挂鸵鸟；兽则有麒麟、白鹿、白象、红猴、黑熊、黑猿、白鹿、福禄马、哈剌六足龟、白獭……香则各色龙脑、奇南苏合油……珍珠宝石奇怪之物充牣天府"③，涵盖香料、宝物、药物、动物和植物 4 大类 79 项④。迟至弘治、正德时期，宝库仍存量丰富。陈洪谟在《治世余闻》中记载，张皇后想做一件珠袍，"乃宣礼及萧敬同检内帑所藏……太宗而下储物悉取来观，因择其光泽明莹者若干颗，制为袍，余复发回原藏贮之。"⑤ 正德初年，盗贼连年为乱，军饷不支，朝廷批准了两广巡抚提出的"将正德三年四年抽过番货除贵重若象牙、犀角、鹤顶之类解京，其余粗重如苏木等物，估价该银一万一千二百有奇，宜变卖留充军饷"的动议。可以说，从朱棣的角度来看，郑和出使西洋，成果很是丰硕，完全达到了预期。

但是，朱棣和郑和团队书写的这段大明辉煌却绝非开放的展现，而是守旧、封闭的明证。下西洋之举非但不是违背朱元璋的全面内向国家战略和海禁、朝贡基本国策，反而是遵循这些祖训的表现。因为朱棣始终严格遵循了太祖全面控制朝贡贸易并尽得其利、全面禁止海外私人贸易不使漏网这两条基本原则，而且将手深得更长——华人海外基地和商业链也被尽数铲除（后面还会谈到）、海禁更加严酷——禁私人造船并改船断帆，致海民无一生路（前文已述）。而且朱棣为摆脱内外交困重围所做出的紧贴这一法度的外向进取尝试也迅速被后继者全盘否定。这一重大历史事件之所以长期以来被学界雾里看花，是因为对下西洋的原因、目的、任务、实质和后果的多重误解和错判。其实，要看穿郑和下西洋这个葫芦里究竟卖的什么药，也并非难事，打个比方便一目了然。

朱棣统治的大明帝国和郑和下西洋的故事，如同一家习惯关起院门儿过日子的农户，原来比较富有，也曾开门迎客。但是换了当家的以后，不但院

① （明）罗懋登著《三保太监西洋记通俗演义·序》。另，郑和舰队回国带回的物资共计 11 类 191 种，分别是珍宝类 23 种，香料类 29 种，药品类 22 种，食品类 6 种，五金类 17 种，用品类 8 种，布类 51 种，木料类 3 种，颜料类 8 种，原料类 6 种，动植物类 19 种。参见：韩胜宝. 郑和之路 [M]. 上海：上海科学技术文献出版社，2005：121.

② （明）王世贞. 弇山堂别集（第四卷）·皇明盛事述四·中贵人历中任 [M]. 魏连科，点校. 北京：中华书局，1985：77.

③ （明）王世贞. 弇山堂别集（第一卷）·皇明盛事述一·成祖功德 [M]. 魏连科，点校. 北京：中华书局，1985：3.

④ 韩胜宝. 郑和之路 [M]. 上海：上海科学技术文献出版社，2005：121.

⑤ （明）陈洪谟. 治世余闻·上篇卷之一 [M]. 北京：中华书局，1985：9.

门老不开，而且客人到了家门口，看门人总是说："你们来得太勤了，怎么老来呢？回去吧，过几年再来！"把客人赶走了——这么做不是因为当家的不好客，而是这些年家里不像上辈那么阔了，拿出像样儿的礼物回赠客人已经力不从心——结果门庭很快便冷落下来。后来派人去走访故旧，对方不仅不以上宾相待，还翻脸不认人，把派去的人杀了，岂有此理！再则，家里金银通货奇缺，必须得去弄些回来。更麻烦的是，随后又发生了家里丢"猫"的闹心事儿，不得不派靠得住的人满世界去找，这事儿还不能对外伸张，得借出去弄金银的机会悄悄打听。出一趟远门儿不容易，还要顺便办几件事：告诉那些故朋旧友，当今圣上那可是天上下第一英主，让他们常来走动，只要你来，就会热情接待并重重封赏。并嘱咐那家奴，在外面碰上哪里有金银财宝、奇珍异物，能弄回来多少就都弄回来，把新修的殿堂布置装点一番，重塑家业兴旺的体面和众人艳羡的荣光。另外，祭拜世界各地诸神，可多得上天福荫，以彻底排解来自外界和内心的大逆不道之压力①。

简言之，郑和下西洋，虽每次各有中心任务，但一直都有多项使命贯穿始终。朱元璋的闭关自守国策和朝贡政策招致的明朝外交困境是国际大背景。朱棣从侄子手中夺取的明朝烂摊子是大前提。朱允炆失踪导致不得不四处"找猫"② 是核心使命和推进器。得到足量金银以充盈府库是迫切需要。复现八方向化、万国来朝的盛况以扎稳根基、宣示正朔、盘活经济是现实要求，也是从舆论和心理重压下尽快抽身的自我救赎。重塑大明中

---

① 郑和下西洋有一个秘密身份——奉佛信官，应为朱棣暗授，旨在令其以皇帝私人宗教信使身份，代皇帝到世界各地拜奉佛祖和菩萨，也包括佛教以外的其他诸神。参见：刘钢. 古地图密码 [M]. 桂林：广西师范大学出版社，2009：181-184.

② 为防止建文帝的残余死灰复燃、威胁执政根基，朱棣暗查建文帝踪迹的行动水陆并进，同时展开。陆上曾派心腹大臣胡濙"遍行天下州郡县邑，隐察建文帝安在"，水上"分遣内臣郑和数辈浮海下西洋"，以求证"建文帝蹈海去"传言之虚实（根据《明史纪事本末》卷十七《建文逊国》的记载，郑和也曾"数往来云贵间，踪迹建文帝"）。晚至1423年，胡濙才回京复命，成祖连夜接见，密谈甚久，最后朱棣"疑始释"。此后，永乐年间再未派郑和也出使西洋。据此推测，胡濙可能掌握了建文帝的真实下落，令成祖彻底放心了。根据明嘉靖年间的郑晓所著《今言·一百六十六》的记述，建文帝于明英宗朱祁镇正统五年（1440）从云南来到广西一寺中，自报家门，思恩土司岑瑛得报，立即上奏朝廷，上命将其接至北京。验明正身后，安置于大内，后寿终，葬于西山，不封不树。《明史纪事本末》卷十七《建文逊国》和《纲鉴易知录》的记载与此大同小异。朱允炆的死活一直是朱棣帝王生活中挥之不去的幽灵，他只睡了两个年头的安稳觉就去世了。当时，郑和舰队的出现对于建文帝支持者有两个作用：如果能找到，即就地消灭；如果潜伏于暗处，则是向他们发出一个信号——最好永远别露头，采取的是"找猫"和"吓猫"两手并用的手法。当然，郑和每次下西洋的主要目的并非一成不变，而是不断变化的，如第七次下西洋除宣谕新皇登基外，主要是吸引朝贡和搜罗四海奇珍异宝。但"推进朝贡"和带回奇珍异宝贯穿下西洋过程的始终。

华正统、天朝上国的威严与荣耀，晓谕诸夷，朕乃当今天下共主是政治动机。肃清逃居海外的枉法之徒和反动势力是紧迫要务。搜罗四海奇珍以点缀奢华、赏心悦目是附带任务。尽管第七次下西洋不再"找猫"，但其他使命变化甚微，仅宣谕新皇登基跃升为第一要务。

朱棣是个很有心计的皇帝，在头悬父亲的海禁祖制之剑、脚踩内政外交困局风火轮儿的险境之中，他自有盘算，敏锐地找到了既能逃脱父亲责骂，又能堵住大臣和书生非议的折中办法。首先，片板不得下海，是针对私人商贩，对官船无碍，朝廷出海用船更不在列，这一条父皇大人不会否认，既然不违祖制，前庭和舆论便不在话下。其次，出海寻觅朱允炆踪迹，父皇当然不同意，但是他毕竟不能站起来反对，所以，在阳间不会有无法对付的主。至于那帮多事的臣子和死脑筋书生，虽然很难招架，但是我不用你们的人，也不跟你们磨嘴皮子，直接绕开，压根儿就不提这话荐儿，让后宫我那信任的太监私奴出去暗地查访，你能奈何？更何况外派使臣天经地义，派后宫太监出使也向来有例可循。再次，出海的开销，包括造船、赐物、货品和人员薪俸等，全以抚慰外夷、扬威四海、购进金银的名义从国库开销，是合理合法的。因为朝贡国稀疏，在太祖朝末期就很严重了，这是有目共睹的；蛮夷杀使臣岂能容忍？这是众所周知的；国库空虚，亟须金银丰库，其重要性是不言自明的。基于这种周全的思量，朱棣将个人目的的出海巧妙地潜藏在了官方外交之公行当中，天衣无缝，计划很快得以顺利实施。

但是，他绕开前庭官僚重用后宫太监大把大把地在外面花钱的做法招来了朝堂官僚的一致嫉恨，使本已水火不容的臣僚与太监矛盾更加复杂化、白热化。加上朱棣是个办大事又急于求成的人，登基以来，便火急火燎地启动了一个个特大项目、超级工程。编撰《永乐大典》、给父皇树立"神功圣德碑"①、疏通大运河②、迁都北平、铸造大钟③、五次亲征漠北、派亦失哈北上奴尔干（黑龙江下游地区）并设都司、12年内建造了海船2,735艘……诸如此类的重大工程和行动都与郑和下西洋交叉展开，耗费特别巨大。让本来就不服气的朝臣们抓住了话柄，玩儿起了项庄舞剑，意在沛公的把戏，把整个宫廷搅得鸡犬不宁。加上由于缺乏避雷知识，刚建好的奉天、华盖、谨身三大殿不幸被倒霉的漏刻博士胡奫言中，在雷火中化为灰烬，这一灾难又给迷信思想笼罩下的朱棣带来巨大心理负担。借此契机，前廷变本加厉地煽风点火，将下西洋置于更加难熬的境地。当然，从明初这个特定历史时空来看待下西洋事件，朝臣的反对绝非空穴来风，确实是

①　朱棣登上大位后，为表达孝心，决定给父亲太祖皇帝树立巨大无比的"神功圣德碑"。为此，在一年半的时间里投入了数万名工匠到距离南京城23公里之遥的阳山开凿碑材。据史料记载，监工管制严酷，要求每名工匠每天须交三斗三升石屑方为合格。结果造成处死、伤亡事故频繁发生，有三千余人被埋藏在工地附近，邻近一村庄由此得名"坟头村"。但后来不知道何故，工程突然停止，未完成的碑料现在仍矗立在原地，被戏称为"天下第一碑"，已成旅游景点。有专家进行了测算，碑座高17米、宽29.5米、厚12米、重约16,250吨，碑身高51米、宽14.2米、厚4.5米、重约8,799吨，碑额高10米、宽22米、厚10.3米、重约6,118吨；三部分总重31,167吨。

②　洪武二十四年（1391），黄河从武原决口，运河的济州、会通段淤塞严重、无法通航。永乐九年（1411）起开始疏浚河道，但收效甚微，工部尚书宋礼到民间走访，得民间水利专家白英辅佐治理。白英利用他的独门绝技测出了几个关键点的海拔高度后，在汶河下游的戴村筑坝，引小汶河水从南旺补济运河，并在汶水入运河处修筑"分水坎"（可根据水流大小自动调节分水流量和流向），使河水六分北流朝天子、四分南流运皇粮，并于沿途建设38道船闸，保证航运安全。同时巧妙利用地形，以72泉为水源，修筑汇流渠聚水于南旺、安山、马场、邵阳四湖，名曰"水柜"，全天候补充运河水源。这就是著名的南旺分水枢纽工程。它攻克了元代因为没有掌握海拔测量技术而未能解决的运河断航难题，其测量之精准、思路之新颖、设计之高超、效用之长久代表了中国水利史上继中国最伟大的水利工程——四川都江堰水利工程之后的最高水平，在人类水利史上占有举足轻重的地位，是中国科学家聪明才智、鬼斧神工的杰出典型。整个工程体系庞大，至全部配套工程完竣已至弘化年末，这次治理确保了大运河500余年里畅通无阻、运力无损。1415年，运河南段治理工程竣工，此后，仅皇粮北运一项即达500万石（约合3亿公斤）。参见：[英]加文·孟席斯. 1421：中国发现世界[M]. 师研群，等译. 北京：京华出版社，2005：13。

③　中国现存最大的青铜钟，为泥范铸造，含铜80.54%、锡16.40%、铅1.12%。高6.75米，钟壁最厚处185毫米，最薄处94毫米，钟身内外铸满阳文佛教经咒，总计17种，楷书工整、劲道古朴，相传为明初馆阁体书法家沈度所书，铜钮最大口径3.7米，重约46吨，现悬挂于北京大钟寺，是迄今为止人类的铸钟之最，国之重器，学界称之为永乐大钟。参见图八。

得不偿失的折本买卖，其耗费之巨就像朝廷豢养了一只吞噬财富的饕餮，贪食无厌而又毫无实际意义。如果不改变传统做法、走商业运作的道路，任何一个国家、无论多么有能耐的皇帝都没有能力继续坚持下去。看了下面这笔账就可以体会到问题的严重性。

郑和下西洋每次出海，人员 2.7 万左右，包括军官、士兵、水手、技工、术士、医护、炊事、翻译①、勤杂、主管、使节、歌妓、奴隶等各类各级各色人士，军队分为海上运输和作战部队（舟师）、海上作战和登陆作战两栖编队、负责使团安全的安保队和彰显国家威严的仪仗队三大编组。舰船 200 多艘②，包括宝船、战船、座船、马船、粮船、水船六大类。郑和乘坐的大宝船长 138 米，宽 56 米。英国学者米尔斯推算，载重量 2,500 吨、排水量 3,100 吨③。战船装备了当时最先进的火箭、火铳及燃烧性、

---

① 郑和使团按 150∶1 的比例配备医生，人数达 180 名，其中有医术精湛的"御医"，舰队还建立了运作高效的医疗制度，除为舰队成员提供医疗保障之外，医务人员还要对所到国家和地区进行流行病学调查以预防风土病和流行病向舰队的入侵（据说舰队还特地配备了大量的接生婆，专为所到国家提供孕妇分娩救护、医疗服务），他们在医学、药学、营养学、免疫学和防疫工作等方面都做出了贡献。为方便与外邦的交流，明初即在南京建四夷馆培养翻译和外交人才，共开设了 17 门外语课程，其中包括拉丁语。舰队成员中有不少外国人，特别是阿拉伯人，他们都有中文名字。郑和舰队最后一次下西洋航行到东南欧的威尼斯和佛罗伦萨，拜谒教皇尤金四世时就由自己所带译员担任翻译。参见：郑一钧. 论郑和下西洋 [M]. 北京：海洋出版社，2005：47；[英] 加文·孟席斯. 一支庞大的中国舰队抵达意大利并点燃文艺复兴之火 [M]. 宋丽萍，杨立新，译. 北京：人民文学出版社，2012：19，25，157，[英] 加文·孟席斯. 1412：中国发现世界 [M]. 师研群，等译. 北京：京华出版社，2005：19，59.

② 由于原始档案无从找到，只能依据零散记载估测（下同）。郑和下西洋，人数每次不等，且各种资料的统计也不一致。人数最多的记录来自《罪惟录·郑和传》，第一次远航总人数为 37,000 人。最少的是第二次出航，总人数为 27,000 人，出自郑和团队的翻译官费信所著《星槎胜览》。舰船第一次最多 208 艘（《新编郑和航海图集》说 250 余艘），以后都在 200 艘左右。综合各种资料比对并根据舰队编配数据，总人数 27,000—30,000、船只 200 艘以上这个范围比较符合逻辑。参见：张铁牛，高晓星. 中国古代海军史 [M]. 北京：八一出版社，1993：222，216；海军海洋测绘研究所，大连海运学院航海史研究室. 新编郑和航海图集 [M]. 北京：人民交通出版社，1988：1.

③ 宝船尺寸说法不一，这里采用张铁牛和高晓星数据。参见：张铁牛，高晓星. 中国古代海军史 [M]. 北京：八一出版社，1993：149.

爆炸性热兵器，还有烟球、灰罐等化学武器和各种冷兵器①。非战船还带有数量庞大的各种非军事保障物资、礼物赠品、商品货物以及诸色人等出于走私牟利目的而私藏于船中的"奇货宝物"。舰队还有多种禽兽随行，如用于食肉的猪，用于捕鱼的海獭，供作战、拉纤、驮运、仪仗等使用的马，仪式上要用的鸡，既当看守又能食用的狗，抓老鼠的猫，快递讯息的信鸽等。

　　这支庞大的远洋舰队被李约瑟视为中国航海史上"黄金时代"的样本，认为它所代表的"明代海军在历史上可能比任何亚洲国家都出色，甚至同时代的任何欧洲国家，以至所有欧洲国家联合起来，可以说都无法与明代海军匹敌"②。这无比辉煌的背后是财力的巨大消耗，"供亿转输，以巨万万计"③，每次都花"费钱粮数十万"④，需动支 13 个省的钱粮。估算一下，根据当时的航海水平对体力的巨大消耗和食物加工水平，以每人每天平均消耗 2.5 公斤粮食为标准，仅此一项，两万七千

---

　　① 每艘战舰的装备为：发大熕十门，大佛郎机四十座，碗口铳五十个，喷筒六百个，鸟嘴铳一百把，烟罐一千个，灰罐一千个，弩箭五千支，药弩一百张，粗火药四千斤，鸟铳火药一千斤，弩药十瓶，大小铅弹三千斤，火箭五千支，火砖五千块，火炮三百个，钩镰一百把，砍刀一百把，过船钉枪二百根，标枪一千支，藤牌二百面，铁箭三千支……火绳六千根，铁蒺藜五千个。需注意，佛郎机和鸟嘴铳在当时还没有，可能是作者借用他生活的时代最为先进的武器之名来指代郑和舰队装备的类似的最先进火炮。另据英国孟席斯的研究，郑和舰队装备的先进武器有：能够发射燃烧的纸张和烟火，点燃敌人船帆的火箭；浸泡了毒液的手榴弹；塞满了化学物质和人类大便的迫击炮；塞满了铁箭、能够将人炸成碎片的炮弹；配有燃烧箭头的火炮系统；保护舰队的水雷；烧毁敌人的火焰喷射器；威慑敌人的火箭排炮。参见：张铁牛，高晓星. 中国古代海军史 [M]. 北京：八一出版社，1993：225；[英] 加文·孟席斯. 1434：一支庞大的中国舰队抵达意大利并点燃文艺复兴之火 [M]. 宋丽萍，等译. 北京：人民文学出版社，2012：279.

　　② 张铁牛，高晓星. 中国古代海军史 [M]. 北京：八一出版社，1993：151-152. 李约瑟的研究显示，永乐年间，明水师拥有 3800 艘舰船，有 1350 艘巡逻船和 1350 艘战船用于保护各卫所和岛屿基地（寨），还有超过 250 艘的"珍宝船"（即如郑和的指挥舰一样的宝船）。参见：[英] 加文·孟席斯. 1421：中国发现世界 [M]. 师研群，等译. 北京：京华出版社，2005：273.

　　③ 许嘉璐. 二十四史全译·明史·夏元吉传 [M]. 上海：汉语大词典出版社，2004：2961.

　　④ （明）严从简. 殊域周咨录 [M]. 余思黎，点校. 北京：中华书局，2000：307.

（27,000）人一天就需要 70 吨①。运输这些食物，需要一艘 1,500 料的海船。如果要连续 30 天离岸航行，至少要 30 艘才能基本维持舰队的正常运转。加上军火开支、船上所载各种物品价值、人员薪资、药物成本等等，由此窥一斑而知全豹，数额实在惊人。明朝本来底子很薄，又未能解决土地兼并问题，农业产出非常有限，而且战争、叛乱不断，海禁致使外贸收入几乎归零，朝贡又搞薄来厚往，永乐一朝同时展开耗资无数的超大型工程、项目和对外军事行动。民众负担已经非常沉重，而中央财政还是捉襟见肘、持续吃紧。像夏元吉、李时勉、邹缉以及后来的张昭、项忠、刘大夏他们激烈反对下西洋，当然有国穷官难做的苦衷。特别是刘大夏，不但斥责"三保下西洋时所费钱粮数十万，军民死者万计，纵得奇宝而回，于国家何益！此特一弊政……旧案（指郑和下西洋的档案）亦当毁之以拔其根"②，据说他果真把下西洋的档案付之一炬，以绝后患。这一极端举动，兵部尚书项忠等人居然大加赞扬。明代官方各种文献都对这起被后世看作航海壮举、本应大书特书的重大历史事件讳莫如深，留下的反倒是诸多难听的抱怨和反对。从这一反常现象即可窥测前庭对此事的不容和不屑，对后宫太监所为的恼怒和抹杀。

由此看来，如此大规模的下西洋实在是打肿脸充胖子的举动，就像一个小小的气球被心怀各种目的的人无限度地吹大，已经到了随时可能炸裂的地步。反对声浪众口一词，继任新君不得不面对现实、迎合人心，退回到太祖时代了事儿。但是，朝臣们的反对仍然不是郑和下西洋未能开展下去的根本原因。如前所言，根本原因在于四夷奉中观念束缚下的违反商业经济运作规律、背离时代发展方向却顽固坚持的朝贡思维与体制。一句话，在全面封闭、因循守旧、已被时代所淘汰的帝国制度之下，即使是向前迈出半步则海阔天空的事儿也不可能做到，能够做到的只能是后退一百步。所以，郑和下西洋与其说是明朝和朱棣开明开放的表现，

---

① 张铁牛，高晓星. 中国古代海军史 [M]. 北京：八一出版社，1993：224. 舰队需保障所有人员及随行动物和贡兽、贡禽的给养。

② 刘大夏销毁下西洋档案的说法流传甚广，但从明朝的档案制度视角来分析，可能性不大。无论如何，刘大夏因毁档案而成了所谓的国家忠臣，并同时成就了个人名声却是无疑的。郑和下西洋的档案，有可能被烧毁，也有可能因为国力不支、管理不善而腐朽溃烂，最后被扔弃。

不如说是从反面暴露明朝和皇帝腐朽守旧、闭关锁国的显例。下面就郑和下西洋朝贡经济的分析可以清楚地证明这一点。

全国百姓上交税赋聚藏于国库，朱棣令臣子支取出来，用于修造舰船，训养水军，购买给沿途各国的赏赐、礼物和用于销售的货品，还要运载足够的军火器械，备足官员和各类人员的薪俸以及维持舰队运营的钱粮杂物，还有禽畜食料。舰队在去程中将赏赐物件和礼品①分送各国，将用于销售的货物用以物换物或者金银、铜钱交易的方式卖出。这一支出过程完结之后，舰队共得五项收入，分别是以物换物收入，金钱交易收入，各国的回礼、贡品收入和舰队在所经各国自行采集、拾取的他们认为有价值的外域奇货（这是成本最低的一项收入）。回国之后，舰队所得 11 类 191 种物品，有后宫收藏、装点殿宇和金银存入国库三大去向。首先满足后宫及其所属的需要，所以去往后宫为大宗，包括珍宝、金银、香料、药品、食品、用品、五金、动植物等等所有种类。然后是前朝各大宫殿，需要陈列宝物，装点美化。所剩之物，藏于国家各库，包括把剩余的金银存入国库。其中一部分会通过赏赐、奖励、赠予等方式流入皇家、功臣、贵族、亲信等少数得利人群之手，甚至可能转赠他国。显然，航海资金全部来自国库，而收入大部分流向了后宫皇帝私室，只有少量金银回填国库。从商业经营角度看，资本循环始终是折本亏损的。《郑和舰队物资环流图》的虚线明晰地显示出了物品和资金循环在左边缺出了一段，没有形成闭合的环流增值链，回笼资金只是极少一部分金银和物品，大部分都转换成存积物退出了流通或者被消费掉了。国家财富经过这个流转过程，被自然而合法地转入了私人腰包，而其新增部分只是养肥了这个流程中的便利之人。前者如皇帝及其后宫、外国使节和国王家族。后者，也是获利最易、最大者，莫过于舰队的中高级文武官员，特别是掌握舰队重要权力的人物。这些人充分利用职务之便大做私人贸

---

① 郑和舰队以皇帝和大明帝国名义赏赐的物品有地图、历法、天文数据表以及瓷器、绸缎等高级珍贵国货制品，有《农书》等实用书籍，还有专为外国首脑们服务的女奴和歌舞伎。赠送给普通民众的礼物高端而极富中国特色，如送给商人扑克牌、象棋、麻将，送给儿童旋转玩具、风筝、热气球等。参见：［英］加文·孟席斯. 1434：一支庞大的中国舰队抵达意大利并点燃文艺复兴之火［M］. 宋丽萍，等译. 北京：人民文学出版社，2012：26.

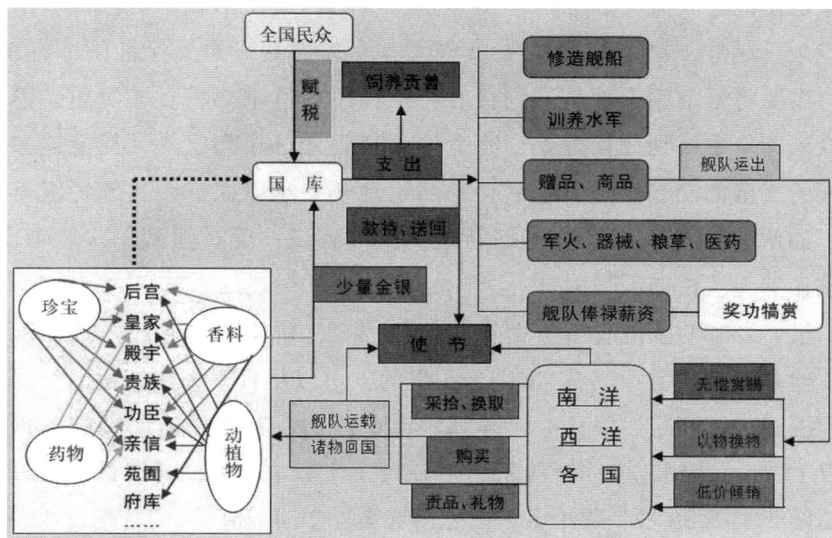

图七 郑和舰队物资环流图（作者绘制）

易，或者捎货牟利，甚至夹带走私，疯赚渔利。比如郑和，乘航行之便卖出国货、贩入番货，"富埒王侯"。生前多次施财命工部刊印、流通《佛说摩利支天经》，宣德初年又"出己缗，命工铸金铜像一十二躯，雕妆罗汉一十八位并古铜炉瓶及钟声乐师、灯供具等"安于其府邸，"逮候西洋回还，俱送小碧峰（南京小碧峰寺）退居供奉"①。

如此运作，郑和舰队每次出海，非但不能填补国库支出，反而造成

---

① 普通船员，也能借走私书籍、器物致富，甚至采回番国奇珍而暴富。陆采在《冶城客论·蛇珠》中记载了一个颇具传奇色彩的事例：航行中，一士兵患疟疾，将不治，同船人欲抛其入海，但舟师（船长）念其是同乡而留其于一岛上，不料此人竟以卵贝、草木为食而自愈。岛上有种声音，颇类风雨之声，每晚必从海中传出、向岛中隐去，清晨必从岛中响起、隐入海中。该士兵探查而知是一种蛇每天沿同一路径出入岛海之间。于是他将竹子削成尖刀状插入该径，仅露其尖。从此，只听得早上出岛之声而晚上无回岛之声。"往见腥血连涎满沟中，满沟中皆珍珠，有径寸者"，"兵日往拾，积岩下数斛。"一年后，舰队回国路过此岛，该士兵大呼求救，引内使同情，救之上船，便告之此事。最后，"悉担其珠入舟。内使分予其人十之一，其人归成富翁。"那位内使坐地分肥，仅此一举所得更是何等可观！参见：郑一钧. 论郑和下西洋 [M]. 北京：海洋出版社，2005：230；郑鹤声、郑一钧. 郑和下西洋资料汇编（上册）[M]. 济南：齐鲁书社，1980：185. 蛇珠故事表明，中国舰队下西洋，商机无处不在，这意味着扭亏为赢并非不可能实现，问题的关键在于是否能够采取商业模式运作。

国家财富的重大流失。下西洋不停止，这一巨大支出就不会停歇。下西洋越久、越频，国家财政就支出愈大、亏损愈甚。为了保证国库存储，政府需要将亏空额全部转移到百姓身上，民众负担必将日益沉重。但是民众未能从中得到任何好处，完全位于利益分享序列之外，甚至连参与分配的资格都没有。国库吃紧，各部正常开支难以保证，各部各级官员少了油水官难当，工作也不好开展，怨声载道，反对强烈。这等买卖，国家显然无法长期做下去。

　　虽然郑和舰队没有留下销售货物的档案，价格和具体收入都无从知晓。但是明朝的朝贡贸易①准则是一贯的，可以从日本来明朝贡的交易情况窥探到整体面貌。据日本《善邻国宝记》载，日本贡给明朝的方物总计仅 11 种，而明政府回赠的物品则分为 3 大类 107 种，分别是赐给日本国王的 5 大类 39 种、赐给日本王妃的 6 大类 26 种和所谓的特赐物 42 种。其中包括给国王和王妃的白金 200 两和 100 两。所有这些中国精品，装满了 60 个中国式大箱子。同时，明朝以极高的价格购买朝贡国国王的附进物和贡使的自进物。以日本的刀剑为例，在日本国内，每把价格为 800—1,000 文，而明朝的买入价为 5,000 文，高出 5—6.25 倍。获得暴利的贡使便疯狂地上贡刀剑，数量由原来的 3,000 把陡增到 24,000 把。据日本木宫泰彦的统计，若将贡献方物计算在内，刀剑总数不少于 20 万把。其他各国的贡舶贸易，也是如此。拿琉球来说，先低价从南洋购入胡椒、

---

　　① 明朝的朝贡体制包含三种形式的物质交换，第一种是外国的正贡，由对方以国家名义贡献和以国王、王妃、储君、使节等个人名义贡献两个部分组成。明政府虽不必出资买入，但须加（数）倍回赠入贡国及其国王、王妃、贡使等个人，名曰"给赐"。单从金钱价值上说，明朝是亏损的。第二种是正贡以外的附贡货物，明朝政府须"皆给价"悉数收买。贡使们得到这笔钱后再从中国买入其国所需之中国货物，或者明政府直接用中国货物抵扣货款，余者再付金钱。这部分，明政府往往吃亏甚多，因为一是对方货物很可能并非中国所需，买入无用、卖出困难或者卖价很低；二是政府为显阔绰、体面，所定买入价往往高于其国市价、中国市价数倍甚至数十倍。而贡使一侧则大获其利，一是他们因为政府的高价，将低价货卖出了天价而疯赚，二是他们从中国购入的货物皆为其国内畅销货，且品质上乘，往往可获利数倍甚至数十倍。第三种是贡品和附贡货物之外的"许令贸易"。理论上，这部分为明政府特许外国使节及其追随商团在中国市场上自由销售其带来货物、自由买入其带回货物，不增加明政府的直接经济负担。但是洪武、永乐两朝都曾严禁此类贸易，这在前文已经谈到。

苏木来明朝朝贡，再将明朝所赐瓷器、绢缎运到南洋高价出售，赚取暴利。据陈文石的统计，从洪熙元年（1425）到宣德十年（1435）的短短10年时间里，琉球11次赴南洋三国，共销售中国丝织品400匹，瓷器38,720件，如此有利可图的琉球因此强烈要求年年来贡，极进敲骨吸髓之能事，而明朝对内仍片板不得下海，民穷国困窝里斗、自灭琉球诸国的贸易对手。由此可见朝贡贸易的黑洞有多大多深、明朝统治者是何类何物。

为忠实贯彻大明王朝"宣德化""怀远人"的外交宗旨，郑和舰队运载的海量物资，都严格遵循厚往薄来的原则交易，"在贸易活动中，时常所出数十万，所取不及一二，"外国人大惑不解："他们卖得这样便宜，以致我们只好作出这样的想法，要不是他们国家生产这些东西不需要劳动力，那便是这些东西不要本钱。"① 所以郑和舰队到古里（今印度的科泽科德）多次，当地商人和阿拉伯商团都非常欢迎他们的来访，而当葡萄牙的达·伽马船队及其后来者踏上这片土地，按真正的商业规则跟他们做生意时，都遭到了强烈排斥，阿拉伯商团的反应尤为激烈，以至怒不可遏的葡萄牙人不得不用炮轰和屠杀等强盗手段来制服对方②，强迫与其交易。明朝人的仁厚重情和商品的优秀品质因素固然不能排除，但最重要的当然是经济利益——送上门儿的白收白得。没有永恒的朋友，只有永恒的利益。既然你来能使我不掏腰包就发大财，我把你赶走岂不是自绝财路？古往今来都不会有人干这种蠢事。

还应注意的是，郑和舰队每次回国，都有规模庞大的使臣队伍随船来明朝贡。他们的款待费用也是一笔新增开销，均由国库负担。永乐皇帝还在洪武制度的基础上，提高了接待规格和赏赐品级、增加了国宴次数和赏赐数量，并新设了使节告别宴会，出台了派专使迎送、赐宴给来访国王的新政策。永

---

① 韩胜宝. 郑和之路 [M]. 上海：上海科学技术文献出版社，2005：96.

② 达·伽马到了古里后，让他的人将阻止葡萄牙人的人——即他口中的囚徒——进行游行示众，然后割去耳朵和鼻子，砍掉他们的手。所有被割下来的器官堆积在一艘小船上。斯帕尔·科鲁亚在其著作中还描绘说："当所有印度囚犯被处死时，达·伽马命人把他们的脚给捆起来，因为他们已经没有手来给自己松绑了。为了防止犯人们用自己的牙齿咬开绳子。达·伽马又命人用棍棒敲了他们的牙齿，还让他们吞下去……"参见：Gaspar correa, Theree Voyages of Vasco da Cama, trs. H. E. J. Staney from Landas da India, 1869; [英] 加文·孟席斯. 1421：中国发现世界 [M]. 师研群，等译. 北京：京华出版社，2005：261.

乐朝外交使节往来最为频繁，共外派使臣 21 批，61 次，接待贡使 193 批，下西洋航线上的国家对华派遣使节 318 次①。曾有深得明朝垂爱而能立国于爪哇麻喏巴歇王朝和暹罗阿瑜陀耶王朝两大强邻之间的满剌加（今马六甲）国王拜里迷苏剌，在郑和第三次回国时亲率由其妻、子等王室成员和各类官员组成，多达 540 余人的团队来明朝贡的景观出现，由此可见使臣总规模之一斑。这些人要住到郑和再次下西洋时，拿着丰厚的赏赐②、乘坐豪华的军舰高高兴兴地回国去。前两批是当年往返，第三批和第四批都有两个年头，第五批和第七批的 11 国使臣由英宗委托单独访明的爪哇使团用专门打造的八橹船送回，都是三年之后。而当第六批使臣回国时，他们已在明逗留长达 9

---

① 郑一钧. 论郑和下西洋 [M]. 北京：海洋出版社，2005：323.

② 明永乐朝的赏赐有"照例而行"、出于特恩、"夷人"求讨、礼部酌请等实施情由。"照例而行"相当于明朝廷的给赐习惯法，由朱元璋创立，永乐朝沿袭并有变通，主要是"依品级赐赉"，为酬报给各国的贡品之外，额外给予朝贡者的赏赐，是一种皇恩赠礼，与进贡贸易中的附来货物"皆给价"贸易和"许令贸易"自由交换互不相干、并行不悖。而且从入境到离境，次数不定，屡行多次，数量不等。永乐十九年执行的赏例是："三品四品，人钞百五十锭，锦一段，纻丝三表里。五品，钞百二十锭，纻丝三表里。六品七品，钞九十锭，纻丝二表里。八品九品，钞八十锭，纻丝一表里。未入流，钞六十锭，纻丝一表里。具体执行情况，以满剌加国为例：永乐九年（1411），王来朝，赐锦绣龙衣二套，麒麟衣二套，及金银器皿、帏帐、裀褥；王妃及其子侄、陪臣、仆从，彩缎、纱罗、袭衣有差。王还国，赐金镶玉带一条，仪仗一副，鞍马二匹，金百两，银五百两，钞四十万贯，铜钱二千六百贯，锦绮、纱罗三百匹，绢一千匹，浑金文绮二匹，金织通袖膝襕二件；王妃，冠服一副，白金二百两，钞五千贯，锦绮纱罗绢六十匹，金织文绮纱罗衣四袭。赐王子侄冠带。陪臣人等各赐白金、钞钱、彩帛有差。此后定例，正副使并头目，初到，每人赏织金罗衣一套，靴袜各一双；正赏，彩缎四表里，纱罗各二匹，折钞绢四匹，织金纻丝衣一套。通事、总管人等，初到，每人素罗衣一套，靴袜各一双；正赏，绫三匹，折钞绢六匹，素纻丝衣一套；番伴，初到，每人绢衣一套，靴袜各一双；正赏，折钞捐二匹，棉布二匹，胖袄、裤、靴各一副。此外，使臣回国时，皇帝还要钦赐下程，即根据路途远近和人数多少赐给路途中食用的畜、禽、粮、酒、蔬菜、瓜果、厨料等物。如永乐皇帝曾赐给忽鲁谟斯使臣十四人三日下程一次，包括羊三只、鹅二只，鸡四只，酒十五瓶，面四十斤，米一石，饼八十个，果子四斗，蔬菜厨料。宣德皇帝曾赐给阿丹国使臣四人三日下程一次，包括羊、鹅、鸡各一只，米三斗，面十斤，酒五瓶，果子四色，饼二十个，蔬菜厨料。

年之久。朝廷对这些尊贵国宾的款待开销当然不能忽略不计①。还有，舰队带回的和来使上贡的动物饲养，特别是狮、獒、虎、貂之类大型食肉动物，也是不可忽视的花钱大户。《治世余闻》就有君臣讨论处理鸟兽"以减浪费"的记载："内监虫蚁房蓄养四方所贡各色鸟兽甚多。弘治改元，首议放省，以减浪费。所司白虎、豹之属，放即害物，欲杀恐非谅闇新政。左右为疑，上曰：'但绝其食，令自毙可也。'"② 可见，这笔开销已经成了重大经济负担，朝廷不得不以减少浪费的名义削减开支。

上面是从郑和航海的物资循环过程来考察下西洋的朝贡经济违背商业运作规律导致亏损的情况，下面探析郑和舰队摧毁海外贸易基地、挤占海外华商市场对中国海外拓展的冲击和破坏。

前文曾谈到，自安史之乱之来，中国商人在海外筚路蓝缕、惨淡经营，创建了颇巨规模和实力的商海基业，为明朝的做大做强奠定了雄厚的人脉和经济基础。但是，明朝君主不但对这些宝贵资源视而不见，反面视其为眼中钉肉中刺，欲从速铲除而后快。太祖一朝，对外贸打击的重点在国内和近海，主要着力点是不让自家人出门，不许外来寇入境。成祖登极，惩治方式和力度立刻上了台阶。禁止海商出洋方面，严禁民间建造出海船舶，将已有海船全部改成平头船，如雄鹰被剪去双翅。还诏令："凡蕃国之人，

---

① 永乐年间款待外国首脑、使节之事，由礼部行文照会、光禄寺属下的主事厅具体负责，按外宾人数每五天配送一次生活物资到其下榻的会同馆（会同馆只负责柴米铺陈）。驻留期间，皇帝会多次赐宴款待。筵宴主要有到京时的朝贡宴、临行前的见辞宴、朔望日（初一和十五）朝见宴等几种，宴会按官爵高低分为上卓和中卓两个档次。永乐元年的上卓标准为：按酒五般，果子五般，烧煠五般，茶食，汤三品，双下大馒头，羊肉饭，酒七钟。中卓为按酒、果子各四般，汤二品，双下馒头，牛马羊肉饭，酒五钟。朔望朝见宴的上卓标准为：按酒用牛羊等肉共五楪，每楪生肉一斤八两。茶食五楪，每楪一斤。果五楪，核桃红枣榛子每楪一斤。胶枣柿饼每楪一斤八两。中卓标准为：按酒用羊牛肉四楪，每楪生肉一斤。茶食四楪，每楪十两。果四楪，核桃榛子红枣每楪十两。胶枣十二两。酒三钟。汤、饭各一碗。开始下西洋后，款待标准有所提高。即使是依此标准，如此频繁、长久、大规模的使团接待和宴请，开销已非常惊人，而且每逢圣节、正旦节、冬至节、皇太后圣旦节、皇后令旦节、东宫千秋节、立春节、元宵节、四月八节、端午节、重阳节、腊八节等节日也要宴请。使臣回国，从离京到出港，沿途均由所经府州按标准管待。如此繁冗的招待，所耗数额之巨可想而知。

② （明）陈洪谟. 治世余闻·上篇卷之一 [M]. 北京：中华书局，1985：1.

即各还本土，欲来朝者，当加赐赉遣还。中国之人逃匿在彼者，咸赦前过，俾复本业，永为良民，若仍恃险远，执迷不悛，则命将发兵，悉行剿戮，悔将无及。"这道看似爱民心切的圣旨杀机祖露，预示着在外华商的厄运将至。如前所述，历经数代人的闯荡和积累，这些大多出自闽、粤、浙等无土少地，向以投海经商谋食为传统的华商，在海上商路沿途已扎根立业，形成了大聚居、小杂居的散落布局，事业很有起色，怎么可能弃明投暗，悉数回国"俾复"所谓的"本业"呢？但朱棣并不明白这个道理，他关心的重点是诏令是否有人响应。好，既然你们跟朝廷作对，那发兵悉行剿戮就非做不可了。这个任务的执行者就是郑和舰队。

雄踞三佛齐的梁道民集团屈身就抚、花钱买平安，向朱棣纳贡，躲过一劫。而恃强不驯的陈祖义集团则因内部倾轧而失策，被郑和海军清剿四散，陈祖义本人被作为刁匪盗首的典型解送回国，斩首示众。关于陈祖义以海盗首领身份被杀的史事，多数研究者似乎并无异议。诚然，陈氏集团占据东西洋交界的海道咽喉水域，控制往来商船按陈氏逻辑行事，肯定干过出格的事儿。但是，我们绝不能漠视当时全球范围内糟糕的海洋商业环境和秩序导致的不良气候。那时，处于管理真空的海洋商路，完全是无政府状态，游走其间的商队和船队，往往是亦商亦盗、商盗双料。所以，无论资本多么雄厚、商道多么深广，都必须自备强大武装才能保障安全、不被消灭，欧洲更是如此。欲立于海商之林者，除了财大气粗，还需要武力过硬，有枪才有安全是不争的现状。在这种境况之下，强者的规则才是规则是一条通行的国际规则。从这个意义上讲，陈祖义集团的海路称霸与20世纪后半叶才基本形成的海道公序良俗并不矛盾，绝不能拿现代规则去苛责古人。因此，把陈氏集团视为海盗团伙而全盘否定是不符合历史实际的，朱棣杀陈祖义的主要权衡不在商与盗的问题，是否驯服和来朝才是核心和实质。

换个思路来看，如果明朝能够有容海气度，建立符合开放、外向的大明利益的海洋商贸国际规则，由郑和舰队的海军常年巡航于东西洋，予以贯彻和监督，可以想见那会是何等兴旺的双赢景象。对商人而言，沿途有国家舰队护航，安全无虞，可以放心大胆地做生意，还省去了大笔的武备开支，何乐而不为？对明朝而言，千帆竞海、万船争流，带来的是汪洋肥水、滚滚财源。海洋规则制定权、执行权和裁决权三权在手，何愁有人不唯大明皇帝马首是瞻？货真价实的万国来朝盛况必然出现。然而，朱棣他们却偏偏走向了反面。无独有偶，稍于其后的欧洲商人之所以在钱少、船小、技术差的不利条件下迅速崛起、称霸海上，政府的大力支持功不可没。在一盘散沙的欧洲，势单利薄的封建君主们聪敏地与商人联手来对抗领主、坐收渔利。他们利用王权保护商人免遭战争伤害和领主盘剥，而商人们的"知恩图报"，让他们坐地分肥。为了保证财源不断，他们积极支持商人出海冒险、开拓商机，并给予政策保护。诸如鼓励造船业发展、颁行《航海条例》、授予海外贸易专营特权、实行保护性关税、支持建立海外贸易基地和殖民地等等，海商做生意需要什么就给什么，商人各方面的权利和利益都得到很好的保护。这种牟利得以顺利实现的社会生态和政治后盾使商人们如虎添翼，君主们也财源茂盛、乐不可支。

而明清时代的海外华商，处境格外凄凉，实在太需要政府的支持和帮助了，但是朝廷不但不支持，反而予以无情打击。即使在遭受西方屠杀的情况下也置若罔闻、坐视不理，甚至落井下石。本来，华商在海外占尽了天时、地利、人和的优势。他们有丰富优质的方物货源、有操于同胞手中的贸易中介链、有深入坊间的收购和销售网络，有已经稳占良久的广阔市场，有规模庞大的驻商人口，有稳定控制的海上航线，有靠近祖国的地利优势，有诚实守信的商界口碑。但是，唯独得不到国家支持、政府保护。当彼此明争暗斗的西方各国殖民主义商人在枪炮的保护下侵入他们的商业领地时，竞争优势顿时丧失殆尽。西商可以代表国王与对方政府交涉、谈判，他们不行；西商受到不公待遇、商业利益遭受侵害时，可以以政府代表的名义拿法律、外交说事儿，他们也不行；当东西双方发生商业纠纷，需要政府来伸张正义、主持公道时，西商代表总是派头十足、满口官腔，他们还是不行。当发生恶性事件，需要政府来保障人身、财产安全时，西商有政府代表出面、有枪炮做后盾，他们仍然不行。总之，他们是被朝廷遗弃甚至驱赶的刁民和贱人。没有靠山、孤立无援。只能靠自己的机智和忍让、凭借左右逢源的功夫冒险、求生，可以组织和依靠的力量只有乡人和家族的团结与忠诚。在强大的挤压面前，甚至不得不充当西商的工具以换取卑微的生存利益。当情况恶化到忍无可忍之时，往往铤而走险、聚众起事，招致毁灭性打击、人财两空。菲律宾的华商遭受五次惨绝人寰的大屠杀①和荷兰人在雅加达干的华人大屠杀②就是显例。

这种险恶处境即使在以月港开放为代表的海禁松弛后，也没有得到值得一提的改善。政府还在打"于通之之中，寓禁之之法"的小算盘，规定："凡走东西二洋者，制其船只之多寡，严其往来之程限，定其贸易之货物，峻其夹带之典刑，重官兵之督责，行保甲之连坐，慎出洋之盘诘，禁番夷之留止，厚举首之赏格，蠲反诬之罪累。"③可见，从海船的大小、多少、行程的长短，到商品的类别等等各个方面都有严格限制，防商人胜于防贼寇，还让军人、保甲和普通民众进行全天候监视、实施连坐。跟西商相比，可谓天壤之别。最能体现明朝统治者视海商为贱民的事实，莫过于对万历三十一年（1603）在菲律宾的20,000多名华商被西班牙殖民者屠杀后的反应。皇帝在听取了请示出兵的奏报后说："海外争斗，未知祸首，又中国四民，商贾最贱，岂以贱民兴动兵革？又商贾中弃家游海，压冬不回，父兄亲戚，共所不齿。弃之无所惜，兵之反以劳师。"④ 137年后，当同样的

---

① 从1603年到1762年，西班牙殖民者共制造了五次惨绝人寰的屠杀华侨暴行。第一次发生在1603年，屠杀了近2万名华侨，当地居民和400多名日本人也加入了此次屠杀行动；第二次是1639年，历时四个半月的屠杀共夺走了2万多华侨的生命；1662年的屠杀是第三次，共有3千多名华侨遇难；第四次屠杀发生在1686年，数百名华侨被杀；第五次大屠杀始于1762年，到1765年仍在进行，仅巴科朗周围就有6千名华侨被屠杀，究竟共多少人死于屠刀、枪弹和绞架，已无法统计清楚。参见：简光沂. 华侨简史与华侨经济［M］. 北京：中国经济出版社，1999：51-52；黄滋生. 菲律宾华侨史［M］. 广州：广东高等教育出版社，2009：91-207.

② 从乾隆对此事的处置可以看出，他跟明朝昏君是一个缸里的货色。这一惨案发生在乾隆五年（1740），荷兰人对华商的规模和精明能干充满恐惧，听到有关反叛的传闻后制造了这起大屠杀案，有2—3万华人丧生。事后，荷方坚决否认其暴行，唯恐触怒中国皇帝。为了保证其在广州的利益、解除对大清实施报复的担忧，他们派人来说明情况并道歉，但得到的答复却是"被害汉人，久居番地，屡邀宽宥之恩而自弃王化，按之国法，皆干严谴。今被其戕杀多人，事属可伤，实则咎由自作"，参见：［法］阿兰·佩罗菲特. 停滞的帝国——两个世界的撞击［M］. 王国卿，等译. 北京：生活·读书·新知三联书店，1993：43；李学民. 印尼华侨史：古代—1949年［M］. 广州：广东高等教育出版社，2008：135-143.

③ （明）陈子龙. 明经世文编（卷400）·疏通海禁疏［M］. 北京：中华书局，1962：4334.

④ （明）陈子龙. 明经世文编（卷433）·疏通海禁疏［M］. 北京：中华书局，1962：4728；黄滋生，何思兵. 菲律宾华侨史［M］. 广州：广东高等教育出版社，1987：97-98.

惨案发生时，乾隆当局给荷兰人的回复是："被害汉人，久居番地，屡邀宽宥之恩而自弃王化，按之国法，皆干严谴。今被其戕杀多人，事属可伤，实则孽由自作。"一个在对外官文中如此称呼、看待自己国民的皇帝，禽兽不如！如此鄙视从商同胞、见死不救，做出这等令亲者痛仇者快的大蠢事而不知廉耻的政府，天诛地灭！

海商在外，得不到政府的支持倒也罢了，而朝廷竟派遣最强海军加以清剿，殊为可恨！由此带来的后果是毁灭性的。首先，称雄海外的各大海商集团在陈祖义的教训面前，惊魂难定。他们确立的商业秩序被郑和团队完全打乱，经营网络迅速瓦解，苦心经营打拼出来的良好局面难以为继，走向没落。海外移民基地和商业网点也因此被埋葬。其次，郑和率领的超大规模舰队浩浩荡荡、遮天蔽日，所载货物数额特别巨大。他们除了赐、送、换之外，大都以远低于市场价格的"皇帝亲情价"将中国最高品质的货品抛售出去，然后又像巨龙吸水一般收入国外货物运回①，不但使一定时间内的买卖双方市场几近饱和，而且使私人贸易的货物品质竞争失去优势，市场份额也所剩无几。这种违背商品经济规律、扰乱市场秩序的大倾销、大统购，对海外私商贸易的冲击是致命的。再次，郑和舰队远洋航行，在漫长的沿途各地不断吸纳真假贡使来明朝进贡。这帮人都携带大量物资，他们不但以国宾身份免费乘船，而且还省去了全部的住宿费、保管费、运输费和进口税，非常方便、安全，成本大大降低，风险为零。来到中国，官方以高于市场数倍的价格购进他们的贡物，让他们疯赚一大笔。回去的时候，会得到皇帝极为丰厚的赏赐（前文已列日本朝贡案例），同样省去了全部中间成本，然后投入市场再次赚取暴利。在这种非商品交易性质的官贸交易对手面前，按商业模式运作的私人贸易毫无优势可言，甚至他们的存在都属多余。那些私贸海商还有活路吗？最后，郑和舰队的出现是海外华商失去远洋贸易制海权和商路控制权的罪魁祸首。在郑和舰队将海外华人私商的经营置入困境的同时，由于国内实行海禁政策，严禁私造海船，

---

① 例如永乐十九年，郑和舰队的一支由数艘宝船组成的分队到阿丹国，无论其有何等值钱的珍宝，都面无难色地进行采购，"买得重二钱许猫睛石，各色雅姑等异宝，大颗珍珠珊瑚树高二尺者数株，又买得珊瑚枝五柜，金珀、蔷薇露、麒麟、狮子、花猫（原文作"猫"，据上下文，疑为"福"，笔者注）鹿、金钱豹、驼鸡、白鸠之类而还"。从这种扫货能力足见船队之阔绰。

海商不但无船出海，纵然冒死出海也无钱可赚。所以，当经历了 20 多年的萧条和煎熬、郑和舰队从海洋上彻底消失之后，苏门答腊岛以西的海域几乎没有中国海船了，最远也只是在马六甲以东的范围内遛弯儿，倒是乘机大做转口贸易的日本、琉球等国海商，很快阔绰起来。印度洋海域及其以远，完全成了阿拉伯商人的天下，后来又被葡萄牙人夺走。

总之，明朝的对外贸易完全被高度集中而又极端疯狂的专制体制所绑架，成了实现其政治意图的打手、帮凶和炮灰。这场灾难，皇帝领导的统治集团是极恶真凶，郑和舰队作为执行者难辞其咎，是搞垮海外贸易、丢失全部海权的直接责任承担主体。可以说，郑和舰队将海外华人的拓展大业勒死，乘胜凯旋之时，已经宣告了中国古代远洋航海历史的终结，将宝贵的海路、海贸、海权、海利和发展机遇悉数拱手奉送给了穷弱的对手。

通观朱棣统治时期的海禁、外交和朝贡政策及其实质，结合郑和下西洋的原因、目的、任务、过程、结果和影响，特别是郑和舰队的资本内循环过程和贡舶贸易在国外对海贸的摧残和海权的破坏，可以看出明朝前期的社会本质。与其说郑和下西洋是朱棣一朝开放的标志，不如说是其封闭自守治理思想的表现。成祖从太祖的消极蜷缩转向积极主动，当然是值得肯定的转变，但是非常遗憾，他仍然为历史包袱所累，没能找到正确的方向。放眼明清两朝 544 年的历史变迁，唯有成祖做过主动向海外出击的尝试，殊为可贵，但这匹被系马桩和缰绳牢牢套住的骏马，根本不可能走出画地为牢的怪圈。特别是他派出郑和舰队剿杀了数代华人历尽千辛万苦才建立起来的远洋航线、商贸据点和广布商脉，更是罪不可恕。

领导最强帝国的皇帝没有企业家的眼光和谋略、大明王朝的第一能人没有观念一变即将折本排场运化成赚钱贸易的机灵与变通[①]，也不知道自己的帝国在众多同类中保持综合国力优势地位的经济法则。这是大明王朝的

---

① 这里需要特别指出的是，郑和曾向仁宗朱高炽进谏，力陈海洋和下西洋的重要性，希其维持大明海军在南洋的存在和影响，以固南疆。但皇帝未予采纳。原文是："欲国家富强，不可置海洋于不顾。财富取之海，危险亦来自海上……一旦他国之君夺得南洋，华夏危矣。我国船队战无不胜，可用之扩大经商，制服异域，使其不敢觊觎南洋也……"可见，数次率队远航的郑和经过长期磨砺，确有海一样宽广的视野、远见和胸襟，只可惜他的真知灼见在当时的朝廷当中，无人想听，也无人能懂。参见：[法] 弗朗索瓦·德勃雷. 海外华人 [M]. 赵喜鹏，译. 北京：新华出版社，1982：6.

不幸，也是中国国运的不幸，利用朝贡体制通过财富再分配过程使国富向皇室私家转移是一种自断手足的短视和慢性自杀，得到的只是繁荣的虚像和败家的奢靡。朝贡经济在任何时候都是对帝国肌体的伤害，只不过国力强盛时如同吸食鸦片，可获得一时的快感却有无穷的后患，而在国力衰弱时则好似被切开了一根动脉血管，不仅会加速帝国的衰亡，也无法保全它所看重的尊严。那些对他顶礼膜拜的贡使，与其说是臣服于大明的恩威，不如说是在向一个爱慕虚荣的慷慨财主讨好卖乖。这是明清统治者，乃至历代中原帝国的君主都不曾知晓的历史经验，也是中国社会转型困厄的主要根源之一①。

4. 混乱的金融秩序对经济的破坏

明朝虽然声称接续宋祚，但实际上在很多方面都无法避免或者有意无意地继承了大元的衣钵。元朝商业发展环境宽松、条件优越、隆盛空前，拉动了财金领域的转型升级，新型商业经济对政府的货币政策、金融监管和宏观调控提出了更具商业社会品性的新要求。蒙元政府对白银通货和钞票的掌控缺乏足够的经验，特别是在错误的时间进行了一系列错误的金融改革，栽了大跟头。拿白银来说，政府的管理从观念到手段都严重滞后，也远不如欧洲。与欧洲人铸成银币发行上市不同，在泛东亚地区流通的是原样生银，这种粗放无序的自流方式严重妨碍了政府对流量、流向和流速的监管和调控，白银时而如山洪出涧一般冲进社会，遍地漫流，时而偶遭阻截，就会囤隐不出，使物价如脱缰野马，无法控制，严重破坏经济秩序和市场稳定。没有白银作"压舱石"的钞票泛滥无度，如制造经济混乱的游魂一般，元朝政府也毫无统束之力。

朱元璋建立的农桑自然经济体，本来是一架体形庞大的翻新旧马车，浑身上下都是毛病，又偏偏找了一群狗来拉，要么上坡拉不动，要么下坡

---

① 由此延伸开去认识郑和下西洋运作模式的消极影响，从历史视角来审视，它断送了中国本来可以也应该能够带给世界和平幸福和近代化的巨大先机和美好前程，转而恶化成为中国和整个世界的悲剧，不但葬送了中国航海科学及其附属链条上的全部产业，而且使中国的发展彻底偏离正确的道路和方向，从而逆转了世界的前进方向。它清楚地昭示世界，不受约束甚至背离理性的盲目和极权会导致怎样的后果，酿成多大多久的灾难。参见姚建光撰《反观郑和下西洋——以其对经贸和海权的影响为中心》。

无法减速制动，行走一路，险象环生，稍有不慎就可能倾覆。因此，对于元朝的白银灾难和教训，朱元璋非常敏感，他知道自己是个蹩脚的马车夫，无法驾驭，而且从周武文王到孔孟朱子，都没说过怎么解决这类问题的话，完全是"奸商"搞出来的"邪恶"之物。所以，断然决定弃用金银，不向百姓征收税金，直接征用劳力和产品，建立了一套自给自足经济模式下的财政实物收支制度，并发行宝钞、铸造铜钱，令两者在行政强权的护卫下强制流通，作为补充。

这样，对内，户役制度应运而生，政府的岁入是全国征调的粮食、原料和被调集京师的百工匠人生产的成品，是以"土贡"名义贡来的各地名贵方物特产和各种精美手工产品。与此相适应，政府支出也以实物为大宗，由政府包养的贵族和官员都配发实物和原料，辅以少量钱钞，诸王、公主、勋戚、功臣的年俸岁禄和全部官员的月俸等这些国家开支大项全以支米为主，配以少数宝钞和纻丝等实物。对外，为了防范外来货币侵蚀帝国根基，朱元璋将对外贸易经营权收归国有，实行薄来厚往、官方对官方的贡舶制度，全面禁止私人通番贸易和贡使在大明境内从事民间交易。这套赋税财金政策，在朱元璋统治集团看来，最大限度地将交易可能酿成的经济秩序混乱以及由此危及国家安全的风险降到了最低，也把"奸商"的投机空间限制到了最小程度，与朱元璋的自足式封闭型农庄国家理想完全吻合。

然而，事实证明这只是统治集团的一厢情愿、黄粱一梦。错综复杂的矛盾很快从统治集团内部和社会外部同时暴露出来。首先是宝钞最不争气，很快背离太祖圣意并拖着朝廷跟它跑，无法摆脱被动和困局。洪武八年（1375）发行时，"每钞一贯，准铜钱千文，银一两；四贯准黄金一两"①。禁民间以金银交易，准予宝钞和铜钱并行流通。要求百文以下止用钱，政府收支全用钞。洪武十八年（1385），令"天下有司官禄米皆给钞，二贯五百文准米一石②"。但是，流通的实际效果却是，洪武二十三年（1390）10月时，"两浙市民以钞 1 贯折铜钱 250 文"——宝钞已经贬值75%。4 年后，

---

① 许嘉璐. 二十四史全译·明史·食货·钱钞 [M]. 上海：汉语大词典出版社，2004：1550.

② 许嘉璐. 二十四史全译·明史·食货·钱钞 [M]. 上海：汉语大词典出版社，2004：1550.

闽、浙、广、赣地区，宝钞 1 贯仅值铜钱 160 文，贬值已达 84%。之所以如此糟糕，是因为明中央政府高估了皇帝的能量、过分迷信强权的威力，违背金融法则，妄图让货币规律服从行政命令，随其无知任性地滥发宝钞。如洪武十八年（1385），明中央财政总收入折合白银不过几万两，但是政府却在 10 个月内发行了宝钞 6,946,599 锭，折银 3,000 多万两，相当于收入折合白银的约 1,000 倍①。

朱元璋政府完全不懂金融知识，发行钱钞既不用金银或者丝绸等物作储备金，使其两相等值扣合，绝不脱钩。也不懂发行量控制，纵情而为。更不懂旧钞回收，控制总量。印宝钞如同儿戏，与生意人印刷冥币忽悠死人无异。倒钞法规定调换新钞需支付工墨费，又造成新旧钞价格差，商人乘机渔利、官吏征税从中舞弊。所以，宝钞上市不久，敏感的商人就意识到它的不可靠性，特别是在商业发达的东南各省，用银交易很快由地下转为公开。随后，看到江河日下的宝钞而束手无策的地方政府也不得不违背中央旨意，钟爱白银。洪武二十四年（1391），浙江温州府"所属共收钞七百二十八锭四贯，易银七百（零）八两八钱送纳，其后岁办，遂以为例。近虽禁使银，而商税鱼课仍征银"。到洪武三十年（1397）3 月，杭州各郡商贾，货值不分多寡，悉以金银定价，完全没有宝钞的事儿了。

面对"钞法益坏不行"，朝廷除了"乃更申交易用金银之禁"② 外，毫无作为。永乐登大位，也无进步，仍然只知徒劳狂吠，严禁使用金银，"犯者以奸恶论"③，强令百姓买盐、赎罪、商人纳税均须用钞，但是仍于事无补。到宣德时，"民间交易，惟用金银，钞滞不行。乃益严其禁，交易用银一钱者，罚钞千贯，赃吏受银一两者，追钞万贯，更追免罪钞如之。"英宗即位，面对危局，先是"驰用银之禁"。此口一开，"朝野率皆用银，其小者乃用钱，惟折官俸用钞，钞壅不行。"于是，正统十三年（1448），"复申禁令，阻钞者追一万贯，全家戍边"，到天顺年间才"始驰其禁"。宪宗时

① 杨一凡. 明大诰研究·附录·御制大诰续编·钞库作弊第三二 [M]. 南京：江苏人民出版社，1988：288.

② 许嘉璐. 二十四史全译·明史·食货·钱钞 [M]. 上海：汉语大词典出版社，2004：1551.

③ 许嘉璐. 二十四史全译·明史·食货·钱钞 [M]. 上海：汉语大词典出版社，2004：1551.

期，"令内外课程钱钞兼收，官俸军饷亦兼支钱钞。是时钞一贯不能直钱一文，而计钞徵之民，则每贯徵银二分五厘，民以大困"①。

其次是铜钱乱局无法收场。铜钱的特性决定了它只适于短半径范围内的小额、零星交易，在远距离、大宗贸易中，既不方便支付，也不方便携带和运输，必然让位于贵重金属金银。明朝政府是货币盲，自然也是铜钱盲。历朝都官方滥铸、民间私铸，黑白两道胡来、真假钱币泛滥，毫无正常秩序可言。民众被敲骨吸髓，朝廷束手无策，朝令夕改，莫衷一是。太祖铸洪武钱、成祖铸永乐钱、宣德铸宣德钱、弘治铸弘治钱。嘉靖六年，"大铸嘉靖钱，每文重一钱三分，且补铸累朝未铸者"。嘉靖三十年又"铸洪武至正德九号钱，每号百万锭，嘉靖钱千万锭，一锭五千文"②。这么多种类、如此大数额的钱投放市场流通本已是冒金融之大不韪。而且同为官方准行的各种钱币，也如宝钞一样有价格差别和使用潜规则，如"税课抽分诸厂，专收嘉靖钱"这类怪事并不鲜见。而且，早至洪武年间，民间已"行滥恶钱"，后来问题日益严重，朝廷毫无办法。到嘉靖年间，为假钱所害的百姓连生活都难以维持，纷纷涌入京师乞讨，"死者相枕藉"。紧接着朝廷又因为铸造"金背钱"的成本问题争吵不休，几易其策，铸工乘机"竞杂铅锡便锉治，而轮廓粗粝，色泽黯黪。奸伪仿效，盗铸日滋，金背钱反阻不行。死罪日报，终不能止"③。这种混乱不堪的状况日甚一日，熬到崇祯年间，好像悟出了点儿门道，准备悉收旧钱，只用当朝新币，可是钱还没有铸出来，明朝已经灭亡了。

最后是金银从潜浮不定到放任自流。前面已经交代过，太祖惧怕金银的力量，便决意弃用。但实际上，金银（主要是原银）成为商业领域相比之下最可靠的通货，政府虽然强推钱钞，屡申禁银之令，但只要钱钞的问题严重到连官府也不得不用白银来支撑局面的时候，朝廷也只得默认。在明中叶以前，白银就是这样名不正言不顺地时浮时潜，在实物赋税体制和

---

① 许嘉璐. 二十四史全译·明史·食货·钱钞［M］. 上海：汉语大词典出版社，2004：1551-1552.

② 许嘉璐. 二十四史全译·明史·食货·钱钞［M］. 上海：汉语大词典出版社，2004：1553.

③ 许嘉璐. 二十四史全译·明史·食货·钱钞［M］. 上海：汉语大词典出版社，2004：1553-1554.

钱钞强制推行的大背景下，它的任性没有机会显现。但是到了中叶以后，以农业的商业化、手工业的市场化和对外私人贸易复苏为引擎的社会转型在民间自发升温、逐渐展开，而明政府的社会经济管理功能却在以惊人的速度丧失，白银乘机占据了支配地位，独自坐大，经济和财政已经发展到没有白银则无法运转的地步，大明帝国成了白银的终极秘窖。而始终对货币和金融一窍不通的皇帝和朝廷从未尝试甚至考虑过将白银纳入有力的，哪怕是最基本的监管统束轨道之中，任随其性地生发渗透、扩散流动，灾难的阴霾弥漫在明朝上空。厄运很快降临，国际经济陷入萧条，白银进口锐减，政府在金融管理上的无能触碰了原银生乱的引信，太祖担心的元朝金融悲剧再次上演，迅速点燃了位于爆点的多重社会危机，将明朝推向灭亡。

总之，已经严重落伍的明朝历代君臣，对钱钞金银问题，一直想用行政高压手段解决，完全不得要领，如鲧治水，越搞越糟。钞在宪宗朝已经贬值1,000%以上，但是满朝文武仍固守老套，想让僵尸复活，实在可笑。而钱则更是又滥又乱，政府一方面充当掌柜和警察，恨假又打假，但始终未能遏住假钱猖獗的势头。另一方面，朝廷自己也粗制滥造，并随君臣心情令其行止，赤裸裸地坑害民众、破坏经济，与奸恶之徒无异。令人啼笑皆非的是白银，最初知道没能力控制它而抛弃它，后来出了乱子又不得不依靠它，最后干脆在无储备金束缚的情况下随它任性流通，结果必然是为其所害。

上述事实表明，只能适应小农自足经济的儒学如同一个远古智人穿越到了明代，完全傻了眼，根本无法与新环境里的新经济相适应，以程朱理学武装头脑的明朝统治者当然无法胜任社会转型新形势下的经济管理工作，而这项工作是社会转型过程中和完成后最重要的管理工作之一。也就是说，旧式政治上层建筑已经无法与社会新型经济基础相适应，它严重阻碍了经济发展，成为自给自足农庄经济向开放市场中的商品经济转化的核心阻力。换言之，中原社会这匹马要想活下去，非拔掉系马桩或者解开缰绳不可。如果能两者皆摆脱，那是最好不过。否则，任何努力都是徒劳的，无异于等死。

大家不禁会产生疑问，货币金融混乱把明朝政府折磨得焦头烂额、百姓受害尤深，那14—15世纪的欧洲是怎样一番景象？欧洲人是天生的金融行家吗？答案当然是否定的，但是商业环境完全不同的欧洲确实成功控制了货币作乱风险，摸索出了至今仍身影尚存的全球通行货币管控手段和金融产品，使欧洲以最低的损耗顺利度过了金融管理起始期，跃升到更高阶段的快速发展轨道①。

首先，1300 年以来，同样渴望极权的欧洲各国统治者仍未能建立起东北亚式的强权政治生态，而且欧洲始终没有贱商抑商的思想文化传统。国王为了自身的权与利往往主动向商人示好，与他们交从甚密，甚至结为利益同盟，商业既不受王权的观念打压，也鲜有来自政府的破坏性阻挠。国王们为了维护自身利益，往往使商业受到鼓励和保护。商人没有从商的心理负担，一直都是挺起腰板儿做人从业。因此，商业规则的形成和更易、商业虚实产品的出现和生死，都可以最大限度地按照商业运作和发展的需要，由商人群体和行业组织自主而为。行政权力总是表现出对商业利益进而对辖区整体利益有好处的亲善举动，甚至一个城市联盟对商业利益的保护能力要强于一个发展贸易又保护贸易的单纯的商业行会、同盟或者其他组织。

其次，虽然 14 世纪初叶即出现了证券—汇票—支付的新手段，而且发展很快，但是直至 14 世纪中期，主要支付手段，特别是近地交易支付手段，仍然还是货币。当时的欧洲，仍是一块花色艳丽的地毯，政权丛立，金币和银币多种多样，不管是哪个国家铸造，都可以进入市场流通。但是，货币价值各异、成色有别、良莠不齐。所以，含"假"的货币也混迹其间，这好像与明朝有假钱钞的情况类似。但是，与明朝的政府咆哮峻法、商人无可作为完全不同，面对百花齐放的货币，欧洲商人早在 13 世纪初就发明了一个新行业——货币兑换业，而且很快被他们的利益共享者兼最高权力持有人——王侯们——看到了重要性和潜在的油水，将其视为货币特权的重要组成部分收归己有。他们颁布法令予以规范和约束，规定非经授权不

① 根据约翰·霍布森的研究，汇票、信贷、保险和银行等一系列其他金融制度，都起源于前伊斯兰时期和伊斯兰时期的中东。因为许多商业技术在《古兰经》将其系统化之前就已经牢固确立起来了。苏美尔人和萨珊人在伊斯兰教出现之前已使用银行、汇票和支票。但是，是穆斯林将金融业务和合约经营发扬光大的，后又被传到了西方。参见：[英] 约翰·霍布森. 西方文明的东方起源 [M]. 孙建党，译. 济南：山东画报出版社，2009：108.

得营业并须缴纳费用作为王侯们的管理回报。为了强化王侯权力控制这一特权的有效性，王侯们把身为市民的货币兑换商的行政管辖权由其所在城镇的市政官收归为王侯直属。后来，甚至勇敢者查理制定了一项特别法令，命令所有的新货币兑换商放弃其市民身份。在这样的管理体制和社会氛围之下，到13世纪结束时，在布鲁日（今比利时西佛兰德省省会）的货币兑换交易所已经由起初的5家增至20家，均以税收承包的方式租给交易所经营。根特（今比利时东弗兰德省省会）的做法更为大快人心，伯爵竟然主动出让了本该属于自己的利益，将这一特权授予城镇，而且将绝大部分交易所的办公室业务委托给当地居民管理。货币兑换商除了从事小额货币兑换和货币检验这两项老业务之外，还要以王侯代表的身份确保王侯货币法令的切实遵行，并兑换获得批准得以流通的关税通货。此外，货币兑换商须在城市政要或者其代表的监督下宣誓，保证自己将会忠实地按照货币所含金银定价，回购禁止流通的货币以保证国家铸造货币对金银的需求。

最后，基于这种确保商业利益的有效管理和信誉，行商为了旅途的安全和方便，将大宗现金存放在货币兑换商那里，兑换商给行商出具收据作为储入款额证明。这种行为的发展促成了银行的诞生和银行家的出现。14世纪出现的汇票支付——支票——的始祖，也将自己的存在空间扩展到了整个中西南欧洲的范围，而且由于距离等原因造成的存取款周期更长，银行计息业务被发明了出来。聪明的银行家们从来都没有停止过赚钱新渠道的思考和尝试，紧接着，他们凭借拥有的大量存款开展信贷业务，还把手上的证券组织起来搞起了证券交易，都很快发展成收入相当可观的金融新行当。在佛罗伦萨、波洛尼亚、米兰、威尼斯、罗马等地，金融市场先后出现，巴塞罗那、巴伦西亚、巴黎、阿维尼翁以及日内瓦和伦敦也先后由旁观者变成了主要角色，而布鲁日，已经发展成为众口相传的北欧银行业中心了。

东西双方两相对比，政治体制与政策法规、商业地位与商人处境对货币金融业健康发展的影响与后果已经一目了然。西方的成功得益于王侯权力的利商指向，社会的重商、励商生态，规约意识和遵从观念。明朝的失败则源自其构筑的害商政治环境以及商业和商人遭受多重压抑的生存现实，两者共同决定了政府和商人都不可能有真正适应商业规律和发展要求的作为，整个社会的经济秩序混乱与失控已成必然①。

5. 若昂大帝和亨利王子的海上开拓

当大明初立，将前世的航海贸易积淀和资源如同垃圾一般弃之而后快的时候，欧洲远洋航海开拓事业却在非常低级落后的起点上开始崛起，第一代一穷二白的闯将就要临盆分娩了。洪武十八年（1385），在伊比利亚半岛西南部的葡萄牙，28 岁的阿维什骑士团首领若昂经过近两年的战斗，终于如民所愿，从侄女比亚特利斯手中夺得王位（这与朱棣从侄子朱允炆手中夺取大位有点儿类似），被议会推举为国王，葡萄牙进入了全新历史阶段——阿维什王朝。这位新王朝创立者就是佩德罗一世的私生子、至今深受葡萄牙人敬重的若昂大帝（若昂一世）。尽管彼此的出身天上地下、登上权力巅峰时的年龄也相差 12 岁，但是青年若昂与壮年朱元璋都是作为开国君主站在对等平台上引领各自的国家向着自己的理想国进发。

虽然朱元璋接管的是元朝留下的烂摊子，但是与生长在宫廷的年轻若昂接手的国家相比，如前文所述，他这个来自社会底层的皇帝，建国起点却要高出很多。与大明王朝相比，面对大海、背有强邻的葡萄牙，不但面积要小得多，而且综合国力也无法相提并论。这个国家混杂了多个种族和文化、融合了基督教和伊斯兰教两个并不融洽的世界。他逝去的异母之兄在位时穷兵黩武，民众怨声载道，渴望着改良和新政，封建旧贵族与资本主义新贵族的矛盾日益尖锐，正在艰难换代。在这种情况下，若昂设定的基本目标是通过向中产阶级法学家和官僚寻求支持和效率，在新兴贵族进步力量的推动下，将两者凝聚在自己周围强化君主专制王权，并在此基础上谋求发展新方向——让葡萄牙独揽或是与人分享富国之源东方贸易。为此，1386 年 5 月 9 日，葡英两国在温莎签订协约，正式结成永远牢固的同盟。1411 年，若昂一世终于和卡斯蒂利亚签订了和平条约，确保了葡萄牙的独立。至此，外部难题基本消除，若昂可以全身心巩固王位、对内部问题进行全力整治，为实现他的强国梦铺平道路。

---

① 其实，中国的储蓄、信托、汇兑等银行业务在唐代已颇具规模。宋朝，钞票的合法化和普遍使用又将货币金融业向前推进了一步，而且民间类似证券交易的经济行为也有所发展。这些都是良好开端，但其发展却在日益不利的文化传统、政治环境和社会生态中一再延宕、停滞，最终远远落后于西方。

　　跟中国的中原王朝长期以来一直是东方航海贸易的最大集散码头一样，葡萄牙是欧洲航海贸易的发源地。其海上文明渊源除了来自北方的诺曼海盗和地中海上意大利各个共和国的海贸文化之外，阿拉伯人不仅把他们从希腊人那里学来的天文、地理文化带到了葡萄牙，还把从中国人那里学到的航海术转授给了葡萄牙人。墙倒了便是桥，面对中国中原帝王误以为天然屏障的大海，葡萄牙早在堂·迪尼斯国王统治时期，就开始了以海上发展为主攻方向的战略思考与勇敢尝试。同样是借助阿拉伯人之手，把西西里人已经掌握的中国罗盘航海技术引进到了葡萄牙，从热那亚和马略卡请来首批航海技术员和首位制图师，绘制出第一张横向航海图，为发展造船业和航海业创造了条件。1317 年 2 月 1 日，迪尼斯国王与热那亚的曼努埃尔·佩萨尼亚签订产生了重大影响的重组葡萄牙海军的协定，葡海军从此有了欧洲先进的航海图和制图艺术。两年后，又在卡斯特罗马林组建了基督教士团，有了保护王国和反对摩尔人这个“信仰的敌人”的可靠力量。

　　几乎同时，葡萄牙率先开始了富于远见的改进船型、增加船的吨位和发展国内生产的激励政策。1377 年颁布法令，“船籍登记自由、奖励造船、奖励出航、互相保险、统计船只和技术检查”①，规定凡建造 100 吨以上吨位船只的船主均可得到奖励。这一影响深远的法令比热那亚和威尼斯早 101 年，比西班牙和法国早 118 年。这只是深受代表或者分享新兴资产阶级商业利益的顾问们影响，集国王和船主为一身的费尔南多国王颁行的向海洋发展法典的一部分。继承了哥哥国王加船主模式的若昂一世，出台了给予新旧贵族都是很大刺激的船队指挥与财产民主分配方案，对战利品和海防费用进行更能调动关键人员积极性的利益分配。

　　另一方面，从 14 世纪初开始，葡萄牙逐步确立起以农业、海产和以盐为代表的提炼工业支撑的远程海上贸易结构，国内形成了一个大市场，货物吞吐能力空前强劲，与西班牙和北非、佛兰德和英国、地中海的意大利港口和东部港口贸易关系也建立起来，吸引了各国外商前来交易。为了吸引威尼斯商人，若昂一世还出台了针对他们的特权政策、给予特别优待。1414 年，赠予 4 艘威尼斯商船 2,000 个白面包、8 桶葡萄酒，16 只母羊，40

---

　　① ［葡］科尔特桑. 葡萄牙的发现［M］. 邓兰珍，译. 北京：中国对外翻译出版公司，1996：269.

只绵羊，75 包水果和 100 担饼干①。并于同年开始执行一项专门讨好威尼斯商人的特别举措——凡途经里斯本港口者，均被邀请出席极为丰盛的冷餐会。

总之，此时的葡萄牙经济，已经有了世界性眼光、胸襟和宏愿，葡萄牙社会也因此涌动着难以抑制的海外进取狂热：脱胎于摩尔人的新贵族势力，有着凭借其阶级精神巩固、扩大领土并赋予新形式的畅想。新兴资产阶级长着一双目极世界的慧眼，把生意做到未曾熟知但前景更好的地方、做到更远更大的市场是他们的雄心，建立更符合其阶级利益的新国家已成他们的渴望。但他们现实而紧迫的要求是哪怕绕得更远，也要开辟一条既没有中间商也没有贪婪的竞争对手参与的新路线，从黄金白银及东方货物的直接交易中疯赚一把。这于自觉、不自觉中与若昂一世和他儿子们的想法不谋而合，成了这些商人梦想的生财之道的代言人和经纪人。从贸易中获利的农产品和手工业品生产者——手工业工匠团体（曾是若昂夺位的主要支持力量之一）——也希望更为广泛、自由的生产，赚到更多的钱，比如借助热那亚技术扩大糖和昂贵香料的生产。这三大力量都怀有过上更好生活的激情，都想抓住机会赚大钱、发大财，但也都有共同的隐忧——担心国家反应迟钝、步伐太慢而被自己的对手甚至敌人超越或者取代，他们具有占据领先优势的雄心和勇气，对实现理想生活也最为积极。若昂一世的长子杜阿尔特国王曾说过一句耐人寻味的话：在他父亲在位的年代，全体居民都变得胸襟开阔了②。

对于立国新君若昂一世来说，葡萄牙走上真正意义上的海上发展之路恰逢其时。长方形的葡萄牙国土只是伊比利亚半岛边缘的一个"补丁"，甚至几乎不能算作伸入到了内陆。疆界形成较早，卡斯蒂利亚就像悬于头顶的是一把剑，让它动弹不得，不被对方吃掉已是万幸，想在陆地上争得半寸土地都近乎虎口夺食。与当时的欧洲大国都深陷盘根错节的拖累不同，两个国际协约的订立营造了安全的外部环境，王权的巩固和加强又提升了

---

① ［葡］科尔特桑. 葡萄牙的发现 ［M］. 邓兰珍，译. 北京：中国对外翻译出版公司，1996：294.

② ［葡］科尔特桑. 葡萄牙的发现 ［M］. 邓兰珍，译. 北京：中国对外翻译出版公司，1996：308.

政令的执行力和效率。此时的葡萄牙，人口不多却有想法、有精力、有闯劲，而且新兴资产阶级及其思想已经站稳了支配地位，他们的开拓欲望释放出必须尽快追赶并超越热那亚人、加泰罗尼亚人、阿拉贡人和卡斯蒂利亚人的明确信号，他们的想法已经汇聚成民众津津乐道的社会舆论。加上准备很久的航海装备、技术和人才。此时进军海上、开启强盛帝国之旅，可谓条件得天独厚、占尽了天时、地利、人和优势，何乐而不为呢？

除了上述力量，宗教和经济挑战也从反面提醒若昂父子主动出击。宗教方面，十字军东征的失败将脆弱不堪的基督教东部边界暴露给咄咄逼人的伊斯兰世界，更不能指望摇摇欲坠的拜占庭帝国能抵挡奥斯曼土耳其人目的明确的冲击和西进。而基督教内部大分裂造成的分崩离析和教皇间争权夺利的内讧不止，预示着难以在短期内重整旗鼓。为了谋求联手对付穆斯林的合作，欧洲人花了两个世纪去寻找传说中神秘的基督教东方君主约翰。到了若昂一世时期，取得的进展是错误地以为埃塞俄比亚皇帝阿比西尼亚就是要找的人，并同样错误地以为曾昙花一现的西撒哈拉梅利帝国就是埃塞俄比亚，只要沿着西非海岸航行，就可能找到未来的盟友约翰。这倒是很像朱棣派郑和出海"找猫"，两者都是主观臆想。差异在于前者是寻找朋友，后者是寻找敌人。结果也有霄壤之别，若昂他们找到了黄金海岸，迅速变阔了；而朱棣他们却耗尽了国力，越来越穷了。

经济方面，从十字军时代起，欧洲都用黄金换取香料和奢侈品，而这一贸易一直被威尼斯和埃及苏丹所垄断，锁住咽喉坐收暴利，欧洲不得不付出高昂的代价、眼睁睁地看着黄金源源不断地跨过苏伊士狭地流向印度和远东。而欧洲本来是个少金地区，所需黄金大都依赖进口，是从非洲腹地廷巴克图（今马里共和国通布图区首府）附近的上沃尔特地区出发，用大篷车穿越死亡之海撒哈拉大沙漠，历尽千辛万苦才运过来的①。欧洲的黄

---

① 金矿所在地即使在当时当地也一直是最重要的商业秘密，但是据推测，很可能位于布尔、尼日尔河上游河段一带、冈比亚和塞内加尔河上游地区以及沃尔特河谷等地。金矿由商人把持而非国王，黄金主要通过向北延伸的"金盐商路"集散地廷巴克图、瓦拉塔等城镇，分东西两路经由图瓦特、塔阿扎、西德吉马萨、马拉喀什等地北上，然后从休达、丹吉尔等口岸运进欧洲。参见：[美] 费尔南德兹——阿麦斯托. 世界：一部历史（第二版）·上册 [M]. 叶建军，等译. 北京：北京大学出版社，2010：542-544.

金外流造成内部循环量严重不足，随时可能引发金荒。在葡萄牙，由于缺金，铸硬币不得不降低成色，而这一做法使国家陷入既无足色金币也不信任不足色金币的困境，物价翔贵，政府的法律调控也不可能强行压低到正常水平。百余年来，试图从海上南下非洲找到传说中那条金河的努力仍未取得实质性进展，对于葡萄牙来说，这既是一大先机，也是解围脱困的根本出路。

对这一切洞若观火的若昂一世不动声色、运筹帷幄，带领三个王子下活了一盘大棋，为葡萄牙书写了一段引以为傲的历史，也成就了他们的国家事业和帝国梦想。有其父必有其子，朱元璋的农庄思想把子孙们禁锢在深宅大院里吃喝玩乐、勾心斗角，而若昂一世和菲利帕王后养育了三位杰出的海洋王子。富于骑士理想、豪侠仗义的长子杜亚尔特是王位继承人。虽然这位早逝君主在位时间只有五年，但是对弟弟领导的"发现航海"却给予了全力资助，使之得以迅速推进。次子佩德罗即后来的摄政王，这位最有才气的王子是颇有学识的旅行家、为追求知识而热恋地理发现的典型。他游走过欧洲不少地方，还去过近东部分地区，回国时带着两件贵重礼物——《马可·波罗旅行记》和一张世界地图①。他执掌大权的时期是葡萄牙沿非洲海岸向南发展的一个高峰。第三子恩里克就是以亨利王子之名流传于世的葡萄牙地理大发现的鼻祖，尽管他一次也没有跟他领导的航海人员一起出海航行。好似上帝特定赋予他领导航海的使命而安排在第三个出场一样，他是无可挑剔的恪尽职守的典范、若昂二世统治时期无可匹敌的政治组织者和实践者。在若昂二世得到的"无疑是统治葡萄牙的最有才

① 这张地图学界常称之为"1428 年地图"，它很可能是威尼斯商人达·康提 1421 年访问古里期间，从正好也在古里访问的郑和舰队那里得到的中国最新航海图。因为根据达·康提口述给教皇尤金四世的秘书波焦·布拉乔利尼并由其出版的旅行纪判断，达·康提不仅至少登上过一艘中国宝船参观，还可能搭乘中国船从印度一直航行到澳大利亚和中国。而且他提供给了教廷医师保罗·托斯卡内利很多重要的地理和航海信息，后者曾为葡萄牙国王阿丰索五世绘制过向西航行到达中国和香料群岛的航海图，并鼓励哥伦布横穿大西洋航行到中国和印度。达·康提想返回威尼斯时，害怕自己改信奉伊斯兰教的叛教行为会遭受火刑惩罚而蛰居开罗，佩德罗王子帮助他顺利到达了佛罗伦萨。正是在这次交往中，佩德罗王子得到了这份地图。参见：[英] 加文·孟席斯. 1421：中国发现世界 [M]. 师研群，等译. 北京：京华出版社，2005：45-48.

能的国王、也可能是他这一代欧洲最有才能的统治者"① 的赞誉中，亨利是国王成就的主要贡献力量之一。

若昂一世不但是有远见和魄力的人，也是很有城府的人，跟朱棣将"找猫"的阴谋巧妙嵌入重振帝国雄风的阳光行动一样，他对投资巨大而回报并不明朗的大发现抱有敏感的清醒与警惕，充分认识到隐瞒自己乃至整个国家的追求目标以及为此而筹谋的全部方案是成功的前提，也是先胜对手一筹的关键。明修栈道、暗度陈仓，唯恐天机泄露，功亏一篑。若昂二世也毫不逊色，同样成功迷惑了打东方贸易算盘的基督教国家，特别是天主教国王。在葡萄牙没有向同行揭开谜底之前，竞争对手几乎都是看热闹或者看笑话的人。除了前面已经提及的重大内政外交政策、行动和结果之外，若昂家族的准备还有两点不得不提：（1）1413 年，若昂一世将财政和司法管理权转交给长子，使自己有足够的时间同次子和三子一起开展航海组织领导工作。（2）1414 年，若昂一世签发文件，"严禁王国或外国的船只向摩尔人的领地运送面包、腰果、榛子、胡桃或其他食品，以及钢、铁和武器，如长矛、标枪、铠甲等，违者将被处以死刑，没收财产和船只，所没收的财物一半归皇室，另一半奖给告发者"②。

同时，亨利是个忠于理想而抛弃个人生活的人，他放弃了结婚，情感和家庭生活也因此被排到极次要的位置，虽然有人爆料说他有个私生女。他对有益于实现目标的任何知识和信息都有一种本能的敏锐和贪婪。在位于萨格雷斯半岛的住宅，他吸引了世界各地的高人聚集在身边担当助手，尤其是顶住压力重用很多犹太人，从而将与外界有广泛而严密的文化、利益和信息联系的群体拉拢过来为自己所用，还能及时掌握他们所担心的国际变化可能给自己的事业带来麻烦的情报。亨利除领导他的团队，还亲自指导发现计划的制订，与此相关的见证是现存于巴黎图书馆、由马略卡王国制图专家阿布拉昂·克雷斯克斯制作的完美体现亨利意图的著名地图集。这部羊皮纸地图集是艺术品和科学著作的结合，图上明确标出了从休达

---

① ［美］查·爱·诺埃尔. 葡萄牙史［M］. 南京师范学院教育系翻译组，译. 南京：江苏人民出版社，1974：83—84.

② ［葡］科尔特桑. 葡萄牙的发现［M］. 邓兰珍，译. 北京：中国对外翻译出版公司，1996：340.

（今西班牙休达自治市）到非洲黄金产地的贸易通道和东方的红海、波斯湾的商道，指出了巴格达和霍尔木兹海峡的贸易优越性和重要性，讲述了沿印度洋海岸的香料出产国情况以及中国港口与大规模的海上贸易概况，还记载了两个有关中国大帆船的传说，介绍了中国海星罗棋布的大小岛屿和中国沿海海南城以北的贸易重镇广州、泉州及汗八里北京城的情况。可以说，对中国的情况已尽其能晓之极。从亨利的这套住宅以及其中的秘密和成果来看，用教育体制的标尺去衡量，说是一所学院并不恰当。但是从作用和影响上看，科尔特桑的肯定并不过头，即那是"一所强有力且效率极高的学校，在这个学校中形成了恩里克王子及其合作者的地理文化。可以说是一所官办的学校，一所正规的学校，也可以说是犹太地图绘制者和商人的学校，在非洲和东方各个海上经常出现他们的身影"①。

在对摩尔人实施禁运一年后，若昂一世决定带领王子们占领休达试试身手，顺便锻炼一下他们，从而以一种谨慎的战术拉开了大发现的序幕。把守着地中海西部入口之门的休达是整个非洲的港口和要冲，是一座富裕的商业重镇和物资集散中心。攻下它除了可以攫取可观的财物、将其握入自己的权柄之下，还可以捣毁长期侵扰葡萄牙和西班牙海岸、抢劫基督教徒船只的穆斯林海盗的窝点，使葡萄牙得到至少是一部分的商业利益。眼光放长眼一些，会发现据有休达，意味着把切实的非洲贸易以及深不见底的东方贸易收归到自己的羽翼之下。而且通过获得与摩尔人贸易的授权，可以方便得到有利于作战的情报。紧接着，1416年，若昂一世即任命亨利王子为休达保护者。后来，经过若昂一世的请求，马丁五世教皇慷慨地超出请求范围，允许他同异教徒和基督教的敌人作战，将葡萄牙最富有的骑士团管理权授予亨利王子，让他管理人员和财产。从此，亨利将基督骑士团纳入到符合各方利益的有组织的发展之中，也为扩张计划带来了硬实力。再后来，摄政王佩德罗又以亨利的侄子、国王阿丰索五世的名义授予亨利在博哈多尔角以远的土地上进行航海、作战和贸易的垄断权且无需向国王缴纳任何收益。于是，亨利王子大概从1420年起，在国库资助下，以国家和皇室授权代表、商人利益代理人的身份派船出海，开始真正的大发现之

---

① ［葡］科尔特桑. 葡萄牙的发现 ［M］. 邓兰珍，译. 北京：中国对外翻译出版公司，1996：318.

旅了，在此后的 40 年时间里，将葡萄牙推上了发现之旅的远征，这无疑具有革命性意义。

　　起初都是地理再发现，也少有令人振奋的回报。但是，当贡萨尔维斯航海回来时，终于带回来了渴望已久的金子，大伙儿倍受鼓舞，决意立即追踪下去，找到产金地。很快，又发现了阿尔吉姆岛和阿尔吉姆湾，发现了一个天然良港和很多摩尔人，双方的贸易迅速开展起来。迷茫也逐渐转化为信心，亨利一直关心的航海经费自立问题露出一线曙光。但遗憾的是，当葡萄牙船到达黄金海岸并在那里建立据点，黄金源源不断地运回里斯本的时候，亨利已经去世 22 年了①。然而世人终究没有遗忘他那浓墨重彩的存在——"从他的航海时代起，每一个由陆路或海路从事地理发现的人，多少是沿着他的足迹前进的。"②

　　探索未知之路总是艰难曲折的，葡萄牙的发现之旅当然也不可能一帆风顺。懦弱的阿非索五世虽然杀死了叔父佩德罗夺回了实权，但他对环非航海并不关心，直到他 26 岁的儿子若昂二世登位后才加快步伐全速前进。这位葡萄牙最杰出的国王有着为实现梦想而无所畏惧的深谋远虑和雄心壮志。他 19 岁开始负责几内亚的贸易和海外探险事务管理。1481 年继位伊始，即命令在贝宁修建葡萄牙在非洲的最大贸易开发基地米纳城堡和圣·乔治要塞。1483 年，哥伦布向他提出一个雄心勃勃的西向探险计划，但这位葡萄牙新君可不是大明王朝阔绰的朱棣陛下，苦于囊中羞涩而嫌哥伦布要价太高，考虑到自己人正在进行的探险，也大有成功的胜算，就放弃了领有新大陆的机会——把一块肥肉留给了同样是若昂家族血脉的西班牙卡斯蒂里亚王朝伊莎贝拉（Isabel I la Católica）一世，既成全了游说过 6 位国

---

　　①　亨利于 1460 年去世。参见：［英］加文·孟席斯. 1421：中国发现世界［M］. 师研群，等译. 北京：京华出版社，2005：237.

　　②　［美］查·爱·诺埃尔. 葡萄牙史［M］. 南京师范学院教育系翻译组，译. 南京：江苏人民出版社，1974：72.

王、被拒绝了 5 次的哥伦布探寻到达中国和印度航线的夙愿①，也成全了一位雄才大略的女王奠定强盛帝国基石的雄心壮志。

但是，1487 年，他派出一个陆地侦察团沿地中海—红海一线探索到印度的路线，同时派出一个海外探险队沿着以前的路线前进，开始了陆上和水上并驾齐驱的东方探险。很快，两路都带给他最新进展的反馈信息。走陆路的科维利亚到达印度后，访问了印度沿岸的很多地方，然后折回开罗南下，寻找传说中的约翰国王去了。海上的迪亚士小分队成功抵达非洲东岸，国王似乎预感到了胜利在望，将船员们充满敬畏的"风暴角"更名为"好望角"。这些动态，毫无疑问是葡萄牙 1488 年的大事件。可惜上帝只给了这位贤明君主 14 年的表现机会，在 40 岁的黄金年龄就被水肿病夺去了生命。

幸运的是，继承他王位的堂弟曼努埃尔不但是个幸运儿，而且是一位传承了大发现航海基因的君主。1497 年 7 月 8 日，带着对追随若昂二世而去的航海家老达·伽马（埃斯特旺·达·伽马）的遗憾，30 岁的小达·伽马（瓦斯科·达·伽马）受国王曼努埃尔之命，率领远征队出发了，经过10 个月航行，于 1498 年 5 月 20 日到达印度卡利卡特（即中国明朝所称的古里，今印度的科泽科德），这也是印度港口第一次停靠欧洲船队。至此，葡萄牙这个海滨小国，在船小、钱少、技术差的不利条件下，以牺牲超过

---

① 哥伦布除了谋求葡萄牙国王的支持外，还曾上书意大利、法国、英国国王，并于 1486 年谋求西班牙国王的支持，均遭拒绝。幸运的是，1491 年，在曾担任过伊莎贝拉一世忏悔神父的胡安·佩雷斯修士的帮助下，特别是他结交的宫廷朋友、国王费迪南德的王室司库路易斯·德·桑坦赫尔在女王已经最后一次否定他的"印度计划"的绝望时刻游说女王，使其改变了自己的决定，终于得到了赞助。伊莎贝拉一世女王与哥伦布订立协议，授予他海军大将军衔，任命他为海洋舰队司令和可能被发现的新土地的世袭总督，还可以从因他的探险而带来的贸易收入中抽取 1/10 归其所有且一概免税。1492 年 8 月 3 日，哥伦布率领 87 名水手、带着国王费尔南多二世致中国皇帝的国书、分乘圣·玛丽亚号、平达号和尼纳号三艘帆船，从南部的帕洛斯港起锚西航，于 70 天后的 10 月 12 日发现了巴哈马群岛的华特林岛，随后又抵达了古巴和海地。后于 1493 年 3 月 15 日成功返回西班牙。虽然事实证明哥伦布至死都认为人到了印度的观点是错误的，但是让这位伟大冒险家带着这个错误、以成功者的自豪离开人世不能不说是一件好事。参见：[意]哥伦布. 航海日记 [M]. 孙家堃，译. 上海：上海外语教育出版社，1987；王忠和. 新编西班牙葡萄牙王室史话 [M]. 天津：百花文艺出版社，2007；[美] 塞·埃·莫里森. 哥伦布传（上册）[M]. 陈太先，等译. 北京：商务印书馆，2014：157，175，161.

2/3 船员生命的代价，经过 5 代君主的努力终于实现了 9 代君主和全国民众谋取更快、更大发展的愿望。

葡萄牙船队抵达印度港口并成功返航，标志着地球上东西方水路直航时代的到来，是环球直通贸易时代的开始。继满载而归、获得 60 倍纯利润的达·伽马①之后，葡萄牙又迅速派遣多批船队来到印度，在枪炮火力的威慑下，夺取贸易垄断权的工作快速展开。

1504 年，当威尼斯商人像往常一样到贝鲁特、亚历山大去进口香料时，已经买不到货了，因为葡萄牙已经击败了昔日印度洋霸主阿拉伯商人、买下全部香料囤积起来了。他们更想不到无货可买或许反而是一件好事，因为去年（1503）10 月，达·伽马又率领 13 艘船从印度运回了 1,700 吨香料——相当于威尼斯从中东整一年的进口总量，这些香料的大部分都将从安特卫普销往曾经属于他们的市场。仅一年时间，也就是 1505 年，葡萄牙成功夺取贸易垄断权，还迫使印度半岛上的部分小王国充当自己的卫星国。

同年，葡萄牙帝国的建立正式开始，国王任命弗朗西斯科·德·阿尔梅达为总督，派遣他在印度建立永久贸易基站（后来印度果阿被建成葡萄牙东方征服领土的行政首府、军事堡垒和贸易总站，取代古里成为印度海岸的贸易中心），并在非洲—印度沿线加筑要塞和服务站，以保护葡萄牙船队安全和货物的存储与转运，还在马林迪（即明朝所称麻林地，今坦桑尼亚的基卢瓦基西瓦尼，Kilwa Kisiwani）开设了工厂。

1511 年，葡萄牙攻占了马六甲并建立永久性武装据点。随后，南亚的主要贸易点都被葡萄牙人征服。正德八年（1513），葡萄牙人乔治·阿尔瓦利斯（Jorge Alvares）从马六甲出发、乘坐中国帆船、在他们收买的中国商人的带领下来到屯门（今香港新界），偷偷在岛上树立了葡萄牙特制的探险发现石碑，还做成了一笔交易，回去大赚了一把。他的成功使效仿者蜂拥而来，引起大明朝廷的疑虑。这些见到好处绝不会放弃的商人们巧施贿赂，

---

① 国王曼努埃尔对达·伽马船队成功到达印度的意义的认识，可以从他对达·伽马的态度上得到充分体现。这位葡萄牙功臣领受了国王各种慷慨的奖赏和荣誉。直至去世，他都是维迪格拉伯爵和印度海军上将。而大明王朝的郑和在靠山朱棣永远离开他以后就开始倒霉了。从大明的国情看，个人品质和才干都绝不会输给达·伽马的郑和以身殉职，不能不说是一件好事。他被才华带上了大明战车，也就不可避免地卷入了永无定论的历史评说漩涡。

葡萄牙终于在 1553 年进驻澳门①。

通过上面对这一东一西、一大一小、一强一弱的两个国家在同一个历史舞台上的表演的对比，会感受到其统治者的高明与拙劣、政治家的远见与短视、理念上的先进与落后是多么泾渭分明、差距悬殊，这些事实鲜明地昭示，东西方文明在这个历史时段的换位已无法阻挡，一个人类社会发展的新阶段已悄然而至。

四、明朝中期的转型停滞和重启

明代社会步入中期以后，接管帝国的都是养尊处优的守成之君。时光已将太祖、太宗的创业艰难和守业训诫演绎成了鼓胀傲气的故事传说，《祖训》几乎丢失了全部的原由和情节，只剩下骷髅一般不可亵渎的威严。这131 年里，皇帝在纵情玩乐、角逐荒诞第一的名次，延续的内外政策日益违逆现实而走向崩溃，边境上北虏、南倭②来犯日甚一日，国内民乱此起彼伏，国库连年亏空告急，强盛帝国只剩下风雨飘摇的空壳儿了。

1. 土地兼并狂潮和流民的反抗

以井田合理化配置为核心的农民可容忍的土地分配，是农庄社会长治久安的基本前提。对于历代延续的土地占有痼疾，朱元璋、朱棣两代铁腕之君仍然没能很好解决，各地的农民暴动接连不断，形成了前所未有的王朝初立之时即有农民频繁起事对抗政府的反常现象。到明中叶，这一矛盾已经累积到四处引爆的程度。一方面，特权阶层对土地、草场的兼并疯狂无度，形成平民百姓无地可种，而权贵、缙绅地主有地种不完的悖反怪象。

以皇帝为首的权势贵族最为贪婪凶猛，宣德时庄田已几遍天下，皇帝

---

① 关于葡萄牙人进入澳门的时间有多种说法，这里采用资料分析最为可靠的一种。参见：黄启臣. 澳门通史 [M]. 广州：广东教育出版社，1999：30.

② 大明朝廷的被动、消极应对战略和懦弱无能助长了对手的成长。北方蒙古自 1540 年间形成同盟以来，俺答势力在东起东北、西至青海的漫长农牧交汇带上频繁活动，一次可动员 10 万兵力南下，曾数次逼近北京郊外。明嘉靖朝对俺答通贡互市的意向置若罔闻，还多次斩杀来使，后来蒙人以武力相逼，演变成"庚戌之变"。直至隆庆年间，蒙古因争夺美女内讧，俺答之孙把汉那吉投降明朝，朝廷才以此为契机，于 1570 年与蒙人达成妥协，予以封、允其贡，沿边开放互市 11 处，局面才得以缓解，直至明末。南方的倭患，在嘉靖年间达到犯边顶峰，相关情形前文已有介绍，晚至万历时代才销声匿迹。

指鹿为马，视官民田地为闲荒，立为皇庄已不足为怪。弘治二年（1489），畿辅内有皇庄 5 处，占地 12,800 多顷，武宗即位的正德元年（1505），第一个月以内就新建皇庄 7 处。到正德 9 年，增加到 300 多处。短短 25 年时间，仅畿辅的皇庄就增加了两倍。紧随其后的是亲王、勋戚和宦官，他们通过向皇帝"奏讨""乞请"，胁迫农民"投献"等方式扩充自己的庄田。隆庆长公主在成化年间以"闲田"之名奏求滦州、玉田、丰润的土地 40 多万亩，有一半是农民和军屯田地。勋戚等所占庄田，据不完全统计，弘治初年，仅畿辅之内就有 332 处，计 33,100 顷。正德十六年（1521），增至 290,900 多顷，面积超过了皇庄。其他地方，"通州地亩强半属勋戚内臣之业"；"中州地半入藩府"；长沙善化，"入吉藩者十之五"；韩王占有平凉府的大半土地；雄县的庄田总数超过全县官民田地的一半以上如此等等，全国形成了"惟余芳草王孙路，不入朱门帝子家"的局面。

继之以缙绅地主的群起效仿。江浙的缙绅地主占地"阡陌连亘"，"一家而兼十家之产"，"江南庶姓之家，三万六千亩者，恒是也"。同时，对屯田和牧马草场的侵吞也如火如荼，成化、弘治年间，顺天保定等卫所的屯田，官绅侵占 4,100 多顷；正德年间，河南藩府"占匿屯田以千万计"，致"屯种失业，边饷匮乏"。对牧马草场的侵吞也速度、规模惊人，太监刘永诚侵占 200 多顷。正统 10 年（1445），"坝上大马房诸处草场，多被内官内使等人侵占，私役军士耕种"。权贵们的强取豪夺实为大明王朝的慢性自杀。官民田地转入皇家、贵族、勋戚、缙绅地主之手成为其私产之后，国家财政来源大幅萎缩，虽然通过转嫁平民的方式能够有所补偿，但是根本局势无法扭转。侵占牧场，"马政空虚""奸弊百出""民情不堪"，直接危及国防安全。

另一方面，土地兼并使民众赋役陡增，不堪重负的农民被迫卖田、逃亡、起事。弘治十五年（1502）时，政府会计田土总额为 6,228,058 顷 81 亩，比洪武二十六年（1393）减少了 2,279,564 顷 87 亩。但朝廷却没有依田地减少量削减相应的夏税秋粮额度，只减征 2,650,091 石，余额由政府按照原额，用里甲赔纳手段，摊派给了农民。而且田赋征收项目，弘治时，夏税增至 20 多种，秋粮增至 10 余种。民田的每亩征粮额度由原来的 3 升 3 合①增加到正统元年（1436）的 8 升 5 合。江浙、湖广等地改田赋折合金花银缴纳后，米麦每石折银，在成化二十三年（1487）时，已从最初的 2 钱 5 分增至 1 两，农民负担翻了 3 番。征收税粮时，加耗量也越来越离谱，每石加耗多至七八斗，竟与正粮相差无几。江南一带相对发达，但地少、人稠、负担重，例如垦田面积仅占全国总量 1.1% 的苏州府，纳粮总量竟占全国总额的 9.6%。然兼并之风日盛，江南民众赋役更重，有田反受其累，纷纷卖田解脱，以致"其价顿贱"，"卖者急于鬻，而买者故抑之，往往以重为轻，苟图速售"。

平民的处境更为糟糕，明代的实际人口比元代有所增长，但平民占有耕地的数量和亩产量并无明显增长。成制地租收取率从明初的 50%—60% 增加到 80% 或者更多；定额制地租率由明初的亩取稻谷四五斗至一石，增加到五六斗至三石。地主还通过加大收租量器等手段加重盘剥。正统十四年（1449），"困窘之民，田多者不过十余亩，少者或六七亩，或二三亩，或无田而佣佃于人。"②而当时的产出量，"一亩之地，不能至三石，少者不过一石有余，而私租之重者，至一石二三斗，少亦八九斗。佃人竭一岁之力，粪壅工作，一亩之费可一缗，而收成之日，所得不过数斗，至有今日完租，而明日乞贷者。"

农民走投无路，大量逃亡，宣德年间已成社会风潮，此后越发加剧。以正统年间为例，正统三年（1438），山西繁峙县逃亡一半以上；正统六年（1441），浙江金华府 7 个县逃亡 10 多万人，占该府户口原额的 40%。台州 4 个县逃亡 12.6 万，占总户口的 67%。正统十四年（1449），福建延平府"千里一空，良民逃避，田地抛弃，租税无征"。景泰年间，山西、山东、河北逃往河南南阳和湖广襄樊等地的农民，达 20 多万户。成化年间，仅荆襄山区的流民就达 150 万人。

面对农民大量逃亡的形势，明政府不是反思改过，而是企图利用严刑

---

① 洪武年间的田赋共分四等，征税标准为：民田每亩税 3 升 3 合；官田每亩税 5 升 3 合；重租田每亩税 8 升 5 合 5 勺；没官田每亩税 1 斗 2 升。参见：陈懋恒. 明代倭寇考略 [M]. 北京：人民出版社，1957：7.

② （明）陈子龙. 明经世文编（卷23）·张刘二公疏刘·黄门奏疏 [M]. 北京：中华书局，1962：181.

峻法来加以控制。先是三令五申"严逃民不复业之禁"，后又在逃民集中地设"抚民佐贰官"，缉捕解返，将"正犯处死，户下编发边卫充军"，后来还强推"勘籍编甲互保"制度，以连坐屠杀方式阻止逃亡。错误政策激起民众更强烈的反抗，各地流民、农民起事呈井喷之势。仅武宗正德一朝 16 年的时间，农民和流民发动的大规模暴动就达 30 多起，涵盖山东、山西、北直隶和江西、两广、湖广、四川等 8 大省区，将正统、成化以来日益频繁广泛的平民反政府运动推上了新的高峰。而沿海一带缺少田地、历来以海谋食的省区，由于长期遭受严酷海禁封锁，面对的生存挑战空前未有又看不到任何希望，他们的抗争尤为频繁、激烈。据统计，从洪武初年到隆庆末年，沿海各地共发生大小各类集群暴动 163 次，仅嘉靖一朝，就达 84 起，且屡见同年多地并起的情况发生①。

2. 皇帝荒淫怠政和宦官祸国殃民

明朝从太祖朱元璋到思宗朱由检，历 16 帝计 276 年。其中，太祖朱元璋和成祖（太宗）朱棣父子属正常亡故，牙刷发明人孝宗朱佑樘体弱多病，36 岁故去，可能是唯一无关女色而早亡的皇帝。除此 3 人之外，其余的均可列入非正常死亡范畴。建文帝朱允炆不知去向、崇祯朱由检因明亡而自缢身亡。剩下的 11 位，最短的只在位 1 个月，有 7 位死于 40 岁以下，最小死亡年龄为 23 岁，最长也不过虚岁 60，而且仅有 1 人。至少有 7 位死于丹药、性药或纵欲无疑，尤以屡屡刷新帝王荒淫之最而名垂后世。可以说，任性的明朝在步入中期以后，很快进入举国奢靡、萎靡加卑靡的疯癫状态。就连医学研究、器物制造也向这种时代风气靠拢。

"隆庆窑酒杯茗碗，俱绘男女私亵之状，盖穆宗好内，故以传奉命造此种"。沈德符在《万历野获编·士人无赖》中所论世风是很贴近实际的，他说，"国朝士风之敝，浸淫于正统而糜烂于成化。"英宗时，虽然宦官王振势力已经膨胀起来，但是像太师英国公张辅这类老臣仍知人臣本分，能够为国分忧以至身膏草野。可是，"至宪宗朝，万安居外，万妃居内，士习遂大坏。万以媚药进御，御史倪进贤又以药进万。至都御史李实、给事中张善俱献房中秘方，得从废籍复官。以谏净风纪之臣，争谈秽媒，一时风尚可知矣。"引文中的"万妃居内"是指后宫的万贵妃，她比宪宗大 17 岁，

---

①　陈懋恒. 明代倭寇考略［M］. 北京：人民出版社，1957：10-16.

徐娘半老的万贵妃为保证风华正茂的宪宗专宠于她而不旁顾，便与太监、朝臣勾结，献药进媚以固其位。"万安居外"是说与后宫相对的前朝重臣、被谴称为"洗屌相公"的万安。他将其门生、御史倪贤（民间戏称"洗鸟御史"）进献给他的性药秘方进献给宪宗，以应其纵欲所需，首开大臣以春药献媚而飞扬跋扈之恶例。此后诸君便沉迷其中不能自拔，奸邪卑鄙之徒便有了瞬间发迹、手握重权的快速通道，朝纲、士风迅速败坏。先后有10名朝臣向皇帝进献春药而得以保位、升迁、复官。另有献伶人、献仙酒、献祥瑞之物等等，极尽巴结之能事，其中最为典型的是陶仲文。他"献房中秘方，得幸世宗"，至此飞黄腾达、鸡犬升天。"官至特进光禄大夫、柱国少师、少传、少保、礼部尚书、恭诚伯、禄荫至兼支大学士俸"，儿子被封为"尚宝司丞"，所得赏赐"银十万两，锦绣蟒龙斗牛鹤麟飞鱼孔雀罗缎数百袭，狮蛮玉带五六围，玉印文图记凡四"，封号至"神霄紫府阐范保国弘烈宣教振法通真忠孝秉一真人"。世宗对他的宠幸，甚至不顾忌历代帝王最敏感的君臣尊卑礼序，"见则与上同坐绣墩，君臣相迎送，必于门庭握手方别"，"至八十一岁而殁，赐四字谥。其荷宠于人主，古今无两。"

陶仲文的性药不仅毁了世宗等皇帝，还搞垮了一批好色的朝廷重臣，其中包括因大搞改革而扬名的张居正。纵情声色的皇帝们无视朝廷规制，君臣正常的朝堂聚议长期无法正常举行，国家中枢处于半休眠状态，形成"廉远堂高，君门万里"的局面。宪宗在位23年，只在成化七年（1471）召见过内阁首辅万安——就是刚才提到的"洗屌相公"——等人1次，几句话之后，万安便叩头山呼万岁退朝了。更有甚者，神宗朱翊钧在位48年，竟连续26年不遵朝规上朝议事，这一辉煌纪录令他的3位前任不朝祖宗都黯然失色。迷信饮露、丹药成仙的世宗虐待宫女，不但命其每日凌晨起床到御花园采露，而且为了炼丹，允许道士用药物加密宫女的生理周期、延长行经时间以多采经血，使其生不如死，招致宫女弑君的"壬寅宫变"，贻笑万年。盼望有个好皇帝的全国臣民都诅咒他早死，可他偏偏寿命挺长，居然活到了60岁。

明朝君臣的普遍淫乱，给全社会带来巨大灾难，仅受制药一项所害者，除了宫女，还有儿童。据《万历野获编·食人》载："顷年，又有孙太公者，自云安庆人，以方药寓京师，专用房中术游缙绅间。乃调热剂饮童男，久而其阳痛绝胀闷，求死不得，旋割下和为媚药，凡杀稚儿数十百矣！"甚至太监也想再造其根以享齐人之福,"抽税太监高采谬听方士言:食小儿脑千余,其阳道可复生如故。乃遍买童稚潜杀之。久而事彰闻,民间无肯鬻者,则令人遍往他所盗至送入,四方失儿者无算,遂至激变掣回"。

皇帝耽于声色犬马之时,正是宦官擅权祸国之日。中国中原政权的历史一直没能摆脱这一恶性循环,明朝也不例外。太祖朱元璋十分清楚阉人作恶的能量,曾在宫门外树立高三尺、铸"内臣不得干预政事,预者斩"①警语的大铁牌。所以,洪武一朝,太监没有出头之日。朱棣夺位,宦官出力甚多,贤能者被委以重用,宦官也因此渐成某些家务和国务的主角,但仍在强势、勤政皇帝的掌控之中,未敢造次。所以在"永乐年间,遣内官至五府六部禀事者,内官俱离府部一丈作揖;路遇公侯驸马伯,则下马傍立"。

到了英宗时代,情况已全然不同。首先是"王振专恣,遂毁其牌",魔爪日张。其后加速恶性膨胀,到汪直、刘瑾得势之时,已"呼唤府部如呼所属,公侯伯遇诸涂,反回马避之,倒置甚矣"。皇帝怠政,便指使宦官传话、办事,甚至代表皇帝行使高级、核心权力,宦官专政的出现理所当然。自成化起,宦官规模已接近1万人(后来最多时,总人数达10万之巨),宫中共设24衙门(12监4司8局)和16杂房。司礼监掌内外奏章、御前勘合,权势第一,内设掌印太监一名,为司礼监首长、行皇帝职权,全权管理内外奏章,位同内阁首辅,坊间视为内相;其次是秉笔太监数名,负责朱批,位同内阁次辅;再次是提督太监一名,掌管城内礼仪诸事,位同都察院都御史。朝廷之外,各省均设镇守太监,军队出征须派监军太监,位同巡抚、将军,实权居于地方官员之上。从武宗朝的刘瑾起,大学士已沦为司礼监太监的秘书。恃权骄横的宦官王振,蛊惑年幼皇帝重典惩办大臣,因此而下狱者不绝。根基稳固后便大肆贪赃枉法、敲诈勒索、卖官鬻爵、为所欲为,士风大坏。他被乱兵杀死后,朝廷籍没其家,方知其7年所得堪称丰厚——有"金银60余库,玉盘百,珊瑚高六七尺者20余株,

---

① 还有官阶不得过4品、不许兼外朝文武职衔、不许着外朝官服、不许读书识字、不许与外朝官员有公文往来等规定。参见:许嘉璐. 二十四史全译·明史·列传·宦官一 [M]. 上海:汉语大词典出版社,2004:6211.

他珍玩无算"①。弘治时太监李广死后，孝宗查看其受贿簿，看到文武大臣馈赠"黄白米各数百万石"而不明就里，便问："广食几何？乃受米如许？"身边的"内行"解释说："隐语耳，黄者金，白者银也。"此后的太监奸佞层出不穷。即使在武宗正德年间的"立皇帝"刘瑾②被凌迟处死之后，仍未能有所改变，直至熹宗朱由校时期造就出魏忠贤这个无皇帝之名却有皇帝之实、被献媚士大夫尊奉为九千九百岁爷爷的宦官败类极品。

　　皇帝和权臣的腐败骄纵、宦官无赖集团的胡作非为和管理体制、仕宦操行的昏乱败坏，促成了社会的全面溃烂，大明王朝步入中期以后，一直笼罩在颓废、迷狂、晦暗的氛围之中，固守个人品性和社会良知以及丧失了基本生存条件的社会各层级居民，被围困在由极端苦闷、焦躁和无奈交织而成的情愫苦海里，无法摆脱，也看不到任何希望。这种社会病态及其延伸线，催生了中国文化史上的四部文学经典，它们以不同表现形式再现、倾吐、解剖了困扰人们的时代病，回应了他们的心声，也用生动的笔墨传达了他们对现实、未来和人生的思考与启迪。

　　被腐朽黑暗政治所坑害的民众为生存和发展而暴动起事，是明朝社会前行的伴奏，从未停歇，这种以暴力反抗暴政的社会心态和现状，就是《水浒传》所描摹的悲壮景观。它通过对因为遭遇各种不公而走上反抗道路、最后齐聚梁山的108位好汉反抗苛政、狗官、恶棍的整个活动过程的描述，着力解剖了良人顺民绝地反击的政治根源和社会沉疴，声援了勇敢挺身而出、揭竿而起而不是逆来顺受、委曲求全的受难人群的反抗行为、讴歌了他们的叛逆精神。这是主张采用强硬手段、通过正面对抗来夺回生存发展权利、改变人生现状的人群内心世界的镜像。作品鲜活细腻的个性塑造和腾挪跌宕的情节创设具有极大的魅力和磁性，读来酣畅淋漓、心潮澎湃，给人以极大的郁情慰藉和心理满足。相传它和《三国演义》都曾是

---

　　① 许嘉璐. 二十四史全译·明史·列传·宦官一［M］. 上海：汉语大词典出版社，2004：6219.

　　② 刘瑾得势之时，民间流行一种说法：一个坐皇帝、一个立皇帝；一个朱皇帝、一个刘皇帝。即调侃明朝有两个皇帝，武宗朱厚照是朱皇帝、坐皇帝（因为皇帝上朝时是坐在御座之上的），太监刘瑾是刘皇帝、立皇帝（因为武宗上朝时，他总是站在旁边）。参见：陈南. 太监秘档：不为人知的中国古代太监秘事［M］. 兰州：敦煌文艺出版社，2006：100.

埋葬明朝的大清太祖努尔哈赤的最爱。

但是，处于明政府持续围剿之中的暴力反抗与反抗者自身局限性的结合，极大地削弱了这种反抗能量，所以抗争效果并不理想，与人们的心理期待有很大差距。于是民众渴望具有超凡超强能力、对任何权贵和邪恶势力都毫无畏惧、可实现他们的一切美好理想、能够替他们狠狠地出口恶气的全能人物出现，满足这种心理需求和反抗愿望的作品就是《西游记》。小说选取中原农耕文化中聪明、敏锐、可爱的猴子来担当这一重任，塑造出齐天大圣孙悟空这一通灵神物形象来替他们惩恶除害、实现理想报复。在追求、功夫、品性、意志和毅力等诸多方面各有不及的配角唐僧、猪八戒、沙僧、白龙马的陪衬和烘托下，作品以师徒五人赴西天取经途中战胜 81 起灾难的艰难历程为主线，全面深刻、详尽细腻、活泼生动地反映了严酷、黑暗、肮脏的社会现实，将复杂、深沉、尖锐的社会矛盾和超出想象的人性阴暗和盘托出，表现得淋漓尽致，特别是孙大圣戏弄、教训玉帝、神仙等极权贵胄，横扫一切牛鬼蛇神的情节，一波三折、惊险刺激、大快人心，极大地满足了人们渴望尽情倾吐内心苦闷、纵情宣泄胸中愤怒、倾情求得精神解脱的强烈愿望和心理需求。这部以神话手法表现生活真实的批判现实主义作品，经由作者高超的笔法驾驭技艺，成为雅俗共赏、长盛不衰的经典巨献，赢得了全世界读者的竞相热捧和交口称赞。

然而，对于有社会责任感和历史使命感的社会中下层知识分子来说，好汉梁山聚义和猴王降妖除魔两大主题都未能准确表达他们内心深处对人性和人生本质及其意义的思索和拷问，而这一命题对于他们，乃至对于一个民族和国家而言，都是非常重要的。在这个大背景下，第三部鸿篇巨制《金瓶梅词话》应运而生。作者以冷静的白描手法对男主角西门庆与潘金莲、李瓶儿、庞春梅等多位女性放纵淫荡的肉欲生活进行了全方位、多维面的透视和呈现，并在每个节点镶嵌了喜闻乐见、语式精工的诗词，巧妙渗入其深思幽索，使作品格调优雅、饶有兴味。透过西门庆纵欲贪色直至髓竭人亡的荒诞人生，隐现了作者并启发读者对亘古以来人们一直好奇但百试不得其旨的人性与人生问题的无言追问——人到底为何物？他与动物的异同高下究竟何在？人的一生到底应该怎样度过？什么样的人生才是有价值、有意义的？人真的不能把握自己的方向和尺度吗？人与人之间到底该有何种关系并以什么样的秩序予以维持？社会对人该发挥何种作用并以何种方式实现……也许这些问题永远没有答案，但是无论如何，《词话》这部社会百科式著作演绎的西门庆式放纵而任性、贪婪而麻木、变态而鄙陋之路是低级、错位、失败、不正常的，人生此路不通！

这一沉重主题被迷茫的人们带到同样颓废不振的大清王朝时，与《金瓶梅》的市井面向不同，经历过荣华富贵和穷愁潦倒、遍尝了人情世态冷暖炎凉的曹霑雪芹君，直面肩负更多更大历史责任的社会中上阶层，借助大荒山一块无用的石头在癞头和尚（佛界）和跛脚道士（道界）的法力操办下，化作美男子贾宝玉的佩饰之玉（假宝玉）满怀好奇和期待地来到温柔富贵之乡（儒界）体验人生的美好、最终却不得不绝望逃走的人间之旅，传递了他对人、人性、人生和人世更为清澈、深刻的体悟、感怀和反思。①为文学也为人生园地树立了难以超越的精神丰碑，它就是旷世经典巨著《红楼梦》。作者通过宏大缜密的构思布局、奇特新颖的情节设计、匠心独具的编排剪裁、引人入胜的细节勾连、扣人心弦的人物命运、荡气回肠的情感纠葛、包罗万象的知识含量、亲切深邃的哲理内涵、炉火纯青的语言功底，把读者带入一个流连忘返的精妙世界，收获完美的艺术享受，读罢满口流香、余韵悠长、发人深思，是一部以文学艺术手法讲透了人性内涵、人生哲学、人间美丑，为人者不能不读的不朽名篇。

3. 国家财政入不敷出

在前述土地、皇帝、宦官等致乱要因的共同作用下，特别是肆无忌惮的土地兼并严重破坏了社会经济秩序，中下层民众作为国家的财税中坚，

---

① 中国中原农耕社会史，是一部儒、道、释三家争夺群众、争夺地位，又彼此削弱、互相抄袭的融合史。人的一生为功名富贵、儿女情长所累，不能主宰自己的命运、无法自主自由地生活。作品通过贾宝玉来人间体验人生的经历，将这种社会真实艺术化地展现给读者：他在人间的生活，爱情不能自主，被迫跟不爱的人结婚；读书必须求取功名，因此毫无雅趣和事业心；婚姻生活也只是为了履行男人的职责，完成索然无味的世俗任务……这样的人生无聊无趣无意义，令他大失所望、心灰意冷，只能逃之夭夭。作者通过对贾宝玉人间之旅的精彩演绎，将坦荡面对人生的积极态度融会其中、浑然天成地流露出来：人生一世，其实没有什么大不了的，"春梦随云散，飞花逐水流"，一切都仅仅是一个过程而已。因此，他"寄言众儿女，何必觅闲愁"，命运其实掌握在自己手中，是否自主地把握它才是关键，只要坦然面对生活，拿得起、放得下、想得开、看得透、行得端、收得住，自己就是命运的主宰，拥有富于意义的、有滋有味儿的美好人生。诗文引自（清）曹霑著《红楼梦》第五回。

其生存条件和产能遭到毁灭性打击。同时，赋役制度也弊端百出，以"那移、诡寄、飞走、洒派及故为破析寄顿，妄作畸零带附，或投以供名，或称绝户以影射"等方式大量流失。再者，面对皇族藩王日益奢侈的生活对财富需求的增长，明政府愚蠢地将一些地方的商税权拨赐给藩府，使这帮人的横征暴敛合法化，更加肆无忌惮。成化二十三年（1487），将岁办钞30,500多贯的汉阳府刘家隔税课局的课钞赐给襄王3年。弘治年间，拨赐更多更频，根据《孝宗实录》的记载，共计7次之多，其中仅弘治六年（1493）一年就赐予4次。这种做法直至嘉靖朝仍在继续。

不仅如此，贪婪的藩王等皇族还私设抽分厂拦截百货，设店肆榷敛商货、私自课税。弘治时的皇戚张鹤龄"开张店房，要截商货，而又占种盐课，横行江河，张打黄旗，势如翼虎"。自正德八年（1513）起，所谓的皇店渐遍京师、张家湾、卢沟桥、河西务、临清、大同、宣府、山海关、广宁、辽阳等10余地，店中太监"拦截商贾，横征多科"，甚至"打死人命，靡所不为"。正德后期，泛滥之势以至"凡桥梁道路关津有利之所，"都"私自添设无名抽取数多，甚为民害"的地步。无止境的盘剥使商税陡增，景泰元年庆元县的一年商税额"比洪武中分办之数增至十五倍"。

总之，土地兼并导致的税源流失、赋役制度的弊端和败坏、税收的沉冗苛乱三大原因致使中央的赋税、财政收入大幅减少，而皇室和国家的开支却有增无减。看似富庶光鲜的大明王朝很快陷入入不敷出、寅吃卯粮的境地，社会矛盾日益复杂尖锐，明王朝已处于随时可能被微波细浪击垮的危险边缘。

明代的财政支出主要包括军费支出、宫廷费用和宗室开支三大流向。下面依次逐项分析。

军费支出主要是修筑、维护长城，饷银，粮草和运费四大板块。明朝廷的无能塑造了北边蒙古力量的强大，便不惜血本修长城并在沿线依托城墙布防，共设九边——九大军事重镇。下面逐一估算各项开支。

先看长城费用。卢象升在《确议修筑宣边疏》中说："每筑边墙一丈，虽甚省，约需工料食米等银五十两，其中或有旧墙并乱石土垣可固，通融计算，每丈必须银三十两，通计三百里；总该银一百六十万两。加以三里一墩，五里一台，计墩一百，台六十。墩以土为之，每座约二百金，台以砖石为主，每座约六百金，并墩台守御等具，壕堑等类又约该十余万两。"①
据此估算，该段长城每大修竣工一里，须耗银5,333.3两，新建之费用还要
增加。姑且以此为准计算，则明朝修竣长城裸墙的总费用为七千零一十七
万五千七百六十三（70,175,763）两。维护费用若以修造总额的1%为折旧
比例计算，年修缮费用约需银71万两②。

再看军费饷银开支。以隆庆朝为例，九镇共有驻军六十二万二千九百
一十二人（622,912）人，仅供军队维持正常运转，年例饷银需二百八十一
万四千六百五十二（2,814,652）两。而隆庆元年（1567），全国夏税、秋
粮收入，折银共计116万余两，加上各运司的盐银收入103万多两，两者合
计也不过219万多两。显然，即使朝廷把一年的全部收入都拨付给九边，
仍有62万两饷银不知从何处弄来，足见其消耗之巨。万历二十三年
（1595），朝廷需拨付的饷银增加到357万余两③。如果有战事，用银将大幅
增加。下面看工科王德宪在万历二十八年（1600）的《上疏》中提供的数
字："国家岁入仅四百万，而岁出辄至四百五十万有奇。居恒无事，已称出
浮于入。年来意外之警，不时之需，皆因事旋加旧额，如宁夏用兵甫数月，
约费饷银一百八十八万八千余两；朝鲜用兵首尾七年，约费饷银五百八十
三万二千余两，又地亩米豆援兵等饷约费三百余万两；平播之师，未及期
年约费银一百二十一万六千余两，连川中凑办，构约二百余万两。"④

粮草和运费也是一组庞大的数据。以驻军为中等规模的延绥镇（今陕
西榆林）为例，根据该镇右副都御史余子俊在成化八年（1471）的奏稿，
"今边兵共八万以上，马亦七万五千余匹……米豆每石俱作银一两，共估银
九十四万六千余两；每人运米六斗，共享一百五十七万七千余人；每草一
束估银六分，共估银六十万两；每人运草四束，共享二百五十万人，往回
两月，约费行资二两，共费八百一十五万四千余两。脱用牛驴载运，所费
当又倍之。"这些数字累计为8,154,000余两，其中米豆草成本支出
1,546,000两，运费6,608,000余两。以此为基准，对九边维持运转所需的

① （明）卢象升. 卢象升疏牍 [M]. 杭州：浙江古籍出版社，1985：178-179.
② 侯家驹. 中国经济史 [M]. 北京：新星出版社，2008：657.
③ 侯家驹. 中国经济史 [M]. 北京：新星出版社，2008：655.
④ 侯家驹. 中国经济史 [M]. 北京：新星出版社，2008：655.

最低总开销进行估算，得米豆草支出 13,914,000 两，运费 5,947 万两，加上军饷例银 2,815,000 两，共计七千六百一十九万九千（76,199,000）两。如果将服装、武器、装备和马骡牛的费用全部计算在内，数字更是大得惊人。

明朝宫廷开支，在洪武时期由于太祖的勤俭奉公，奢侈之风未能形成气候。永乐朝时，对外用兵频繁、国内大事连连，耗用甚巨，财政吃紧但尚可维持，然而郑和下西洋以国库资金换回的奇珍异宝多归入皇室自家腰包，激活了这一食利权贵集团穷奢极欲的贪念，一发而不可收拾，直至恶化到竞相自绝大明生路而不能自拔的地步。宫廷对财富的吞噬主要是皇室和宗室两大集群。

首先看皇室开支。局部开支情况，宣德十年（1435），皇室有厨役 5 千名，正统时增至 6,884 名。每年消耗猪羊鸡鹅 10 万只，后又增腌腊猪羊鸡鹅 2 万 7 千只、子鹅 2 千只。宫中还饲养了大批猫狗鸟兽，弘治年间每年要"用猪羊并皮骨三万五千九百余斤，肝三百六十付，绿豆粟豆等项四千四百八十余石"。总体开支情况，根据康熙二十九年（1690）的大学士们对明清宫廷支出的一次比较，明宫廷每年耗用政府拨款数为，宫内用度折合银九十六万九千四百（969,400）两，光禄寺每年送往宫内各项，计银 24 万多两，两者合计 121 万两，所占比例为明中央财政收入 400 万两的 30% 以上。嘉靖朝每年的宫廷开支项目与估算是：①内侍鞋帽 72 万两；②圣旦千秋节 391,800 余两；③银盆水罐仪仗 137,500 余两；④修缮柴炭 50 万两；⑤膳差（不含米豆果品厨料）36 万两；⑥脂粉钱 40 万两；⑦内侍例银 40 万两（姑且按略低于边饷的人均年例 4 两计算，内监 10 万人）⑧皇室衣饰 72 万两（按内侍标准估算，实际水平肯定更高）。此 8 大项累计，宫廷年支出总额为 367 万两，几近中央财政总收入水平①。

再看宗室开支情况。这里的宗室是指除前项所述宫廷以外的皇室子女——亲王和公主及其家眷系列，其构成样貌为宝塔形，人数按几何级数增长。等级越高，待遇越好，人数越少。等级变低、待遇渐差、人数增多。以禄米为例，亲王 1 万石，郡王 2 千石，镇国将军 1 千石，辅国将军 800

---

① 侯家驹. 中国经济史［M］. 北京：新星出版社，2008：657；柏杨. 中国人史纲（下）［M］. 北京：人民文学出版社，2010：335.

石，奉国将军600石，镇国、辅国、奉国中尉分别为400石、300石和200石。公主、驸马均为2千石；郡、县主及仪宾为800石和600石，郡、县、乡及仪宾分别为400石、300石和200石。消耗的具体增长情况以山西为例可见一斑，洪武时只有晋府一王，岁支禄米1万石。到嘉靖时，增有郡王、镇国、辅国、奉国将军，中尉以降共2,851人，须岁支禄米87万余石。而仅40多年后的隆庆纪元伊始，山西应支给宗室的禄米已增至212万石。但是，当时山西全省尚存的田赋总额，只有152万石。全国总体情况也是如此，当时各地供给京师的田赋为400万石，而按规制须支予宗室禄米853万石①，缺一半有余。

一面是令人恐怖的开支耗费有增无减，而朝廷却只有"今财用匮乏了"的一声叹息。一面是流氓无赖恣意妄为，听任剥夺农民生存资源、极尽敲骨吸髓之能事，造成流民无数、暴动不止、财赋税源海量流失。这种境况之下的大明王朝该走向何方，已不言自明。

4. 工商业经济的起死回生

明朝中期，皇帝耽于吃喝玩乐、官员忙于勾心斗角，政府的控制由强势变为疲软、散漫，脱离实际的行业限制和严苛的钳制日益懈怠。疯狂的土地兼并和日益沉重的赋税榨取又引发全国各地新一轮人口大迁徙和产业结构的隐性重构。这些因素都成为商品经济劫后复生的有利条件。受求生欲望的拉动，人们变得勇敢而解放，有商业基础的各地凭借残存的底子、便利的交通、特色物产和专业技艺，逐渐恢复生机。这些动因作为最重要的推动力逐渐打破洪武以来单一的农桑自给经济格局，催生出新的经济增长点，现实在悄然改变。

商业受害最深，反弹最快。市场上，商品的种类增多、流通半径也在增长。根据景泰朝的"收税则例"，当时进入市场流通的粮食、棉花、棉布、生丝、绸缎、烟草、铁器、瓷器等均为热销货物。商品大概有丝棉罗缎绢布、衣服巾帽饰品、陶瓷器物、五金矿冶、纸张文具、日用百货、农特方物、农副业物产、干鲜果品、畜牧产品、糖类、水产、香料、药物等，计14大类230余种。继之，各地的集市越来越多，开市也越来越频繁。随

---

① 《学庵类稿》。参见：侯家驹. 中国经济史 [M]. 北京：新星出版社，2008：658.

后，市镇普遍兴起，形成了大量的中小城市。湖广有个叫刘家隔的地方，因为买卖利好吸引，这时已发展成常住人口四五万的商业重镇。陕西的三原县，成化年间已有方物专卖市场二十个，"凡四方及诸边服用，率求给于此"。成化、弘治年间，松江府华亭县的朱泾镇是有名的标布贸易中心，"居民数千家，商贾辐辏，置邮走两浙达两京者不少，辍实为要津"。

　　有了市场必然拉动生产，进而暗自更新了产业结构。山东临朐县、河南尉氏县、浙江平县变化尤为显著，农业上瞄准市场生产，搞起了多种经营。很多手工业者已经从农业中脱离出来，专事生产经营。商人的经营方式也多样化，市场摆摊售卖、开设营业店铺、近地或长途贩运等等，日益灵活多样。大都市的商业气息也越来越隆，北京、南京、苏州、宁波、广州、扬州、杭州、泉州、成都、武昌、西安、太原、德州、开封、郑州、汉口等城市都是商业重镇，城市人口急剧增长、商品类丰货足、市场规模扩张迅猛。政治城市，南北两京商业最为发达，陪都南京既是消费型都市，也是工商型都会，"五方辐辏，尤国灌输"，是"南北商贾争赴"之地，丝织、印刷、工艺品等诸业都做得风生水起，城内工、商店辅丛立，甚至占道经营。首都北京则"四方之货不产于燕而聚于燕"，"远方异域之人不避间关险阻，而鳞次辐辏，以故蓄积为天下饶"。

　　经济型城市苏杭则别有风景。苏州在嘉靖时，兴盛晓誉"江南佳丽"，东城是丝织工业区，"比屋皆工织作"，席、麻手巾、藤枕、蜡牌、竹器、玉器、金银器等其他工业也很发达。西城是商业区，阊门、金门、胥门一带为商业云集之地，"货物店肆溢"，有"天下财货莫不聚于苏州，苏州财货莫不聚于阊门"之谚。

　　在世纪之光射入 1500 年代以后，敢于商海冒险的潮州商人中一个有官方背景的家族打造大型海船犯禁走私，开始政治冒险，随后众人跟风，使月港在瞬间崛起。成化、弘治时期，月港的"小苏杭"美誉在坊间已是尽人皆知。然而，这种境遇之下的月港却无法与江南发达经济区直连对接，为了克服这一困难，另一个更有利的走私贸易据点双屿港很快繁盛起来。福建海商和葡萄牙商人最先选中这块宝地并把它当作贸易基站来建设，后来精明的各色徽商也参与进来，逐渐汇聚成江、浙、皖海商的淘金俱乐部，再加上日本的白银流入，后起之秀双屿，俨然一个风头欲使月港含羞的国际贸易大港气派。

　　商业活跃起来，商人队伍自然日益壮大、财富累积也愈发魁伟。在明清两朝竞显风流的 10 大商帮，至此以形成了 9 个。首先是山西和陕西商人，凭借开中法和商屯提供的契机，茁壮成长，到明朝中叶时，山西商人（晋商）已由一个地方商团发展为在全国众多省份开展业务的大商帮。陕西商人（西商）控制了四川的优质井盐，也成就了霸业。十年九灾的山东，不少颠沛流离的游民从贩运开始，依托运河经济和海外贸易，逐渐发展起来，挣得商海一席之地。广东商人占据要冲，底蕴深厚、商脉广布，嘉靖中叶形成以广州帮和潮州帮为龙头、巨贾云集的大商帮。不但海外贸易首屈一指，而且牙商和国内长途贩运、批发业务也成翘楚，实力绝不逊于徽商和后来的宁波浙商。宋元时期即为商界巨擘的福建商人，明中叶时也复兴在望，尤以漳、泉二州商人最为活跃。他们建立的贸易网络外通东西南洋各国、内接诸省同行，出口 8 大类 230 种商品，进口货物仅月港一地就有 116 种之多。不但富甲天下，而且为东海、南海权益保护，水上贸易秩序的主导和稳定做出了重要贡献。素有"钻天洞庭"之称的太湖流域洞庭商人依托物饶、交通之利，"行贾遍郡国，滇南、西蜀，靡远不到"。

　　起自东晋时代的徽商，于明成化、弘治年间形成庞大商帮，是网络遍布全国、海陆两栖并进、业务最为广泛的商人集团。人众资巨、称雄商界、名闻海内。在投资融资、商行发明、金融产品创造、信用体系建设、高雅文化的形成与传播等诸多方面功不可没。崛起于成化年间的江右（今江西）商帮，经营四方，至老死不归，人员广众、操业广博、活动广远，渗透力极强，据点远及辽东、甘肃、四川、云南、西藏等地，甚至深入湘黔交界的洪江，鄂西的郧阳、钟祥等偏僻深山流民之所淘金，民谚曰："无江西人不成市场"。浙江西部龙游县山多地少、物产贫乏，离家从商在南宋即成传统，到明中叶时期，实力已相当雄厚，崛起为龙游集团。他们不辞劳苦、不避偏远，"秦晋滇蜀万里视若比舍"，得"遍地龙游"之誉。经营业务涉及各大行业，与徽商不相上下，但有所侧重，尤擅经营珠宝、造纸、印书、垦拓之业。值得称道的是，龙游商人在利润的商业再投资经营（如投资矿业、造纸业等）、财富回报社会（如兴办教育）、超越团体的同行跨界融合（如与徽、闽、赣商的多头融通）等方面堪称开路先锋。

　　失去土地的流民向封禁之地和尚未开发的偏远地区进发，谋求生计。位于四川、陕西、河南、湖广四省交界处的郧阳，自元末起一直是叛乱根据地，明政府派重兵驱赶了全部居民，实行封禁，但该地土地肥沃，开发潜力很大，违禁进入屡禁不止，到英宗末年，已有流民 150 多万人。流民与政府之间的驱逐与反驱逐冲突也愈演愈烈，成化十二年（1476），朝廷改驱为抚，建立郧阳府。认可了流民的居留权、自耕农地位和所开垦土地的所有权。他们还采矿冶炼，与官吏交通分利。弘治十五年（1502），全国 13 个布政司中，有 11 个布政司税田失额，只有湖广和广西布政司有增加，其中湖广增加 33,853 顷。他们还修筑了以郧阳为中心，抵西安、汉中和南阳的道路，并"增置铺舍，疏凿险阻"，使"公文四达无留""商旅络绎不绝"。其他地方，如江西余干县姚源山区的流民开发，田谷成熟"不下万石之数"，后来在这里设立万年县。赣南山区，吉安府流民至此"搬运谷石，砍伐竹木，及种蓝栽杉，烧炭锯板等项"，把该地建成了"禾稻竹木生殖颇蕃"的新开发区。成化年间，各省逃难之民聚集在汉中府的深山林区栽种茶树，户口渐增，年产茶叶达一百多万斤。

可见，明朝步入中期以后，由于政府的腐败和懒政，其阻挡历史前进的倒行逆施已成强弩之末，如螳臂当车、蚍蜉撼树。这种状态反倒为民众谋生空出可乘之机，在死亡线上挣扎的工商业也得以绝地逢生，陷入倒退、停滞一个世纪之久的社会转型被再次唤醒，艰难地向前挪移。虽然食利集团为满足贪欲加重了对民众的盘剥，但是依靠违法犯禁改善了经济条件的人们对苛政和重税的承受能力得到了提高，从而使两大水火不容的对抗势力达成各行其是、各取所需、相安无事的相持和默契。特别值得注意的是，知识阶层，尤其是长江以南关注社会的高知和官员们对商业和商人的态度发生了很大的变化，发表了一些极具叛逆性、否定传统意识形态的言论，成为一股虽未撼动官方正统却在民间产生了强大后劲的时代思潮。其中，最具代表性的是王阳明的观点。比如，他宣称"虽终日做买卖，不害为圣为贤""良贾何负于鸿儒""士商异术而同志，四民异业而同道"等等，都是振聋发聩的。

濒临崩溃的明朝没有迅速灭亡，人民也得以稍加喘息。历史就是这样好玩儿，跟 13 世纪英格兰的"无地王约翰"由于愚蠢和无能而留给英国人一笔丰厚遗产——《大宪章》如出一辙，明朝那些愚笨自私的皇帝将智慧和生命奉献给了仙丹和春药，却使流民和工商业从暴政的漏洞中悄悄地逃脱出来。温斯顿·丘吉尔曾说："对英格兰民族和英语世界来说，约翰的罪恶比那些仁义之君的勤劳有更大贡献，因为通过许多反约翰势力的大联合，我们最重要的自由与权利的里程碑得以树立起来。"① 套用这句话，可以说，明朝荒淫君主的罪恶比勤奋敬业的太祖、成祖有更大的贡献，因为他们的荒诞渎职为中国社会转型在明朝中期的重启带来了机遇。

五、明朝后期的转型冲浪和夭折

1. 明朝后期的容貌提纲

正当大明王朝柱倾梁斜、即将崩塌之际，两颗救星横空出世，残喘的王命闪现回光返照，暂时得以保全。这两颗救星就是新作物（玉米、红薯、土豆、花生、烟草、辣椒等）登陆中国和首辅张居正的改革。明中期以来日甚一日的土地兼并，在后期愈加疯狂、毫无顾虑、竭其所能，国家税源几近枯竭。失地流民增长迅猛，集群式反抗运动也更加频繁、强烈，正当事态日益恶化之时，漂洋过海，经过多次传递、转手，才终于来到最能体现存在价值之地的玉米、红薯、土豆、花生、辣椒开始出手搭救。它们虽然来到中国的时间有先有后、适应环境的速度有快有慢、在各地的发展也很不平衡，但是适应性强、不择土壤、易于种植栽培、产量可观、加工食用方便、口感和营养俱佳的宽厚品性，使少地农民和失地流民如获至宝，有了生活希望。昔日长不成庄稼的荒山废地，未加利用的路边、田间零星闲地和无法耕种的山间坡地都有了大用场。以至出现明晚期祸乱四起，总人口却持续增长的反常现象，在崇祯中期（1630 年代）达到接近两亿的空前总量。后来，从康熙年间开始的人口强劲增长，至整个 18 世纪人口年均增长率维持在 8~10‰的高水平，而到道光三十年（1850）飙升至 4 亿 3 千万的超大规模，它们几位厥功至伟②。那些徘徊在生死边缘的可怜人有了活路，再也不愿与面目狰狞的官府打交道了，省了朝廷不少心思。本为解救受苦民众而来的它们也顺便拉了明王朝一把。烟草因其药用价值而得以引进，但随着使用方法的改进，后来主要以经济作物的身份受到重视，成了

---

① ［英］温斯顿·丘吉尔. 英语国家史略（上册）［M］. 薛力敏，林林，译. 北京：新华出版社，1985：222-223.
② 邹逸麟. 中国历史人文地理［M］. 北京：科学出版社，2001：138；杨子慧. 中国历代人口统计资料研究［M］. 北京：改革出版社，1995：1070.

位于前三者更高层面的扶贫力量，后面还会谈到它的种植情况，这里只需了解，它的到来，主要方面在于一个新经济增长点的产生。

张居正的改革，以历史眼光来考查，在全局和局部的层面和意义上都称不上真正具有变革意义。其实质只是通过强制高压手段将散漫、淤塞到陷入瘫痪的政令传输管道重新打通，提高了中央政令落实到基层的执行力，并将地方官僚的关切利益与职责履行好坏相绑定，促使官员通过加强对中央政令的重视来保障自身实利。其核心要义是最快、最多地增加中央财政收入，解决国帑三空四尽的问题，无意也未能触及国家层面的政治、经济制度痼疾和积重难返的社会沉疴，更与社会升级和文明转型几无关涉。张居正以刚柔相济、阴阳结合的两面手腕施展他的报复。一方面，一手以柔韧太极之法堵住宫廷财漏，能缓则缓、能停就停，将开支最小化；一手以天子令诸侯，借刚性谕令强制各地完成预定的赋税、徭役折银收税（一条鞭法）指标，无可宽待，任何征不足额者，都将被无情问责、不得升迁，即使致仕也要追回算账。此即考成法。另一方面，清丈全国田地，先摸清家底，再具实另制鱼鳞清册作为课税依据。重新丈量及其配套政策有助于抑制任意兼并，进行低层次、小范围的人地重新配置，以扩充政府财税来源。可惜这项工作尚未最终完成，他已去世。不过，通过丈量，中央增加了30%的在册田地，并推动了一条鞭法在全国的实施，其成效和意义还是不容忽视的。

总体来看，张居正改革虽只是遏制癌症晚期的一剂猛药，且采用了多方难以接受的放疗手法。但对于深陷财政困境、江山朝夕难保的明朝廷而言，确如雪中送炭。中央财政在短短的 10 年之内，从亏空无度到囤银1,250 万两的辉煌战果意味着什么，前朝、后宫应该心知肚明。所以，这一陡然逆袭的成功，明朝皇帝不怀感念是愚蠢的。正是因为有了这些银子，朝廷才能够在宫廷奢靡无虞的同时，支撑随后长达七年的抗日援朝战争和此起彼伏的民变，乃至应对辽东乱局。但是，张居正及其施政的粗糙过激、专断蛮横、急于求成，以及动人奶酪之举，触怒了假装糊涂、坐地分肥、安于现状的食利集团的利益，激起了强烈反弹。他死后尸骨未寒，这帮家伙跟他的政敌和因他倒霉的人就抓住土地丈量中的问题反戈一击，很快将万历皇帝忽悠到了自己一边。老谋深算的高拱在死前就设好了圈套，让在世的同党故旧协助他妙用诸葛亮死后毒杀司马懿的小说情节为他复仇。三大势力配合默契地表演将对张居正、冯保集团的清算翻盘异常顺利地推进。这位挽狂澜于既倒、扶大厦之将倾的能臣被全盘否定，紧接着就是亡明中坚的卷土重来，个个志得意满，人人额手称庆！大明王朝就这样在拐了一个弯儿、上演了一出闹剧之后便重回老路、急不可待地直奔灭亡之门而去。

万历否定张居正以后，明朝社会加速崩塌，到了无法恢复正常的地步，成了令人恐怖的模样。朝廷如头，是社会精血消耗巨大但仍缺乏振作营养、已陷于昏迷状态的皇帝和大臣。中间是已经恶性膨胀到快要把肚皮撑破的宗室、宦官、权贵、缙绅等大地主寄生集团，他们拥有极为宏富的资财却不向国家纳半毛钱的税，还极尽所能搜刮民脂民膏以保持肥壮。下位是庞大的失地、弱势集群，如无数干枯的须根裸露在地层表面。他们只要扎入土地即可为头部提供营养，但是此时，这种需求已成一种奢望。内部运化机制也功能紊乱、陷入停滞和决裂，呈现四大不可调和的对立：

一是皇帝与大臣的对立。隆庆皇帝纵情声色，彻夜交欢。对劝谏臣子屡施杖刑①、不吝羞辱，最终英年暴毙。万历君臣合伙将张居正冯保联盟瓦解、搞臭之后，便因皇位继承等问题闹僵，互不相让。万历百般气恼与灰心，向臣子罢工以宣誓其不合作意志。从此，好像明朝江山是大臣的，臣急君不急。上奏的折子积压成山也从不批复。即使是大臣们认为十万火急的事，皇帝也如事不关己一般，置之不理。神宗的爱好，除了借助鸦片的药力玩儿宫女，就是跟太监玩低级赌博游戏，乐此不疲。他做庄，由太监们把银子投入地上所画的圆圈内，未中者没收、投中得赔利。熹宗忙于打球、唱戏、玩宫女，他钟爱的正事是木工活儿（图八所示据说是他的手工制品），凡事委托魏忠贤全权打理，任其作孽害民，国务一概不闻不问，杰出贡献就是发明了折叠床。皇帝们就如此这般隐居深宫，停止了全部大小虚实议政仪节活动，既不与臣下见面，也不与公众接触。

张居正时代的考成法废止后，中下级职官的派遣和升迁，先是由吏部抽签决定，万历画圈儿，后来连这套虚式也不玩儿了。缺官不补日益普遍，到万历四十年（1612）时，六部尚书中仅有刑部尚书在任，其余五部悉数

① 明太祖朱元璋信奉严刑峻法，恢复了早曾废除的墨、剕、寸磔等残酷肉刑。同时，还首开当廷杖责大臣之恶例。他的后人将此作为优秀治理传统继承了下来，隆庆皇帝又将此发挥到了更严酷荒谬的程度。

图八 左为永乐大钟全图；中为永乐大钟铭
文书法；右为熹宗手工制品（图片来自网络）

空缺。"六部堂上官仅四五人，都御史数年空署，督抚监司亦屡缺不补。"①
首辅李廷机因病请辞，5 年内共上 123 次奏章都石沉大海，只好不辞而别，
溜回老家，也无人过问。地方也缺额严重，崇祯二年（1629），"延安府属
之官，十缺其五；庆阳、平凉二府之官，十缺其七"②。新录选的文武官员
由于没有赴任官文，长期滞留京师无法到职，甚至抓住主事官的轿子哭诉
也无济于事。更恐怖的是，明军在萨尔浒为努尔哈赤所败，死亡 4 万 5 千
余人，开原、铁岭也随即失守。全体大臣在文华门外长跪不起，哀求万历
尽快批复奏章、拨发军饷、速派增援，可是朱翊钧根本不予理睬，群臣又
跑到思善门外叩请哭求，声震天宇，但巍峨的皇宫仍然像一座坟墓一样静
肃耸立、呆若木鸡，无人从中走出来回应一句。真是亘古未见之奇观！

二是前朝官员与后宫太监的对立。这对矛盾本来在中期已成痼疾，但
是后期更加复杂尖锐，出现两大高峰。首先是神宗为了解决他手头太紧的
问题，命令一批太监亲信担任矿监、税使到全国各地开银矿收税。可是这
帮人不进山采矿，而是进了城里，他们毁民居、掘坟墓、劫家财、坑百姓、
杀无辜，无恶不作。税使在各地交通要津设卡，无物不税、无处不税、无
人不税，致使脆弱的工商业遭受了灭顶之灾。根据官方统计，万历三十年
（1602）时，临清的 33 家缎店，有 31 家倒闭；72 家布店，倒闭了 45 家；
杂货店倒闭 41 家。河西务（今天津市武清区）的 160 多家布店，倒闭了

---

① 许嘉璐. 二十四史全译·明史·方从哲传［M］. 上海：汉语大词典出版社，
2004：4420.

② 李文治. 晚明民变·吴焕奏疏［M］. 北京：中华书局，1948：13.

130 多家。这起长达四年的矿税之祸，劫掠的财富只上交万历皇帝 1/10，共计银 671 万多两，金 2.2 万两，其余全部被太监中饱私囊。太监的愚蠢妄为一方面严重破坏了地方经济和秩序，激起民众的群起反抗，临清、湖广、苏州、福州等地暴动风起云涌，给从中央到地方的各级官僚惹来大麻烦，被仇人当枪使、还要替他们擦屁股却得不到半点好处的事儿当然不愿意干。

另一方面，太监有皇帝撑腰，张口圣上、闭口谕旨，是要钱不让人的主，朝臣官僚及其卵翼下的地方实力派的利益难以保全，眼看着油水被敌人榨干而毫无办法，只有收拾烂摊子和背负恶名的份儿。而上呈皇帝的奏状都石沉大海，罪不可赦的宦官总能逢凶化吉、遇难呈祥。这种现状更激化了官宦对立。第二个高峰就是空前绝后的宦官奇葩魏忠贤作为皇帝全权代理领导阉党祸国殃民，搞得官僚集团体无完肤。不少官员于迷茫、失望或无奈之中，变为追求实惠第一，干脆投降或者与魏氏合作，谋求高升和钱财。

三是中央与地方的对立。昏聩的朝廷很在乎也很迷信自己的权威，凡事不论是非曲直，皆从自我立场出发，以刚性谕令下达，很少考虑地方情势状况如何。而地方官员多从自己的处境和立场出发看待问题，非偏向民众公议不能立足，而且朝廷过分而荒唐的摊派和盘剥让他们两头受气不说，过多的油水上输到中央，无异于自断财路①。所以，他们对中央的弊政，多有烦言但又无能公开叫板，实属两难。于是形成了中央（极力强化对地方控制的内阁和代表皇帝到地方捞取油水的太监）与作为国家财政基础的县级地方行政的对立。前面所言之矿监、税使到地方为非作歹，将地方官员置于更加艰难而危险的境地就是典型案例。而朝廷变本加厉的加派田赋和杂税既不顾百姓的死活，也使地方官们扮演了非人非鬼的角色，一种被愚弄、利用和抛弃的失落感、凄然感弥漫四散、挥之不去。

---

① 有明一代，官员俸禄不高，宦囊羞涩是普遍现象。正一品，月给禄米 87 石，正二品 61 石，正七品 7 石 5 斗，正九品 5 石 5 斗，最低的官员，月收入只有禄米 3 石。因此，一位真正清廉的官员，生活必定非常清贫，与贫农同伍，海瑞的生活水平反应的是官员的真实状况，穿则破衣烂衫，吃则一年只能吃上两顿肉。全家跟着受穷，对上的孝顺和对下的爱怜都没有财力支持。所以，为官必贪才是明朝的正常状态，也才符合做官当老爷的根本宗旨——光宗耀祖、荣华富贵，只是若其程度超过了民众的承受能力和容忍限度，就会招来反感和唾弃。

　　万历以来，辽东战事渐频、内地农民起事亦繁，军费、战费成几何级数增长，便在全国普遍加派田赋，曰"三饷"——辽饷、剿饷、练饷。据崇祯初年《度支奏议堂稿》的数据，万历以前，边关年例总额为46万两，而万历十四年（1587）已增至3,786万两。崇祯二年（1629），仅辽饷一项就达513万两，崇祯四年（1631）又增加到7,181万两①。当时全国田赋正额约合银1,900万两，而三饷合计共征银一千七百四十五万四千零六十二（17,454,062）两②，加派额与正额相差无几。民众负担飞升速度从表七显示可获得直观感受。如此大数额的银两都需要地方官使用手段按时、足额地从百姓手中挤榨而得，难度可想而知。

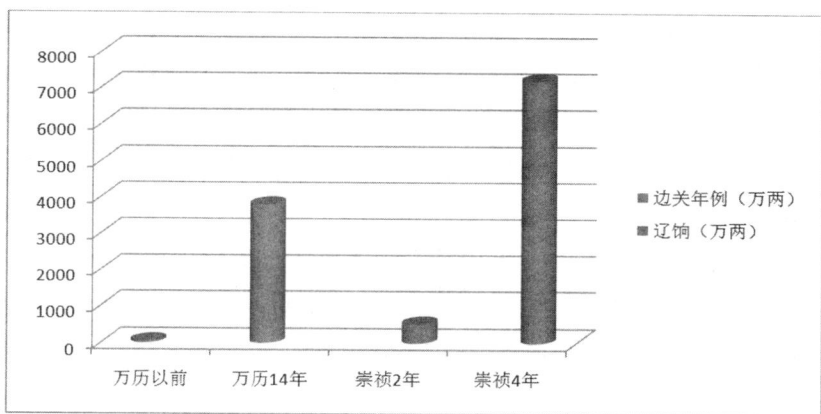

表七　明末辽饷与边关年例对比示意图

　　四是官民对立。这本是历代政权的通病，然而明朝这对矛盾的突出程度一直有过之而无不及，前、中期的情况前文已有论述。后期，在万历朝以后，情况更加严重，已成烽火遍地、四野告急的燎原之势。东边，东北的后金势力发展迅猛，继天启二年（1622）渡过辽河之后，皇太极两次攻明，北京形势岌岌可危。山东郓城也爆发了民变。西边陕中、陕西、陕北引出多个爆点，各路纷纷剑指山西、河南。这两股力量已成夹击之势，对明形成相向合围。东南沿海，虽然倭患已告一段落，但是明朝、西方、日本海上商盗集团非常活跃，不仅互相攻伐，而且常常袭扰海边、攻城略地。

---

①　侯家驹. 中国经济史［M］. 北京：新星出版社，2008：612.
②　李龙潜. 明清经济史［M］. 广州：广东高等教育出版社，1988：261.

· 195 ·

内乱与外患的叠加，承受双重苦难最重的都是普通百姓，他们已对官府不抱任何信心和幻想。

2. 转型冲浪

明朝后期的政治极度腐败，使政府对经济自由的束缚、阻碍能力快速微弱化，社会转型因此获得了日渐宽松的政治环境，农业、手工业在国内商业和海、陆国际贸易的拉动下发生了深刻的商业化变革，为便于把握其整体状况和影响，这方面的情况留待讨论清朝时期的情况时一并考查，这里先就海、陆国际贸易的回暖状貌进行分析。

穆宗朱载垕继位，明朝的对外政策出现了一个拐点，那就是隆庆元年（1567）的海上开港和隆庆五年（1571）的陆上开关。这一迟来的转变给社会转型注入了活力。俺答领衔的蒙古势力对明朝的物资依赖迫使他推动打开锁闭的明蒙陆上边境。被保守派重重包围的明朝廷在嘉靖时期仍然穷不思变、死扛硬顶。隆庆皇帝认识到积弊的严重，俺答强娶外孙女引发的内部分化给明朝送来了机遇。经过数年的努力，隆庆皇帝支持的开放派终于击败了极端因循派，给俺答及其属下首领赐封、准予沿边在11地通贡互市。隆庆六年（1572）冬，又批准每月可开放民间贸易一二日，为沿边一线带来了发展商业的有利条件。值得关注的是，这次开放的互市包含官方和私人双重性质，民间跨境贸易因此得以合法公开、光明正大地进行，这对于封闭的明朝而言，不能不说是一大奇观。

东南沿海，隆庆元年（1567）即批准在政府严格监控下，开放东西二洋私人海上贸易，即东洋的中国—菲律宾—文莱航线和西洋的中国—越南—马六甲航线，其实这都是中国内海沿线的海上贸易，其航程完全不可与元朝和郑和时代等量齐观，但与片板不得下海相比，总算是一种进步。从此，海上贸易的发展有了较为宽松的政策环境，私人对外贸易被摘掉走私的帽子，并从此焕发出巨大冲力，郑芝龙家族海商官宦集团的诞生和兴盛就是其重要成果。

郑芝龙出生在泉州南安石井乡的渔村。在这个有着深厚商业底蕴和悠久外贸传统的海滨，人生的主要活动场所是海洋。人人从小就开始与大海交流，知海情、喜海事。史料称，郑芝龙状貌奇伟、姿容秀丽、气宇轩昂。不但颇有文才，音律歌舞，无所不解，而且膂力强、好拳棒，胆智才略绝伦过等，却不好圣贤书和八股文。从郑芝龙一生的表现来看，这些说法并非过分浮夸。他确实读书不多，但仁爱宽厚、言而有信有目共睹，驰骋商海成巨擘、战功卓著靖海疆，也无可否认，这都表明此人绝非只知劫财逐利、为富不仁的无赖奸邪之徒。

郑芝龙出生时的郑家是并不富裕的普通人家，但母亲很有商务才能，舅舅黄程是穿梭于日本和广东，商脉很广、财力雄厚的海商。因家境不济，郑芝龙17岁时，带着二弟芝虎、五弟芝豹到澳门投奔舅舅黄程。聪敏能干的郑芝龙很快进入状态，帮舅舅协办商务，深得喜爱。他还结识葡商，习得西方在远东的商务通用语卢西塔尼亚语和葡文，还任过翻译，并入天主教、受洗。未几，即受舅舅之托，乘泉州海商李旦之船，将一批货物押送日本。赴日后，郑芝龙一边谋生自立，一边结交日方政要和在日华商李旦、颜思齐等人，并跟随其游走海上，颇受赏识和信任。后来李、颜相继亡故，最受倚重的郑芝龙继承、接纳了两人资财，完成原始积累，自立门户开展活动，时为天启五年（1625）。

此后，颇有韬略的郑芝龙审时度势，在苦心经营商、盗本行的同时，通过利诱官员和声明大义的手法自导自演了"招抚"大戏，随即采用借天子除异己、使自身合法化和广施恩惠赢民心、壮大实力及队伍的大手笔战略战术，刚柔相济、软硬兼施。到崇祯八年（1635）——短短10年时间，凭借雄厚的经济实力、过人的军事天赋、兄弟同侪的戮力同心和官府的支持配合，将李魁奇，杨禄、杨策，褚绿老、钟斌、刘香等大明商盗集团，以及普特曼斯（Hans Putmans）率领的荷商武装舰队，或消灭或击败，收编其残部、吞并其船只和资蓄，实力如雨后春笋般迅速增长。自己也凭借战功，频升官秩，由一个亦商亦盗的年轻人，像坐火箭一样，位至福建总兵、封平国公。与他一起建立功勋的弟弟郑芝虎牺牲后，追赠参将，荫袭总旗。四弟郑鸿逵获封定国公，五弟郑芝豹以军功钦授太师澄济伯，族弟郑芝莞赐蟒玉万里都督府左都督，族侄郑彩获封建威侯、郑联获封定远伯。

从此，在东南沿海建立起官方性质、私人控制的郑芝龙海上贸易秩序，独霸南海之利，"海舶不得郑氏令旗不能往来。每一舶列（例）入三千金，岁入千万计，芝龙以此富敌国。自筑城于安平，海梢通卧内，可泊船径达海。其守城兵自给饷，不取于官。旗帜鲜明，戈甲坚利。凡贼遁入海者，檄付芝龙，取之如寄，故八闽以郑氏为长城"。"海上自此啸聚之片帆绝影，商舶、渔舟安行无恙"，"濒海百万生灵得以安居乐业"。

郑芝龙海商家族集团的横空出世以及郑氏海洋秩序的确立和维持，对病入膏肓的明朝来说，具有多重助益作用，且对明亡清兴的过渡和社会升级转型产生了重大而长期的影响。

首先，郑芝龙集团解民众于倒悬，深得海民拥护和爱戴，给政府、民众和经济转型都带来好处。以漳、泉两州为代表的沿海地区，由于"地甚窄，觅利于陆地者无门，而洋利大"，故以海为生。而明朝自建国伊始即实行禁海、迁海政策，到隆庆元年（1567）有条件开海，时间长达200年，其间还屡遭倭寇、海贼劫难，日子过得非常艰难。郑芝龙虽然也是半商半寇起家，但他与前两类人有根本不同。他在创业的最初阶段就与传统海盗划清了界限，高出一筹。他的敌人们留下了很多相关记述，下面摘录几则，以便体察：

"会闽洊饥，芝龙截商民船，多得米粟，求食者竞往投贼，众至数万"；郑芝龙"所至勒富民助饷，谓之'报水'，惟不许掳妇女、焚房屋，颇与他贼不同"；"所到地方，但令报水，未闻杀人，有彻贫者且以钱米济之"，"遇诸生则馈以赆，遇贫民则给以钱，重偿以招接济，厚糈以饵间谍，使鬼神通，人人乐为之用"；"聚船数百、招徒数万，城社之鼠狐甘为牙爪、郡县之刀笔尽为心腹。乡绅偶有条陈，事未行而机已先泄；官府才以告示，甲造谤而已讹言。复以小惠济其大奸，礼贤下士，劫富而济贫。一人作贼，一家自喜无恙，一姓从贼，一乡可保无虞……偶或上岸买货讨水，则闾阎市里牵羊载酒，承筐束帛，唯恐后也。真耳目未经之奇变，古今旷见之元凶也"。董应举的一番话颇为耐人寻味："芝龙之初起也不过数十船耳，至丙寅（天启六年）而一百二十只，丁卯（天启七年）遂至七百，今（崇祯初年）并诸种贼计之，船且千矣，此莫非吾民，何以从贼如此之多，我弃之彼收之，我驱之彼用之，我兵非兵、船非船、将非将，彼善用我人、取我船、掳我将、乘我遏耀饥荒，而以济贫为名，故归之如流水也。"

这些来自郑芝龙集团对立面的史料，可信度很高，它们清晰地表明郑芝龙集团与传统上和主流观念中的倭寇、海盗、官绅、太监、官军、乡兵形象都迥然不同，他们对民众疾苦了然于心、乐善好施、仁慈体贴，而这些正是百姓最为渴求的。但是以前没有任何个人、任何机构、任何组织这样做过，郑芝龙却主动做到了，当然会赢得百姓真切的拥护和爱戴。这些举措客观上给明政府分担了忧愁、减小了压力。但是更大价值却在于它既为沿海居民摆脱生活困境提供了帮助，也对沿海经济快速复苏和走向繁盛创造了条件。

郑芝龙出资移民并向其收取低额地租，为不少历史研究者所不容，认为是他打着救助的幌子谋取私利的小算盘。其实这是鄙商观念和经济学知识欠缺的表现。有些人乐于批判重农抑商观念、也承认亚当·斯密《国富论》的地位，可是并没有真正理解其意义。郑芝龙是商人，惯于以投资经营方式来思考问题、拿出解决方案，这正是他的高明之处。他发起的移民运动，给受灾居民带来了摆脱灾难的机会、创造了相应的条件、提供了重要的帮助，从精神到资本都有很大的付出和投入，在并不过分的尺度内收取地租作为回报，从经济学角度看完全正当。从道德角度看也无可挑剔。他的行为与自称绅士的欧洲奴隶贩子和种植园奴隶主相比，是非高下不言自明。肯定捐资慈善而否定投资慈善的观念是一种错误又落后的偏见。郑芝龙的投资观和行事方法即使在今日中国的广大地区仍有认真学习的必要，由于收取了地租就认定他的移民举措是商人奸猾的把戏完全是一种狭隘肤浅的误断。

话说回来，因为海外贸易打开了关闭已久的流通渠道，在广大的市场需求的拉动下，农业和手工业的商业化悄然起步，冲劲十足，具体表现后文会做介绍。现在需要提醒大家的是，在考查明末清初中原民间社会从南到北、由东向西漫延开来的自给自足型经济向商业经营型经济转变的原因时，绝不能忽视郑芝龙集团的活动产生的积极影响。郑芝龙领导的家族集团是中国新兴市民阶层的代表，他们对良好生存空间的开拓和发展条件的创设，是社会转型升级必备的阶层基础产生的必要条件。所以，郑芝龙凭借其实力开创的时代氛围和活动舞台是社会进步的表现。本来应该予以全力保护和扶助，明朝的灭亡却将此毁于一旦。

其次，郑芝龙通过与朝廷的合作，将该集团秉持的海上贸易模式正当化、合法化，最大程度地保障了明朝海商的贸易权利和人身、财产安全，也有助于陆地经济在相当长时期内的发展和稳定。

各国政府海洋监管能力的脆弱、公海管理空白的长期存在造成的海上秩序混乱，一直是困扰海商的大问题。前文已经谈到过，在一定范围的海域，如果没有形成一家（一个集团或者一个国家）主导的稳定秩序，海商为了航行和财产安全，必须拥有强大的安保武装，这使商人的经营成本大增，而且中小商人难以承受，影响了贸易的发展。中国海域也是如此。长期以来，由于没能建立起趋向公理的海商流通环境，明朝海商之间的内耗非常严重，推崇正当经营的郑芝龙看到了这一关键问题，力主通过与官方的合作，竖起官方正名与正义之旗帜，扭转东南海域群雄并起、山头丛立、盗贼四出、相互吞噬内耗的局面。郑芝龙用兵8年，芟除了不遵商道、上岸劫掠的各大祸首，建立起由他主导的海上秩序，海商互戕停止，沿海的和平安宁也得以恢复。"从此海岛宁靖，通洋贩货内客、夷商皆用飞黄旗号，联帆望影，无徼无虞，如行徐、淮、苏、常之运河。半年往返，商贾有廿倍之获"。"濒海百万生灵得以安居乐业"。郑氏家族的商船穿梭于闽、澳、日、菲和南洋各国，凭借雄厚经济实力和优质中国产品占据了大部分市场份额，航运量仅对日一国就高出荷兰7—11倍，使西洋商人根本无力与华商抗衡[①]。

　　显然，海上秩序的建立、商人经营成本的降低、海商内耗的消除和沿海和平的回归，为海上贸易和沿海经济发展创造了优越条件，增加了海商的资金积累、加快了商品流通和资金循环。海外贸易将大陆货源地与域外市场连通，推动了农业、手工业的长足发展和商业化转型，促进了陆地整体经济面貌的加速更新。

　　再次，郑芝龙通过"受抚"换来的官、商双重身份取得了拥有东海、南海制海权的合法性和他掌控的海上贸易新秩序的合法性，不仅对保障明朝领土主权和海疆安全功不可没，还对遏制西方殖民帝国侵害中国领土主权和海洋权益具有极为重大而深远的意义。他富可敌国的雄厚财力，为明朝卸下了一个沉重的财政包袱，从而减轻了全国民众的负担，这等于政府实施了一项长期面向全体纳税人的大幅减税经济刺激政策。

　　郑芝龙受抚，成了朝廷命官，对外可以官方名义行事、用政府口吻发话，这一点对于明清两代的商人而言，弥足珍贵。自葡萄牙和西班牙来到东南亚建立殖民贸易基站以来，荷兰、英国紧随其后，野心勃勃。他们对于最具吸引力的中国，抱有强烈的降服欲望和掠夺贪心，不仅与倭寇、海盗狼狈为奸，而且数年来倚仗先进炮艇恣意妄为，使明朝海商不得不忍受

---

①　孙光圻. 中国古代航海史 [M]. 北京：海洋出版社，1989：590.

他们的野蛮劫掠和杀戮。而明朝政府又满脑子守旧、关门思想，没有任何作为。晚至崇祯元年（1628），才盼来了这帮强盗的大克星郑芝龙。郑芝龙所掌控的海上开放力量发挥了重要的双重作用。

一方面，郑芝龙集团代表官方实施其确立的海上贸易秩序，有权对亵渎、违犯这一秩序的任何中西商团、盗匪团伙追究责任、实施惩罚。诚然，郑芝龙悉心打造、高薪养练、装备精良的 10 万武装舰队威震海上、无人能敌，给屡次挑拨是非、企图像在印度和美非那样，凭借先进火器和强盗手段使中国就范的西方人以沉痛打击和严厉警告，令其长期以来不敢造次妄为。更别指望能在他所控制的东南沿海占据一寸土地、掠去半毛钱的财物，只能老老实实地按商业规则和郑氏秩序交易、交流，将贸易站建在大陆以外的台湾。而这个地方，只要郑氏家族认为西方人已经不适合待下去了，将他赶走也不乏实力。

由此推演开去，不能否认郑氏集团的存在和强大的军事实力给西方殖民者带来的巨大压力，他们无力觊觎东南海域的控制权，也不可能改变对他们不利的郑氏海上贸易规则。在西方内讧交加的大背景下，这种威慑力的余波一直持续到乾隆末年。因此，不能低估郑氏集团对中国海疆安全和领海主权带来的重要而长期的影响。长期以来，肯定郑成功而否定郑芝龙的历史观和论事逻辑是迂腐过时的、很不公平的，应该予以纠正，这个问题后面还会讨论。

另一方面，郑芝龙集团以官方代表及对外贸易全权代理的名义与外商展开交涉、谈判和交易，名正言顺、底气十足，弥补了不懂外事、不懂贸易且闭门不出的官府的无知和不足，填补了由此造成的政府职能缺陷和重要权力真空，树立了明朝政府的海洋不容染指、海商不容侵犯的对外形象，确保了明朝海商在当时具有与西商竞争的整体实力，避免了外商对中国海商贸易权利和经济利益的侵害和围攻、任其肆意垄断商路和市场、使财富流入西方，也消除了像在菲律宾和雅加达的华商那样为了生存和自保而为西人所虏、苟且从事，甚至惨遭大屠杀的情况出现。这一点对于明清两朝都尤为重要，但是清朝既没有出现认识到这一重要性的君主，也没有产生郑芝龙第二，所以被英国几门大炮吓得魂飞魄散，实属历史必然、不足为怪。

郑芝龙有精兵 10 万，"不惜厚饷以养之"，但没有让明朝政府拿过一分钱，却给明朝办成了上述各件他们办不成的大事。从这个角度看，朝廷和郑芝龙是各得所需、合作双赢。但更为重要的是，政府方面，当时的明朝中央，财政收入状况每况愈下，而开支却接连登上新台阶，且民力几乎已被榨干。本已烽烟遍地，如果再进一步推行敲骨吸髓之法，只会死得更快。郑芝龙不但替朝廷平定了海乱、以枪炮和规则粉碎了西方殖民者的明攻暗算，而且不要一分钱，明朝因为无能而退让却撞上这桩天上掉馅儿饼的好事，算是上天对百姓苍生的眷顾。民众方面，百姓因为郑芝龙集团的阔绰——他的财富来源于贸易，是经营致富、正当收入，跟权贵、官宦大地主的苛税强占、巧取豪夺完全不同——躲过了一次更加残酷的盘剥，还为他们开创了商品销路、争取到了市场，这无异于政府实施了一次长达十余年的免税、开放政策以帮助百姓致富、刺激经济增长，这对居民生活和社会进步都具有不可低估的帮扶、促进作用。

总之，郑氏家族的传奇崛起和积极作为开创了有明一代绝无仅有的官、民、商三方都乐观其成、共享成果的良好局面，营造了海陆经济并行发展、彼此促进，社会活力随之重振的黄金时期。反观历史，必须充分评估这一事件在中国社会转型进程中的先行者地位。虽然这个时期非常短暂，如同一道划过夜空的闪电。虽然它与同时代的、交易思维和公司经营模式式已经处于统治地位并且常态化了的欧洲相比，相形见绌。但是必须留意的是，郑芝龙领导的海商集团是继吕不韦之后，首个也是唯一一个运用经营思维和交易模式把个人抱负与国家利益整合起来，实现双向联动并取得巨大成功，使个人和国家都各得所求，合作双赢、利益共享的商业团队。郑芝龙时代之后的欧洲，发展为由更多商界精英和银行家直接挑起振兴国家大梁的时代，这种新式帝国主义发展模式振兴了欧洲、改变了世界，而曲高和寡、孤木难支的郑氏思维和经营理念却被汹涌澎湃的倒退逆流所吞没。这一东亡西兴的分野，正是处于农庄思维严密囚禁中的中国可悲命运的前兆和预警。

3. 转型挫折

气息奄奄的大明王朝被愤怒的农民消灭之后，坐收渔翁之利的满人接续为中原正朔，建立了大清王朝，这一历史巨变给转型进程带来严重挫折，要件有二，下面分别论述。

一是郑芝龙海商集团的衰亡。

郑芝龙集团走向衰弱的起点是明亡之际与清朝合作的失算。其实郑芝龙的计划如果得以实现，不但郑家威风不减当年，而且对大清国东亚头把交椅的稳固也多有助益，但是愚蠢短视的满人的背信弃义和郑成功的愚忠固执把事情全都搞砸了。

擅长投资经营的郑芝龙运用商人思维筹划全局，看到明朝自取灭亡、气数已尽，清王朝代明已成定局，便准备通过与新政权的合作实现制海权和贸易垄断权的平稳过渡，而且准备将广东也纳入势力范围，全面实现东南沿海一体化，把家族企业做得更大。这样，不但郑氏家族的商业帝国和荣华富贵非但无损，反而得益，而且清王朝不需任何投入即可拥有一个平静有序、千帆竞流、财源滚滚的东南海域，不但强大的郑氏海军可保海疆安全无虞，洋人不敢造次，而且可以省下大笔军费开支，还拥有一个纳税大户。这一计划果真变成现实，显然对郑氏家族和大清王朝都是一盘好棋。

但是，注重契约和信誉的商人跟野蛮强悍而又无知短视的流氓武夫相遇①，遭算计吃亏的肯定是商人。郑芝龙虽是江湖老手，但由于长期与比较注重契约的西商打交道而缺乏政客常有的狡诈，从而高估了满人的人格和档次，也高估了洪承畴的能量，对满人诚心相待，犯了轻信轻敌、同乡义气和草率冒进的错误。而清王朝当局则犯了目光短浅、小肚鸡肠、不知以退为进、践踏真诚信赖，从而因小失大的愚蠢过错。

二是白银进口受阻引发金融危机。

白银进口受阻引发金融危机是明末转型遭遇严重挫折的另一原因。经济复苏导致交易半径迅速延长、交易金额剧增。身为政府但完全是金融门外汉的朝廷，自15世纪中叶以后已无从出台有效的货币政策来稳定金融、实施宏观调控。金融界一直处于无政府状态，货币灾难的到来只是时间问题。随着白银悄悄占据支配地位，海外贸易复活、白银流入加速，增量无

---

① 当时与郑芝龙对接的满人代表是平南大将军贝勒博洛。参见：连横. 台湾通史[M]. 南宁：广西人民出版社，2005：390-392.

限，一条鞭法在全国推行，明朝好似"白银中毒"，须臾不可离它①。不但是商业交易的交换手段和价值尺度，而且工农业雇工的工资计算也已白银化，土地买卖、缴纳地租当然也是白银，即使在偏远的乡村集市，也非白银不可。随着明朝步入末年，民间贸易活跃、水旱灾荒频发、暴动战乱四起，物价连日上涨，预示着灾之将至。先是日本白银出口大幅下滑。接着欧洲经济陷入萧条，政权频频更迭，白银流入量骤减，根本无法应对日益增加的交易需求，吸纳了国内巨大财富的银子又被囤积在它们主人的手中，深潜不出，物价一夜飞涨，交易链瞬间断裂，生产也被迫停止，百姓叫苦不迭，很多人想退回到朱元璋的物物交换时代去避难，但那已成一种幻想。盘根错节的诸多矛盾纠缠在一起同时发力，明朝已经完全疯了，不能自救又无人相救也无药可救，只能在诅咒声和哭泣声中灰飞烟灭。

4. 日本、欧洲的进展

当明朝一步步走向灭亡之时，外域世界发生了巨大变化，将裹足不前的中国抛在了后面，这是我们不能不对比、不能不知道的。嘉靖二十二年（1543），一艘载有 3 个葡萄牙人的沙船在从暹罗到中国途中遭遇风暴，漂流到了日本西南部的种子岛，从此日本开始与西方直接交往，开启了全新的历史征程。日本人首先从结识的新偶像那里学到了火枪及其弹药制造技术——这是葡萄牙人最值得炫耀的东西。聪明的日本人本能地意识到这个新玩意不但威力很大，而且很可能会是发财的好门路。所以，火枪立即以超出

---

① 1571 年，北京太仓的白银收入量从 230 万两（8.625 万公斤）猛增到 310 万两（11.625 万公斤），1597 年西班牙运到菲律宾的白银，有 34.5 万公斤进入了中国，加上明朝官方银矿自产银，白银收容总量将是非常庞大的数字；民间潜藏的白银总量也非常宏大，在 17 世纪 30 年代，缙绅豪右之家，上等富户的家产在白银 1,000 万两以上，中等的 100 万两以上，而在万两以上的下等富户则不胜枚举。由此可见明末白银需求的旺盛程度。参见：[美] 魏斐德. 洪业——清朝开国史 [M]. 陈苏镇，等译. 南京：江苏人民出版社，2008：2. 另据贡德·弗兰克的估算，从 16 世纪中期到 17 世纪中期，美洲和日本生产的 38,000 吨白银，最终有 17,000 吨流入中国，占世界白银总产量的 1/4 到 1/3。另，在 1800 年以前的 250 年里，中国好似世界白银的"终极秘窖"，他从日本和欧洲进口的白银约为 48,000 吨，从马尼拉进口 10,000 吨甚至更多，加上从东南亚、中亚进口的和自产的，中国获得的白银总量约有 60,000 吨，大概占世界有记录的白银产量的 1/2。参见：[德] 贡德·弗兰克. 白银资本：重视经济全球化中的东方 [M]. 刘白成，译. 北京：中央编译出版社，2000：210，208.

想象的速度传遍全国，并很快由进口变为仿造。最先在铁业重镇和贸易中心的堺大批生产，后来近江国国友村的锻冶从业者也研究了足利将军交下来的火枪，学会了仿制，并迅速培植成一个火枪中心。1563 年，毛利氏进攻出云国尼子氏的白鹿城时，死去的 45 人中，有 33 人死于火枪。这一战例充分显示了火枪的神力和前景，随之更加广受追捧并引发军队编制和战术的改革升级。后来的织田信长和丰臣秀吉，正是凭借火枪的威力成就了霸业。

　　比较起来，中国虽然早在 13 世纪中叶已经发明了火炮，明正德十六年（1521），汪鋐曾仿制过佛朗机①，成为当时的海防作战长技，但仿成之后再无进步，且一直没能掌握瞄准技术，水平迅速落后于西方，生产规模也很有限。万历四十八年（1620），在通州练兵的徐光启满腔热忱地上疏，要求进口葡萄牙红衣大炮，却踫了一鼻子灰，还遭到同僚的围攻，兵也不让练了。徐并没死心，利用皇帝死去的权力真空，私自购进 4 门火炮，但新继位的熹宗并没有给他好脸色看，直到吃了大亏才转变态度。明军真正认识到红衣大炮的威力是天启六年（1626）的宁远之役以后，但一直没有仿造过。汪鋐已逝，光启来迟！时光荏苒一世纪，明朝倒退百余年。与日本人的机敏相比，真是令人汗颜。

　　得到好处的葡萄牙，赴日商船越来越多，九州各大名争相欢迎他们进入自己的领国以赚取贸易之利。同时，日本人也主动向外发展，中国不好去，便以东南亚为主攻方向，并形成了海外移民新趋势。当 1570 年西班牙占有马尼拉时，已有 20 个日本人定居在那里。在台湾、澳门、交趾、暹罗等地，也有越来越多的日本人做生意和定居。织田信长和丰臣秀吉都认识到商业和商人的利用价值，废除行会和关卡，积极鼓励海上贸易。丰臣秀吉对于外来商船，没有任何法律限制，他的欢迎立场不但促进了外商纷至，而且从中捞足了油水。德川家康以更开放的态度、更积极的政策发展海外贸易。他聘请荷兰高级船员杨·约斯丹和英国船长威廉·亚当为西事顾问，准许荷兰和英国商船可以在任何一个日本港口停靠，同意两国在平户建设贸易基站和办事处。还与马尼拉的西班牙殖民当局建立联系，与东南亚各国开展朱印船贸易。他还想与明朝政府合作互通贸易，但没能成功。总之，在德川家康时期，日本完全变了样，灵活、开放、包容、进取，对贸易上

---

　　① （明）严从简. 殊域周咨录 [M]. 余思黎，点校. 北京：中华书局，2000：321-322.

心、发展神速，富有程度远超丰臣秀吉时期。

海外交通兴盛催化了日本造船、航海业的长足进步，海船吨位由与明朝勘合贸易时期的100吨陡增到朱印贸易船的200—300吨，甚至出现800吨的大船。1616年，肥后国的池田、右卫门将从葡萄牙人那里学来的航海术和气象观测术著书出版，罗盘、海图及气象观测、航海仪器都得到普遍应用。更须提的是，明万历四十一年（1613），受德川家康的旨意，伊达政宗派家仆支仓常长乘坐幕府海军建造的西式帆船，从陆奥国的月浦港出发，横渡太平洋去晋谒西班牙国王和罗马教皇，发展与西班牙殖民地墨西哥的贸易。经过90天的航行，支仓常长一行在墨西哥西海岸阿卡普尔科登陆。随后支仓常长从登陆地至墨西哥东海岸，横渡大西洋抵西班牙，最终到达罗马。后又穿越太平洋返回日本，整个旅行耗时7年。这次航海对日本来说，是值得骄傲的壮举，它首次一程串联亚、美、欧三大陆，具有从东向到达欧洲的开拓意义，也是至今已知史料中东方人横渡太平洋在欧洲登陆的最早记录。自郑和舰队回国以后，中国帆船刷新自创历史是在413年后的1846年，英国秘密购买了大清国所造、载重量800吨的"耆英号"① 从香港起航，经好望角、纽约、波士顿，最终到达伦敦，当时船上有30名中国水手和1名中国人翻译希生。但这次旅行并非中国人主导的航行，也没有横渡太平洋。

5. 欧洲的进展

欧洲的面貌，可用狂飙突进、引领全球，疯狂竞争、唯恐落后来概括。捷足先登的葡萄牙和西班牙凭借垄断各自的新航路一夜暴富，荷兰、英国、法国不甘落后，急欲打破伊比利亚垄断，一场残酷却富有进步意义的竞争与火并开始了。对新航线洞若观火的热那亚和威尼斯人以积极、合作的态度对待新变化，他们将人力和财富投向塞维利亚、里斯本、安特卫普（今比利时港口城市），像特洛伊木马一样进入了潜力无限的世界市场。而西班牙并没有停止探索美洲的脚步，1507年，对新发现的陆地并非亚洲的质疑得到最后确认，美洲有了自己的名字"阿美利加"。没有采纳麦哲伦新建议的葡萄牙又失去了一次机会，这位卓越航海家又得到西班牙的支持，他率领的5船探险队航行了3个月就发现了麦哲伦海峡，并于1521年到达菲律宾。他被杀后，剩余的航程由埃尔卡诺于次年完成，回到了西班牙。至此，

---

① 耆英号以柚木制成，有三面帆，排水量800吨。

人类首次完成了耗时 3 年之久、总里程为 72,000 公里的环球航行，将交易活动带入了全球化时代（以 1571 年占据菲律宾为起点）。

另一方面，西班牙依仗大炮和骑兵，使用纪律严明、人数很少的兵力就征服了美洲三大帝国（玛雅帝国、阿兹特克帝国和印加帝国），霸占了他们的财富。领地制度的实施吸引了大批殖民者，黑人奴隶也被持续贩运过去充当苦力，欧洲技术被引入美洲开采黄金、白银和宝石，欧洲动植物也被移运到了那里的种植园，还开辟了横渡太平洋的新航线，向中国输入白银以换取欧洲缺货。财富源源不断地流入欧洲的同时，美洲也深深烙下西班牙印迹，逐渐形成西班牙语拉美文化。

英国、法国和荷兰抓住伊比利亚没有即时更新其旧经济结构和政治职能老化的弱点，争分夺秒地构建自己的殖民帝国。他们的共同法宝是商业性殖民开发新思维，即殖民地既提供工业发展必需的原材料，也提供宗主国需要的产品，采取股份有限责任公司或者国家参与的商人联合会形式经营，这种思路极大调动了商人的开发热忱，也控制了全部海外贸易。

荷兰人在这方面，堪称一绝，海外贸易大公司的运转最有效率，银行业之发达无与伦比。1740 年以前，荷兰的对外贸易一直稳居世界第一。1665 年，在海上行驶的 2 万艘欧洲商船中，1.5 万艘属于荷兰，被冠以"海上马车夫"的绰号。荷兰商人和银行家最能干，为当时的世界所一致公认。阿姆斯特丹银行几乎开展了现代银行的全部业务，存款额约合 1 亿美金。一笔价值百万元金额的交易，可在 1 个小时内办理完毕。大家对荷兰金融的稳定性和可靠性，抱有极大的信心，存有半点怀疑都属多余。因此，荷兰政府可以用比任何一个国家都要低的利率贷款，有时年息只需 4 厘足矣①。在东南亚，他们排挤葡萄牙的努力进展顺利，占领了广大地域。1621 年在爪哇岛建立了转口贸易运营中心，中国的瓷器、日本的铜、帝汶岛的檀香木、马鲁古群岛的香料和印度的棉花、波斯的丝绸等等都在这里为他们交汇生财。荷兰东印度公司存活了 198 年，付给股东的年均股利高达 18%。在美洲，圭亚那和安的列斯群岛都建有商站，委内瑞拉海岸北面的库拉索岛被他们炒成了西班牙美洲的走私枢纽。还在哈得孙河口营建了新阿姆斯特丹城（即后来英国人命名的纽

---

① ［美］威尔·杜兰. 世界文明史·路易十四时代（上）［M］. 幼狮文化公司，译. 北京：东方出版社，1998：31；221.

约）。在非洲，既控制了好望角航线上中途停靠的各大据点，使整个南方都姓了荷，还占领了奴隶贸易的最大出口基地几内亚。

英国，殖民事务全由大公司领导，政府是分享财富的跷脚老板，只负责颁布规程，授予商人垄断权和契据，出台政策鼓励向各殖民地移民，特别是到未开垦的新世界定居创业，一批移民机构因此得以建立。这些努力在 1620 年的"五月花号"美洲之行后开始发力，贯穿了整个 18 世纪。战争、迫害、流放等欧洲老毛病使大批移民迁入自由而前景可观的北美，新移民点日益增多。印度洋上，东印度公司很有作为，乘着葡萄牙衰退的间隙加快对这位先行者的驱赶，法国人也未能长期立足。他们沿马拉巴尔海岸和科罗曼德尔海岸遍设站点，还将马德拉斯、孟加拉和恒河地区收入囊中，半岛的 U 形区域都成了他们的势力范围。步入 18 世纪后，形势越来越有利于野心勃勃的英国。经过 7 年的苦战，于 1763 年与亲爱的仇敌法国签订了《巴黎条约》，法国锐气大挫，英国却控制了海洋，圆了殖民帝国梦。

法国 16 世纪开始殖民运动，17 世纪初叶，大探险家尚普兰在现在加拿大的法语区建立了新法兰西并逐渐扩大，成立的股份公司经国王许可取得了一本万利的皮毛贸易垄断权。柯尔伯（Kolbe）主政时期，殖民运动规模扩大，东西印度公司、东方公司、塞内加尔公司、北方（巴尔干）公司等大公司涌现。到世纪末，法国的贸易额已跃居全球第三位。法国的殖民地采取的是宗主国领导下的领主式管理。在殖民地定居的法国人建立种植园与法国贸易，也开展与西班牙殖民地的走私和奴隶交易。来东方虽然晚了一步，没能在印度打开局面，但在马达加斯加的多凡堡建立了移民点。

俄国的变化也值得一提，在 16 世纪的伊凡雷帝统治时期，哥萨克人叶尔马克就征服了西西伯利亚。17 世纪中叶，又到达鄂霍次克海，俄罗斯人有了优质毛皮。除了贡品，还成了新生贸易热点，油水充足。随着发现的深入，官方在狂热分子的鼓动下对肥沃的泛阿穆尔河（中国称黑龙江）流域的占有欲日甚一日，活动越来越频繁，定居点也增加，中俄之间的边界矛盾逐渐演化为两国之间的较量。

遍布全球的殖民热潮和忙碌穿梭的航海贸易将欧洲的经济轴心由地中海转移到了大西洋，来自全球的货物主要集中在里斯本和塞维利亚两大海港城市，而它们又是安特卫普的货源提供地，各种各样的物资货品来到安特卫普后，就在这里分散到各大国际公司，亚洲香料、美洲白银、非洲黄金也都在此完成主要为全球海外市场生产的制成品交易。这样，安特卫普就成为欧洲首个金融市场。西班牙控制了美洲、握有最多的黄金白银，本来它拥有比葡萄牙更为优越的条件成为经济中心，但是受国内旧贵族和年幼资产阶级的拖累，它没能革新工业，导致巨额财富转移出去，白得实惠的法国、英国和荷兰，工业迅速发展起来，西北欧顺势成为以阿姆斯特丹为首都的经济中心，由此产生的技术和文化实力增强了三国抵御 17 世纪经济寒冬的免疫力。到 18 世纪时，殖民帝国老大英国终于坐上了欧洲头把交椅，伦敦成了世界贸易心脏，领导了殖民地贸易商业革命，英法两国的贸易额在 70 年内翻了 3 番。另外，英国率先引爆了经济学史上第一颗原子弹——1776 年，也就是美国《独立宣言》发表的那年①，亚当·斯密的《国富论》诞生，经济自由理论和政治独立主张隔海同生，绝不是偶然的巧合。126 年后的 1902 年，中国人才得到了这一消息——看到了严复的中文译本《原富》。

从上文所述日本的变化和欧洲全球殖民贸易发展过程可以看出，日本，特别是欧洲经过这一过程已经完全摆脱旧有格局和发展模式，进入全新阶段。而明朝和清朝领导下的中国，官方不但没有任何进步，反而在为维护其严重过时的旧式统治强化各种专政、主动隔断官方和民间与外界的联系、扼杀民间转型力量。这种状况清楚地表明，如果不立即改弦更张，被传统思想体系和落伍政治制度牢牢束缚的中国，根本没有力量与外界竞争、抗衡，遭受他们的凌辱已成定局、没有变数了。

---

① ［美］费尔南德兹—阿麦斯托. 世界：一部历史（第二版）·下册［M］. 叶建军，等译. 北京：北京大学出版社，2010：849.

第八章　清朝时期的转型脉络

　　大清接续明朝的政治香火，统治中国长达 268 年才气绝魂丧。从宏观上审视，轰轰烈烈、体大腰圆的清王朝值得肯定的有四个方面：一是它对中国疆域的贡献，这一点前文已作认可，不必赘述。二是大一统局面的形成，在打破族群隔阂、促进农牧文化的相资相长和全国统一市场的形成方面取得很大进展，也应予以肯定。三是在 1840 年以前，除了局部、短暂的战争外，强悍的专制体系保持了国家整体上长时间的和平，传统农业在玉米、土豆、红薯、花生、辣椒这些外来作物的襄助下释放出巨大能量，养活了数量庞大并持续增长的人口。四是《古今图书集成》《康熙字典》等文献的编修保存了大量的智力遗产。从和平可贵、生命无价、文化为魂的视角出发，不应否定它的这些努力。除此之外乏善可陈，确难奉送恭维，应该否定和检讨的实在太多。

　　为什么这么评价大清帝国？这种观点是不是对清王朝统治的贬低、是不是有失公允？答案都是否定的。原因得从清王朝所处的时代和面临的国内外主要矛盾来考查分析。如果说明朝时期，由于全球化和商业化还处于穿云闯雾的不明朗阶段，历史对它的违逆时世和迟钝麻木尚可施舍二分同情的话，那么到大清帝国入主中原时，产业工商化带来的经济全球化及其激烈竞争的国际形势，已经云开雾散、明如太阳光辉，只要睁眼看世界，即可一目了然了。在这一国际背景下，大清帝国统治集团在站稳脚跟之后，首要的任务应该是完成自身在世界国家集群中的真实定位，制定从根本上改变大明帝国在内外事务中两两失利局面的长远、可行的战略与政策，及早重启明朝后期的农业、手工业商品化，农工商业资本化和国际化进程，具体任务应当是根据已经具备的条件完成两大要务：

　　对内看清国情与民愿。充分认识土地短缺和单一且没有发展空间的农业给政治稳定、经济发展和社会安定带来的严峻挑战，着力探索取得突破的方向、策略和道路。

对外看懂国际局势和动向。利用传教士、商人、使者等已有渠道，并可根据需要开拓新渠道，通过深入接触，摸清各色"夷人"远道而来的真正动机及其身后的支持力量，评估他们及其靠山可能会给边境秩序和帝国安全造成的影响与大小，制定对帝国最为有利的与其打交道的策略和措施，以确保自身始终保持相对于"夷人鄙国"的经济优势、技术优势和军事优势。

然而，大清王朝对内对外政策都是一本续旧、老套的糊涂账，而且随着局面的恶化，反而愈加傲慢愚钝、抗拒时势。它太没眼光，拜错了偶像，悉心学习、效仿早已被时代抛弃而灭亡的明朝，在必须开放经营的商业全球化时代，跟朱元璋一样，扣错了第一粒扣子，依然照旧建设过时的封闭大农庄，不仅继承了亡明的绝大部分统治糟粕，还将比这更落后的满族农牧奴隶制嵌入其中。思想、政治、经济都毫无新意和建树，它的落伍专制政治、守旧思想体系和农本商末理念造成社会升级和文明转型的慢性自杀式延宕，遭受了毁灭性打击，损失无法弥补，使国家接二连三地错过机会。特别是在西方传教士和特使已经明确、反复地给予启发、提示甚至警告、威胁的情况下，仍然夜郎自大、麻木不仁、死守老套、排斥变革，尤其没有理由原谅。经过数次残酷血拼才扩张和稳定下来的边疆地区，也因这种腐朽落后而接连丧失。所以，明清换代，中国不但没有进步，反而继续倒退，距离时代发展前沿和国外先行力量越来越远。大中国这个昔日风度翩翩的东方儒绅已经败落成了灰头土脸的深山野夫。下面通过分析清王朝解决所面临的最突出矛盾——民众吃饭问题——的策略失措，落后的货币金融理论与管理政策长期制约和破坏社会经济发展，以及代表清代鼎盛的康雍乾三朝对外交往方略失策动程的分析，来考察文明转型的停滞和倒退，解剖中华帝国最终坠崖的内在逻辑。

第一节　清王朝面临的吃饭困局及其应对失措

在以单一农业为经济支柱的中国传统农业社会里，吃饭问题是核心问题，粮食问题又是吃饭问题的核心问题，而土地的总量和配置问题又是粮食问题的核心问题。清廷没能妥善解决土地配置问题，从入主紫禁城之日起就无视甚至纵容形形色色的土地兼并，成为王朝的伴生性"癫痫"症。这里没必要多花笔墨去分析这一延续甚久的顽症痼疾，只需强调，清朝时期土地仍然是"最稳妥、最保险的财富存在形式"[①]，仍然是没有货币投资场所的农业帝国中投入最少、风险最低、利润最高、获益最快最久的投资方式。更需重视的是清朝的土地总量与人口总量的配比为历代最差，成为帝国躯体中疯狂滋生的恶性肿瘤。

拿赖以生存的口粮来说，粮食问题到明代中后期已经很严重，清朝立国后愈加突出难治。1600 年的明朝，全国耕地总面积为 10.7 亿市亩，粮食作物种植占耕地总面积的比重为 85%，口粮在社会对粮食的总需求中所占比例为 81%，全国总人口 2 亿，年人均口粮占有量为 1,192.94 市斤。1800 年时，清朝全国耕地总面积为 10.5 亿市亩，比 1600 年减少了 0.2 亿市亩，而粮食平均亩产在南北方都与明朝 1600 年的水平相当，没有明显提高。粮食播种面积在全国耕地总面积中的比重也没有增加，还是 85%。然而，全国总人口却增长了 1 个亿，达到了 3 个亿，口粮在社会对粮食的总需求量中所占比例增加了 4 个百分点，达到 85%。所以，尽管全国口粮总产量较 1600 年增加了 696 亿市斤，但在全国粮食总产量少于 1600 年 44.91 亿市斤、社会对粮食总需求量增加 737.5 亿市斤的情况下，1800 年大清帝国人均口粮占有量仅为 780 市斤/年，到 1911 年，再减少到 736 市斤/年。这个数字比明代 1600 年的水平低 412.94 市斤，也低于秦汉时代的人均 985.75 市斤，分别是宋元时期的 54% 和 50%，与春秋战国时代人均 641 市斤的水平最为接近[②]。可见，清朝的吃饭问题在状况本已很糟的明朝后期的基础上，一直在恶化，民众生活水平持续下滑，社会长期处于被饥饿围困的动乱临界点。难题并非到此为止，加重这种灾难后果的还有另一个致命推手——自然灾害。

---

① 阎成英，尹英华. 中国农业发展史 [M]. 天津：天津科学技术出版社，1992：203.

② 吴宾，党晓虹. 论中国古代粮食安全问题及其影响因素 [J]. 中国农史，2008 -1：26-28.

根据邓云特的研究，有明一代共历自然灾害 1011 次，发生频率和为害程度都远超前代①。但是很不幸，清朝的灾害较之于明朝，"尤为繁密"，见诸史料者共计 1121 次，包括旱灾 201 次、水灾 192 次、地震 169 次、雹灾 131 次、风灾 97 次、蝗灾 93 次、歉饥 90 次、瘟疫 74 次、霜雪 74 次②。可以说，清朝是个灾害高发期，不但无年不灾、无处不灾，多灾交织、迭次并发，而且受灾之广、为害之深、影响之大皆为空前所未有。如此恶劣的自然生态下，对于清代分散零碎、技术落后、对大自然依赖性极强的脆弱小农经济而言，一般程度的灾害都可能导致致命后果，在产出和开支两端同时发挥作用。产出端，减损劳动人口、摧残畜力资源、毁坏耕地和作物。开支端，蠲免使国家财政歉收，赈灾又增加国库开支，减少粮食储备。两端的消极后果最终都主要由普通民众来承受，转化为各种负担，酿成灾难，进一步恶化吃饭问题、激化社会矛盾。

这种严峻形势，清朝当局一直没能看清，也没有将从根本上解决百姓的吃饭问题上升到国家发展道路和方式转变的高度，予以思考和探索。大清君臣仍然沿袭朱元璋的大农庄国家思想和道路，延续单一农业为唯一经济支柱的套路，坚定不移地奉行社会生产、劳动就业、国家发展全部也只能在传统模式下、古老陆地上被山海大漠圈定的封闭空间内完成的过时战略和路线。但时事不可违逆、潮流无法阻挡。由小农经济支撑的大地主独裁专制社会，自秦始皇初创到清朝中期，已成强弩之末，在儒表法里思想哲学和统治思维限定的农本商末畸形经济社会结构之下，人地矛盾反复激化为生死矛盾，洪水淹至颈项的农民不得不铤而走险、以死相拼，持续焦灼的官民对抗一再发生。

嘉庆年间，川陕楚地区以白莲教为纽带的官民暴力对抗和后来咸丰、同治年间拜上帝会发起的农民暴动，都是大清王朝对最根本的吃饭问题应对失策的结果。白莲教农民暴动，绵延五省、持续十年，朝廷花耗饷银两亿两（这个数字是当时中央政府五年财政收入的总和），有四百余名副将以下军官殉职，二十余名一、二品高官殒命，民众伤亡不计其数。太平天国

---

① 朱凤祥. 中国灾害通史·清代卷 [M]. 郑州：郑州大学出版社，2009：5-6.

② 由于资料完整度不同，各研究者对历代灾害的统计有一定差异，但总体情况完全一致。参见：邓云特. 中国救荒史 [M]. 上海：上海书店出版社，1986：32.

暴动更是中国古代卷入范围最广——波及 18 个省级政区、600 多座城市，持续时间最久——长达 14 年——的反政府武装暴动，是一个在旧有框架内暴力解决人地矛盾最为血腥残忍的灾难历程。这种反复发作的暴发与制暴内耗，一步步将大清帝国经济拖入万劫不复的深渊，也给出于自救目的被迫卷入其中，却反而为其所害的民众，带来灭顶之灾。清王朝使中国旧式农业社会模型解体之前要不可避免地付出的高昂代价，变得更加高昂。

第二节　原始而发展迟滞的货币金融理论和管理，落后西方一两个世纪

古代中国在唐朝就有了银行业和异地汇兑业务。在北宋前期就开始使用纸币，发展出证券交易。元明清三朝都发行钞票上市流通。但是在货币金融理论认知和实践开发方面，却一直到清末都没有取得实质性进展。前文分析朱元璋政府的货币心态和政策时，已对西方货币金融制度的发展轨迹做了梳理。欧洲的政治经济学理论，在其早期成功的货币实践基础和后来经济转型的拉动下，于中国清朝时期获得突飞猛进的发展。正是在这个时期，中国在这方面完全被甩在了后面。

清初很少有高官和知识分子注意货币问题，也不明白货币与物价有什么互动关系，讨论物价问题不会联系货币问题一起考虑。讨论钱法者，关注重点往往集中在钱银之间的比价，并不重视银钱本身的价值，至多探讨用钱和用银的得失。通过银钱比价关系来平抑物价，在阿里衮于乾隆十三年（1748）提出"补正铜钱制"思想以前，习用经验是增减制钱的重量，由此牵动铜钱紧跟白银涨跌。道光年间以后，关注钱币者渐多，但仍鲜少认识上的突破，如王鎏认识到进入市场的货物少，则物价会上涨，但仍没有发现纸币发行过多，也会使物价上涨这一规律。而给南宋、元、明、清四代带来共同灾难的，正是无节制地滥印纸币造成无法控制的通货膨胀这一理论认识盲区。晚至咸丰年间，王茂荫才认识到"钞无定数，则出之不穷，似为大利；不知出愈多，值愈贱"[①] 的道理。清末大搞洋务，引发文化

---

① 彭信威. 中国货币史 [M]. 上海：上海人民出版社，1958：630.

界币制研究改革热潮，刘世珩和康梁师徒等人都有著作问世，但仍停留在启蒙阶段，以推介国外货币知识为主，在货币理论方面依然创见不大。所以，清朝两百多年间，纸币一直在行政监管缺失的状态下任性施展其损害经济的魔力而不为人知、不受管束。

清朝时期的银行信托业务也主要维持旧有套路，偶有原框架内的花样翻新，但变化迟缓，无实质性进步。光绪以前，仍然是典当、银铺、钱庄、票号、银号这些老行当之间的恶性竞争。钱庄的主营业务，依旧是兑换，附带银色评定和称量。金店、参店、烟店、布店等也在兼营银钱兑换业务。仅有多资本、大规模的钱庄才有能力经营存放款业务，顾客群体并非官吏和富户，而是佣工贩贾和手有余钱的平民。一旦经营不善、资金链断裂或者社会恐慌，便会破产倒闭，庄主往往关门逃跑，大量手持钱票者遭受的损失无法弥补。为避免这种现象屡屡上演，诱发持久而大范围的社会动荡，清廷曾规定新开钱铺须有五家在营钱铺联合担保，但是官员收受贿赂捏造保状，创业者用几年前已经倒闭的死铺为自己的新开钱铺担保等恶行痼疾日益猖獗，非但于事无补，反而引发一系列更大的混乱。朝廷还曾几度设立官营信用机构——官钱铺（官钱局、官银号）作为应对措施，如乾隆二年开了10家，道光年间5家，咸丰年间14家，但是这些由外行采用行政手段进行经营的所谓官钱铺，既非官衙也非钱铺，都没有存活几年就悄悄关门了。

清朝时期最早提出开设现代银行的是洪秀全家族的洪仁玕，他于咸丰九年（1859）首倡，但没能开办即胎死腹中。此后又有郑观应等与洋人过从甚密的所谓开明派人士多次提议，均无进展。清廷最终设立脱胎换骨的新式银行，已经晚至光绪二十三年（1897），由时任督办全国铁路事务大臣的盛宣怀在上海创立了中国通商银行。它的诞生比阿姆斯特丹银行晚了整整288年，比美国首家国民银行——北美银行的成立晚了116之久。即使跟第一个登陆中国的外国银行——英国丽如银行在香港和广州首设分行相比，也晚了整整52年。中国真正建立新式金融体系是20世纪的事儿了。1933年，中华民国废两改元，1935年彻底放弃银本位制——晚于英国219年，发行法定货币，开始与世界金融体系的衔接之路。

与清王朝帝国形成鲜明对比的是欧美银行信托业的发展。继1609年（明万历三十七年）荷兰创立阿姆斯特丹银行、世界首家股票交易所开业，塑造了新式银行和信托业的标杆之后，引发了欧洲新式银行业的发展高潮。各国的银行业和金融制度，也正是在清朝这两百多年里成熟完善起来的。下面是欧美银行业发展的大致履历。顺治十三年（1656），世界首家发行银行——瑞典银行成立；康熙三十三年（1694），世界首家大型现代银行——英格兰银行成立；康熙五十五年（1716），约翰·罗设立首家法国银行；康熙五十六年（1717），英国废除银本位制，建立金本位制，随后，欧洲各国相继采用金本位制；乾隆三十年（1765），腓特烈大帝于柏林设立普鲁士王国首个皇家银行。乾隆四十六年（1781），美国首家国民银行——北美银行成立；乾隆四十九年（1784），纽约银行和马萨诸塞州银行成立；乾隆五十六年（1791），美国第一合众国银行成立。

清王朝帝国最看重皇帝的尊严、最关心帝国的威严。然而，本土钱庄、票号的日渐没落、中国官方和社会精英在货币金融理论方面的落伍，导致民族金融产业空白一直持续到19世纪末，这给包括日本在内的先行国家造成可乘之机，垄断了中国金融市场，操控着国家经济命脉，牢牢锁住政府、精英和富人的咽喉，玩弄于其股掌之中，如同毒犯控制吸毒客，民族资本主义无从发展。但具有讽刺意味的是，朝廷既没有认识到危机，也没有感觉到屈辱。外国银行的业务范围，由最初的国际汇兑、贸易结算，发展到吸收各种社会存款、向中国政府放贷和发行钱钞。以汇丰银行为例，到1890年，存款总额在1865年的基础上增长了41.8倍，存放款余额分别为9,335万元和638万元。向中国政府放贷，正如《汇丰—香港上海银行》（汇丰银行百年史）所载："把款项一笔一笔地贷给处于日益困难与危急中的清政府，从而使自己为清政府所不可一时或缺。"到1894甲午战争时，清王朝4,600万两的外债中，有74%是外国银行借给的，汇丰银行占63%以上。而且贷款年息疯涨，1874年的海防借款利率为8厘，不足十年，飙升到胡雪岩为左宗棠借西征军费时的15厘。巨额外债及其快速增长的利息成为列强为清政府编织的金融陷阱，越陷越深，直至拖垮中国财政。各洋行发现在中国发行钞票是最具暴利的业务，汇丰、麦加利、有利三银行为发钞三贼。汇丰银行1865年在香港开业月余即开始发行纸币，到1894年时，发行总额竟达1,000万港元。麦加利银行的纸币发行额，到1890年已达 680, 375 英镑，合当时中国银元 6, 803, 730 元①。

第三节　康熙皇帝 VS 路易十四和彼得大帝

　　毫无疑问，康熙是清王朝王朝最杰出的君主。但是，他所处的时代绝非以往，而是全球化之后的世界大舞台，与他同台竞技的是法国国王路易十四和俄国沙皇彼得大帝。路易十四 4 岁继位，23 岁起直接统治法国，在位 72 年 110 天，亲政 54 年。康熙 8 岁继位，14 岁起开始亲自统治大清，在位 61 年，亲政 55 年，与路易几乎相等。彼得大帝 10 岁成为王位继承人，17 岁亲理朝政，在位 43 年，亲政 36 年。这三位都非常倚重极权实施专制统治的强人，在位期间都使自己领导的帝国发生了翻天覆地的变化，就像 17 世纪以 20 海里间隔②纵向排列、航行海上的三艘海船的船长，把国家引入了不同的方向和航道，决定了他们继承人的施政方向和帝国将来的命运。

　　总体而言，路易和彼得驶入了开放、宽阔的外海，奠定了现代国家的基本架构，引向的是光明而有前景的方向。有了路易时代的筚路蓝缕，以后的拿破仑仅仅是继续和修葺既有的政治、法律基础而已。陡然崛起的法国，强大的政治影响力一直持续到 1763 年，而语言、文学和艺术方面的魅力，晚至 1815 年仍未衰落。美国历史学家威尔·杜兰曾说："自西罗马奥古斯都大帝以降，没有一个王朝像路易十四时代拥有如此多的伟大作家、画家、雕刻家和建筑家，并在礼节、时装、思想、艺术上为他国所艳羡模仿。外国人视巴黎为心智修养与教育的中心，许多意大利人、日耳曼人，甚至英国人都认为巴黎较其故乡更为可爱。"③ 伏尔泰甚至认为路易十四时代可能是欧洲四个兴盛昌隆、真正享有盛誉的典范时代中最接近尽善尽美

　　① 李昌宝. 中国近代中央银行思想研究 [M]. 北京：中国商业出版社，2012：24-25.

　　② 三人年龄各相差 20 岁左右，路易最大，康熙居中，彼得最小。

　　③ [美] 威尔·杜兰. 世界文明史·路易十四时代（上）[M]. 幼狮文化公司，译. 北京：东方出版社，1998：3.

之境的时代①。彼得虽然出生最晚、寿命最短，但他却最有光彩，留下了无数令人难以置信的传奇和丰厚的政治、思想和制度遗产，旧式贵族、僧侣被他打败，已经没有力量开倒车把俄国拉回到原来的邈邈之所过封闭落后的农庄生活，尽管这种倒退曾经是众望所归、如火如荼。俄国强大的海军和陆军把瑞典打成了二流国家，在西面和南面两个方向上有了出海口，建设外向开拓型、欧洲式的开放国家已成不可逆转之势。他进行的一系列探险和扩大贸易的侦察活动也被继任者所继承。而康熙则跟他们完全相反，把船开进了近岸没有风浪的浅水区，再向前就是像口袋一样的内湖，留下的是一个问题重重的烂摊子和温水煮青蛙式的庭训格言。两相对比，伟大的康熙确实太逊色了，是他那个时代的世界舞台上感应时代脉动最为迟钝也最缺乏外向经略眼光的大国君主。

先以柯尔伯当政时期为例，看看法国的路易都做了什么。柯尔伯好像是上帝派给路易的助手，帮着路易打理法国成就伟业。路易统治的法国积极鼓励新兴企业并给予大胆呵护，减免其税捐、提供国家贷款且利息低至5%。允许新企业独占新工业一个时期，以帮助其实力壮大到足够抵挡风雨。路易张开双臂广揽人才，国外手工艺也被带了进来，如威尼斯的玻璃工、瑞典的铸铁匠、荷兰的织布业。1669年，法国已有4.4万台织布机在工作。桑树种植的扩大使丝织业驰名，产量随着路易的外向扩张而扩张。全国的工业成长喜人，许多工厂的产品流遍全境，还打入国际市场，有些在投资、设备、管理上已迈入资本主义门槛。路易对国家的工业化目标很关心、也很在行。他访问工厂，同意在精美的产品上镌刻皇家纹章以提高其价值品位和知名度，还把大企业家晋封为贵族，提高其政治地位。

路易领导的政府鼓励科学技术教育，卢浮宫、杜伊勒里、戈布兰的工厂和海军船坞都成了培训基地，柯尔伯在狄德罗编纂《百科全书》前已经赞助编修了一部艺术和工艺百科全书，用图片展示、介绍机械。路易建立法国科学院，请来许多杰出科学家任职，不少人是如荷兰的惠更斯一样在

① 伏尔泰认为欧洲历史上曾出现过四个兴盛昌隆、真正享有盛誉的典范时代，分别是：菲利浦和亚历山大时代、恺撒和奥古斯都时代；穆罕默德二世攻占君士坦丁堡之后的时代和路易十四时代。而路易十四时代可能是四个时代中最接近尽善尽美之境的时代。参见：[法]伏尔泰. 路易十四时代 [M]. 吴模信，等译. 北京：商务印书馆，1996：7.

当时非常有国际影响力的著名人物，还创办了机械与机械工艺论文期刊《学者月刊》，以供发表最新工业技术研究成果。路易对科学有广泛的兴趣，尤以天文学、解剖学和地理学为最爱。

法国实现了全国工业国有化，由公社或行会负责管理，政府则颁布各种规则使之在法律框架下运行。从规划生产的方法到新产品的尺寸、颜色、品质，工作时间和条件等等一应俱全。每个城镇都有委员会，监管工厂、保证质量，工厂生产的样品要附上制造人和管理员的姓名在镇上公开展览。违犯规定者将受到制裁。有工作能力的男人必须工作，孤儿院的孤儿要进厂劳动，街头行乞者也被带去上班，正如柯尔伯对路易所说，连小孩也会从商业中赚钱了。国家财富随着商业阶级财富的积累而增加。

路易在利用保护性高关税抑制进口的同时，大力发展国内工商业、鼓励出口，还批准了柯尔伯通过损害工人利益来养肥雇主以提高产品国际竞争力、赚取国际贸易大利润的经济策略。压低工人工资以降低产品成本，使产品在国际市场上有竞争力，赚取黄金。国家降低企业贷款利率以刺激贷款用于兴办工厂或者扩大经营。鉴于各省区领地间密布的关卡既阻碍商业流通又抬高了物价，便命令取消通行税，这一举措虽遭到得利者的抵触，但仍在有限地执行，且自由、放任是商业灵魂的思想散播开来，影响深远。另外，运河的开挖通航也给商业运输带来极大便利，既摆脱了从西、葡转运之苦，又提高了流通效率、促进了商业的繁荣。海事改革也富有成效，海军获得重建，舰船从20艘增至270艘，港口、码头得到整修，马赛跃升为地中海最大港口。海外的法国贸易公司被赋予保护特权，1681年又颁布了《海商法》，还组织成立了专为海外商业投资服务的保险公司。

海外探险倍受鼓励并收获颇丰。加拿大、西非、西印度群岛都建立了殖民地，印度洋上的探险和征服仍在继续。继在北美的卡狄亚克（即后来的底特律）建立了很大的殖民地之后，又占领了密西西比三角洲（命名为路易安娜），将从圣劳伦斯河谷到密西西比河口的北美心脏地带收入囊中。

上述这些都是康熙无法想象、不可能也没有做到的，他当时正陶醉在自己第一权柄之下的中原农业社会，满、藏奴隶社会和蒙、回农牧社会三级梯队自成体系、各自封闭的社会架构的强大和稳定之中。尽管身边的传教士曾多次主动或应其旨意谈论这些新鲜事，但他并没能对此产生强烈的好奇，也未从中获得任何启发。

再看看好玩儿又伟大的彼得是怎么改造俄国的。在囿于贫贱、苦寒和专制的俄国，可以说是众人皆醉、彼得独醒，他自己对这一现状洞若观火。但自命是国家和未来的仆人的彼得仍然明知山有虎，偏向虎山行。就像他在 1723 年的一道谕令中所说的那样："任何事在开始的时候，不是都用强迫而来的吗？没有人愿意走向工业那是真的。因为我国人民有点像儿童，他们从来不曾主动地学习数学，除非是被老师所逼。开始的时候也许很难，可是等到他们学会之后，他们是感激的。已经有许多人为目前的成果表示谢意……所以在工业生产方面，我们必须以行动强迫他们的学习。"① 的确，这位无运接受沙皇教育、16 岁才粗通读写、身高 2.08 米的大汉，竟发展成了建筑师、解剖学者、外科医生、老道的军人、最高统帅、随身带着钳子的牙医、精打细算的经纪人和大海迷恋狂，而且正是他硬把什么都不是的俄国成功驱赶上了一条狂飙突进之路。

彼得要重组军队，建立一支配备西方最新武器的常备军，这促使他必须发起一场革命。因为没有一支现代化军队，就不可能打开一条通往波罗的海或者地中海的海上商路，国家的发展也无从谈起。而要养军、强军，则非革新俄国的政府和经济不可。为此，又不得不先改变国人的思维、观念和人生观。所以，男人的胡子必须剃掉，否则农民须纳税一个钱币、富商要缴 100 卢布。服装当然也得改，军官的长服被他亲手剪掉，所有朝臣和官吏都要穿西服。每个进入莫斯科的人要么衣服不可过膝，要么缴纳罚金。至于妇女，应该穿西式洋装、去掉面纱，学习乐理、舞蹈并接受其他教育。父母不得违背女儿意愿强行嫁娶，订婚之后 6 个星期之内不得结婚，以免姑娘们失去反悔的机会；订婚期间自由幽会不得干涉。男女双方同意，婚约应准予解除。可怜的妇女总算遇到了救星，有沙皇撑腰帮助她们从男人的奴仆和玩偶转变成能顶半边天的真正女人。

教会和僧侣仗势干政、阻挠改革，这块石头也被彼得移走了，他不动声色地完成了一场宗教改革。大主教职位先空缺 21 年不补，随后裁汰了这一职务，改为由沙皇任命，后来又把教会的职务转交由政府部门管理。宗教法庭判决无效，等于将其取消。任命主教，须得到官方同意。修士必须从事有用

---

① ［美］威尔·杜兰. 世界文明史·路易十四时代（下）［M］. 幼狮文化公司，译. 北京：东方出版社，1998：575-576.

的工作，修道院的经济与财产，须接受政府监管，除部分归教会支配，大部分要拿出来兴建医院和学校。从此，宗教神权归于世俗政权之下，俄国走出了中古时代，成了世俗国家，更有效率的新型专制政体建立起来。

彼得认识到，一个以农立国的内陆国家、一个以出口原料和农产品为主的国家，是无法与工业武装的、以生产和出口工业商品为主的西方富庶国家抗衡的。于是，国家工业化刻不容缓。他改进刀耕火种的原始农业，亲身教导农民田间作业，鼓励畜养马羊、种植葡萄和桑树。急速工业化是彼得的主攻方向，他鼓励广泛采煤、冶金，对有卓越成就者给予特殊奖励。1710 年，俄国已不再进口铁了，他去世前，已经对外出口。他大力引进外国先进技术人员和管理人才，要求国内学习每个阶段的工业技巧，尽快掌握核心技术——这一点大清帝国尤为欠缺，除了晚清的左宗棠之外，没人有这个觉悟——实现知识产权自有和产业自主。一个英国人来莫斯科建厂加工皮革、缝制皮靴，彼得命令全国各个城市选派代表来学习最新制革、缝靴技术，还警告墨守老套的鞋匠们面临的生存危机，激其革新。为了鼓励纺织工业，他只穿国产衣料，禁止进口衣物，俄国织造的衣料，质量很快提高到与进口布料不相上下的程度。他还对打破传统织锦绸缎的那位海军将领大加激赏。一位农民的油漆风靡欧洲，只有威尼斯的同行可以跟他争夺市场。到他去世前，俄国共有 233 家工厂，有些已经做得很强很大。莫斯科的帆布厂有雇工 1,162 人；一家纺织厂有职工 3,742 人；一家冶金厂领有员工 683 名。政府根据国家工业化总体构思和需要出台企划，再转给私企经营，由行政部门实行监督。国家实行重点产业高关税政策，以保护新兴工业的存活率和创新力，提高与进口产品的竞争能力。彼得提高商人的地位以刺激商业发展。他勒令在阿干折和圣彼得堡建立大型造船厂，还想开辟一条海运线，用自造商船运送俄国商品，但习惯田间劳动的农民对海洋生性冷漠，使这一计划泡了汤。他希望打通一条从中亚到印度的商道，还派人调查、论证开采高加索和中东石油的可行性，并于 1722 年率领舰队渡过里海攻打波斯，拿下了巴库和波斯在海峡的港口。

文化方面，彼得也搞了一场大革命。他反对迷信，提倡用教育和科学来打败它。他采用公元纪年，颠覆了传统观念，群起反对——上帝怎么会在严寒的冬天诞生呢？他下令废除古老的斯拉夫字母，采用商业惯用的希腊文字。要求所有通俗著述，必须使用新文字。他从荷兰引进印刷技术和技工，发行俄国首份报纸——《圣彼得堡公报》。他投入巨大热忱支持工艺、科学书籍的出版，建设圣彼得堡图书馆、国家档案处，开放许多工艺机构，要求王公贵族子孙就学、开展研究。1724 年组建圣彼得堡学院，聘请响当当的人物德莱尔来教授天文学、贝尔努利讲授数学，还想在全国建立数学学校，学习日耳曼人开设大学预备学校，教授哲学、语言和文学。彼得和莱布尼兹有深入交往，非常认同他在圣彼得堡建立科学院的建议，并聘请其担任付薪水的数学和科学宫廷顾问，还接受了他推荐丹麦航海家白令远征东方探险的提议。白令在彼得去世后来到了堪察加半岛，亚美咽喉有了"白令海峡"之名[①]，证实了两者同属一缘，为沙皇俄国横跨欧、亚、美三大陆的领土格局的形成奠定了第一块基石。在莫斯科，彼得监造了红场的剧院，朝廷对外公演，请日耳曼演员演出包括莫里哀的作品在内的西方名作。他还引入西方交响乐、合唱团、雕塑、绘画，市民可以免费参观展览，还供应饮料。

总之，彼得的行事作风跟明朝的朱棣非常相似，一生都在忙着做大事，而且欲一夜之间使俄国欧洲化、现代化。他精力充沛过人，每天工作到很晚，早上四点又起床准备会见客人，以至侍从都跟不上节奏，疲惫不堪，这一点跟康熙很像。他就像一位无比敬业的演员，在各种角色间忙碌地穿梭变换，皇宫里的最高军事统帅摇身一变，成为前线的低级军官；从尊贵的国王瞬间变成船厂的学徒；彬彬有礼的绅士突然变得比农夫还粗鲁狂野；为了拯救受伤沉溺的水手，他跳入结冰的涅瓦河，整个晚上浸泡在深至腰间的冰河，给健康造成无法补救的伤害，在 52 的年纪就永远告别了他未竟的事业。他一刻也没有停止学习和实践，想要掌握一切知识和技术。为了节省开支，他裁减掉了大量的宫廷仆役和官员，身边只有侍从 12 人。皇家马厩中的马被卖出 3 千匹、300 名厨师和斯役也被遣散，还把父亲留给他的28,982 亩田地、5,000 间房子和每年 20 万卢布的收入全部归于国库。但是他殚精竭虑的工作、疾风骤雨的改革，民众观念跟不上、行动总是掉队、负担又非常沉重，苦不堪言、反对甚剧。就像伊万普索可夫所说："很不幸的，我们伟大的王朝，只有一个人率领着十来个助手拼命前进，而数百万

---

① 1728 年 9 月，白令率领的探险队经过此海峡时并未感觉到，后来英国探险家詹姆士·库克将其命名为"白令海峡"。参见：黄定天. 东北亚国际关系史［M］. 哈尔滨：黑龙江教育出版社，1999：59.

的个人却在拖着他们的后腿。"① 然而，历史并没有埋没他，今天的俄国人都以他为傲，公认他是最杰出的君主。

最后说说康熙。毫无疑问，他对帝国的影响非常深远，但却主要存在于消极方面②，与前两位相比，特别是在小年轻彼得面前，显得老态龙钟、陈腐枯朽、暗淡无光尽管他曾 4 次派特使到欧洲③，但是着眼点和想要达成的目标都与彼得的动机和方向全然不同。那次东西方直接的思想、哲学博弈没能实现，无疑使康熙、中国和欧洲都错过了彼此增进了解和互通的机会，也为清王朝帝国走向衰落埋下了伏笔然而，当我们把视线局限于紫禁城和大清国境之内时，他却是精力过人、勤勉好学、最有魅力和活力的能人、强人、圣人——这就是差距！

康熙跟前两位一样，虽然生在皇家，但也是个苦命的孩子。8 岁失怙、

---

① ［美］威尔·杜兰. 世界文明史·路易十四时代（下）［M］. 幼狮文化公司，译. 北京：东方出版社，1998：579.

② 康熙留给中国的最大负遗产是大片故有领土的丧失。《尼布楚条约》的签订虽为双方自愿，看似平等，但这种平等和自愿的达成却是康熙朝君臣政治短视、视野狭隘以及中原农业思维和满族畜牧思维局限的产物。这一条约，中方主动抛弃了中国北方先民自古以来一直在那里放牧、渔猎——故有领土——的西起中亚，北至极地，东到大海，南至黑龙江的广袤领土，直接将中国的西部边界线东缩到格尔毕齐河和额尔古纳河西岸，北部边界南退到外兴安岭岭北、乌第河北岸一线，西、中、东西伯利亚共 8,050,000 平方公里的国土全部丧失，沙俄因此奠定横亘欧亚美三洲超级大国的版图基础，而且"乌第河以南、兴安岭以北中间所有地方河溪""再行定议"，为俄东侵、南犯提供了极大便利。参见：商务印书馆. 中俄边界条约集［M］. 北京：商务印书馆，1973：1-3.

③ 第一次是派闵明我赴俄国，闵明我拟通过莱布尼茨与俄官方取得联系，希望能就东部边界问题与康熙直接对话，但俄方不愿意见他，无果而终；第二次派白晋回法国见路易十四，以回应他想派科学家兼传教士来中国增进交流的意愿，康熙也希望白晋能转告他清宫廷对科学家来之不拒的态度，让白晋为他招募更多科技人才供他差遣，但白晋因为没有清官方的正式文件，特使身份不被法官方认可，又失败了；第三次是派龙安国和薄贤士带着康熙亲笔签发的外交文书出使罗马，向教皇阐释其有关中国礼仪的看法。两人已接近里斯本，但就在即将靠岸时突起风浪，二人沉海而亡。第四次是前两位出发后一年派出的，康熙急了解罗马立场，但两人走后杳无音讯，就又派艾若瑟和陆若瑟带着他的亲笔诏书前往罗马，这次虽然见到了教皇，但教廷对此事很不上心，陆若瑟很快病故，10 年后，艾若瑟与留在罗马学习神学和拉丁文的中国助手樊守义起程回中国，但艾若瑟在途中去世，康熙急切地向樊守义赐问良久，没有得到任何暖心的消息，康熙与罗马教廷从此一断，中欧官方往来的第一次努力结束。参见：张西平. 跟随利玛窦到中国［M］. 北京：五洲传播出版社，2006：34-36.

10 岁丧母，很小就得了天花。可能是这个坚强的小生命很不讨死神喜欢，又将他送回了人间。在有科学知识的传教士汤若望的坚持下，这个闯过鬼门关的小英雄因祸得福，登上了本来跟他关系不大的皇帝宝座。

康熙的兴趣和爱好也非常广泛，而且表现出入骨的热爱和长久的坚持，这些特点似乎与彼得有些相似，但两者的动机和目的却完成不同。彼得的学习和实践除了个人喜好因素外，更多的是为了国家以最快速度工业化，缩短与欧洲强国的差距。所以他不但自己学习，而且非常重视先进科技和产业在本国的推广和成长，特别是从普通技工到研发人才的引进和培养，他给予慷慨的鼓励、法律的袒护甚至强制性要求。一句话，欧洲有的，俄国必须有，最好是欧洲没有的俄国也有，俄国不依赖他们也能有跟他们一样好的产品和技术，能超过他们更好。虽然这一目标并未能在他有生之年很好地实现，但一想到他接手的俄国在那么短的时间、那么差的基础上起步，已经算很成功了。而康熙学习则截然相反、另有玄机。其根本动机在于树立和巩固至尊帝王的权力与威望，主要目的在于利用天下能工巧匠、聚敛世间奇珍异宝为自己、皇室和满族的脸面、荣耀和享乐服务，在于固守既有统治与秩序的稳定与持久。

"历法之争"，两派唇枪舌剑，吵得不可开交，他完全听不懂，不知道谁对谁错、无法做出圣裁，感觉到身为皇帝的最高权威没能产生压倒一切、令双方威服的力量，很受挫折，认定必须通过学习变成内行，以加重权威的砝码，也省得被他们蒙骗。另一方面，天文占卜事关江山社稷、王命安危，自古民间不得私习，以防泄露天机。皇帝习知天文以辨真伪优劣，把有真才实学的专门人才留在身边听候差遣，及时准确预测日食、月食这些凶兆之将至，提前做好防范和应对，对于自身荣誉、皇权永固和天下太平意义重大。于是，命传教士南怀仁为他讲授天文、数学，张诚、白晋讲授几何。潜心研习、孜孜不倦，即使在亲征噶尔丹那么艰苦的途中也没有中断。康熙非常清楚，皇帝的权威是维护统治的关键，而保持和提高权威都需要具备丰富广博的知识，必须以学助威、以威强权，权威鼎盛方能四海敬畏、天下诚服。

这是法家学派以驾驭之"术"巩固统治之"势"的理论在康熙头脑里的新发展，是知识垄断帝王术的一部分，与变革社会、更新国家无关，更与实现工业化无涉。康熙对科学文化知识的传播有清醒的君主认知并始终谨慎地操纵、把握，数学知识可以作为打压汉人、巩固满人贵族至高尊贵地位的有力武器，对保持满族统治的族群格局、维护满汉尊卑结构稳定有利，这便是康熙的科学传播战略的重要一环。他下令把《几何原本》译成满文，于康熙五十二年（1713）设立"蒙养斋"，让八旗子弟学习数学。雍正时期，朝廷向八旗官学派出教习16人，新开算学，从每旗中遴选30个聪明男童学习。乾隆三年（1738），又专设算学馆。可见，对于扶满抑汉、维护统治的大事，清朝三位有能力的君主都绝不含糊。试想，如果康熙心胸能够宽广一些，果真有远见认识到天文、数学、几何等学科知识在全国的推广普及更有助于大清统治和皇帝威严，像路易和彼得那样，从他开始兴办新式学校、命天下读书人和八旗贵族一样都要学习并纳入科举选官体系，将明清42位文人的73部数学著作派上用场①，那将会产生什么效果？

所以，观念制约和思想局限，决定了他想绘制《皇舆全览图》也只能想到招揽传教士测绘，费尽周折弄到巴黎去请法国最有名的匠师安维尔利雕制铜版、印刷，然后再漂洋过海运回来。他为拥有当时世界上最大的地图而骄傲，却没想过自己培养地图学人才，让大清赶上或超过西方的水平。在他眼里，天朝上国可以命令天下蛮夷小国为我贡献一切，并不认为西方的技术先进即证明自己已经落后，产生紧迫感和危机感，更不会颠覆传统创办一所开设数学、医药、法律、制图等新学科并将其位列与文学同等地位的大学。他的这些错误而危险的观念被他的子孙们当作传家宝全盘继承、发挥，直至引领大清国进入坟墓。

与此相反，后来担任沙皇的彼得大帝的妻女却深受他的影响，推崇西欧先进文化，重视教育和艺术。彼得去世后一年（1726），叶卡捷琳娜一世便遵照丈夫遗嘱，建立彼得堡科学院，完成了彼得的一项未竟事业。后来成为伊丽莎白女王的彼得私生女叶莉扎维塔也深受父亲影响，她鼓励开采矿产，大力发展对外贸易，废除国内税收、稳定货币市场，使经济发展、

---

① 根据《畴人传》的统计，在西学东传的影响下，有清一代，民间私自研习数学、天文、历法的中国人远超历代。元代以前，这类科学家共有235人，占历代总人数的48%，明代38人，占8%，清代共211人，占44%。清代著名学者梅文鼎被誉为"国朝算学第一"，一生著书80余部，220多卷，其中数学、物理类著作达32种。参见：吴量恺. 清代经济史研究［M］. 武汉：华中师范大学出版社，1991：15，414-448.

社会繁荣。她非常重视教育和艺术，1755年创办了俄国第一所大学——莫斯科大学，设哲学、法律和医学三个系。她还在彼得堡建立了俄国第一所艺术学院。另外，她崇尚西欧时尚的个性和派头还直接推动了俄国上流社会的欧化趋向和进程。

　　跟学习数学和几何相似，康熙学习音乐、广纳西方有艺术涵养的传教士入宫，完全是出于君王的小盘算、个人雅趣和满足猎奇的欲望，从未有过向社会和民众推广、传扬的思考和行动，更谈不上会有意识地提升国民整体综合素养。他没有像路易那样成立皇家舞蹈学院，自己为献身艺术而参加芭蕾演出，引发朝臣们的群起效尤；没有像路易那样成立歌剧院，组织剧团，从巴黎开始到全国各大城市巡回演出；他也没有搭建学术平台，让宫廷和民间的音乐、美术家们有地方发表论文、培养作曲家、画家，而路易却乐意这样做；他更没有像彼得那样修建剧院，面向民众公演、开办美术展览，市民可以免费参观，还提供免费饮料。中国的宫廷音乐海纳百川，到康熙朝已有两千多年的丰富积累，但是真正意义上的欧式风格进入宫廷，则是从利玛窦赠送万历皇帝一架古琴开始的。爱好广泛的康熙听腻了国乐、看惯了国画，想换换口味、涉猎新奇，本在情理之中，这是中国帝王的普遍心理，只是他们没有康熙的行事作风和所具有的条件罢了。

　　康熙对欧洲充满好奇，这有点像彼得，但却没有彼得的敏感和追求。他经常让传教士给他讲述西方的政治、经济、文化乃至正在进行的大航海探险。但他只是在垂听遥远之地发生的有趣故事，寻求开心，对情节和人物将信将疑，大多过耳即逝，留下的印迹主要是从君主威力对比中获得的满足感与优越感。如果说传教士们的这种提示和启迪比较空泛模糊、有隔靴搔痒的味道，那么通过下面的事例可以雄辩地证明，清王朝帝国的皇帝真的是麻木透顶、棒打不醒的角色。

　　西方传教士为了能在中国传教布道，可谓绞尽脑汁、费尽周章。自从利玛窦确立"合儒易佛"方略以来，经过艰苦曲折的努力，到康熙朝才算完全站稳脚跟。能够在宫中待下去并且像后宫的妃子一样长期受宠，非有很高的综合素质不可。所以，在康熙、乾隆身边转悠的传教士都很优秀，尽管他们的科学技术知识在西方并非前沿。他们凭着假冒皇帝宠"臣"的有利地位，抓住每次与皇帝、官员交流和执行差使的机会将传教的本职改头换面、暗藏其中，做得不动声色、潜移默化、天衣无缝。而皇帝们满足于这些洋人的恭敬有礼、顺从磕头，感觉他们的新鲜稀奇并非一无是处，也就默许了这些行为，择其有用之处为自己的前朝后宫和喜怒哀乐服务。彼此相互利用、融洽协调、心照不宣。像汤若望、南怀仁、徐日升、蒋友仁、郎士宁等人都是勤勉敬业、博学多能的人物，如果被彼得所用，俄国肯定是另一番景象，但是他们讨好的主子是康熙、乾隆这些大清皇帝，也没碰上葡萄牙亨利王子兄弟那样的皇帝、国戚。很多本可能改变帝国命运的创造发明也只能博得几秒钟的龙颜大悦而已。

早在康熙年幼时，葡萄牙传教士安文思为讨这位孩子皇帝的欢心，就曾制作了两件机械玩具给康熙。一次是一个机器人，"右手执剑，左手执盾，能自动自行，亘十五分钟不息。又有一次献一自鸣钟，每小时自鸣一次，钟鸣后继以乐声，每时乐声不同，乐止后继以枪声，远处可闻"①。成年后，大清又在康熙手上错过了几次绝好的机遇。被康熙赐号"勤敏"的南怀仁是一位研发能力和动手能力很强的科学家，他曾研制温度计和湿度计献给康熙，还为观象台制造了望远镜，为清军研制火炮"神威将军"（康熙赐名），在削藩、攻台、抗俄等战争中立下大功。令人痛惜的是，他还在清宫里研制出了人类首台汽车，却被视为儿戏，没人感兴趣。他将这项发明于康熙20年（1681）写成一篇文稿，6年后作为其著作《欧洲天文学》的第二十四章在德国出版——康熙领导的帝国没有地方发表这类学术论文——文章说：

"三年前，当余试验蒸汽之力时，曾用轻木制成一四轮小车。长二尺，且极易转动。在车之中部设一火炉，炉内满装以燃烧之煤，炉上则置一汽锅。在后轮之轴上，固定一青铜制之齿轮，其齿横出与轴平行。此齿轮与另一立轴上之小齿相衔。故当立轴转动时，车即被推而前进。在立轴之上，别装一直径一尺之大轮。轮之全周装置若干叶片，向周围伸出。当蒸汽在较高压力之下，由汽锅经一小管向外急剧喷射时，冲击于轮叶之上，使轮及轴迅速旋转，结果车遂前进。在相当高速度之下，计可行一小时以上——以汽锅内能发蒸汽之时间为准。"

南怀仁还为此车设计安装了带方向盘的义形转向装置，可以方便灵活

---

① ［法］费赖之. 在华耶稣会士列传及书目［M］. 冯承钧，译. 北京：中华书局，1995：257-258.

地拐弯转向。他还说这一原理可以"随意应用于任何形式之转动机械。例如一小船，可由汽锅中蒸汽之力使在水面环行不已。余曾制成一具献赠皇帝之长兄"。他还用蒸汽制成汽笛、用蒸汽作时钟动力。他非常清楚这一发明的广泛应用前景，在文章最后写道："总之，此种动力之原理既已成立，则任何其他有利益及兴趣之应用，均不难思索而得也。"① 尽管南怀仁非常看好他这项发明，但却从未游说康熙支持他或别人顺此思路做些什么。因为他太清楚康熙为孰类、真正爱什么、为什么爱了。他不愿意为这事去白费唇齿、自取其辱。

这一事件的伟大意义，看一下学者方豪的比较就一清二楚了："南怀仁之试验，其眼光及应用范围，实较西洋同时期者为远大。就利用蒸汽为行车之原动力言，较司蒂芬孙之火车早 150 年；就利用蒸汽力为轮船之原动力言，较西敏敦之轮船早 123 年；就利用蒸汽力为汽车之原动力言，较波尔之蒸汽汽车早 200 年；若就用汽轮于轮船言，则早于帕孙兹 218 年，就利用汽轮于火车言，则早于里翁斯脱隆 243 年。故在世界热机史上，南怀仁之试验及其广泛之建议，实为勃朗伽发明雏形冲动式汽轮后，所当大书特书者。"② 不妨假设，这一发明要是被献给彼得和他统治的俄国或者丰臣秀吉以后的日本，命运可能比在满人统治的大清国都要好很多。毋庸置疑的是大清帝国皇帝以及南怀仁文章中提到的那位皇长兄都没把这一西人淫巧当盘菜，不但官方史料只字未提，而且后来清帝国的发展道路和科技水平也证明了这一事实。

聪明和愚蠢往往结伴而行、伟大和渺小常常相依而坐，先进与落后的分野大都从一个毫不经意，甚至是司空见惯的小事开始。康熙热爱科学，其求知精神在某些时候似乎与瓦特和牛顿相当，但他的科学思维始终局限于个人的爱好和尊严的稳固，从来没有意识到它会在改变国家面貌甚至命运方面有什么利用价值。因为他既没有科学家的单纯和痴迷，也没有企业家的思维和眼光，更没有能够跳出束缚自己和国家的儒学逻辑、帝王观念的自省与自觉。历史就是这样好笑又好气，而且不厌其烦地重复。一位穷人很可能做梦都想拥有一枚光彩熠熠的钻戒，但也很可能一块脏兮兮的、

---

① 方豪. 中西交通史（下册）[M]. 上海：上海人民出版社，2008：528-529.
② 方豪. 中西交通史（下册）[M]. 上海：上海人民出版社，2008：529.

色泽灰暗的钻石原石将他绊倒，而他却对这种财富主动求包养的举动无动于衷。大清帝国不是没有不被西方无情甩掉的机会，而是没有发现机会的慧眼和把握机会的头脑。所以，当中国人站在比利时汽车博物馆陈列的南怀仁塑像前面时，尤其应该对这位科学家表示由衷的敬意。对于中国，他已经尽力了。

的确，清朝有太多的机会，乾隆皇帝也错过了很多次。乾隆三十一年（1766）去世的修士杨自新给乾隆制作了能够独自行走三四十步的机器狮子和老虎；稍后，汪达洪为他制造了两个拿着一盆花走路的机器人和抽气机。横向比较一下，大清国的机械制造都不比其他国家晚。日本的竹田近江借用钟表技术发明自动机器玩偶在大阪演出是 1662 年，这与安文思给康熙造机器人的时间相当。法国技师杰克·戴·瓦克逊发明他那只能嘎嘎鸣叫和游泳，还会喝水、进食、排泄的机器鸭子是在 1738 年，这跟杨自新给乾隆造机器狮子和老虎的时间也靠得很近。

蒋友仁是乾隆最赏识的机械师，他留下一件中国人难以淡忘的历史奇货——圆明园的兽首喷泉。他用中国 12 生肖动物头像表示 12 个时辰（24 小时），这些动物会按传统的十二地支计时顺序准时自动轮流喷水，周而复始，无须人工干预，颇为壮观高端，这一奇特美景的核心技术就是蒋友仁的自动喷泉大水法。但是蒋友仁去世后，虽然仍有西方传教士负责系统维护，但是由于没人掌握关键技术而无法排除大水法故障。乾隆龙颜大怒，把死去的蒋友仁埋怨一通之后，命令由数十名太监每天分批提水、轮流值班以保证喷泉正常喷水。这个没有油水的苦差事没人愿意干，没几年工夫，喷泉系统基本弃用，再也无人搭理了。这件事说明，乾隆只知道用某人做成某件事，以达成玩赏之目的即行止步。他那双龙眼里的喷泉不过是跟后宫一个可给他带来快感的漂亮宫女一样的取乐工具，他绝没有意识到其中的技术蕴含着无限的潜力和价值，当然不会考虑核心技术的传授和推广，革新和发展就更别提了。以至问题出现，工程报废，后继无人。他跟俄国的彼得和清末的左宗棠完全无法相提并论。

在康乾年间，钟表是尊贵、奢华的家庭摆设和高档、先进的计时工具。康熙在宫中设立"做钟处"，有 6 位传教士在此制造皇家钟表，一位江西巡抚煞费苦心地弄到一座西洋钟进贡康熙，康熙批复说"近来大内做得比西洋钟强远了"，讨个没趣。可见当时清宫技术至少与欧洲持平。康熙把这些钟表赏赐给皇子皇孙，"少年皆得自鸣钟 10 数以为玩器"。乾隆也颇爱钟表，他在位期间，"做钟处"有传教士和助手共计 100 余人，造出乾隆赞赏的钟表，修士还会得到奖赏。产量也大为增长，从乾隆十一年到二十年（1746—1755）共生产钟表 44 座（块），从乾隆二十二年到五十九年（1757—1794），共产出 116 件（仅为存留宫中的总数）。

当时所造最大座钟——铜镀金写字人钟（相传乾隆亲自参与了设计）——现保存在北京故宫，由杰出的英国传教士威廉森（Williamson）精心打造，基座为 0.77×0.77 米的正方形，高达 2.31 米，分为 4 层。第一层开阔宽敞的平台上，有一位身着西装、左手伏案、右手执笔、单膝跪地的传教士机器人，上满发条、蘸好墨汁后，他会在放于面前的纸上流畅地写出"八方向化，九土来王"八个汉字，字体端庄有神，而且他在书写过程中会根据笔形走势低头俯仰。第二层是一块华贵精美的时钟，第三层是一位敲钟人，在每逢三、六、九、十二点完成报时后，由他演奏一段钟碗打击乐。最高层为俊俏的中式圆亭，亭内两位舞者手举一圆筒呈预备起舞状，他们接到指令后，旋身拉开距离，将圆筒展开成一横幅，上书"万寿无疆"四字。这座大钟将计时、报时本职功能，奏乐、舞蹈、书法文化功能和天朝上国、皇权至上政治功能交汇一体，巧夺天工、浑然天成、高妙绝伦。乾隆非常喜欢，退位后每天坐观玩赏、乐此不疲。可是，他死后，这一皇家御制工厂也随之倒闭。

民间的情况也同样可悲，自明代晚期传教士来华带入钟表以后，江南的有识之士就开始仿制。康熙中期，南京已有 4 家不错的钟表作坊，每家每年产钟量为 10 座左右。咸丰元年（1851）发展到 40 家。嘉庆时，苏州钟表制造已发展出整个行业链。乡下各家专业生产元件，由苏州总厂组装上市。明朝的高干科学家徐光启的五世孙徐朝俊于 1809 年完成了专著《自鸣钟图说》，图文并茂、详细直观、质量上乘。然而，这颗看似长势良好的钟表业小苗，没有受到任何保护和鼓励，最终没能长成参天大树。

其实，中国钟表业的起步顶多比瑞士晚 40 年，可是瑞士很快做强做大，誉满全球快 400 年了，而中国始终默默无闻，难道不值得深思吗？如今的天下人，须臾不可离开计算机智能高科技，康乾时代的纯机械技术显得土旧落后，但是这种高大上也仅仅是材料、工艺上的进步与计算机智力科技的结合，并非没有历史根本的从天而降。在 200 年以后的将来，那些后人同样会以他们拥有的先进水平为标准视今日之尖端为落后。中国在康乾时代错过了机会，科技整体实力至今仍未能与其同步，这一历史启示可谓浅显深刻。

第四节　乾隆嘉庆父子 VS 叶卡捷琳娜大帝和亚历山大一世

乾隆是清朝最长寿的皇帝，但是他在位 60 年就主动禅位了。虽然他身退不放权，仍然乾纲独断，但是毕竟给了接班的嘉庆皇帝一个热身习务、体认朝政国事的机会，并使中国有史以来最为平静顺利的皇权交接过渡成为实现。就此而言，不能不说他虽从执政中后期起就日益虚飘愚瞀，但尚未彻底昏罔。况且嘉庆初掌权柄即闪电般粉碎了和珅的腐败链条，抄了他的家，发了一笔大财①，并且使王朝暂时摆脱了大厦之将倾的危局。但是，如果在国际平台上把乾隆、嘉庆与英国的乔治三世、俄国的叶卡捷琳娜大帝和亚历山大一世相比，不难发现他们几位完全处于两个不同的世界，如同高峻的山峰与蚂蚁掘穴的土堆。乾隆父子与乔治三世相遇，活像贵州那头笨驴和老虎之间的可笑博弈。乔治三世的首相团结了一大批视野同海洋一样宽广、野心如宇宙一样远大的智者、能臣和强人，他自己则懂得鼓励英国沿着海洋路线继续开拓。尽管美国的独立损害了他的威信和荣誉，但是正确的外交政策和外向战略仍给英国注入了强劲的动力和活力。而乾隆父子身边簇拥的，则是一群只会讨主子喜欢、毫无责任感和正义担当的懦夫、庸人和吸血鬼，短视无知、褊狭自私、卑劣骄纵、祸国殃民。与叶卡

---

① 抄没的和珅家产相当于全体大清国人没日没夜地辛苦劳动 20 年的朝廷税收的一半多。有钟表 600 余件，有珍珠手链 200 余串，超出大内数倍。大型珠宝玉石超过御用冠顶，毛皮、绸缎类衣物数逾千万，古玩器物珍品不计其数。有黄金 33,551 两，白银 3,014,095 两，洋钱 5,8000 元。不动产，有当铺 12 座，取租房 1,001 间，取租地 1,266 顷。自用房，除正宅外，花园内有房 1,003 间，有游廊、楼阁、亭台 357 间。这笔财产悉入嘉庆腰包，可谓名利双收。根据《清朝野史大观卷六·清人逸事·和珅之家财》载："其家财先后抄出，值八百兆两有奇。甲午庚子两次偿金总额，仅和珅一人之家产足以当之。政府岁入七千万，而和珅以二十年之宰相，其所蓄当一国二十年岁之半额而强。虽以法国路易十四，其私产亦不过二千余万。四十倍之，犹不足以当一大清国之宰相云。"参见：小横香室主人. 清朝野史大观 [M]. 上海：上海科学技术文献出版社，2010：649；彭信威. 中国货币史 [M]. 上海：上海人民出版社，1958：594.

捷琳娜婆孙两人相比，乾隆父子应该感到惭愧和羞耻，这两家四个皇帝站在一起，又像极了乌龟遇见了鳄鱼，两名男子完全没有那个德国女人的张扬泼辣、开放进取、远见卓识①，也不像亚历山大那样，对琢磨强敌充满兴趣，机智勇敢地与拿破仑周旋、较量，于纵横捭阖之中建立卓越功勋。亚历山大不愧是女皇宠爱的好孙子，俄国人没有忘记他英勇地抵抗侵略为祖国和人民赢得的宝贵尊严和崇高荣誉。

前文已经讲过，大清帝国在乾隆手上错过了数次发展机会，明确这一点非常重要。因为乾隆的麻木与其祖父和父亲的迟钝相比，后果已变得更加严重。他统治的时期不但是大清帝国走向衰亡的拐点，而且正是他在位60年之久，却观念更加保守，中央没有任何具有进步意义的改弦更张，国家商业化毫无进步，丧失了仅存的微弱优势，西方超越了东方，从此一路向前狂奔，以令人吃惊的速度将大清抛在身后，但是乾隆本人和整个帝国对此毫无警惕与焦虑，而且他还遇到了马戛尔尼带给他的那么生动直观、浅显易懂的开导、提醒和警告，可是他那塞满诗文书画和君王毒素的脑袋仍然没能开窍。所以，说乾隆是把中国社会转型拖入万丈深渊的第一责任人绝不为过。

进入18世纪后半叶以来，英国的在海外的买卖越做越大、越来越好，国内也随之脱胎换骨，以纺织工业为龙头的各大产业发生了革命性的变化，欧洲老大的位置日益稳固了。但是巨大的发展潜力仍在持续、强劲地释放，英国的眼界、胃口和胆识远未到达扩展极点，英国的实力在中国展现得还很不够已成官、商共识，与富庶神秘而又蕴藏着无限商机的大清帝国展开正面、直接接触，打开国内制造业和印度商品的中国市场、获取别国未能

---

① 叶卡捷琳娜二世有霸气的强国思维，她认为如果俄国想要获得民众和邻国的尊重，那么它就必须成为一个令人生畏的强权国家，并一直致力于实现这一目标。她强化统治效力、提高行政效率，鼓励资本主义工商业和国际贸易。她以身作则，冒着生命危险第一个接种天花疫苗，命令实行疫苗义务接种制度，并在全国开设天花防治所，派亲信专职负责。她反对愚昧守旧，兴办各种学校，提倡文学创作。她还慷慨资助哲学家和艺术家。当朋友——法国思想家、哲学家、作家狄德罗——窘迫到不得不变卖藏书来换取生活费时，她主动出资几十万卢布买下其全部藏书以为资助，以避免一位大家在去世前就要被迫与他的书分开。她在位34年，国土面积扩大了67万平方公里，占据了黑海和波罗的海两个方向上的出海口，打弱了俄国宿敌土耳其和瑞典，还与普鲁士和奥地利瓜分了波兰，将其46%以上的国土收入囊中。

靠计谋与武力拿下的商业利益和外交权利，已成迫切的国家任务①。

为此，英政府不惜以 1.5 万英镑②的高价年薪、崇高尊贵的伯爵爵位和国王全权代表的地位为代价聘请学识渊博、经验丰富、能力超群、高雅稳健的老政治家、外交家出山担任特使一职。这位极负责任感的老将认为，这是远离战场去捍卫英国利益和再显其存在价值的光荣任务，便欣然应允。为了增加胜算筹码，他以可能对谈判直接有用或可能凭借知识和才华来提升国家威望为原则，特别邀请自己的死党乔治·伦纳德·斯当东担任他的副手（全权公使），挑选了军事、科学、商务、艺术、外交、技术、学者等各界精英和能手加盟同行，仅上船登记就用了好几天时间。他率领的代表团不但有近 700 位成员，还精心准备了价值 15,610 英镑③、几乎涵盖了英国各大领域、代表最高水平、最先进技术的国礼，这些礼品到中国后被分装成 600 多个包裹，连同随从的行李，清朝官方雇用了 90 辆货运马车、40 辆手推车、200 多匹马和 3,000 名脚夫进行搬运，体积最大的需要 32 人合作才能移动。这趟旅程英国总耗资达 78,522 英镑。可见，英国官方对此行的重视程度。使团分乘 3 艘舰船，经过 10 个月的航行才于乾隆五十八年六月十八日（1793.07.25）抵达天津大沽，后又经北京北上热河，在承德避暑山庄谒见乾隆皇帝。

---

① 在马戛尔尼作为特使率真正国家级正式代表率访华之前，葡萄牙派过 5 次，均没成功，已放弃尝试 40 年；荷兰派过 3 次，此后 100 年里没信心再来；俄国派了 7 次，也没取得能上台面的进展。英国派使团来华已是西方第 16 次向中国派出使团了。参见：[法] 阿兰·佩罗菲特. 停滞的帝国——两个世界的撞击 [M]. 王国卿，等译. 北京：生活·读书·新知三联书店，1993：12.

② 马戛尔尼任驻印总督时的年俸是 1,500 英镑，在他率使团访华的乾隆年代，大清总督的年俸是 20,000 两白银，乔治三世国王给他这位访华特使的年俸是英国驻外总督的 10 倍、大清总督的 2.5 倍。参见：[英] 斯当东. 英使谒见乾隆纪实 [M]. 叶笃义，译. 北京：商务印书馆，1963：539.

③ 英国政府和东印度公司专为马戛尔尼访华准备的礼物，价值为 13,124 英镑，外加此前访华的卡思卡特使团（该团在来华途中因特使病故而返航）价值 4000 英镑礼物中的英国部分——计 2486 英镑的礼品，两者共计 15,610 英镑。参见：[美] 马士. 东印度公司对华贸易编年史（1635—1834）·第二卷 [M]. 区宗华，译. 广州：中山大学出版社，1991：535；乔治三世写给乾隆的信被包装在一个纯金的盒子里。参见：[美] 费尔南德兹—阿麦斯托斯. 世界：一部历史（第二版）·下册 [M]. 叶建军，等译. 北京：北京大学出版社，2010：843.

英方对这次精心准备的外交探险充满自信，也寄予很大的希望。尽管在动身前和航行中，马戛尔尼已经通过东印度公司、传教士和外交同行对大清国及其皇帝，特别是 83 岁高龄、在位已 57 年的专制寿星乾隆皇帝有了全面的了解，但是他仍然坚信他率领的使团展现的英国人的文明，足以压倒几千年来中国人自以为垄断文明的气焰。然而，从接触大清的第一时间起，使团就感觉到想象与现实完全不吻合，且差距在迅速拉大，严峻的形势对他们非常不利。马戛尔尼以英国人的灵活和外交家有分寸的让步来主动适应客观现状，以尽量避免一滴蜂蜜还没尝着就先把蜂巢打翻，前功尽弃，使团铩羽而归。以磕头跪拜为核心的礼仪之争是双方展开的第一场正面交锋，经过各怀目的的变通和让步，总算打成了平局，与最关键的人物见了面。但是，此时的使团已经意识到此行无功而返已成定局，因为自己已被告知使团在中国逗留的时间早已超过了惯例、改写了历史，须尽快离境返航，而且所有人的态度和一系列不正常状态的出现，都反复证明已经没有回旋的余地。这位从没打过败仗，至少是虽败犹荣的老江湖，第一次品尝到了失败的滋味。

马戛尔尼果真失败了吗？没有！虽然内务大臣敦达斯提出的 7 条使命和他本人拟定的照会 6 条①都被拒绝了。但是，他得到的更多，对于精玉其外、败絮其中而又愚蠢透顶的清王朝自恋狂而言，且不说拥有精通军事的指挥官和学识渊博的科学家、工程师、外交官的庞大使团，沿东部海疆北

---

① 敦斯达提出的七条使命，具体内容是：1. 为英国贸易在中国开辟新的港口。2. 尽可能在靠近生产茶叶与丝绸的地区获得一块租借地或一个小岛，让英国商人可以长年居住，并由英国行使司法权。3. 废除广州现有体制中的滥用权力。4. 在中国，特别是在北京，开辟新的市场。5. 通过双边条约为英国贸易打开远东的其他地区。6. 要求向北京派常驻使节。7. 最后，但不是最不重要的一点，情报工作："在不引起中国人怀疑的条件下，使团应该什么都看看，并对中国的实力作出准确的估计。"马戛尔尼来华后，根据具体情况，调整为 6 条呈报给乾隆，具体内容是：1. 允许英国商人到宁波、舟山和天津贸易；2. 准许英国商人像以前俄商一样，在北京设立商馆；3. 将舟山附近的一处海岛让给英国商人居住和收存货物；4. 在广州附近划出一块地方，任由英国人自由往来，不加禁止；5. 英国商货自澳门运往广州者，享受免税或减税；6. 确定船只关税条例，照例上税，不额外加征。参见：中国第一历史档案馆. 英使马戛尔尼访华档案史料汇编［M］. 北京：国际文化出版公司，1996：129-138；［法］阿兰·佩罗菲特. 停滞的帝国——两个世界的撞击［M］. 王国卿，等译. 北京：生活·读书·新知三联书店，1993：11.

上，经天津到北京、热河，再沿大运河纵贯帝国心脏至杭州，然后向东过景德镇、沿赣江逆行下广州到澳门离境的漫长旅行，使团看到的每一种现象和场景、听到的每一句普通的对话和每一个数字都是致命的。更何况除了蚕卵、茶树、乌桕、漆树这些本不该出让、后来打垮中国出国贸易的商品源之外，他们还搞到了在清王朝眼里并非秘密的海量情报：

夜郎自大、只关心权力和尊严、对西方动态毫无所知且排斥先进科技的皇帝和子孙；清朝的国家、地区税收权威信息；文武官吏的编制职别、年薪俸禄；人口、土地数据，低于英国85%的居民人均收入①；只懂文学、排斥科学、撒谎不知脸红的官僚；安于现状、专挑皇帝爱听的报告以求宠幸的大臣和投机钻营、中饱私囊、甚至甘当扒手的官场腐败和官员奴性；军队编制、兵种构成、沿海布防；以弓箭为主、破洋枪装点门面的武器水平；头戴纸帽、身穿戏服、以种地守闸磕头见长的军人；没有配备火器的箭楼城防，军舰上的写真画炮孔……

更重要的，通过亲身体验和传教士的明帮暗助，他验证了跟清王朝君臣打交道如同在雾中航行的指点果然千真万确。证实了康熙皇帝的继承人有多么自负、自傲和自欺，对科技和新事物没有丁点儿好奇，对落后缺乏最基本的敏感，心理上没有任何不安。还对看似严密整肃实则松散懈怠，欺下瞒上、阿谀逢迎的官场作风有了难以泯灭的印记。他得出结论：清王朝"只是一艘破败不堪的旧船，只是幸运地有了几位谨慎的船长才使它在近150年期间没有沉没。它那巨大的躯壳使周围的邻国见了害怕。假如来了个无能之辈掌舵，那船上的纪律与安全就都完了"，虽然船不会立即沉没，但是"它将像一个残骸那样到处漂流，然后在海岸上撞得粉碎"，而且"它将永远不能修复"②。

瞧瞧，多么高明的预言大师，马戛尔尼可没有先知先觉的能耐，他只

---

① 根据斯当东从乔人杰那里得到的数据，当时大清有人口3.3亿，朝廷岁入是每年约两亿两白银，是英国（人口800万）总收入的4倍、法国瓦解前的3倍。大清总收入按人口分配，每人合5先令多一点，而当时爱尔兰每人是8先令、法国是16先令、英国是34先令。参见：[英] 斯当东. 英使谒见乾隆纪实 [M]. 叶笃义，译. 北京：商务印书馆，1963：505.

② [法] 阿兰·佩罗菲特. 停滞的帝国——两个世界的撞击 [M]. 王国卿，等译. 北京：生活·读书·新知三联书店，1993：532.

是说出了一个掌握中英双方信息的明白人最清楚明了的预感。虽然这次出使让这位跟乾隆一样傲慢自大的英国绅士感觉到遭受了愚蠢无能者的凌辱，尽管他身后有科技和军事实力都已超过清王朝的底气，但是他还是以英国人的商业精明战胜了立即用武力让对方明白什么叫利害的冲动，在希望破灭的时候并没有忘记在朝廷生活了40多年的钱德明神父"顺从习俗，要耐心"① 的善意提醒，非常理性地写道："我们现时的利益，我们的良知和我们的人性禁止我们去考虑派兵远征中国，除非我们绝对肯定我们的忍耐没有用。"② 不幸的是，马戛尔尼的话应验了。

诚然，英国不但给了乾隆和他的皇子皇孙3次重大机遇，荷兰、俄国、日本也各给了他们机会，但都是对牛弹琴、冥顽不化。乾隆，自命十全武功皇帝，与马戛尔尼相遇时已与孟子等寿，在位几已六甲，似乎吃的盐比马戛尔尼吃的面包都多。但是两相比较，这位真命天子、大清帝国至高无上的君父和神灵简直像个被宠坏了的孩子，身为领导世界最大帝国的皇帝，应该知道的，他全不知道，而且没有谁能有办法让他知道。

他不知道自己宠幸的大臣都是把他当作孩子一样哄骗的孽障。马戛尔尼使团刚刚起锚，英国就通过东印度公司联系两广总督，转交公司董事长弗兰西斯·培林爵士给总督的信，信中直言不讳地告知使团访华的真实目的："英王陛下为了增进两个朝廷间的友好往来，为了发展于两国都有利的贸易关系，决定派遣他亲爱的中表，马戛尔尼勋爵为全权特使赴北京访问。"③ 但是，乾隆得到的消息已经完全走了样，马戛尔尼一行成了祝寿贡使。而且晚至乾隆接见使团的前一天，和珅还在满腹狐疑地盘问使团来华的真实目的。显然，事情才刚刚开始，就被引入了完全错误、越陷越深的歧途，注定了最后必然崩盘的结局。

他不知道整个官僚体系已经溃烂到无可救药的地步。几乎全程陪同马戛尔尼的乔人杰曾告诉特使，皇帝为使团提供了40艘帆船、1,000个民工，每天的食品支出高达5,000两白银（折合1,500英镑）。特使对食品开支深

---

① ［法］阿兰·佩罗菲特. 停滞的帝国——两个世界的撞击［M］. 王国卿，等译. 北京：生活·读书·新知三联书店，1993：486.

② ［法］阿兰·佩罗菲特. 停滞的帝国——两个世界的撞击［M］. 王国卿，等译. 北京：生活·读书·新知三联书店，1993：596.

③ ［法］阿兰·佩罗菲特. 停滞的帝国——两个世界的撞击［M］. 王国卿，等译. 北京：生活·读书·新知三联书店，1993：62.

表怀疑，但他马上回忆起乔大人讲给他的另一个故事便恍然大悟：皇帝体恤百姓，拿出10万两银子赈济山东灾民，"第一位官员扣下2万，第二位扣了1万，第三位是5,000，以此类推，最后只剩下2万两银子给了可怜的灾民"①。哎！这些奴才真是耗子给猫当三陪——捞钱不要命了，连皇帝贴脸的金粉都敢刮！在广州这么重要的外交窗口，除了皇亲国戚，就是派遣满人、蒙人和八旗汉人占据公行的关键职位，总督和海关胡作非为、肆无忌惮，官商勾结与匪首强盗行径别无二致，来时个个一贫如洗，走时人人腰缠万贯。洪仁辉的案子是个明确又直接的提醒和契机，本应乘机重新洗牌，建立符合开放进取的大清帝国根本利益的国际贸易新秩序，结果却根本背离这一指向走到了反面。

他竟然不知道先进火炮的威力和曾对清王朝的恩惠。当年不是因为明朝的孔有德和耿仲明携带大量红衣大炮等精良西洋武器投降了后金，才迅速改变了明金之间的力量对比吗？入关后攻城略地，如果没有先进火炮帮忙，满人能否在关内立足，是不是该打个问号？南怀仁研制的"神威将军"给大清立下的功劳一点也不知道吗？马戛尔尼带来的英国最大、配有110门最大口径火炮的"君主号"战舰模型②和6门可架在车上发射的小铜炮，

---

① ［法］阿兰·佩罗菲特. 停滞的帝国——两个世界的撞击［M］. 王国卿，等译. 北京：生活·读书·新知三联书店，1993：352.

② 马戛尔尼利用介绍礼品的机会向大清炫耀了英国的先进和强大，并巧妙地嵌入了军事恫吓和武器推销动机。在介绍英国舰船时，他轻描淡写、看似恭谨地表达了他们乘坐的装备有64门火炮的"狮子"号及4艘护航舰，对于强大的英国海军舰队而言，仅仅是微不足道的一小部分，并不能代表英国强大的海军实力。但是，如果一声令下，能充分展示海军实力的战舰即可航行到广州，这个绝无二话。请看马戛尔尼精彩的表演："欧洲其他国家都承认英国是世界上最强大的海洋国家，因此英王陛下想在给皇帝陛下派遣使团的同时派遣几艘最大的船只，以示敬意。但鉴于黄海里有暗礁，而欧洲的航海家又根本不熟悉这段航路，英王陛下不得已派遣一些较小的船只。另外，英王陛下赠送给皇帝陛下一艘英国最大的、装备有最大口径的火炮110门的'君主号'战舰的模型。"但是，麻木的大清官僚根本不关心这个狡猾的特使葫芦里装的什么药，他们在提交的礼品清单中对该项所做的介绍是："大小金银船乃红毛大战船之式样，虽大小不对，十分相似，大战船上有一百大铜炮，今于小金银船内可以窥见一斑。红毛国在西洋中为最大，有大船甚多，欲选极大之船送贡差至天朝，但内洋水浅，大船难以进口，故发中等船及小船以便进口赴京，又欲表其诚心爱戴至意，即将大船式样进于大皇帝前表其真心。"参见：［法］阿兰·佩罗菲特. 停滞的帝国——两个世界的撞击［M］. 王国卿，等译. 北京：生活·读书·新知三联书店，1993：85-86；故宫博物院掌故部. 掌故丛编·英使马戛尔尼来聘案［M］. 北京：中华书局，1990：658.

果真是表达英王真心的玩具吗？英国人在金銮殿的礼品展示，简直就是一个科技博览会的英国专场，他们在向皇帝炫耀、向中国推销，也是在向大清示威、发出警告，这些心思很难看穿吗？使团自信地宣称，欧洲人已经淘汰了弓箭，只用枪打仗，这意味着什么，身为100万步兵、80万骑兵、统治着3.3亿国民的独裁者不应该略加思索吗？难道不知道自己统帅的海军已经弱小到没有英国的帮助，连气息奄奄的海盗都不能剿灭吗？让马戛尔尼检阅的武装船，炮孔都是画在船舷上的逼真画，如此幼稚的伎俩能蒙骗学识广博的特使吗？一群清军帆船战舰连一艘英国三桅战舰都无法制服，又能拿什么证明英国人的叫嚣——南海全体海军不足以阻止一艘商船进入港口——是无稽之谈呢？一旦英国人动手，拿什么来确保漫长的海岸线安全无虞？是捂住耳朵？钻进被窝？还是逃到西安去？

　　他更不知道国门外的劲敌和凶险已经超出他的想象。他没有意识到也无法想象曾经是天经地义的事，现在都被无情地否定了。古老的东亚宗藩关系就要被平等的新型国家关系所取代，国家间互派使节已成国际惯例，全球贸易和圆桌外交已成国际交流中行使国家主权和维护国家尊严的重要内涵和主要途径。他不懂得自己眼里最为卑贱而又无关紧要的商人和商业在主导着欧洲的前途和命运，也很快会影响到自己统治的帝国的前途和命运。他不知道在英国"贸易引起了对财富的普遍追求，金钱取得了理所当然地归于知识与效能的荣誉"①。这个暴发户既是风帆革命——海上商业革命——的主宰，也是工业革命的风暴中心。最强壮的马匹也无法与蒸汽机比拼，拉车的毛驴已经获得了解放。有了先进技术的英国自以为比别国更文明，它急切地想向世界证明一条新"真理"——英国是地球上最强大的国家、乔治三世是海上帝国的君主。你大清是东方老大，但不是海上老大，而我英国是西方老大，也是海上老大。他不知道英国是穿梭五大洲的运输者，商船吨位是法国的2倍，荷兰、瑞典、丹麦的5倍，西班牙的10倍，他们在巴达维亚（今雅加达）出售从里约热内卢贩来的商品，整个欧洲都在售卖他们从印度买过去的东方奇货，他们做梦都在想扩大对中国的贸易，把英国产品打入中国市场。他不知道英国人发明的一条新逻辑，印度——

---

①　[法] 阿兰·佩罗菲特. 停滞的帝国——两个世界的撞击 [M]. 王国卿，等译. 北京：生活·读书·新知三联书店，1993：71.

指东起朝鲜西至巴基斯坦的地域——就是东印度公司，说公司不行就是说英国不行，对公司好的就是对英国好的，打开中国大门是英国全球霸主战略计划的一部分。外交、武力，哪一手好使就用哪一手，关着国门躲清净、采取鸵鸟政策只会输得更惨。他不知道这个傲慢的海岛国家不会轻易领受他这位东方天子的傲慢，因为他们在向全世界抛售实力——"Sir, we sell what the world desires: power"①。

他不知道在《防范外夷条规》出台后的乾隆二十八年（1763），时任印度总督就曾建议伦敦武力征服中国。他没有东北土匪的机敏和商人般的狡猾，不知道送上门来的榴弹炮、迫击炮、卡宾枪、步枪、连发手枪不但可以自己仿造②，还可以消灭包括英国人在内的任何一个目无天颜的冒犯者。至于望远镜、秒表、气泵、热气球、复滑车、音乐钟、水晶灯、削铁不卷边的剑等等西洋淫巧，如果都能生产出来卖给想要的人，不但赚取银子的速度比扒貂皮和挖人参要快得多，而且利润根本不是同一个量级。英国的"柯克斯老爷"在广州的买卖不是很红火吗？苏杭地区的人不也是一直在这么干吗？为什么不冲他们笑笑呢？况且，让传教士从欧洲购买助听器，也太有损皇帝自尊了，大清国自己要是能生产，不但不伤体面，而且其他耳朵听不清的人也能买到助听器。如果这样，还有谁不感激皇恩浩荡呢？

这段历史原本可以演成一场皆大欢喜剧，如佩罗菲特所说，"如果这两个世界能增加它们间的接触，能互相吸取对方最为成功的经验；如果那个早于别国几个世纪发明了印刷与造纸、指南针与舵、炸药与火器的国家，同那个驯服了蒸气并即将驾驭电力的国家把它们的发现结合起来，那么中国人与欧洲人之间的文化交流必将使双方都取得飞速的进步，那将是一场

---

① 这是瓦特和鲍顿 1775 年向乔治三世说的一句双关语。power 既指实力，也指动力和权力。参见：[法] 阿兰·佩罗菲特. 停滞的帝国——两个世界的撞击 [M]. 王国卿，等译. 北京：生活·读书·新知三联书店，1993：16.

② 康熙曾命清代火器制造家戴梓仿制过荷兰蟠肠鸟枪和葡萄牙、西班牙的佛郎机。英国为了在中国打开新武器销路，马戛尔尼使团来访时赠送给乾隆两枝精致的左轮手枪，并进行了用弓箭和手枪猎鹿的性能对比展示，乾隆看后，对手枪的性能没有丝毫认可，更不用说震惊了。他说这样的小东西只配给弱女子玩儿，勇士兵丁重在能不能拉开强弩，精准射箭。

什么样的文化革命呀！"① 但是，历史事实的确让人难以置信，但又千真万确，乾隆与马戛尔尼根本不可能顺利对话，即使没有语言障碍从中作梗，结果也不会好到哪儿去。因为这场中英对话完全没有交汇点。

在乾隆皇帝眼里，任何来使皆为朝贡，贸易乃不足挂齿之区区小事。天下唯我独尊，岂能妄言平等？马戛尔尼则认为送礼只是个油头，扩大在华贸易才是核心使命，放松贸易限制和苛征也利国利民，中英关系生来平等，贸易也要平等。所以，接待马戛尔尼使团，乾隆以为他已经做得尽善尽美，充分体现了他作为天下共主的宽宏、仁爱和慷慨②，英国人该回家了。而马戛尔尼却认为，来中国以后所做的一切都只是无关紧要的前奏，还没有进入正题，应该抓紧时间谈正事了。显然，他们一直就是各乘各的马车在方向相反的两条道路上行驶，只是会车时礼貌地打了个招呼而已。更何况他们是生活在两个完全不同的世界里和梯队上的人物，谁能相信爱因斯坦会有能耐使秦始皇认可他的奇谈怪论呢？

马戛尔尼是个聪明人，他用英国人的自大挑战乾隆皇帝的自恋而且取得了成功，而荷兰使团按照拿破仑的逻辑入乡随俗，着实令人赞赏，但是仍然一无所获，得到的是虐待、喝斥和皮鞭③！小斯当东的话又应验了："屈服只能导致耻辱，而只要捍卫的立场是合理的，态度坚决却可以取胜。"这个可恶的洋人怎么长了一双如此毒辣的眼睛，竟然猜透了真龙天子的心思！也正因为有小斯当东的坚持，阿美士德才没有步荷兰人的后尘、自取其辱。相比之下，狂妄的俄国人比荷兰人和英国人都要狡猾。特使戈洛金

---

① ［法］阿兰·佩罗菲特. 停滞的帝国——两个世界的撞击［M］. 王国卿，等译. 北京：生活·读书·新知三联书店，1993：3.

② 清廷接待使团可谓极尽奢华，宴会共 12 道菜，每道菜 12 个，共计 144 个菜，其中有燕窝、鱼翅这些高档菜肴。根据大清惯例，马戛尔尼使团从抵达天津到离开广州的全部支出均由大清朝廷负担，按照乔人杰提供给马戛尔尼的数字，朝廷每天提供给使团的伙食费开支是 5,000 两白银，按此标准计算，使团在华逗留的 166 天（1793.8.5-1794.1.13）里，仅伙食一项就花费 830,000 两白银，是英国政府为此次使团来华所耗资金总额的 3.2 倍。乾隆赏赐次数多、品种繁、数量大，但没有价格数据，不过价值比生活费开支要大得多是肯定的。可见，朝廷仅接待这个英国使团就是一笔惊人的花费。

③ 在清王朝官方最后一次接见使团的时候，官员很注意大使和楚·布拉姆先生的磕头动作和次数。因为布拉姆起身早了一点，被强迫重作并以鞭子进行威胁。

伯爵原本打算以华丽的随从、沙皇的威望和自己的才华博得嘉庆皇帝的赞叹，但是他始终像一块污水沟里的石头，又臭又硬、软硬不吃，拒绝磕头。被告知不许进京，便掉转马头奔回莫斯科去了。多么干脆利落！

　　任何一个中国百姓都无法原谅乾隆、他的子孙以及他们身边的佞臣和奴才，这帮愚昧、狂傲、麻木的混蛋只知道自欺欺人，不懂得自尊自重、不知道自救自新。正如贡德·弗兰克认为的那样，虽然从宋元之际开始走下坡路，但是从1400年到1800年，中国不仅仍然是"东亚纳贡贸易体系的中心，而且在整个世界经济中即使不是中心，也占据支配地位"①。18世纪，中国GDP在欧洲人均收入提升1/4的情况下，"增长速度仍然快于欧洲"②，仍然是世界第一大经济体，直至1890年代才被美国超越③。所以，中国不是没有基础和能力咸鱼翻身而避免坠崖，而且时间上也很充足。从1793年马戛尔尼访清到阿美士德1816年来华，有23年的时间跨度。从阿美士德到第一次鸦片战争，又过去24年光阴。从第一次鸦片战争到1898年的"百日维新"，更是长达58年之久。即使在"百日维新"的时候，如果朝廷决心排除万难、刮骨疗伤、励精图治，成功逆袭也并非没有希望。"金盆打了，分量还在""瘦死的骆驼比马大"这些话并非全无道理，更何况有3亿多人的支持和血拼④？

---

　　①　[德] 贡德·弗兰克. 白银资本：重视经济全球化中的东方 [M]. 刘白成，译. 北京：中央编译出版社，2000：19-20.

　　②　[英] 安格斯·麦迪森. 中国经济的长期表现：公元960—2030年 [M]. 伍晓鹰，马德斌，译. 上海：上海人民出版社，2008：35.

　　③　清英签订《南京条约》时，英国对中国的官方赤字不到2,000万美元，1857年几乎增至5,500万美元。为获得有利于西方的贸易条件，以英法为代表的西方国家接连挑衅、侵入中国，直至1860年10月迫使清王朝签订《天津条约》和《北京条约》，初步达到目的。参见：[美] 费尔南德兹—阿麦斯托. 世界：一部历史（第二版）·下册 [M]. 叶建军，等译. 北京：北京大学出版社，2010：962.

　　④　18世纪，尽管欧洲的人均收入增长了1/4，但是大清帝国GDP总值的增长速度仍然比欧洲快。到1820时，大清的GDP占全球总值的32.9%，是日本的11倍、美国的18倍，高出全欧洲1.2%。到"百日维新"时，尽管大清国的GDP排名大幅下降，还有沉重的战争赔款和消耗，但是即使少到与这些强国GDP总值的平均水平持平的程度，也不至于在国家总体财力上有天壤之别。问题的关键是政府领导能力的丧失、负作用和科技实力的天上地下。参见：[英] 安格斯·麦迪森. 中国经济的长期表现：公元960—2030年 [M]. 伍晓鹰，马德斌，译. 上海：上海人民出版社，2008：36.

日本的崛起即是不容辩驳的铁证：这个面积仅为大清帝国 1/35 的蕞尔小国，被迫开放门户比大清帝国晚 12 年，明治维新比洋务运动晚 7 年。但是，甲午海战时，位居世界海军排名第 11 位的日本海军却迅速完胜排名第 8 的大清帝国海军。日本变强之所以如此神速，只因为他们恪守着一种信念："只要真理所在，就是非洲的黑人也要畏服，本诸人道，对英美的军舰也不应有所畏惧。如果国家遭到侮辱，全体日本国民就应当拼着生命来抗争，以期不使国威失坠。"① 两相对比，令人震惊又汗颜！沐猴为冠的清王朝当局却错过了找上门来的全部 21 次变革自新、反败为胜的机遇②。在这么长的时间内不但没有进行真正的反思、推行任何实质性改革，而且对别国的提醒、开导、奉劝、警告，甚至威胁恫吓和战争相逼都无动于衷，顶多只是做做样子、敷衍一时、出出洋相。

显然，清王朝根本不缺机会，缺的是对中西巨大差距的恐惧，缺的是对自身坠落、无知的自卑和觉悟，缺的是战略家的清醒、远见和胸怀，缺的是企业家的眼光、勇气和智慧。落后并不可怕，也不一定会挨打，但已经知道自己落后却不敢、不愿承认落后，并且一味拒绝学习别人、提高自己、壮大实力，即使别人反复提醒、警告也无动于衷，这种人必定会挨打。

再一细想，就更不会对英国人后来在大清政府面前的狂妄无礼感到诧异和震惊了。在马戛尔尼来华时，这位特使严令使团务必遵守他制定的行为准则，"使团任务的完成，全赖能否取得中国人民的好感，而中国人民对英国的好感，则完全取决于我们在他们面前的言行表现……因此，即使对最贫贱的中国人也必须态度稳重、和善"③。多么漂亮的文明逻辑！而短短 50 年之后，维多利亚女王的首相亨利·约翰·坦普尔·帕麦斯顿就这样对待清王朝政府了："像中国和拉美这样的半开化政府，每隔 8—10 年就要揍它一顿，才能使他们老老实实……口头警告是没有效果的，他们很少注意语言，在他们接受意见之前，不仅要让他们看到手杖，而且要让手杖打到

---

① ［日］福泽谕吉. 劝学篇·第一篇 [M]. 群力，译. 北京：商务印书馆，1984：4.

② 以马戛尔尼访华为界，此前已错过了 15 次机会，马氏来华之后又错过了 5 次重要机遇，累计共错过 21 次重大历史机遇。

③ ［法］阿兰·佩罗菲特. 停滞的帝国——两个世界的撞击 [M]. 王国卿，等译. 北京：生活·读书·新知三联书店，1993：78.

他们肩膀上。"① 试想，咸丰和慈禧听到这番话会做何反应，是跪地求饶还是撒腿就跑？英国官方变得如此放肆，绝非不知天高地厚的狂妄。英国政府和清王朝政府本来就是一个缸里的货色，没有文明野蛮好坏之分，就看谁有实力压过谁而站上风罢了。跟清王朝帝国打交道这么多年，英国政府已经看透了清政府的贱骨和劣性，他们太了解军舰和枪炮带给这个顽固而懦弱的东方敌人的恐惧了，已经嚣张狂妄到为自己扮演的持枪强奸杀人犯角色感到自豪和骄傲的地步。马戛尔尼的提议被乾隆全部拒绝，仅仅47年后，英国下议院就以微弱票数赢得了战争权利，炮声一响，不但马戛尔尼的请求全部实现、商人们得到了被焚鸦片的全部赔款，而且政府也发了一笔大财②，当初英国最渴望的平等现在已是英国人最不屑提及的词儿。从此以后，处于发情期的英国狮子更加张狂，而用牛羊肠膜吹成的清王朝却完全泄了气。只要清廷敢说个"不"字，就立即开炮，想要的马上到手，如探囊取物、应有尽有。这样的软柿子谁不捏？于是乎，大清国就像一头被狮子咬住了喉咙的羚羊，所有的食肉动物一拥而上，抢肉吸血、食之殆尽。是清王朝自己惯坏了列强，他们已经乐于享受做强盗和流氓得到的油水和快感。侮辱清王朝，其乐无穷！

　　卑鄙是卑鄙者的通行证，自大是自大者的夺命符！

---

　　① 计秋枫，冯梁. 英国文化与外交［M］. 北京：世界知识出版社，2001：168.
中国人还需记住的另一句狠话出自德国皇帝威廉二世之口。1900年，八国联军准备前往北京时，他告诫联军中的德军说："你们应该给德国人扬名，让中国佬刻骨铭心，哪怕过了一千年都不敢正眼看德国人。"参见：［美］费尔南德兹—阿麦斯托. 世界：一部历史（第二版）·下册［M］. 叶建军，等译. 北京：北京大学出版社，2010：996.
　　② 根据《南京条约》，战败的大清帝国向英国支付1,200万墨西哥元（即条约中文版所谓"洋银"）战费，支付600万墨西哥元抵偿被林则徐代表清政府收缴的全部鸦片价值。中国商人拖欠英商的货款，由清政府以300万墨西哥元代偿本息。总计2,100万墨西哥元（购买力相当于21世纪初叶的20亿美元）。还须特别注意的是，道光二十一年（1841）4月，当义律在广州做出欲入城之势时，奕山曾给义律600万元，英人称"广州赎城费"，这笔钱签订《南京条约》时，清政府没能要回来。所以第一次鸦片战争失败后，大清帝国政府实际赔付英方2,700万墨西哥元。清政府于1845年年底前还清，其中300万货款后来中国商人悉数补给了清政府，广州市民认领200万赎城费，上海居民承担了50万，扬州盐商也给清政府捐献了100万，此前还向英人抵扣了50万，共计150万。政府国库实出金额为这些款项所剩之数2,000万墨西哥元。参见：黎东方. 细说清朝［M］. 上海：上海人民出版社，1997：331-332.

第五节　社会转型在专制缝隙中艰难前移

明朝末年的转型复苏本已稍有起色，但是政权更迭又使它遭受重创，新建立的清王朝王朝几乎是明朝的翻版，从建立那天起就非常老旧过时，与外界隔离、与时代脱节。特别是对海洋的态度没有任何进步。海洋仍然是天造地设的屏障、不耗钱粮的长城。海里只有咸水和龙王、处处是危险和邪恶，与海打交道、下海谋生都是蛮夷鄙国的下贱勾当。西方各国称霸海上，远渡重洋来到家门口，争海权、夺海利，清王朝从来不认为损害了自己的国家利益。只要不上岸来惹事，就事不关己、万事大吉，就像一个阔财主站在旁边观看狗抢骨头的游戏。天朝上国地大物博，不屑像洋人那样航行八万里来请求贸易。他们哪里知道，大清国根本不需要什么贸易！让沿海百姓在家耕田种地、阻止他们出海受罪，是皇恩的施予和爱民的圣断。可总有一些无君无父之徒辜负圣心、忤逆圣意，自弃王化，以海谋食，实为孽由自作。多么雄辩的逻辑！

然而，与明朝末年的情形一样，大门上了锁，可是窗户还可以打开。官场的腐败和官员的落伍，给转型的复苏带来契机和空间。一方面，来自海洋的威胁解除之后，清朝没能顶住东南沿海各省施予的弛禁压力，将海上私人贸易维持在与明末相比更有容忍度的范围内，使对外贸易，特别是来华贸易有超越明末的表现，尽管在国际舞台上，它从内到外都是落后的、僵死的、不合时宜的。另一方面，与外界有限的经济联系为社会自发转型的复活带来外部引力和内在动力，促使民间社会在违背帝王统治意志的背景下，于多个方面做好了向商业社会转型的准备：

一是思想上的重大变革。根深蒂固的抑商、贬商思想在官、民阶层都发生了动摇①，影响地域从东南沿海和内地因山多地少被迫外出经商谋生的零星小点，发展到巨大片区。商业人口陡增，各大商帮继续扩大他们的经营。而且在商业基础较好的宁波，又新生出直至今天仍然在商界占有重要地位的宁波商帮。

二是民众生产行为的商业化风潮。从一般小农家庭到大地主的农业生产活动，都已不再满足于自给自足或以有换无，而是普遍以市场需要为导向、以追求经济利益为出发点和生产动机。这一点在粮食的产地、供求地域变迁和药材的种植、流通网络建构与兴盛方面表现得最为直接、生动。它的重大意义在于，非粮农作物经济与粮食商品经济一起，将商业经济思维广泛而深入地植入到了广大民众的思想意识领域，从而产生出发自内心的强大精神动力，奠定了社会质变必需的坚实民众基础。

三是手工业的企业化升级。生产原料的商品性购入，生产过程的机械化和流水线化，雇佣工人的工资制和契约化，工人劳动的职业化和专业化，产品销售的市场化和赢利目的，管理上的成本核算、自负盈亏以及交易结算方式的金融化、信用化，都将其与过去的手工业区别开来，标志着这个时期的手工业已经过渡升级到了企业级，全新生产关系和经济类型的分娩即将来临。

四是国家财政金融的金银化已经进入稳定的运行阶段。虽然政府的理论水平和监管能力仍然只能与小农经济相适应，没有值得一表的进步，但是商业活动对官方落后管理的巧妙摆脱，促使政府被动容忍了交易变革带

① 明末时，李贽发出了"商贾亦何可鄙之有"的责问，批驳了对商人的偏见，他说商人"挟数万之资，经风涛之险，受辱于关吏，忍诟于市易，辛勤万状，所挟者重，所得者末，然必结交卿大夫之门，然后可以收其利而远其害，安能傲然而坐于公卿大夫之上哉"。黄宗羲提出了"工商皆本论"，他认为各经济门类之间存在有机联系，不存在孰本孰末的问题。凡能增进生产和流通、有利于创造社会财富者皆为本业，而耗损、浪费社会财富者则均属末业。他们这些挑战有官方后台的"农本商末"传统观念的大胆学说，尽管非常进步，但是在专制强权垄断思想和知识的社会里，很难产生应有的影响。晚至雍正五年（1727），朝廷还有"四民之业，士之外，农为最贵。凡士工商贾，皆赖食于农，以故农为天下本务，而工贾皆末也"的上谕，清王朝皇帝都是一条道走到黑的主，在他们身上寄予希望是不明智的。所以，在清康熙朝以后，民众不动声色地以实践和行动给予了证明。参见：赵靖. 中国经济思想通史［M］. 北京：北京大学出版社，2002：204-205.

来的某些积极影响，使这种落后的官方体系不致很快瓦解。

五是弥漫全社会的商业气息。商业市镇的大量涌现、农村集市交易的普遍化和常态化，表明商业行为已经由城市、港口扩展到偏远、落后地区。全国逐渐形成了由各大中城市通过沿海、沿江、沿运河和陆上大动脉，与方物小城和特长市镇互连互通的大市场网络。区域内的小市场网络也因此形成并兴旺起来。

这五个方面的微小进步虽然与欧洲发生这种变革时的情形相比，相形见绌，完全不可同日而语。但是考虑到恶劣的政治生态和艰难的变革条件，不能不予以应有的肯定。限于篇幅，下面以航海贸易、农业商业化和手工业的企业化和市场化为代表考查转型的进展。

一、航海贸易

有清一朝，被开发的航海贸易潜能不过万分之一，其释放的能量与受虐程度很成比例。清顺治十三年（1656）六月发布《禁海令》，要求片帆不得下海、片帆不得出洋，错过了28年的光阴。华商出海贸易在弛禁后曾有过繁荣，但是朝廷生性多疑，稍见起色就立即出台限制令，万货不通、民生日蹙、沿海商民反应激烈时又有所放松，如此反反复复，把出洋贸易长期控制在半死不活的状态。进入19世纪以后，随着大清对南洋制海权的丧失，本可以大有作为的出海贸易很快在内外双重打压下濒于消失，清廷因此多了一分安心。

来华贸易经历了曲折多变的戏剧性过程，贸易口岸由多到少，直至限于广州一地，来华交易的国家逐渐增多，贸易额持续增长。大清方面，行商和政府瓜分了丰厚利润、贪官和掮客于黑白两道、中外两头疯狂敛财，但是政府所得，很少进入推动经济增长的流通，用于百姓福祉的更是微乎其微。对外商而言，虽然有重税、盘剥和诸多不便，但是中国的吞吐能力实在太大，加上他们垄断远洋贸易的优势地位，仍然赚了个盆满钵满，并在鸦片贸易的强大攻势下，扭转了逆差、吸引大清白银向外狂泄，直至毫无经济管制能力的大清国沦为他们殖民贸易的最大原料产地和销售市场。所以，总体上，清王朝的航海贸易，由于过时僵化又违反贸易规律的规则和管理而陷于不正常的状态，对促进社会变革的积极影响发挥得非常有限。

先看华商出海贸易情况。自康熙二十三年（1684）开禁后，因铸币需要进口铜，刺激了赴日贸易的增长，商船从1685年的85艘增至1688年的193艘、9,128人次。随着国内产铜量的增长，朝廷唯恐商人致富生事儿，马上对这条航线严加控制，到乾隆七年（1742）时，赴日商船只有12艘了。东南亚方向，康熙开禁后，出海贸易迅速活跃起来，所赴之地有"噶喇吧、三宝陇、实力、马辰、哶仔、暹罗、柔佛、六坤、宋居朥、丁家卢、宿雾、苏禄、柬埔、安南、吕宋"诸国，贩运货物有"漳之丝绸纱绢、永春窑之瓷器及各处所出雨伞、木屐、布疋、纸札"等物，厦门发展为主要对外港口，"至吕宋、苏禄、实力、噶喇吧，冬去夏回，一年一次，初则获利数倍数十倍不等"，"舵水人等此为活者以万计"，广州、潮州、澄海等地的富商"重洋绝岛，万里无阻"。海船"大者可载万余石，小者亦数千石"。出海盛期，从厦门起航的帆船在100—200艘之间，全广东赴南洋海船当在300—400艘之间。上海、宁波等港口有40—50艘往返于暹罗、安南和菲律宾三地的商船。厦门一港，1840年以前，商船泊量500艘左右、载重量150多万石，约合10万余吨。而沿海各地的商船总量将近1万艘，运力约150万吨①。

在对南洋的贸易中，暹罗大米进口贸易不能不提，大清本来无意允许其国民参与，以免多事，只是苦于暹罗船的运力实在无法满足海量大米的输送，才在福广地区官吏的一再游说下勉强同意，然而税费苛重、在暹罗所造之船因无牌照不能进港，仍然无法发展。当地开明官吏费了九牛二虎之力才帮助这些商人减、免了关税，申领了海船牌照，大米进口贸易才热起来，救了沿海数省粮荒之急。仅乾隆二十三年（1758）一年，就运回大米6.39万石。但是，进入19世纪以后，清廷抑制日盛、官吏横征暴敛，而且南洋已被西方国家瓜分，大清私商盈利薄少又没有官方支持，根本无力与西方竞争，基本被排挤出来，大米直航进口迅速滑入低谷。嘉庆十二年（1807）后，已成港脚、花旗的天下，大米经过新加坡转口后被英美商人倒卖过来，只有不足原来1/3的商船在列强的压迫下苦苦支撑。同时，在马来半岛和印尼各岛上的华商也沦为荷、英两国东印度公司的附庸。菲律宾的情况也一样，嘉庆二十三年（1818）时，到马尼拉和苏禄的中国商船仅

---

　　① 樊百川．中国轮船航运业的兴起［M］．北京：中国社会科学出版社，2007：52-57．

有 10 艘，到道光元年（1821）时，厦门开往南洋的商船，也只有十几艘了。此时，中国商船在整个东南亚，总量不过 300 艘，运力仅存 8 万吨①。

有清一代的华商私人贸易，从历时和共时两个方向上看，都非常寒碜，但是它对摧毁旧式单一经济格局、建立新型经济结构，对促进农庄社会再分工和新生社会阶层的出现都产生了重要影响，这一点将会在后面谈到的农业商业化方面得到充分体现。

再看来华贸易。继葡萄牙和荷兰之后，英国人 1670 年已在大陆的厦门和郑成功治下的台湾取得通商权并建立贸易据点。康熙二十三年（1684）开禁之后，朝廷准允各港对外通商，英国人乘机摆脱了葡萄牙人的垄断，以东印度公司之名取得了在广州开设商馆之权。自 1771 年起，英国人的对外贸易进入大发展阶段，迅速攀升到大清最大贸易国的地位，此后，广州商馆的贸易史无异于英国的贸易史和英国东印度公司的对华贸易史。早在 1660 年，法国就派船来广州贸易，但直到 1728 年才成立商馆，而且不太会做生意的法国人，在整个 18 世纪，对华贸易都只有很小的规模。乾隆四十九年（1784），建国不久的美国就驾驶"中国皇后号"赶到广州来了，来得虽然晚了一些，可是美国人特别敢于冒险、善于经营，在国内享有没有垄断公司限制的开放贸易环境，在国外享有二三十年之久的中立地位，很快就做得有声有色，上升到并稳居第二大贸易国的位置。

俄国人很早就看到了大清这块肥肉，有史料可查的首次俄使访京是明朝隆庆元年（1567），以后又多次派使来华。经过漫长而曲折的交涉，大约在 1730—1768 年间，在中俄边境恰克图城的俄国一侧，新生一个颇具规模的互市贸易点，双方并于 1792 年签署了一份官方性质的关于恰克图互市事宜的合作协议。1806 年两艘俄国商船来到广州，满载而来、疯赚而去。但就在离港返航不久，广州方面被告知，俄国人已经享有朝廷赐予的陆上贸易恩惠，就不能再得海上贸易之利。于是，以后再没能来广州贸易。在广州开设商馆的其他国家和地区（城邦），还有丹麦、瑞典、意大利、汉堡、不来梅、比利时、普鲁士、奥地利、秘鲁、墨西哥和智利，不过贸易量都不大，与财大气粗的英国人相比，他们似乎无足轻重。

1720 年，广州的商人组建了一个名为"行会"的组织，作为统一内部

---

① 孙光圻. 中国古代航海史［M］. 北京：海洋出版社，1989：606.

行动和对外行使垄断职能的机构，保证商人的整体利益和个体利益，属于行会的商人名曰"行商"。在拉拢处于优势地位、享有更多话语权的满人后，1755年，更有利于官商暗箱操作、共同分肥的广州"保商"制度得以建立，规定外洋船只的交易必须也只能交由行商经办，任何人不得私下贸易，一切按旧习操作的小商小贩小店交易皆为非法。此后的1757年，尝到甜头的满人掌权派更进一步，借朝廷之手剥夺了其他港口的对外贸易权，广州成为唯一具有外贸资质的港口，完成了全国范围内的外贸垄断。紧接着，1760年又奉谕成立"公行"。至此，当地官员和公行商人建构垄断港口以坐收渔利的计划全部实现，余下的工作只剩收钱发财了。

然而，这一体制虽然对分肥官员和巨商非常有利，但却使原来的行会一般会员遭到了敲骨吸髓般的剥削和碾压，无力承受的行商接连破产，还欠了官方的税，加上收受了洋商巨额贿赂的潘启从中作祟，公行不得不解散。1782年，成立了原有12个，后来增加到13个，由行商、洋商组成的商人团体，但仍沿用旧的"公行"之名。它就是一直运营到1842年的广州商人行会——坊间习称的"十三行"①。

这是一个地球上独一无二的奇特组织。它拥有对外贸易管理全权、是外方与大清官方沟通的唯一媒介，还负责管理以供清偿拖欠、罚款、亏折等款项之用而抽征的3%的"行用"。最让人费解的是它拥有强大而全面的政府全权却并非政府机构，是政府支持的涵盖了行政、人事、外交、商务、司法、联谊等各项权利的秘书团和代理人。从征税角度看，它又像朝廷指定的税务承包商，自己的地方官府同党享受征税办法制定权和执法权，只要遵从朝中上线的意思按时、足额地上交税收，中央对公行的一切就不会再有人过问。所以，这种高度自主、自治体制给了粤海关和从总督到卒吏的各级各类官员和行商共同发财的绝好体制和机会。从经商角度看，"十三行"是个拥有最大靠山的具有封闭性和排他性的商业特权垄断组织。成为该组织的一员，即意味着巨大商业利益的有恃无恐。外商虽然不停抱怨不公平、不自由，但是这点委屈与贸易换来的巨额财富相比，回报足以补偿忍受的痛苦。对中国商人来说，尽管行商被榨取大额油水，但却能成数倍地赚回来。至于官员，那就更满意了，比从摇钱树上摇钱还省力省功，"十

———

① 梁嘉彬. 广东十三行考 [M]. 广州：广东人民出版社，1999：41-65.

三行"如同他们的私家银库，而且取之不尽、用之不竭①。

1789 年，来广州的外方商船共计 86 艘，其中有英国船 61 艘，其余的由美国等国家分摊。到 1820 年代，来广州的外方商船增至 100 多艘，运力 6 万多吨。到第一次鸦片战争前夕增至数百艘，总运力 8 万多吨以上。进口货物，英国方面主要是原棉、鸦片和呢绒，外加少量转口倒卖产品，其中印度原棉占一半的比重，但鸦片所占比重快速增大，16 年时间由原来的 1/6 增加到 1/2。出口货物，茶叶所占比重接近 3/5，缺口由棉布出口补足，其余 1/5 是丝货。输入货物、财宝和金银的总价值，1818—1833 年的 16 年中，英美合计四亿零二百零一万二千三百八十五元（402,012,385 元），年均二千五百一十二万五千七百七十四元（25,125,774 元）。中国出口货物和现金总值共计三亿六千八百五十二万八千七百四十元（368,528,740 元），年均二千三百零三万三千零六十四元（23,033,064 元)②。正是在 1820 年左右，凭借毒品交易的威力，大清国的贸易出现了逆差。此后，鸦片对于大清帝国，与其说走私使白银外流，不如说清王朝政府像一头牛一样，被鸦片贩子抓住了鼻子，是放血还是吃肉全看后者怎么决定了。

要了解逆差出现和拉大的原因和清政府的应对，就不能回避鸦片问题，以英国为首的西方各国正是利用这个迷人的花朵，抓住了这个弱国的命脉，不但拖垮了贸易、毁掉了经济，而且主权大部丧失、社会加速崩溃。还毁灭了无数个家庭、摧残了数以亿计的生命。下面就此做一简要梳理和分析。

鸦片进口截至 1840 年的第一次鸦片战争，可以嘉庆四年（1799）为界，分为前后两个阶段。前一阶段，虽然朝廷也有过多次禁烟命令，而且后来都知道大部分鸦片并非用于进口的本意，但是由于仍以药品的名义被引进，所以仍属合法买卖，跟原棉一样在商馆公开处理，由保商负责完成交易。这时的鸦片对外商的作用有二：一是西商用作抵冲白银流入中国的手段。二是充当西商为避免购入中国货物时现银不足的麻烦而准备的应急、储备资金。这一阶段，鸦片的进口量增长较慢。1729 年不足 200 箱，1767

---

① 梁嘉彬. 广东十三行考 [M]. 广州：广东人民出版社，1999：66-255.

② 1 元＝10.72 两白银，参见：[英] 林格堡. 鸦片战争前中英通商史 [M]. 康成，译. 北京：商务印书馆，1964：3；[美] B.B. 马士，[美] H.F. 宓亨利. 远东国际关系史 [M]. 姚曾廙，译. 北京：商务印书馆，1975：65；孙光圻. 中国古代航海史 [M]. 北京：海洋出版社，1989：606.

年增至1,000箱，到1793年，增加到4070箱。主导这一贸易的是最先运鸦片到中国来的葡萄牙人，英国人于1773年首次参与鸦片贸易，都由私商经营。1780年，英国东印度公司才开始实行鸦片专卖，将垄断权掌握在手中。

1799年，嘉庆上谕要求严禁鸦片进口，并且禁止国内种植。从此，鸦片贸易的药品合法身份终结，公行和英国东印度公司就不能在广州从事这一交易了。东印度公司限令，本公司船只不得装运鸦片，以维持与广州的合作，但是董事会却响应茶叶商人的呼声，增加鸦片产量、扩大鸦片运量，以去除往中国运送银块的麻烦和不划算。而此时，英国人已经将鸦片在印度和孟加拉种植、生产和在中国销售的整套技术都发展到了完善的程度。行商虽不参与贸易，但是仍然继续为停靠在黄浦、明知装有鸦片的船只承保，直到1820年另一个严禁期降临才不这样做。这一阶段可切割成三个时期。

1800—1820年为第一期，1799年的禁烟令一出台，外商就在澳门设了一个储运中转站，仍用到黄浦的商船运进，直接在船边交易。这种方式为西商省去了很多麻烦、绕过了行商的敲诈勒索，而且现银交付方便快捷无折耗，还有了办理回程货的银子，这些好处给了西商走私以极大的刺激。这个时期平均每年进口4,500箱，最高的年份达到5,000箱挂零。

第二期是1821—1830年。道光元年（1821），禁烟认真起来，澳门和黄浦都被封锁，原来的随船捎带已不可行，遂全部转移到外海停泊处（主要是伶仃岛）的船上进行，这反而更加自由、方便、安全了。商船抵达伶仃岛后，就将鸦片转移到趸船上，在趸船上分装成适合下家零售的席包，再交付给来接货的、由50—70名亡命之徒充当水手的中方武装快艇，整个过程都在光天化日之下明目张胆地进行，即使遇见缉查巡艇也无须回避，买卖很快红火起来。虽然这种走私因为大清国内部的各种矛盾，时有危险发生，有时甚至不得不暂停数日甚至数月，从业者也常常提心吊胆，但最后都是有惊无险、雨过天晴。因为他们已经有了丰富的判断经验、应对方案和灵通的信息渠道，知道每次查缉都像雷阵雨一样短暂。而且外商很清楚官吏们绝不会自断财路的德性，看清了这宗交易是不可能真正被禁绝的。所以，直到1839年林则徐来广州之前，外国毒贩子从未受到过惩处，参与这一罪恶勾当的中方人员也都安泰无比。

另一方面，大清国弱小的海军根本不会对走私犯构成威胁，洋商都是用西式先进武器武装的大船。趸船水手的凶悍和船主坚实的后台，实际上形成与海军和缉私船互相支持工作的默契，他们也不会去招惹外国商船，顶多对中国船围而不攻。而且，双方都明白，运送鸦片的都是负责缉私任务的官船和每年从广州开往北京、运送皇帝贡品的贡船（这是将鸦片运送到北方各省最安全的工具），要么是自己人，要么是缉私警惹不起的人。这一时期年均 10,000 箱左右，以上等烟土白皮土为大宗。

　　30 年代可算作第三期，这段时间进口疯涨。1831—1832 年 16,550 箱，1835—1836 年增加到 30,202 箱，1838—1839 年，更是达到 40,200 箱。这种局面的形成是多种因素促成的。首先，从消费终端来看，国内的需求日益旺盛，销路非常好，销售网已经很大很完善，流通速度也很快。其次，中间的贩运环节也有了很大改进。英国的快艇加入了从印度到伶仃洋的运输，穿行在东南沿海的转运船也进行了重新组配，更加快捷也更有效率。英国吊销了东印度公司的特权执照，开放的竞争也给了贩毒强烈的刺激。交易也不再限于一地，在广东、福建一线有多个散点。而且最后三年，又可以在去广州的水道上交易了，1821 年以前的自由状态得到了一定程度的恢复。最后，货源供应能力提高，鸦片贸易的兴盛使印度和孟加拉迅速富裕起来，当地人有钱购买英国货，给英国政府增加了收入、在印度的行政运转已不需要英国负担，东印度公司的效益越来越好，各方都希望扩大贸易。

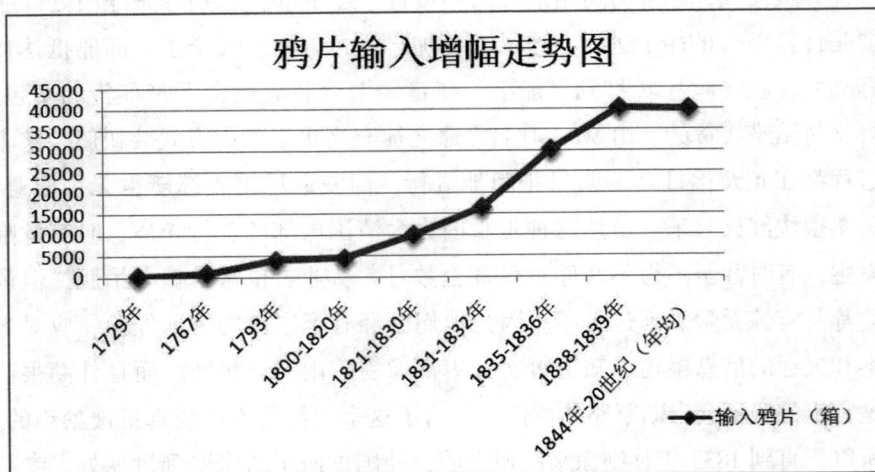

图九　鸦片输入增幅趋势图（作者绘制）

　　清英之间的第一次正面较量以清王朝的完败而告终，英国人有了香港之后，鸦片交易上了一个新台阶。香港位于从越南到中国大陆东南沿海一线最好的连接位置上，永不结冰，也无淤泥，是天然的深水良港。毒药贩子们看到鸦片贸易既不会得到法律许可也不可能被有效阻止，纷纷在香港安营扎寨。怡和洋行首先在码头卸下博曼吉·霍穆斯基号趸船，鸦片在此直接上中国毒贩的船，岸边的仓库一夜之间拔地而起。短短几个月，香港被建成了跟伶仃岛一样的鸦片集散中心。到 1844 年，"几乎所有与政府没有关系而拥有资金的人都从事鸦片贸易"①，而朝廷现在已经没有胆量和心思再过问鸦片的事儿，就像一位绅士不愿提及自己跟某个婊子有一腿一样。在这样有利的环境之下，贩烟毒成了最赚钱的行当。1845 年，以香港为基地的贩毒船多达 80 艘，有 19 艘属于怡和洋行，该行还在沿海一线安排了14 艘趸船负责鸦片转运，其中 1 艘停靠在吴淞口，专为长江一线服务。到1849 年，75% 的印度鸦片是从香港运往大陆的，香港的年均库存达 4 万箱，年销量约 600 万英镑。这种疯狂一直持续到 20 世纪。

　　可以说，清朝创造的社会环境以及由此形成的时代氛围是发生鸦片灾难的根本原因，由此形成的严重后果和长期的消极影响是中国人不容回避而应该认真反思的历史命题。清朝的对外贸易最终被鸦片打垮，紧随其后的就是惨遭蹂躏的人民、国土和文化，这一亘古未有的浩劫和屈辱表明一个重要事实：农庄文明的农耕文化已经到了非变革没有活路的地步，唯有吸收交易文明、工商业文化的新鲜养分才能获得新生。

二、农业的商业化

　　清朝非常有限的开放还是给国内送来了宝贵的新鲜空气，与外界联通的狭小孔洞也在民间引发了重大变革，农业的商业化可以视为这种变化的典型样本。包括粮食种植和其他农作物生产在内的广义农业都不再以自产自用、自给自足为主要动机，而是瞄准经济利益，进入市场流通、通过商业性交易赚取财富。由于经济作物给农民带来的巨大实惠，改田为地、种植经营日益显露出难以阻挡的冲劲和活力。棉花、桑树、甘蔗、茶树、水

---

　　① ［美］马丁·布思. 鸦片史［M］. 任华梨，译. 海口：海南出版社，1999：161.

果、药材、烟草、花生、蔬菜、蓝靛、苎麻等经济作物种植面积越来越大，商业化水平也越来越高。

棉花种植"遍布天下，地无南北皆宜之，人无贫富皆赖之，其利视丝、枲盖百倍矣"①。北方以山东为例，东昌、兖州、高唐、夏津、恩县、范县、郓城等地种植广泛，成当地的主要经济作物，"转贩四方，其利颇盛"。南阳李义卿，"家有广地千亩，岁植棉花，收后载往湖湘间货之"。江南地区的种植面积所占耕地的比例，明末上海县50%，太仓70%，清代面积更大，在60—70%以上②。值得一提的是，棉农种棉以大豆饼为主要肥料，它们是从东北或华北东部经海道或大运河运到南方来的。19世纪末起，东北的豆饼还长期出口到日本，这些现象表明，棉业经济除了具有促进航运经济发展的连带效益外，还将大江南北多个产业拉入其发展系列、惠及更广大民众，这是农业商业化变革的连锁效应之一。

桑树种植，华北、华中"桑种甚多，不可遍举，世所名者，荆与鲁也"。嘉兴植桑"不可以株数计"③。浙江湖州府"尺寸之堤必树之桑，环堵之隙必课以蔬"，"富者田连阡陌，桑麻万顷"，"有各双杠至数十万株者"。农民除"多自栽桑"外，还"预租别姓之桑，俗称秒叶"。本地桑叶不足，则"贩于桐乡洞庭，价随时高下，倏忽悬绝"④。这表明，在养蚕业的拉动下，桑叶成了供不应求的紧俏商品，催生出桑叶预租售期货交易，它至少是欧洲期货之祖鲱鱼期货鱼的父辈。可见植桑业的商业化已达到很高程度。

甘蔗因为制糖业发达而备受青睐。福建、广东为江南之冠，专业种植区纷纷涌现，产量占全国的9/10，"他方合并，得其十一而已"。福建南部"种蔗皆漳南人，遍山谷"；北部将乐县产红糖，"高滩甚盛，岁出千万斤"，可推知其种植规模甚大。广东东莞的篁村河田一带"白紫二蔗，动连千顷"，"连岗接阜，一望丛若芦苇然"。冬季，榨蔗"遍村冈垅，皆闻戛糖

---

① （明）丘浚. 大学衍义补（卷22）[M]. 北京：京华出版社，1999：213.

② 程厚思. 清代江浙地区米粮不足原因探析 [J]. 中国农史，1990：3.

③ 17世纪初，嘉兴农民改种棉花后，五亩稻田的收入从11.25两白银增加到了25两。

④ （明）朱国祯. 涌幢小品·蚕报 [M]. 王根林，点校. 上海：上海古籍出版社，2012：39.

之声"。甘蔗的厚利导致稻田广泛转产，"稻米益乏，皆仰给于浙、直海贩"。江西赣南各县普种甘蔗，尤以"赣县、雩都、信丰为多"。雩都"濒江数处，一望深青，种之者皆闽人，乘载而去者，皆西北、江南巨商大贾，计其交易，每岁裹镪不下万金"。

茶叶加工工艺的提高极大地美化了口感，茶品丰富多样，销量剧增，茶树种植因此遍布南北，成为很多地方致富的经济作物。明末"南直隶常、卢、池、徽；浙江湖、严、衢、绍；江西南昌、饶州、南康、九江、吉安；湖广武昌、荆州、长沙、宝庆；四川成都、重庆、嘉定、夔、泸"都是茶叶主产区。除国内市场外，在海外贸易中也占据着重要份额，尤以英国市场最大。云南勐海、勐腊、普洱等18地广种普洱茶，茶马商道渐入大盛期。经西藏翻越喜马拉雅山进入南亚诸国，转向西进，直抵红海、东非①。

福建种茶更为普遍，《八闽通志》载："福州府诸县皆有，闽之方山、鼓山、侯官之水西，怀安之凤冈尤胜。建宁府八县皆出，而龙凤、武夷二山所出者尤号绝品。泉州府各县皆有，而晋江清源洞及南安一片瓦，产者尤佳。延平府各县俱有出，南平半岩茶尤佳。邵武府，光泽、泰宁二县为多。"《闽书》载："南安、德化、建安、建阳、将乐、长汀、漳浦等县均产茶，并有佳茗。如南安的莫山、德化的雪山、建安的凤凰山、建阳的苍山、将乐的花岩、长汀的玉泉、漳浦的鼓雷山等。"闽东茶区作为闽茶的后起之秀也日益兴盛，《长溪琐语》云："环长溪百里诸山皆产茶。"安徽丘陵、山地占60.7%，气候温和湿润、四季分明，产茶条件优越，品种多达20种，中国十大名茶中的黄山毛峰、六安瓜片和太平猴魁均产自这里，是唯一一个一省出三大名茶的地方。茶山遍布其间，南部的黄山和西南部的大别山区占全省面积92.6%，为全省总产量的94.2%，尤以霍山县之大蜀山"茶生最多，品名亦振"。这些茶叶除行销国内市场，远走东南亚、西亚、东非及欧洲各国外，自1638年150磅中国茶以礼物身份经蒙古首次传入俄罗斯之后，俄国遂成为中国茶叶，特别是福建大红袍的主要消费国和转运国，开辟出绵延12,000公里的茶贸之路。1838年，出口俄罗斯的茶叶达8,968,900磅（约合4068.23吨），占中俄贸易总额的93%②。

① 木霁弘. 茶马古道上的民族文化 [M]. 昆明：云南民族出版社，2003：22.
② 邓九刚. 茶叶之路 [M]. 北京：新华出版社，2008.

　　甘鲜果品也跃升为市场营销的大宗商品，水果种植因此得以长足发展，为果品贸易提供充足货源。河北魏县，"其终岁勤动，大抵力树艺，务蚕缫，丝成则坐贸山右之商，梨熟则远趋江南之利"，河南的长垣"又一二梨枣间远鬻江淮"。以江南为例，产品以橘、柚、橙、荔枝、龙眼、橄榄、槟榔为最。太湖地区是橘柚的主产地之一，"湖中诸山，大概以橘柚等果品为生，多至千树，贫家亦无不种"。浙江衢州广种橘树，"傍河十数里不绝"。福建"闽中柑橘，以漳州为最，福州次之"，福州南门至南台"行数十里间，荔枝、龙眼夹道交荫"，兴化"荔枝甲天下，弥山遍野"，泉州"因有荔枝之利，焙而干之行天下"。而广东顺德陈村"居人多以种龙眼为业，弥望无际，约有数十万株。荔枝、柑、橙诸果居其三四，比屋皆焙，取荔枝、龙眼为货，以致末富"①。荔枝以"增城沙贝所产为最"，"岁收数千万斛，贩于他方"。番禺的李村、大石"荔枝树蔽于百里，无一杂树参其中"。橄榄有青乌两种，"种者多是乌榄，下番禺诸乡为多"，槟榔"四周皆产，文昌、琼山、会同特多"。

　　中药学在明代已经确立起某一药材须于特定地域种植、采用特种方法炮制才能品种最优、品质最好、加工最为规范、临床效果最佳的"地道药材"观，从而引发各地药材特产品牌效应的流播。由此，明清两代，在全国范围内形成了关药、北药、怀药、浙药、江南药、川药、云贵药、广药、西药、藏药十大地道药材产区，药材的异地买卖在形成全国大市场的同时，国外进口药材通过各地知名药材集散地"药都"的流转，共同汇聚成国内外药材营销体系，专门从事药材贩卖的商人集团在各地兴起，形成了覆盖全国的十三大"药帮"。这个大背景下，在各种药材的最佳产地，除了直接从自然界采挖外，人工种植地道药材也日渐增多，很多地方已形成了大规模经营性种植。如四川新都县的"杨金宪有所红花庄子，满地种着红花，广衍有一千余亩，每年卖到红花有八九百两出息"②。安徽"卢阳……尤多药物，江南江右商机咸集聚焉"，清代乾嘉年间的刘开曾有诗句描述中国最大的药材产地亳州当时广种芍药的景象："小黄城外芍药花，十里五里生朝

---

　　① "末富"一词脱胎于中国重农抑商文化鄙视商业的思维定式。务农为首业、本业、正业，经商为末业，所以经商致富被视为"末富"。

　　② "出息"指种植红花所得利润。

霞，花前花后皆人家，家家种花如桑麻。"松江一位林姓商人，"以卖药起家，至今人呼为林生药"。

山区商业开发已成气候。纺织业的发展拉动了染色原料蓝靛的种植。嘉靖年间，闽东宁德县"外郡人来县境栽菁""西乡几都，菁客盈千"。闽西永福县"引水不及之处，则漳泉延汀之民，种菁种槠，伐山采木，其利倍于田"。隆庆二年，"江西万羊山，跨湖广、福建、广东之地，而各省商民亦尝流聚其间，以种蓝为业"。闽、浙、粤、赣、湘五省连边山区"山林深阻，人迹罕至，惟汀之菁民，刀耕火耨，艺蓝为生，遍至各邑，结寮而居"，俨然已成菁靛种植基地。另一种染料姜黄在福建邵武种植普遍，"客商多贩往汴梁、南京，以供梁及和诸香作线香"。

苎布是畅销国内外的主要商品，为其提供原材料的苎麻种植业因此大兴。崇祯年间，福建北部的寿宁县"民力本务农，山无旷土，近得种苎之利，走龙泉、庆元、云和之境如鹜，田颇有就芜者"。清嘉庆年间，"时则有某招引江、闽流民开种麻山，不数年间，几遍四境"。在浙东衢州府、江右广信府和赣南一带，"失业之徒沿缘依附，什百成群，刈苎沤麻，倚为生计"。相比之下，赣南、赣北的商业开发更具综合性，除前文谈到的蓝靛、苎麻种植业以外，从成化年间起，闽、粤、楚流民还将烟草、花生、甘蔗等经济作物带到这里广泛种植以获取经济利益，还有流民经营当地的油茶、油桐、漆树等经济林木，形成大片经济林木区。

榨油业的勃兴促成了乌桕树种植业的红火，"江、浙人种植极多……临安郡中，每田十数亩，田亩必种臼数株，其田主岁收臼子，便可完粮，如是者租额亦轻，佃户乐于承种，谓之熟田。若无此树，要当于田收完粮，租额必重，谓之生田。两省之人既食其利，凡高山大道、溪边宅畔，无不种之，亦有全用熟田种者"。"嵊县新昌山中，人家植之为业"。浙江一带还广种席草谋利。"莞草有二种，一为席草，一为灯芯草，山阴威凤乡及戴旗山种之，帮为莞田"。"蒲水草可作扇，萧山凤仪乡民以之为业"。

此外，花生、芝麻、瓮菜、苦瓜、烟草等引进作物成为城镇人口舌尖上的必需品后，商业化种植日益广泛，成为改善周边地区民众经济状况的重要力量。清代前期，花生北传的成果初现，山东种植量最大，并沿鲁西运河平原向各地扩散，至清代后期普及全省，种植面积达180万亩，占全省耕地的1.5%，总产量约450万担，花生及制成品行销全国，地位举足轻重。烟草在天启年间"艺及江南北"，二十年后，"北土亦多种之，一亩之收，可以敌田十亩，乃至无人不用"。后来，吸烟法改进，"公卿士大夫，下逮舆隶妇女，无不嗜烟草者"，烟草种植迅速铺开。崇祯之季，"有工其事者，细切为丝，为远客贩去……后奉上召示严禁……顺治初，军中莫不用烟，一时贩者辐辏，种者复广，获利亦倍初价，每斤一两二、三钱"。到马戛尔尼访华的乾隆末年，吸烟更加普遍，不分男女老少、天南地北，都在吞云吐雾，烟草种植和销售更加广泛。

经济作物的利益驱动使弃粮求财成为大多数农户的取向，导致全国粮食生产、销售的区域、路线和总量都发生了根本改变。从明中叶起，北方的山东、河南，南方的四川、湖南、广西、江西、安徽变为重要产粮基地。原来的粮食主产地——以太湖平原为中心的江南地区由于大量改种经济作物，主要产粮区沿长江西移到江汉平原和洞庭湖平原，一批市镇因粮而兴。沿江一线的汉口、安庆、芜湖发展成为粮食集散码头。苏州的枫桥、海盐的长安、德清的新市、吴江的同里、平望等市镇兴起，成为湖广米粮的转运中心和销售中心。清代，北方的山西，本来地少人稠，加上商帮骤起，也如北京、开封这类大城市一样，不可一日不靠外来粮食输入。珠江三角洲也因经济作物的排挤，全靠广西供粮。宋代还是主要产粮地的潮州这时也变成了商品粮市场。早在17世纪末期，福建就已开始从台湾进口粮食。很快，福建、广东两省的粮食缺口已达到仅台湾一地无法满足的地步，开明派官员只得将目光投向更远的产粮地，经过艰难曲折的努力，于雍正五年（1727）终于获准从泰国免税进口大米以供福建之不足，两年后广东也获此实惠。这一突破不仅为解决福广地区粮食短缺问题开辟了新通道。其另一要义在于，它使康熙五十六年（1717）的海禁政策废止，并因此导致以潮州商帮为代表的中泰南亚外贸商路的重生与复兴①。雍正年间，"江南各地每年从长江中上游各省（四川、两湖、江西、安徽）输入的米粮数量达一千五百万石，约有三、四万人依此维生"②。

---

① ［美］ WilliamT. Rowe. Savetheworld：*Chen Hongmou and Elite Consciousnessin Eighteenth-Century China* ［M］. Stanford University press, Stanford：California, 2001, pp. 164-167.

② Han-Sheng Chuan and Richard Kraus, *Mid-Ching Rice Markets and Trade* Harvard East Asian Research Center, 1975, pp. 20-28.

农作物品种上，除了南方生产的稻米占据独大的份额外，北方的小麦、大豆、高粱在市场需求的拉动下，种植比例显著提高。小麦种植比例在山东一带高居 50—80%。除直接食用外，大豆作为榨油和生产豆饼的原料、高粱作为酿酒的原料也倍受追捧，种植日广①。另外，番薯、玉米、荞麦作为追加品种，其推广普种在解决部分民食的同时，还因其不与五谷争地的优势，腾出了更多良田好地种植经济作物，从而对促进农业生产分工，推动农业商品化和区域专业化做出了重要贡献。

农业领域的这些变革是农业在商业化浪潮冲击下发生的一个意义深远的质变过程。一方面，粮食销售带来的可观利润使粮食生产日益专业化和企业化，从事规模经营的大农场纷纷出现。如嘉靖年间的王日章经营庄田多达 40 万亩，"岁收粟十余万斛"，海运至天津、北京销售，赚取利润。另一方面，出现了以市场为导向，注重精耕细作和依靠技术支持，因地制宜发展多种经营的集约化生产趋势。如大农庄主谈参所在的湖乡，"田多洼芜，乡之民逃农而渔，田之弃弗辟者以万计"。聪明的他乘机低价购进大批农田后雇佣农工予以改造，然后搞起了多种经营。"凿其洼者，池焉，周为高塍，可备防泄，辟而耕之，岁之入，视平壤三倍，池以百计，皆畜鱼。池之上为梁为舍，皆畜豕，谓豕凉处，而鱼食豕下，皆易肥也。塍之平皋，植果属，其污泽植菰属，可畦植蔬属，皆以千计。鸟凫昆虫之属悉罗取，法而售之，亦以千计。室中置数十瓯，日以其分投之，若某瓯鱼入，某瓯果入，盈乃发之，月发者数焉。视田之入，复三倍。"这段记载表明农庄主谈参在土地的宜种开发、资源的循环利用以及投入产出效益等方面进行了精细筹谋和大胆尝试，显示出其精明的商人智慧和新颖的经营理念，从中可以窥见明代后半叶，中国商业性立体生态循环农业的发展规模和水平。

到清朝后期，闽、浙、粤生态循环农业又发展到更高水平，延伸到更大物种圈，图十二所示，为广东生态循环农业模式的一种。它以养鱼产业为中心形成食物、养分循环链，从而构建起一个循环经济链。他们养鱼也是多种鱼立体分层养殖的。19 世纪，鱼塘里还种植浮萍和水草，作为猪和鱼的饲料。但他们的鱼塘比较浅，因为只在夏天养鱼，春天要用于培育秧

---

① 李令福. 明清山东粮食作物结构的时空特征 [J]. 中国历史地理论丛，1994-1.

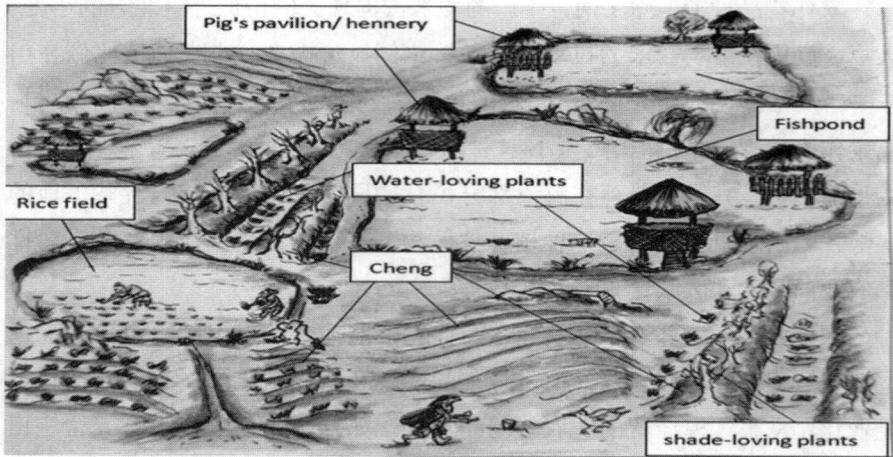

图十　谈参立体生态农业示意图（作者绘制）

Gŭi: a kind of box trap with grid. It can filter the size of fry automatically.

图十一　谈参的养捞一体鱼具"罟"示意图（作者绘制）

苗，秋冬两季要用于培植蘑菇。鱼塘周围全部种植桑树和果树。一方面，鱼塘可保证这两类树高产所需的大量水分，而且每次清理出来的以鱼粪为主的沉积物都将用来给桑树和果树追肥（猪粪也是它们的养分来源之一）。另一方面，桑叶养蚕，蚕的粪便——蚕沙——则是富含营养的鱼饲料。果树的果实既可食用，也可上市销售，还可直接喂鱼。而这个循环链中的猪粪被用作鱼饲料早已不是新技术，前面提到的明朝嘉靖年间的谈参已经这样做了，可见这种废物循环利用方法的诞生应该更早。①

_____

① ［美］穆素洁．中国：糖与社会——农民、技术和世界市场［M］．叶篱，译．广州：广东人民出版社，2009：P367.

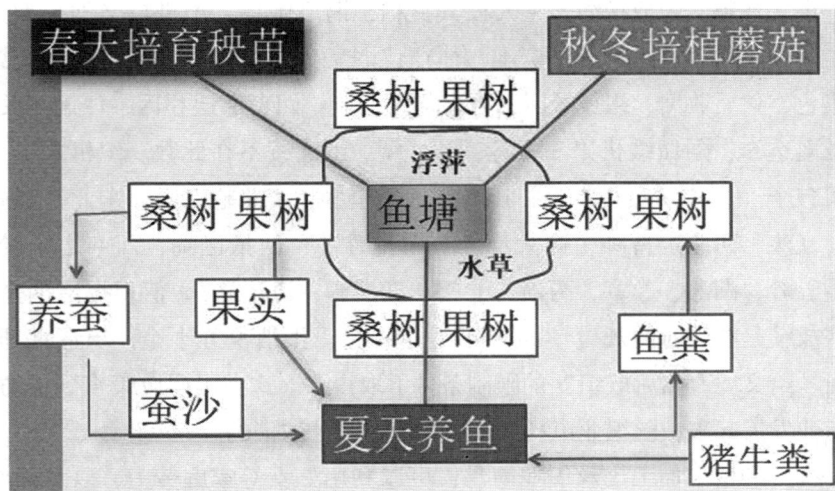

图十二　清朝后期的一种粤式生态循环农业模式（作者绘制）

农业作为农庄社会的独大产业和经济支柱，在明清时期的商业化转型对打破封闭、单一的自给自足型传统经济结构具有突破性意义，它标志着新型、商业化、农工商业并行的经济结构正在快速孕育发展之中，只要不受干扰破坏，农庄社会完成其商业化转型为期不远，国家工业化将紧随其后。因为工业化的启动须社会财富累积到能为它提供足够大的支撑力为前提，而社会财富的积累要依靠农业和手工业的商业化来实现。农业和手工业的商业化则以农民、手工业者的自由化、流动化和农村、手工工场的自由化、集约化和企业化为基础。明朝后期的江南在这些方面所达到的程度和总体规模与英国工业革命前的水平相比，远胜之而无不足。

三、手工业的企业化和市场化

农业的商业化为手工业大发展创造了条件，康熙中叶以后，在很多方面取得了突破，成效甚为可观。清代的手工业支柱，以丝织业、棉布业、陶瓷业、冶矿业为主。丝织业在明代主要集中在苏杭一带，清代转移到了南京，以新兴产品绸缎的织造而驰名。其"缎之类，有头号、二号、三号、八丝冒等，而以韡素为至美。其经有万七千头者。玄缎为最上，天青者次之……织缎之机，名目百余"。生产、管理方式也已经企业化，实现了各大专行的分工与协同。"开机之家总会计处谓之账房，机户（即作坊主）领机，谓之代料，织成送缎，主人校其良楛，谓之雠货。小机户（即小型作坊主、独立小生产主）无甚资本，往往恃账房为生。各机户复将丝发交染房染色，然后收回，织成缎匹，再售与绸缎业；四者层层相因，休戚相关。清乾隆迄今，通城缎机以三万计，纱、绸、绒、绫不在此数。织机之工俗呼机包子（即作坊员工）。"① 其产品远销全国，"北趋京师，东北并高句丽、辽沈，西北走晋绛，逾大河，上秦雍甘凉，西抵巴蜀，西南之滇黔，南越五岭、湖湘、豫章、两浙、七闽，溯淮泗，道汝洛"。值得提醒的是，这些成绩是在政府的规定"机户不得逾百张、张纳税五十金，织造批准、注册、给文凭，然后敢织"的限制条件下取得了，这类阻碍政策直到棉纺、织布业发展起来，丝织业市场大幅萎缩的时候才取消的。

棉的种植、加工比丝织业简易，可以利用妇女等家庭劳力，以及棉花绵软，保暖、吸汗性好，价格相对低廉等优势和特性使棉纺、织布业在松江、上海、无锡茁壮成长，形成三大中心，且产业区迅速向外扩张，在清代前期就把丝织业挤到靠西的南京，自己取代了它的原有地位，夺走了广阔的市场。棉织业的生产工具和技术也有长足长进，从业者的体力消耗降低、生产效率提高、成品质量更好。作坊管理也如丝织业一样企业化，各环节的分工与合作更加细密、严谨、专业。比如，染色已形成按色别区分的专业，不但有各种颜色而且还可刮印花和刷印花，既新潮又漂亮。直至鸦片战争前夕，松江、上海一带的棉布市场都非常活跃，"关陕及山左诸省，设局于邑，广收之，为坐庄"②。技术进步的典型莫过于南京土布，它以独特的质地和价格优势脱颖而出、备受青睐，除占有国内的广大市场外，在西方机器织布业发展起来以前，凭借优于英布的价格和质地大宗出口，远销东印度群岛等南亚地区，还被西商转运到南美等地，广受欢迎。

史料显示，从乾隆六十年（1795）到嘉庆九年（1804）、从嘉庆二十二年（1817）到道光六年（1826），这18年里，年均出口都在一百万匹（1,000,000）以上，其中嘉庆二十四年（1819）一年的出口量为三百万匹（3,000,000）。最具新经济模式的是苏州和无锡这两个不产棉之地的棉布业。苏州棉织业遍及城乡，棉加工也发展起来，"苏布名称四方，习是业

---

① 童书业. 中国手工业商业发展史 [M]. 济南：齐鲁书社，1981：292.
② （清）张春华. 沪城岁事衢歌 [M]. 上海：上海古籍出版社，1989：19.

者，在阊门外上下塘，谓之字号，漂布、染布、看布、行布，各有其人，一字号常数十家赖以举火。中染布一业，远近不逞之徒，往往聚而为之，名曰踏布房"①。布商为方便买卖，纷纷在此建立经营站点，"布庄，在唯亭东市，各处客贩，及阊门字号店，皆坐庄买收，漂、染俱精"②。跟苏州一样，无锡无棉，但棉布产业甚是发达，"棉布之利，独盛于吾邑，为他邑所莫及"，布有三个等级，都很畅销，"坐贾收之，捆载而贸于淮、扬、高、宝等处，一岁所交易，不下数十百万。尝有徽州人言：汉口为船马头，镇江为银马头，无锡为布马头，言虽鄙俗，当不妄也。无锡坐贾之开花布行者，不数年即可致富。盖邑布轻细不如松江，而坚致耐久则过之，故通行最广"。

其他地方的棉织业也多有可圈可点之处。杭州，棉布"凡乡之男妇皆为之，多出笕桥一带"；以搞大宗批改而享有盛誉的杭州益美商号在1700年代的门槛时代，以它为产业宗主的专业化分包生产链已经相当完善。从染色到修整的各个过程犹如一个无形的流水线，散布于郊区，益美自有织布工人多达4,000余名，其下位的340家承包商拥有工人10,900名。这种模式的产品质量，商号自称两百年来，南北各地没有不说益美布漂亮的③。广州，有外贸之地利，城郊有纺织工场2,500家，工人50,000。北方的棉在清初已不向南运，仅供自己织布，宁河棉民"聚家之老幼，姑率其妇，母督其女，篝灯相对，星月横斜，犹轧轧车声达户外也"。在湖北东部，清初就有一种名为"粗布"的低级棉布声名鹊起，逐渐垄断了省内市场，后来销路日广，远至四川、湖南。四川在18世纪中期以后，沱江流域和涪江流域自产的一种粗布悄然兴起，把湖北粗布挤了出去，独享川、渝市场，还打入了云南、贵州两地。随之，湖北和四川卖米买布的潮流逐渐消退。在丝织、棉布业之外，湖北、湖南、江西、广东等地的夏布，江苏、浙江、广东的席子，甘肃、陕西的毛织品，宁夏一带的地毯，都是颇具盛名的方

---

① （清）李光祚等. 乾隆长洲县志卷十一·风俗［M］. 南京：江苏古籍出版社，1991：95.

② （清）沈藻采. 元和唯亭志卷三·风俗［M］. 徐维新，点校. 北京：方志出版社，2001：41.

③ ［美］费尔南德兹—阿麦斯托. 世界：一部历史（第二版）·下册［M］. 叶建军，等译. 北京：北京大学出版社，2010：775.

物特产，名闻遐迩。

清代的陶瓷业在一系列技术进步和出口贸易的推动下大放异彩，在用釉、图画、形制、品种等诸多方面都取得长足进步，不断自创新品不计其数，而且复制历代精瓷之术高妙绝伦。窑的规模较明代进一步扩大，工场内部管理的企业化成效显著。制釉技术不断出新，康熙时有五彩釉，雍正时有珐琅彩，常用釉彩多达 7 种。将胎质隽秀、色彩惊艳、光泽清亮的粉彩瓷器繁衍成了庞大兴盛的家族。明代诞生的吹釉之术在清代日臻成熟，技法炉火纯青。就样式论，有官古工、法式、空式、匙托式等 12 大类；就形制论，有缸、碗、钟、盏等 14 大类；图画更是种类繁多，仅花绘一系就多达 13 大类。人物画瓷更是风雅之士追捧的专利。仿古复制、集成和创新是清瓷成就的另一高峰，历代名窑之精品都能在他们手上复活，尤以仿汝窑、官窑、龙泉窑、仿彩等 7 大系列水平最高，其乱真程度，作者以外之人绝难识别。乾隆朝新创的象生瓷，鲜活、细腻、神似、巧夺天工、令人叹为观止。

清朝还开发出一系列西方消费者喜闻乐见的特别制作——"洋器"，专销欧美诸国。从明万历三十年（1602）到清康熙二十一年（1682）的 80 年间，瓷器出口欧洲一千二百万（12,000,000）件，此后的一个世纪里，出口瓷器总量为二千五百万到三千万（25,000,000—30,000,000）件①。陶瓷业的规模进一步发展，景德镇"商贩毕集，民窑二三百区，终岁烟火相望，工匠人夫不下数十余万，靡不借瓷资生"②。工匠以雇工为主，大多来自外地，"烧窑之户，本省则都昌县人居多，本府与抚州府及安徽之婺源县、祁门县，习其业者，十仅一二，而本县之人盖鲜"。分工更加细密、专业，"陶有窑，有户，有工，有彩工，有作，有家，有花式，凡皆数十行人"。瓷器销售市场繁荣、方法灵活，"黄家洲，苏湖会馆近河洲地，为小本商摆瓷摊所，一大聚场也。而河距市，中方广约二里许，遍地皆瓷摊，任来往乡俗零买，不拘同只个数。""瓷器街宽广，约长二三百武，距黄家洲地半里余，街两旁皆瓷店张列，无器不有，悉零收贩户整治摆售，亦有精粗、

---

① 阎崇年. 御窑千年·瓷器之路 [M]. 北京：生活·读书·新知三联书店，2017.

② （清）唐英. 陶冶图说·名目 [M]. 北京：中国书店，1993：18.

上中下之分。"大宗陶瓷交易已经契约化，"商行买瓷，牙侩引之，议价批单，交易成，定期挑货，必有票计器数为凭。其挑去瓷器，有色杂茅损者，亦计其数，载票交陶户换补佳者，谓之换票。其瓷票、换票，皆素纸为之，或印行号、户号，加写器数。字或全用墨写。"①

清代的矿冶工业，以严禁、放松限制、有所发展为主线，虽然没有发挥到应有规模和水平，但取得的进展仍属可观。清初沿袭明初旧制，严禁开矿。康熙朝渐许复开旧矿。乾隆后，限令渐成具文。有清一代，矿冶业重心集中于南方，尤以云南铜矿最大最盛、广东佛山镇的冶铁业中外驰名。乾嘉时，川、陕、鄂的铁矿采冶稍有起色。云南在明代还是"肥贝"货币交易区，不用铜钱，可是在清代竟成了首屈一指的铜矿重地。除了官矿，还有四川、两广、两湖、三江的富商巨贾前来投资兴业。云南每年的铜料产量约六百万（6,000,000）公斤。从乾隆五年（1740）到嘉庆十六年（1811）的71年里，全国各地到云南购铜704次、共计一亿两千六百零三万四千三百一十七点五（126,034,317.5）公斤，年均三十五万三千五百（353,500）公斤②。铜矿大厂雇工数10万人，小厂也有数万人，可见规模不小。冶铜厂的炼铜炉，高5-5.3米，底长3米、宽0.67米，炼铜纯净度90%。与之相配的风箱也是庞然大物，长4-4.3米，直径0.47-0.5米。

广东佛山镇在乾隆年间有炒铁炉数十座，铸铁炉百余座，使用水力锤锻打。炒铁厂中，每肆需要一百多人才能正常施工。乾隆十五年（1750），全镇冶铁从业人数共有3万人左右，其中炒铁行有工匠7千人，铸铁行有工匠2万人。行业分工非常细密，铸锅行的品种多达12个，铁线行有5个。行业分工逐渐分娩出新行业，如拆铁行、铸发行、新钉行、土针行、打刀行、打剪钗行等等。佛山铁器，不但闻名全国，还蜚声海外，仅出口铁锅，每船少者2-4千斤，多者2万斤。除了畅销东南亚之外，南美洲也从中受惠。

清代，当西方的牛顿、莱布尼茨、孟德斯鸠、伏尔泰、卢梭、亚当·斯密等人各显风流、出尽风头的时候，受西方科学传播的影响，在康雍时

---

① （清）蓝浦，郑廷桂. 景德镇陶录校注［M］. 欧阳琛，周秋生，点校. 南昌：江西人民出版社，1996：55-56；古以六尺为步，半步为武。

② 吴量恺. 清代经济史研究［M］. 武汉：华中师范大学出版社，1991：23.

代这个灾难降临前的最后一个平静瞬间，民间发明创造也有可观成就，尽管他们的姓名和贡献在今天的中国仍然不是广为人知。

江苏吴江的孙云球（1628—1662）是明末清初杰出的光学科学家和发明家。他家境困难，自学成才，"凡有所制造，时人服其奇巧"。在34年的短暂人生征程中，取得了惊人的科学成就。他研制出"自然晷"精确校时、最早以水晶为材料磨制各种凹凸镜片、完成了专著《镜史》、发明了放大镜、放光镜、万花镜、夜明镜、存目镜、多面镜、察微镜、鸳鸯镜、幻容镜、夕阳镜、半镜等功能众多的镜具。《吴江县志》载：有"以察微名者、以放光名者、以夜明名者，七十二种"，"巧妙不可思议，而千里镜尤为奇绝"。他还是第一位根据眼睛不同情况用眼镜来矫正视力的实践家，"随目对镜"，"以年别者老少花，以地分者远近光"，为远视、近视、老花、散光等各种人群带来了福音，需要者往往不惜重金购买，成为苏州眼镜业兴旺发达的核心动力。

清初广陵（今扬州）人黄履庄（1656—?）是杰出的制器工艺家、物理学家，很小就显示出超人的天赋和动手能力，七八岁时"尝背塾师，暗窃匠氏刀锥，凿木人长寸许，置案上能自行走，手足皆自动，观者异以为神"。他十岁失怙、家境贫困，却勤学擅研、发明创造甚多，涉及镜类、水法、造器、验器、玩器诸类，还留有专著《奇器图略》。他发明的"瑞光镜"实为最早的探照灯，研创的所谓"真画"，实为精妙灵巧的机器人、兽、物，所谓"自动戏"是前者加上行为动作，如能自动扇风等，既奇特又实用。他制造的看门狗，大小、毛色、动作、叫声、灵活性全如真狗，制作的木鸟能在竹笼中跳舞、飞鸣，叫声与画眉无异，这些动物之聪明、可爱、灵巧足能以假乱真，不仔细端详很难看出破绽，曾令大数学家梅文鼎惊叹叫绝。他还发明了验冷热器（即温度计）、验燥湿器（即湿度计），虽然比南怀仁晚了一步，但毕竟是中国人自己的发明，仍可称黑色夜空的一道亮光。最值得一提的是，他是世界上最早的自行车发明人，所造"双轮小车一辆，长三尺许，约可坐一人，不烦推挽能自行行住，以手挽轴旁曲拐，则复行如初，随住随挽，日足行八十里"。这一发明，比法国人西夫拉克的木制自行车早约100年，比俄国农奴阿尔塔莫诺夫的木制自行车早110多年，比现代自行车之祖——德国人德莱斯制造的带车把的木制两轮自行车早126年左右。

　　浙江仁和（今杭州）人戴梓（1649—1726）也是一位禀赋超群、兴趣广泛、创新能力极强的博学之士、研发达人。他打小喜欢机械制造，少年时代曾自制火器多种，有一种能击中百步开外的目标。他精通兵法、算学，长于音律、书画、诗文，对史籍、河渠和天文、历法也有研究，是清代著名机械专家和兵器制造专家。他研制出了 28 发连珠火铳，设计精巧，状如琵琶，铳背有弹匣，可存 28 发火药铅丸于内。枪机配置彼此衔接的铳机两个，一机被扣动时，弹药自坠于枪膛，同时解脱另一铳机而击发，可一次连射 28 发子弹且射击速度和精度大有提高。他奉康熙之命仿制比利时的冲天子母炮，8 日即成。炮长约 0.672 米，重约 180 千克。母弹外形如瓜，重10-15 千克，内装"子弹"若干。发射时，母送子出，腹开子散，碎裂四溅，威力巨大。试射时康熙亲临检阅，见火力威猛、弹无虚发，龙颜大悦、倍加赞赏，赐名"威远大将军"，令刻戴梓之名于炮身。使耗时一年余仍未仿造成功的南怀仁既惊异又嫉妒。可惜这位专家没能摆脱中国历代科学家的宿命，也被拽入了官场，后又遭构陷治罪，流放 35 年之久，一代精英就这样被严酷的政治吞噬了①。

　　清代的工业，尽管受制难兴，但仍于统治懈怠与疏漏间有所进步，倘若政府能褒扬推动，其成就定不可限量。科技发展也是如此，康熙年间，由于皇帝的个人爱好和有限容忍，民间才俊辈出。上面所举各例，仅为史书挂一漏万之述，未被记存而为历史所没者概不在少数。即使如此，也可窥见中国人创新能力绝不在西人之下。然而，比较起来，他们仍属不幸中之万幸者矣。康熙之后，科技环境每况愈下，速入黄昏，终至一事无成。如果康熙有路易十四和彼得大帝那般胸怀、远见和举措，重视智力成果、保护新兴工业、出台鼓励政策、帮扶科技创新、促进生产推广，大清帝国的工业化转型至少不会晚于法、俄很久。但事实却是，康熙甚至没有说过一句有助于推动变革的话。他尚且如此，就更别指望他的子孙能有什么惊人之举了。

　　英国数学家牛顿（1643 年 1 月 4 日—1727 年 3 月 31 日）死了，被以国王待遇入葬。治丧团由王公贵族、政治家和哲学家们领导，公爵、伯爵亲

---

　　① 赵尔巽. 清史稿卷五百五·列传二百九十二·艺术四·戴梓传 [M]. 北京：中华书局，1976：13927-13928.

自给他抬棺，诗人们用哀悼诗覆盖他，让他安卧在代表国家最高尊荣的威斯敏斯特教堂。回过头来看看我们自己，纵览两千多年的中国历史，受儒学糟粕所累，唯当官做老爷是正当、崇高的人生，其余皆为下品，这种恶劣传统到清代末年仍无改观。除天文历法之外，其他很多学科的科学家及其智力成果从未受到过正视和尊重，从鲁班到戴梓的发明创造，在天子、老爷们的眼中，大都是难上台面的把戏、邪术和淫巧，无数开天下之先的伟大成果，能像猴戏一样博得一笑，已很不易，更别奢求能得到认可、鼓励、资助和推广了。他们的死如同一粒灰尘落入了泥土，他们的伟名大都不如同时代的婊子和恶棍广为人知。一家独大的官场如同一个含毒的蛋糕，良莠掺兑、鱼龙混杂，无数原本端正、善良、有为之士为其所害，被腐蚀成行尸走肉、衣冠禽兽。更有众多本可在别的领域成就事业之人误入此道，事无所成、业未能兴、才华埋没、枉活一生。国家亦为其所累，屡失自新良机，终为时代所抛弃、遭受百年耻辱。

第九章　中国转型自我突围的可能性

分析到这里，是时候回答开篇提出的最后一个问题了。即，如果没有西方因素的参与，中国农庄文明是会继续衰落下去走向灭亡，还是会通过自新完成转型而重获生机呢？这是每一个关注中国古代文明发展演进嬗变的中国人，甚至是研究中国古代文明的每一个外国人都感兴趣的问题。以前面的分析为基础，从古代中国文明的精神和变革的方向、进程来看，可以认为，中国社会通过自新完成第三次转型升级是可能的。

中国在整个明清时代，国家综合实力一直在退步。但是从前文的考察可以看到，这种总体退步过程的内部，其实在进行着速度时快时慢、范围有大有小的思想观念转变、新旧经济成分替换和社会阶级构成的更新。将元末的产业结构、生产模式和生活方式与清末的这三大要素进行逐一对比，会更为清楚明了。农业商业化、民营手工业企业化、机械化和市场化、物产流通商品化和链条化、商业据点城镇化和网络化、全国大市场一体化、商人集团化和投融资多样化、私人国际贸易规模化和常态化、赋役白银化和财政税制金融化等等，所有这些，都标志着转型的力量、成果和它的不可逆性。

尤其值得注意的是，影响转型成败的关键领域及三大指标：（1）转型必需的物质基础——农业商业化。（2）升级的核心内容——手工业企业化、机械化、市场化。（3）资本完成流通循环与价值增值的主要平台和关键环节——全国大市场的形成。中国直至清代后期，尽管取得的进展不尽如人意，但成效已不容抹杀。前面已经谈到，阻挠中朝转型的最大、最直接障碍都来自落后的思想、政治领域。但是不难发现，正是在这个时期，经济领域的变化力量以及它创造的新生阶级一直在变得强大，并从未停止向传统思想桎梏发出挑战，向旧有政治制度施加压力，而且这种挑战越来越占上风，施加的压力也越来越大，以致思想观念不断在更新，政治也被迫让步，或者其阻止力量在某些方面自动消亡。前面列举的成绩就是这种效应的结果和体现。所以，我们有理由感到乐观，思想、政治问题已成众矢之的，并且它们的涅槃重生已经在潜移默化，与新型经济方式相适应的新型意识形态和政治模型正在孕育之中。只要堵塞转型之路的这些石块被慢慢移开，转型活力就会随即呈井喷之势涌现出来，就像 20 世纪后半叶的情形一样①。

古希腊城邦社会瓦解时，货币经济首先发难，动摇了土地贵族城市社会的既有秩序，它以极具魅力的新鲜活力赢得了土地资本不可比拟的优势和引力。这一经济变化促成了希腊城邦的政治重心由土地贵族向新兴商人阶级和手工业阶级的转移，因为两者都要求拥有与他们的经济实力和贡献率相匹配的政治参与权和话语权、决定决策权和国家管理权。我们都知道，他们的斗争取得了成功。历史何其相似，中朝两国社会转型的政治任务与古希腊人的这段历程简直如出一辙。毫无疑问，几千年的思想枷锁、完善而强大的专制机器，要摆脱它、取代它实在非常不易。

但是，推动社会发展的进步力量是任何陈腐的阻抗力量都无法战胜的。尽管这个过程所耗费的时间可能需要用世纪来计算，但是毕竟这已经只是个时间问题了。欧洲的文艺复兴早在 12 世纪就开始孕育，在 14 世纪才表露显著的特征，主要进程又持续了 3 个世纪，从序曲到尾声长达 6 个世纪之久。中国的封建制从西周的国野之制开始瓦解时走向崩溃，到秦朝确立起中央集权的郡县制时才算基本完成，花了 5 个多世纪的时间。所以，第三次转型的进程也必然是曲折艰难的，但这个痛苦的过程又非经历不可。遗憾的是，急于从东亚捞金的西方国家没有给中国验证这一推论的机会。

---

① 通观人类这次文明转型，不难发现，工业革命之所以发生在英国，一个最关键的前提是，它 1640—1689 年的资产阶级革命，废除了王室专制，国家政权朝着完全由资产阶级议会操控的方向快速推进。本质上，光荣革命后，英国政府就立即充当了英国资产阶级的代言人。跟欧洲君主专制由国王与新兴资产阶级联袂击碎地方割据势力后才逐步确立起来不同（这种利益同盟当然有利于资本主义的发展和资产阶级的快速成长），中国的极权专制是在大约两千年前由国王跟当时的先进阶级——地主阶级联袂击败对手建立起来的，这两者作为利益共同体和政治同盟，悠久的统治经验积累使皇权专制的程度以及制度之完善都远在欧洲各国之上，更远在英国之上，他们把巩固这种合作以确保各自的利益不受损失作为头等大事，这必然加大了转型的阻力和难度。所以，明清换代，专制王权非但未被削弱，反而被巩固和强化。但是，这并不意味着东北亚没有希望，皇权强化现象正表明，中国的大地主独裁专制王权制度已经穷途末路，登峰造极的强化是灭亡之前的垂死挣扎，康雍乾时期的所谓繁荣兴盛只不过是一瞬间的回光返照，中国的文明转型已经进入工业文明社会来临之前最为黑暗的时段。

第十章　尾声

中国农耕地区的地理环境和气候条件形成了守静安土、内向自足、崇文非攻的农耕文化，贵道贱器、厚士薄工、重农抑商的儒学通过向思想、政治、法律、民俗、传统等领域的深入渗透完成了对整套国家机器的全面操控，加强了这种文化的传导性、稳固性和自闭性，放大了农耕文化政权对思想自由、经济转型、政治进步、社会自新的抑制机能和破坏功能。儒家思想的局限性和农耕文化的内敛性两相叠加后与全面垄断的专制强权相结合，使农耕文化社会的政治机体，内有钢筋铁骨、外有魔罩护身，任何方面和角度的革新变异都非常艰难，这就是中国农耕社会结构的独特性、封闭性和超级稳定性。

显而易见，中国中原社会昔日的辉煌，在具有决定意义的程度上都不是长期支配国家精英的儒家哲学思想和官方意识形态的作用和贡献，而仅仅是由于优于欧洲和亚洲其他地方的土地、水文、气候条件以及统治阶级出于自身利益的维护才没将广大农民和倍受歧视与刁难的工商业者和科技工作者全部消灭掉这样一个为我利益而免杀其身的逻辑与策略。如果将这种社会结构解剖开来，那么它的横切面可以用下面的"中国农耕社会层级结构图"（图十三）直观地展现出来。

中国农耕区的地理、气象环境条件是其农耕社会形态产生、发展、维系的基础平台。在这个平台上诞生了农耕文化，它的宁静平和、自足求安、内向自守、崇文非攻等等文化心性是农庄田园生活方式得以长期维持的重要原因，文明转型困厄也是它展示雄厚实力的必然结果。它位于最外层。它的里面是维护专制的一系列拱卫保障，包括饮食、诗书的物质和精神传承，科举选培忠臣孝子的选官用人制度，修筑长城以营造安泰社会氛围的防卫工事，用骨肉亲情笼络异己政权的和亲婚姻，通过义、礼、德、忠、

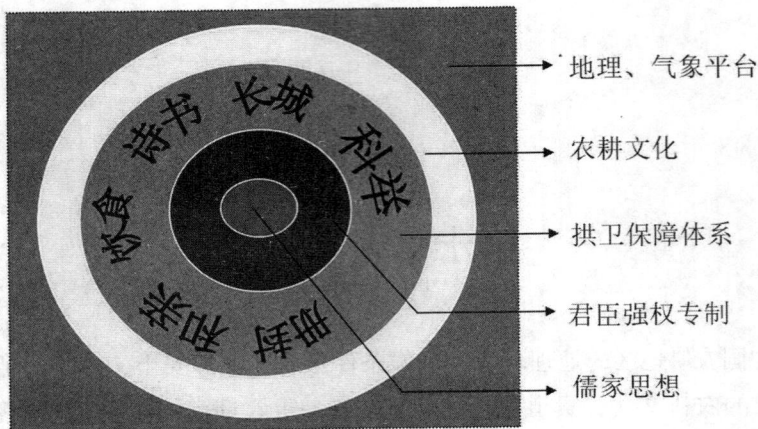

图十三　中国农耕社会层级结构横切图（作者绘制）

孝的国际化来确立尊卑主从的册封制度等等。再往里是自古以来中国社会发展最直接、最蛮横的阻抑牵制力量——皇权至上的官僚强权专制制度，也是导致19世纪以来的曲折和苦难的枷锁体系，它的神秘力量来自其四大支柱——经济垄断、思想垄断、政治法律垄断和知识垄断，这一层可以称作君臣强权专制。它里边的一层，即最里层，是核心层——儒家思想统驭的百家思想杂糅。百家思想虽然五花八门、各立山头，但都是中国地理环境的产儿、同为中原农耕文化的子孙。战国时代，各种学说异彩纷呈、各有建树。最符合皇帝利益的儒学被立为思想正统以后，应各个时代之所需，博取众家之长，不断发展、丰富自己，以巩固其思想霸主地位，游刃有余地统束着精神世界，是中国农耕社会皇权官僚专制的功魁、戕杀观念革新的祸首，也是制约从农庄文明到交易文明的转型最隐蔽、最持久、最难挣脱的精神桎梏。

在这种社会结构体之外，是它所隶属的农庄文明生态圈。这个生态圈是世界文明大系统的一个区域子系统，我称之为"中国农庄文明系统"（图十四）。这个庞大而严密的生态圈又包括多个微小系统。这些微小系统彼此依存、相互作用，根据各自在大系统中的地位和职能，向各联动小系统施加影响，构成维系大系统全部功能的内部合力，使系统具有封闭性、排他性和再生性。显然，这个生态圈作为中国的地域产物，也具有独特性、狷固性和抗变性。在这个系统中，农庄文明的文明类型决定了形成以儒学为

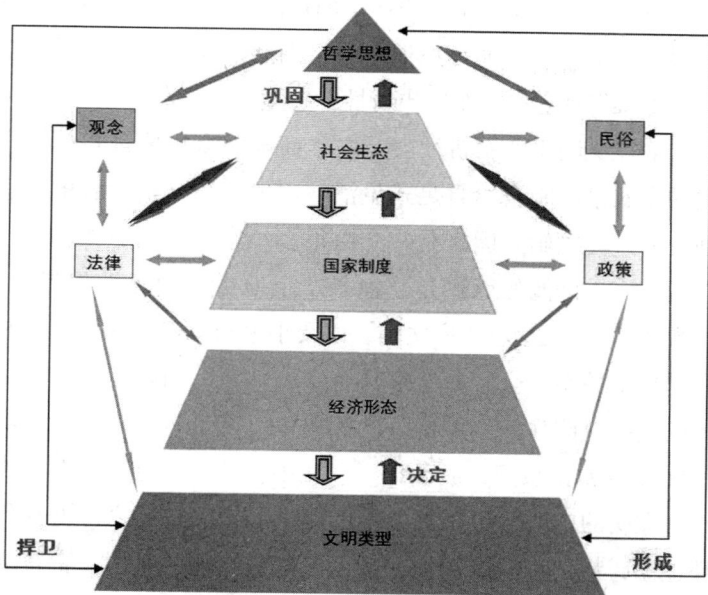

图十四　中国农庄文明系统（作者绘制）

代表的中国哲学思想体系的必然性，这一体系一旦选定儒家哲学思想占据领导地位，它就会不遗余力地捍卫自己的产婆——农耕文化。当然，农庄文明类型也决定其类型下位的经济形态和国家制度模式，由此决定了社会的生态模式——农耕社会生态，而这一生态也决定了与之相适应、为之服务的哲学思想体系。

反之，从最高层面的哲学思想体系逐层向下，又分别具有层层巩固的反作用力，使系统中各层级之间在垂直方向上相互衔接、勾连，彼此关照、互应，既有刚性的强制力、又有柔韧的束缚力。在这个主体之外，还存在多个手段和保障型的子系统，如法律、政策、观念、民俗、传统，等等，它们与主体各要素之间关系非常密切，双向的影响力也很强劲，这些作用力以各种方式——直接间接、柔性刚性、快速缓慢、明处暗中、粗暴温婉，等等——释放出来，发挥其影响力。所有这些要素的共同努力、协调运作，使农庄文明系统在世界文明大系统中具有很高的独立性、很低的外部依赖性和很强的系统结构稳定性。所以，农庄文明以很慢的速度建立、完善，以很少接纳——特别是主动吸收——外来资源的个性存在，以很强的抗变能力排斥外来事物向它内部的渗透，即使是整个体系已经非常老旧过时，也会带病维持很长时间而不至于快速土崩瓦解。又由于吸收新兴力量太少，也不可能很快为全新的文明体系所替代。因此，纵观中国中原政权的存续发展历程，不难发现它的三个突出特性：

第一，农庄文明里的农耕社会是农本商末的众星捧月式单一农业经济结构，过的是农家田园自给自足式生活。这种生活方式发展出了这个社会自己所独有的一套逻辑。国家是一个由很多小家组成的更大的家，皇帝是大家长、大农庄主，他的臣民是小家长、小地主（由男性担任大小家长，只有极少数例外），大家和小家之间，以及小家与小家之间，纵向是父子关系，横向是兄弟关系，全国和全家都是亲戚关系。国际关系也是如此，不是自家人的人——同住一个屋檐下的家里人，就是自己人——被纳入了这个家族式交际圈和关系网，成了父子、兄弟，外戚、臣子。自己不但是天下的中心、文明的中心，也是繁荣富庶的中心，除自己之外的任何一个国也好、邦也罢，都是落后的蛮夷、都无法摆脱自己的吸引。蛮荒之人一靠近农庄文明的炉灶，"便开始煮东西吃，在那里一切都要加工，人和高岭土一样都要经过陶冶。不管他是否愿意，不管他是否知道"①。所以，在这样的文明生态和文化氛围中存续的社会与统治，商业是末业、鄙事，没有什么重要性可言。"官僚机构尽管精致繁复，但她从未确立过几项有助于经济发展的基础性政策。她从未发展私人投资于国债的制度，以使财富与土地相脱离；她从未制订过全面的商业法规，也未确立过旨在保护私人财产的司法制度；她也从未发展一种可用以减轻商业风险的保险体系"②。

殊不知，需要是一切发明、进步的源动力，当确实没有某种需要或者已经非常需要某种需要可是根本意识不到有这种需要的时候，满足这种需要的发明是不可能被发明出来的。因此，在清代以前的统治者眼中，"并不存在这么一种必要性，也即无论在国内还是在国际上都不存在他们的切实的挑战，迫使他们去遵循斯图亚特、波旁以及哈布斯堡王朝及其统治者们

---

① ［法］阿兰·佩罗菲特. 停滞的帝国——两个世界的撞击［M］. 王国卿，等译. 北京：生活·读书·新知三联书店，1993：38.

② ［美］罗溥洛. 美国学者论中国文化［M］. 包伟民，等译. 北京：中国广播电视出版社，1994：236.

的足迹"①。但是，对于清朝时期的君主和臣僚来说，显然已经有了这种需要，但是他们并没有能力意识到这种需要，当然也不可能"去遵循斯图亚特、波旁以及哈布斯堡王朝及其统治者们的足迹"② 进行发明创造，以满足这种需要。

第二，它表现出的有限的开放与包容和强劲的自闭与保守，都始终围绕政权稳定与存续这个核心进行、为这个核心服务。掌握政权以前，为了夺取政权、占据无上的支配地位，实现自身利益的合法化、垄断化和最大化，总是表现得很大度、谦卑、外向，甚至敢于大胆吸取农庄文明之外的文化长处。掌握政权以后，为了巩固统治，确保地位和权威的神圣化、无敌化和永久化，会很快变得狭隘、自私、小气、怯懦，表现得非常自恋、自恃和自闭，往往走向反面的另一个极端，不但不愿放下身段佯装虚怀，就连自身原有的那点能上台面的品格都可能丧失殆尽或者主动抛弃。

第三，就单个政权来说，随着时间的推移，每个王朝都会进取空间逐渐萎缩、权利垄断日益深广，当思想和政治容忍空间达到极限，便会以暴烈的政权更迭方式实现旧政权的灵魂转世。就同式政治形态再生的整个过程来说，到了明清时期，生产力发展造成社会经济基础结构发生巨大改变，同式再生产已变得更加困难，旧式统治方式的维持也阻力重重，不得不通过思想、政治和法律的更为全面、细密、深化的儒家化、垄断化和极端化，来谋求统治的安全无虞和永垂不朽。这种倒行逆施，把国家一天天引入了完全背离生产力发展和时代进步方向的死胡同。这种自我隔离于外界的孤岛思维和防守战略作为权宜之计可能有效，但是被奉为国家战略加以利用必然灾难深重、后患无穷，当与鲜活的西方新兴力量发生正面冲撞的时候，它的不堪一击顺理成章、理所当然、不足为怪。

显而易见，用已经严重落伍的思想体系武装头脑的统治阶级及其创设得非常落后的政治制度是中国文明转型最为根本、直接和强大的阻碍力量，明清时期的中国农庄思想与政治犹如一群不具备驾驶资质和技术的人，在

---

① ［美］罗溥洛. 美国学者论中国文化［M］. 包伟民，等译. 北京：中国广播电视出版社，1994：236.

② ［美］罗溥洛. 美国学者论中国文化［M］. 包伟民，等译. 北京：中国广播电视出版社，1994：236.

轮流操控一台已经破旧得不能正常工作的老式机器。所以，当环球探险和风帆革命催生出风起云涌的全球贸易和潜力巨大的殖民经济的时候，中国拥有雄厚的经济实力、坚实的科技基础、运力强大的船舶、先进的航海仪器和技术，还有勇于拼搏的人民，但是唯独没有清醒有为的政府。这个政府是那么因循守旧、自大无知、缺乏开拓精神，以致它不但不能给予应有的帮助和推动，反而一味地无理、无情、无耻地阻挠、摧残和破坏国民的奋斗和进取，把中国拖入了黑不见底的泥淖，越陷越深，从中抽身耗费了漫长而苦难的500多年。

有鉴于此，中国五个世纪的衰败史和两个多世纪的痛史表明一个重要而浅显的道理：在全球化时代，像中国这种有悠久的农耕社会历史传承、沉重的旧文化短板拖累和民主政治起点很低的国家，欲在国际社会中赢得平等与尊重、享有自主与权利，就必须自身强大，至少应具备与对手、伙伴和敌人相当的实力。而要变得强大，就必须着眼全球、虚心包容、客观冷静地评价自己的文化内涵及其所处的国际地位，特别是经济地位。不但要有开放的主动性、强烈的进取心，而且要有承认自身缺点的勇气、改变自身不足的动力，还要有发现别人优点的敏感、学习别人长处的胸怀和超越别人的决心。

参考文献

［1］爱新觉罗·溥仪. 我的前半生［M］. 北京：东方出版社，1999.

［2］柏杨. 柏杨全集（一）·中国人史纲［M］. 北京：人民文学出版社，2010.

［3］曹正文. 书香心怡——中国藏书文化［M］. 上海：上海古籍出版社，1994.

［4］陈南. 太监秘档：不为人知的中国古代太监秘事［M］. 兰州：敦煌文艺出版社，2006.

［5］陈炎. 多维视野中的儒家文化［M］. 济南：山东教育出版社，2006.

［6］陈炎. 海上丝绸之路与中外文化交流［M］. 北京：北京大学出版社，1996.

［7］陈懋恒. 明代倭寇考略［M］. 北京：人民出版社，1957.

［8］陈尚胜. "怀夷"与"抑商"：明代海洋力量兴衰研究［M］. 济南：山东人民出版社，1997.

［9］陈剩勇. 中国第一个王朝的崛起［M］. 长沙：湖南人民出版社，1994.

［10］崔明德. 中国古代和亲通史［M］. 北京：人民出版社，2007.

［11］崔向东. 汉代豪族研究［M］. 武汉：崇文书局，2004.

［12］戴钦祥. 中国古代服饰［M］. 北京：商务印书馆，1998.

［13］邓云特. 中国救荒史［M］. 上海：上海书店，1984.

［14］董鉴泓. 中国城市建设史［M］. 北京：中国建筑工业出版社，2004.

［15］樊百川. 中国轮船航运业的兴起［M］. 北京：中国社会科学出版

社，2007.

［16］樊树志. 明清江南市镇探微［M］. 上海：复旦大学出版社，1990.

［17］方豪. 中西交通史［M］. 上海：上海人民出版社，2008.

［18］费孝通. 中华民族多元一体格局［M］. 北京：中央民族大学出版社，1999.

［19］冯玮. 日本通史［M］. 上海：上海社会科学出版社，2008.

［20］冯作民. 西洋全史［M］. 台北：燕京文化事业股份有限公司，1979 年.

［21］复旦大学哲学系中国哲学教研室. 中国古代哲学［M］. 上海：上海古籍出版社，2006.

［22］傅崇兰. 中国城市运河发展史［M］. 成都：四川人民出版社，1985.

［23］傅衣凌. 明清社会经济史论文集［M］. 北京：人民出版社，1982.

［24］傅衣凌. 明清时代商人及商业资本［M］. 北京：人民出版社，1956.

［25］傅衣凌. 明清封建土地所有制论纲［M］. 北京：中华书局出版社，2007.

［26］傅筑夫. 中国古代经济史概论［M］. 北京：中国社会科学出版社，1981.

［27］高荣盛. 元代海外贸易研究［M］. 成都：四川人民出版社，1998.

［28］葛剑雄. 统一与分裂——中国历史的启示［M］. 北京：三联书店，1994.

［29］葛兆光. 禅宗与中国文化［M］. 上海：上海人民出版社，1986.

［30］葛兆光. 宅兹中国——重建有关"中国"的历史论述［M］. 中华书局，2011.

［31］谷延方，黄秋迪. 英国王室史纲［M］. 哈尔滨：黑龙江人民出版社，2004.

［32］故宫博物院掌故部. 掌故丛编·英使马戛尔尼来聘案［M］. 北京：中华书局，1990.

［33］顾诚. 南明史［M］. 北京：光明日报出版社，2011.

［34］顾准. 希腊城邦制度［M］. 北京：中国社会科学出版社，1982.

［35］桂秋. 图说世界建筑文化［M］. 长春：吉林人民出版社，2008.

［36］郭厚安. 明实录经济资料选编［M］. 北京：中国社会科学出版社，1989.

［37］郭廷以. 近代中国史纲［M］. 香港：中文大学出版社，1980.

［38］郭正忠. 中国盐业史（古代编）［M］. 北京：人民出版社，1997.

［39］海军海洋测绘研究所、大连海运学院航海史研究室. 新编郑和航海图集［M］. 北京：人民交通出版社，1988.

［40］韩大成. 明代城市研究［M］. 北京：中国人民大学出版社，1991.

［41］韩胜宝. 郑和之路［M］. 上海：上海科学技术文献出版社，2005.

［42］何炳棣. 黄土与中国农业的起源［M］. 香港：香港中文大学，1969.

［43］何炳棣. 中国古今土地数字的考释和评价［M］. 北京：中国社会科学出版社，1988.

［44］何炳棣. 明初以降人口及其相关问题［M］. 北京：三联书店，2000.

［45］何顺果. 美国历史十五讲［M］. 北京：北京大学出版社，2007.

［46］侯家驹. 中国经济史［M］. 北京：新星出版社，2008.

［47］胡阿祥. 兵家必争之地［M］. 海口：海南出版社，2007.

［48］胡阿祥. 伟哉斯名："中国"古今称谓研究［M］. 武汉：湖北教育出版社，2000.

［49］胡幸福. 历史起跑线上的反思：中西古代文明向近代文明转型的比较［M］. 银川：宁夏人民出版社，2002.

［50］黄冕堂，刘峰. 朱元璋评传［M］. 南京：南京大学出版社，1998.

［51］黄爱平. 《四库全书》纂修研究［M］. 北京：中国人民大学出版社，1989.

［52］黄斌，刘厚生. 高句丽史话［M］. 呼和浩特：远方出版社，1999.

［53］黄纯艳. 宋代海外贸易［M］. 北京：社会科学文献出版社，2003.

［54］黄定天. 东北亚国际关系史［M］. 哈尔滨：黑龙江教育出版社，1999.

［55］黄鸿钊. 澳门史［M］. 福州：福建人民出版社，1999.

［56］黄启臣. 澳门通史［M］. 广州：广东教育出版社，1999.

[57] 黄时鉴. 东西交流史论稿 [M]. 上海：上海古籍出版社，1998.

[58] 黄滋生，何思兵. 菲律宾华侨史 [M]. 广州：广东高等教育出版社，1987.

[59] 计秋枫，冯梁. 英国文化与外交 [M]. 北京：世界知识出版社，2001.

[60] 蒋非非. 中韩关系史：古代卷 [M]. 北京：社会科学文献出版社，1998.

[61] 蒋廷黻. 中国近代史 [M]. 上海：上海古籍出版社，2006.

[62] 焦树安. 中国藏书史话 [M]. 北京：商务印书馆，1997.

[63] 金观涛. 走在历史的表象背后 [M]. 成都：四川人民出版社，1993.

[64] 匡亚明. 孔子评传 [M]. 南京：南京大学出版社，1990.

[65] 雷颐. 面对现代性挑战：清王朝的应对 [M]. 北京：社会科学文献出版社，2012.

[66] 李洵. 清代全史 [M]. 沈阳：辽宁人民出版社，1991.

[67] 李国祥. 明实录类纂经济卷 [M]. 武汉：武汉出版社，1993.

[68] 李剑农. 中国古代经济史稿 [M]. 武汉：武汉大学出版社，2005.

[69] 李金明. 明代海外贸易史 [M]. 北京：中国社会科学出版社，1990.

[70] 李龙潜. 明清经济史 [M]. 广州：广东高等教育出版社，1988.

[71] 李士厚. 影印原本郑和家谱考释校注 [M]. 昆明：晨光出版社，2005.

[72] 李士厚. 郑和家谱考释 [M]. 昆明：云南正中书局，1937 年.

[73] 李文治. 晚明民变 [M]. 北京：中华书局，1948.

[74] 李学勤. 字源 [M]. 天津：天津古籍出版社，沈阳：辽宁人民出版社，2012.

[75] 李元华. 中国古代科举与考试 [M]. 北京：北京出版社，1994.

[76] 连横. 台湾通史 [M]. 上海：华东师大出版社，2006.

[77] 梁方仲. 中国历代户口、田地、田赋统计 [M]. 上海：上海人民出版社，1980.

[78] 梁嘉彬. 广东十三行考 [M]. 广州：广东人民出版社，1997.

［79］梁启超. 先秦政治思想史 ［M］. 北京：东方出版社，1996.

［80］梁漱溟. 东西文化及其哲学 ［M］. 北京：商务印书馆，1999.

［81］梁漱溟. 中国文化要义 ［M］. 上海：上海人民出版社，2005.

［82］林金水. 利玛窦与中国 ［M］. 北京：中国社会科学出版社，1996.

［83］林乃燊. 中国古代饮食文化 ［M］. 北京：中共中央学校出版社，1991.

［84］林乃燊. 中国文化通志·饮食志 ［M］. 上海：上海人民出版社，1998.

［85］林仁川. 明末清初私人海上贸易 ［M］. 上海：华东师范大学出版社，1987.

［86］刘岱. 中国文化新论根源篇：永恒的巨流 ［M］. 北京：三联书店，1991.

［87］刘青峰. 让科学的光芒照亮自己 ［M］. 成都：四川人民出版社，1983.

［88］刘东生. 黄土与环境 ［M］. 北京：科学出版社，1985.

［89］刘监达. 中国古代性文化 ［M］. 银川：宁夏人民出版社，1993.

［90］刘石吉. 明清时代江南市镇研究 ［M］. 北京：中国社会科学出版社，1987.

［91］刘迎胜. 海路与陆路：中古时代东西交流研究 ［M］. 北京：北京大学出版社，2011.

［92］刘迎胜. 丝路文化海上卷 ［M］. 杭州：浙江人民出版社，1995.

［93］罗琨. 中国军事通史（第10-17卷）［M］. 北京：军事科学出版社，1998.

［94］罗志田. 权势转移：近代中国的思想、社会与学术 ［M］. 武汉：湖北人民出版社，1999.

［95］马伯英. 中国医学文化史 ［M］. 上海：上海人民出版社，1994.

［96］马廉颇. 晚清帝国视野下的英国 ［M］. 北京：人民出版社，2003.

［97］毛佩琦. 岁月风情：中国社会生活史 ［M］. 南宁：广西教育出版社，2000.

［98］茅海建. 天朝的崩溃 ［M］. 北京：三联书店，1995.

［99］木霁弘. 茶马古道上的民族文化 ［M］. 昆明：云南民族出版

社，2003.

[100] 聂作平，李华. 夕阳下的舰队 [M]. 成都：巴蜀书社，2005.

[101] 彭信威. 中国货币史 [M]. 上海：上海人民出版社，1958.

[102] 齐涛. 中国古代经济史 [M]. 济南：山东大学出版社，1999.

[103] 钱穆. 国史新论 [M]. 北京：三联书店，2001.

[104] 邱树森. 中国回族史 [M]. 银川：宁夏人民出版社，1996.

[105] 瞿同祖. 瞿同祖法学论著集 [M]. 北京：中国政法大学出版社，1998.

[106] 瞿同祖. 中国法律与中国社会 [M]. 北京：中华书局，1996.

[107] 瞿同祖. 中国封建社会 [M]. 上海：上海人民出版社，2005.

[108] 厦门大学历史系. 郑成功研究论文集 [M]. 上海：上海人民出版社，1965.

[109] 沈从文. 中国古代服饰研究 [M]. 上海：上海书店出版社，2002.

[110] 沈福伟. 中西文化交流史 [M]. 上海：上海人民出版社，1985.

[111] 沈雨梧. 中国古代女科学家 [M]. 杭州：浙江大学出版社，2014.

[112] 宋杰. 中国货币发展史 [M]. 北京：首都师范大学出版社，1999.

[113] 宋光宇. 台湾史 [M]. 北京：人民出版社，2007.

[114] 宋镇豪. 中国风俗通史（第1-11卷）[M]. 上海：上海文艺出版社，2001.

[115] 宋镇豪. 夏商社会生活史 [M]. 北京：中国社会科学出版社，1994.

[116] 孙光圻. 中国古代航海史 [M]. 北京：海洋出版社，1989.

[117] 索南坚赞. 西藏王统记（吐蕃王朝世系明鉴）[M]. 刘立千译注. 拉萨：西藏人民出版社，1985.

[118] 谭其骧. 中国历史地图集 [M]. 北京：中国地图出版社，1996.

[119] 陶文台. 中国烹饪史略 [M]. 南京：江苏科学技术出版社，1983.

[120] 田棣. 庸人治国——魏忠贤专权研究 [M]. 北京：中国社会科学

出版社，1994.

[121] 田培栋. 明代社会经济史研究 [M]. 北京：燕山出版社，2001.

[122] 佟冬. 中国东北史 [M]. 长春：吉林文史出版社，2006.

[123] 童书业. 中国手工业商业发展史 [M]. 济南：齐鲁书社，1981.

[124] 王彬. 清代禁书总述 [M]. 北京：中国书店，1999.

[125] 王宏斌. 清代前期海防：思想与制度 [M]. 北京：社会科学文献出版社，2002.

[126] 王宏志. 洪承畴传 [M]. 北京：红旗出版社，1991.

[127] 王维堤. 衣冠古国——中国服饰文化 [M]. 上海：上海古籍出版社，1991.

[128] 王晓秋. 中日文化交流大系历史卷 [M]. 杭州：浙江人民出版社，1996.

[129] 王亚南. 中国官僚政治研究 [M]. 北京：中国社会科学出版社，1981.

[130] 王彦威. 清季外交史料 [M]. 北京：书目文献出版社，1987.

[131] 王永祥. 董仲舒评传 [M]. 南京：南京大学出版社，1995.

[132] 王忠和. 俄国王室 [M]. 天津：百花文艺出版社，2007.

[133] 王忠和. 法国王室 [M]. 天津：百花文艺出版社，2007.

[134] 王忠和. 新编德国王室史话 [M]. 天津：百花文艺出版社，2003.

[135] 王忠和. 新编西班牙葡萄牙王室史话 [M]. 天津：百花文艺出版社，2007.

[136] 卫建林. 明代宦官政治 [M]. 石家庄：花山文艺出版社，1998.

[137] 温功义. 明代的宦官和宫廷 [M]. 重庆：重庆出版社，1989.

[138] 吴晗. 朱元璋传 [M]. 北京：人民出版社，1995.

[139] 吴晗，费孝通. 皇权与绅权 [M]. 上海：上海书店，1948 年.

[140] 吴慧. 中国古代商业 [M]. 北京：商务印书馆，1998.

[141] 吴慧. 中国历代粮食亩产研究 [M]. 北京：农业出版社，1985.

[142] 吴建雍. 18 世纪的中国与世界 [M]. 沈阳：辽宁省出版社，1998.

[143] 吴量恺. 清代经济史研究 [M]. 武汉：华中师范大学出版

社，1991.

[144] 吴申元. 中国近代经济史［M］. 上海：上海人民出版社，2003.

[145] 武斌. 人类瘟疫的历史与文化［M］. 长春：吉林人民出版社，2003.

[146] 项怀诚. 中国财政通史［M］. 北京：中国财政经济出版社，2006.

[147] 萧公权. 中国政治思想史［M］. 沈阳：辽宁教育出版社，2001.

[148] 萧一山. 清代通史［M］. 北京：中华书局，1986.

[149] 小横香室主人. 清朝野史大观［M］. 上海：上海科学技术文献出版社，2010.

[150] 谢国桢. 明代社会经济史料选编［M］. 福州：福建人民出版社，1981.

[151] 徐东日. 朝鲜使臣眼中的中国形象［M］. 北京：中华书局，2010.

[152] 徐明德. 论明清时期的对外交流与边治［M］. 杭州：浙江大学出版社，2006.

[153] 徐万民. 中韩关系史：近代卷［M］. 北京：社会科学文献出版社，1996.

[154] 徐中舒. 甲骨文字典［M］. 成都：四川辞书出版社，1989.

[155] 严文明. 农业发生与文明起源［M］. 北京：科学出版社，2000.

[156] 阎崇年. 努尔哈赤传［M］. 北京：北京出版社，2006.

[157] 阎崇年. 正说清朝十二帝［M］. 北京：中华书局，2004.

[158] 阎崇年. 御窑千年［M］. 北京：生活·读书·新知三联书店，2017.

[159] 阎万英，尹英华. 中国农业发展史［M］. 天津：天津科学技术出版社，1992.

[160] 晏立农. 图说古罗马文明［M］. 长春：吉林人民出版社，2009.

[161] 杨公素. 晚清外交史［M］. 北京：北京大学出版社，1991.

[162] 杨天宏. 口岸开放与社会变革［M］. 北京：中华书局，2002.

[163] 杨一凡. 明大诰研究［M］. 南京：江苏人民出版社，1988.

[164] 杨涌泉. 中国十大商帮探秘［M］. 北京：企业管理出版

社，2005.

[165] 杨昭全，何彤梅. 中国—朝鲜·韩国关系史［M］. 天津：天津人民出版社，2001.

[166] 杨子慧. 中国历代人口统计资料研究［M］. 北京：改革出版社，1995.

[167] 姚汉源. 京杭运河史［M］. 北京：中国水利水电出版社，1997.

[168] 岳南. 南渡北归：北归［M］. 长沙：湖南文艺出版社，2011.

[169] 岳南. 南渡北归：南渡［M］. 长沙：湖南文艺出版社，2011.

[170] 张箭. 地理大发现研究［M］. 北京：商务印书馆，2002.

[171] 张博泉. 东北历代疆域史［M］. 长春：吉林人民出版社，1981.

[172] 张春林. 海洋·商业与历史——威尼斯衰落之谜［M］. 沈阳：辽宁大学出版社，1996.

[173] 张海鹏，张海瀛. 中国十大商帮［M］. 合肥：黄山书社，2008.

[174] 张宏杰. 饥饿的盛世［M］. 长沙：湖南人民出版社，2012.

[175] 张立文. 朱熹评传［M］. 南京：南京大学出版社，1998.

[176] 张庆新. 海上丝绸之路［M］. 北京：五洲传播出版社，2006.

[177] 张炜，方堃. 中国海疆通史［M］. 郑州：中州古籍出版社，2003.

[178] 张铁牛，高晓星. 中国古代海军史［M］. 北京：八一出版社，1993.

[179] 张西平. 跟随利玛窦到中国［M］. 北京：五洲传播出版社，2006.

[180] 张希清. 中国科举考试制度［M］. 北京：新华出版社，1993.

[181] 张星烺. 中西交通史料汇编［M］. 北京：中华书局，1977.

[182] 赵冈，陈钟毅. 中国经济制度史论［M］. 北京：新星出版社，2006.

[183] 赵靖. 中国经济思想通史［M］. 北京：北京大学出版社，2002.

[184] 赵德馨. 中国经济通史［M］. 长沙：湖南人民出版社，2002.

[185] 赵秀荣. 1500—1700 英国商业与商人研究［M］. 北京：社会科学文献出版社，2004.

[186] 郑成功研究学术讨论会学术组. 郑成功研究论文选（续集）［M］.

福州：福建人民出版社，1984.

[187] 郑广南. 中国海盗史 [M]. 上海：华东理工大学出版社，1998.

[188] 郑鹤声，郑一钧. 郑和下西洋资料汇编 [M]. 济南：齐鲁书社，1980.

[189] 郑天挺. 清史探微 [M]. 北京：北京大学出版社，1999.

[190] 郑学檬. 五代十国史研究 [M]. 上海：上海人民出版社，1991.

[191] 郑一钧. 论郑和下西洋 [M]. 北京：海洋出版社，2005.

[192] 左景伊. 左宗棠传 [M]. 北京：华夏出版社，1997.

[193] 中国第一历史档案馆. 英使马戛尔尼访华档案史料汇编 [M]. 北京：国际文化出版公司，1996.

[194] 中国航海协会. 中国航海史（古代） [M]. 北京：人民交通出版社，1988.

[195] 中国航海协会. 中国航海史（近代） [M]. 北京：人民交通出版社，1989.

[196] 仲伟民. 茶叶与鸦片：十九世纪经济全球化中的中国 [M]. 北京：生活·读书·新知三联书店，2001.

[197] 周宁. 中西最初的遭遇与冲突 [M]. 北京：学苑出版社，2000.

[198] 周宁. 鸦片帝国 [M]. 北京：学苑出版社，2004.

[199] 朱明，杨国庆. 南京城墙史话 [M]. 南京：南京出版社，200.

[200] 庄华峰. 中国社会生活史 [M]. 合肥：合肥工业大学出版社，2003.

[201] 邹逸麟. 中国历史人文地理 [M]. 北京：科学出版社，2001.

[202] [阿拉伯] 艾布·载德. 中国印度见闻录 [M]. 穆根来等译. 北京：中华书局，1983.

[203] [比] 亨利·皮雷纳. 中世纪的城市 [M]. 陈国梁译. 北京：商务印书馆，1985.

[204] [比] 南怀仁. 南怀仁的《欧洲天文学》 [M]. 余三乐，译. 郑州：大象出版社，2016.

[205] [波斯] 阿里·阿克巴尔著. 中国纪行 [M]. 张至善，译. 北京：华文出版社，1986.

[206] [波斯] 火者·盖耶速丁. 沙哈鲁遣使中国记 [M]. 何高济，译.

北京：中华书局，1981.

　　[207]［德］埃利亚斯. 文明的进程［M］. 王佩莉，译. 北京：三联书店，1998.

　　[208]［德］傅克斯. 欧洲风化史·文艺复兴时代［M］. 侯焕闳，译. 沈阳：辽宁教育出版社，2000.

　　[209]［德］哈因茨·诺依基尔亨. 海盗［M］. 赵敏善，等译. 武汉：长江文艺出版社，1988.

　　[210]［德］黑格尔. 历史哲学［M］. 王造时，译. 上海：上海书店出版社，2001.

　　[211]［德］马克斯·韦伯. 儒教与道教［M］. 王容芬，译. 北京：商务印书馆，1999.

　　[212]［俄］根·伊·涅维尔斯科伊. 俄国海军军官在俄国远东的功勋［M］. 郝建恒，等译. 北京：商务印书馆，1978.

　　[213]［法］H. 孟德拉斯. 农民的终结［M］. 李培林，译. 北京：中国社会科学出版社，1991.

　　[214]［法］P. 布瓦松纳. 中世纪欧洲生活和劳动［M］. 潘源来，译. 北京：商务印书馆，1985.

　　[215]［法］阿尔德伯特. 欧洲史［M］. 蔡鸿滨，等译. 海口：海南出版社，2000.

　　[216]［法］阿兰·佩罗菲特. 停滞的帝国——两个世界的撞击［M］. 王国卿，等译. 北京：生活·读书·新知三联书店，1993.

　　[217]［法］艾田蒲. 中国之欧洲［M］. 许钧，等译. 郑州：河南人民出版社，1992.

　　[218]［法］布特尔. 大西洋史［M］. 刘明周，译. 上海：东方出版中心，2011.

　　[219]［法］杜赫德. 耶稣会士中国书简集［M］. 郑德弟，译. 郑州：大象出版社，2001.

　　[220]［法］费赖之. 在华耶稣会士列传及书目［M］. 冯承钧，译. 北京：中华书局，1995.

　　[221]［法］费尔南·布罗代尔. 十五至十八世纪的物质文明、经济与资本主义［M］. 施康强，等译. 北京：生活·读书·新知三联书店，1993.

[222][法]伏尔泰. 路易十四时代[M]. 吴模信，等译. 北京：商务印书馆，1996.

[223][法]加斯东·加恩. 彼得大帝时期的俄中关系史[M]. 江载华，郑永泰，译. 北京：商务印书馆，1980.

[224][法]卢梭. 社会契约论[M]. 何兆武，译. 北京：商务印书馆，2003.

[225][法]托克维尔. 论美国的民主[M]. 董果良，译. 北京：商务印书馆，1991.

[226][法]谢和耐. 蒙元入侵前夜的中国日常生活[M]. 刘东，译. 南京：江苏人民出版社，1995.

[227][朝]一然. 三国遗事[M]. [韩]权锡焕，陈蒲清，译. 长沙：岳麓书社，2009.

[228][古希腊]普鲁塔克. 希腊罗马名人传[M]. 席代岳，译. 长春：吉林出版集团，2009.

[229][古希腊]修昔底德. 伯罗奔尼撒战争史[M]. 谢德风，译. 北京：商务印书馆，1985.

[230][古希腊]亚里士多德. 雅典政制[M]. 日知，力野，译. 北京：商务印书馆，1999.

[231][韩]高丽大学校韩国史研究室. 新编韩国史[M]. 孙志科，译. 济南：山东大学出版社，2010.

[232][韩]李基白. 韩国史新论[M]. 厉帆，译. 北京：国际文化出版公司，1994.

[233][荷]包乐史，[中]庄国土. 《荷使初访中国记》研究[M]. 厦门：厦门大学出版社，1989.

[234][加]贡德·弗兰克. 白银资本[M]. 刘北成，译. 北京：中国编译出版社，2008.

[235][美]阿博特. 彼得大帝传[M]. 史露静，译. 南昌：江西教育出版社，2012.

[236][美]艾尔曼. 从理学到朴学[M]. 赵刚，译. 南京：江苏人民出版社，1995.

[237][美]保罗·布鲁尔. 欧洲帝国探险家[M]. 马宏伟，译. 济南：

山东画报出版社，2002.

[238]［美］保罗·布特尔. 大西洋史［M］. 刘明周，译. 上海：东方出版中心，2011.

[239]［美］保罗·肯尼迪. 大国的兴衰［M］. 陈景彪，等译. 北京：国际文化出版公司，2006.

[240]［美］本内特，［美］霍利斯特. 欧洲中世纪史［M］. 杨宁，李韵，译. 上海：上海社会科学院出版社，2007.

[241]［美］查·爱·诺埃尔. 葡萄牙史［M］. 南京师范学院教育系翻译组，译. 南京：江苏人民出版社，1974.

[242]［美］查尔斯·霍默·哈斯金斯. 12 世纪文艺复兴［M］. 夏继果，译. 上海：上海人民出版社，2005.

[243]［美］道格拉斯·诺思，［美］罗伯特·托马斯. 西方世界的兴起［M］. 厉以平，等译. 北京：华夏出版社，1989.

[244]［美］蒂尔尼，［美］佩英特. 西欧中世纪史［M］. 袁传伟，译. 北京：北京大学出版社，2011.

[245]［美］丁韪良. 中国觉醒［M］. 沈弘，译. 北京：世界图书出版公司北京公司，2009.

[246]［美］弗·阿·戈尔德. 俄国在太平洋的扩张［M］. 陈铭康，等译. 北京：商务印书馆，1981.

[247]［美］何伟亚. 怀柔远人：马戛尔尼访华的中英礼仪冲突［M］. 邓长春，译. 北京：社会科学文献出版社，2002.

[248]　［美］胡克. 荷兰史［M］. 黄毅翔，译. 上海：东方出版中心，2009.

[249]［美］黄仁宇. 十六世纪明代中国之财政税收［M］. 阿风，等译. 北京：生活·读书·新知三联书店，2001.

[250]［美］黄仁宇. 万历十五年［M］. 北京：中华书局，2006.

[251]［美］黄仁宇. 中国大历史［M］. 北京：生活·读书·新知三联书店，1997.

[252]［美］卡尔·A. 魏特夫. 东方专制主义——对于极权力量的比较研究［M］. 徐式谷，等译. 北京：中国社会科学出版社，1998.

[253]［美］柯文. 在中国发现历史［M］. 林同奇，译. 北京：中华书

局，2002.

[254] [美] 科特金. 全球城市史 [M]. 王旭，译. 北京：社会科学文献出版社，2011.

[255] [美] 克里斯蒂安. 时间地图：大历史导论 [M]. 晏可佳，等译. 上海：上海社会科学院出版社，2006.

[256] [美] 孔飞力. 叫魂：1768 年中国妖术大恐慌 [M]. 陈兼，译. 上海：上海三联书店，1999.

[257] [美] 孔飞力. 中国现代国家的起源 [M]. 陈兼，陈之宏，译. 北京：生活·读书·新知三联书店，2013.

[258] [美] 孔飞力. 中华帝国晚期的叛乱及其敌人 [M]. 谢亮生，等译. 北京：中国社会科学出版社，1990.

[259] [美] 拉尔夫·布朗. 美国历史地理 [M]. 秦士勉，译. 北京：商务印书馆，1990.

[260] [美] 拉美尔. 世界文明史 [M]. 赵丰，等译. 北京：商务印书馆，1998.

[261] [美] 罗伯特·B. 马克斯. 现代世界的起源 [M]. 夏继果，译. 北京：商务印书馆。

[262] [美] 罗溥洛. 美国学者论中国文化 [M]. 包伟民，等译. 北京：中国广播电视出版社，1994.

[263] [美] 罗兹·墨菲. 亚洲史 [M]. 黄磷，译. 海口：海南出版社，2004.

[264] [美] 马丁·布思. 鸦片史 [M]. 任华梨，译. 海口：海南出版社，1999.

[265] [美] 马克·C. 卡恩斯，[美] 约翰·A. 加勒迪. 美国通史 [M]. 吴金平，许双如，等译. 济南：山东画报出版社，2008.

[266] [美] 马士. 东印度公司对华贸易编年史（1635—1834）[M]. 区宗华，译. 广州：中山大学出版社，1991.

[267] [美] 马士. 中华帝国对外关系史 [M]. 张汇文，等译. 北京：商务印书馆，1963.

[268] [美] 马士，[美] 宓亨利. 远东国际关系史 [M]. 姚曾廙，译. 北京：商务印书馆，1975.

[269] [美] 孟德卫. 1500—1800：中西方的伟大相遇 [M]. 江文君，等译. 北京：新星出版社，2007.

[270] [美] 摩尔根. 古代社会（全三册）[M]. 杨东莼，张栗原，等译. 北京：商务印书馆，1971.

[271] [美] 莫里斯. 文明的度量 [M]. 李阳，译. 北京：中信出版社，2014.

[272] [美] 莫里斯. 西方将主宰多久 [M]. 钱峰，译. 北京：中信出版社，2011.

[273] [美] 司徒琳. 南明史 [M]. 李荣庆，等译. 上海：上海古籍出版社，1992.

[274] [美] 斯塔夫里阿诺斯. 全球通史（上下）[M]. 吴象婴，等译. 上海：上海社会科学出版社，1999.

[275] [美] 特拉维斯·黑尼斯三世，[美] 弗兰克·萨奈罗. 鸦片战争 [M]. 周辉荣，译. 北京：生活·读书·新知三联书店，2005.

[276] [美] 威尔·杜兰. 世界文明史 [M]. 幼狮文化公司，译. 北京：东方出版社，1999.

[277] [美] 威廉 H. 麦克尼尔. 瘟疫与人 [M]. 余新忠，等译. 北京：中国环境科学出版社，2010.

[278] [美] 魏斐德. 洪业——清朝开国史 [M]. 陈苏镇，等译. 南京：江苏人民出版社，2008.

[279] [美] 魏斐德. 大门口的陌生人 [M]. 王小荷，译. 北京：社会科学出版社，1988.

[280] [美] 沃勒斯坦. 现代世界体系 [M]. 罗荣渠，等译. 北京：高等教育出版社，1998.

[281] [美] 西达·斯考切波. 国家与社会革命——对法国、俄国和中国的比较分析 [M]. 何俊志，等译. 上海：上海人民出版社，2007.

[282] [美] 希尔顿. 五月花号 [M]. 王聪，译. 北京：华夏出版社，2006.

[283] [美] 徐中约. 中国近代史 [M]. 计秋枫，等译. 香港：香港中文大学出版社，2002.

[284] [美] 约翰·R. 麦克尼尔. 人类之网 [M]. 王晋新，等译. 北

京：北京大学出版社，2011.

[285] [美] 约瑟夫·塞比斯. 耶稣会士徐日升关于中俄尼布楚谈判的日记 [M]. 王立人，译. 北京：商务印书馆，1973.

[286] [美] 詹姆斯·W. 汤普逊. 中世纪欧洲经济社会史 [M]. 徐家玲，等译. 北京：商务印书馆，1992.

[287] [摩洛哥] 伊本·白图泰. 伊本·白图泰游记 [M]. 马金鹏，译. 银川：宁夏人民出版社，1985.

[288] [葡] 科尔特桑. 葡萄牙的发现 [M]. 邓兰珍，译. 北京：中国对外翻译出版公司，1996.

[289] [葡] 马尔格斯. 葡萄牙历史 [M]. 李均报，译. 北京：中国文联出版公司，1998.

[290] [日] 滨下武治. 近代中国的国际契机：朝贡贸易体系与近代贸易经济圈 [M]. 朱荫贵，等译. 北京：中国社会科学出版社，1999.

[291] [日] 福泽谕吉. 劝学篇 [M]. 群力，译. 北京：商务印书馆，1984.

[292] [日] 谷川道雄. 中国中世纪社会与共同体 [M]. 马彪，译. 北京：中华书局，2002.

[293] [日] 加藤繁. 中国经济史考证 [M]. 吴杰，译. 北京：商务印书馆，1962—1973.

[294] [日] 井上清. 日本史 [M]. 阎伯纬，译. 西安：陕西人民出版社，2010.

[295] [日] 气贺泽保规. 绚烂辉煌的世界帝国：隋唐时代 [M]. 石晓军，译. 桂林：广西师范大学出版社，2014.

[296] [日] 山本进. 清代社会经济史 [M]. 李继峰，等译. 济南：山东画报出版社，2012.

[297] [日] 杉山正明. 疾驰的草原征服者 [M]. 乌兰，乌日娜，译. 桂林：广西师范大学出版社，2014.

[298] [日] 桑原骘藏. 蒲寿庚考 [M]. 陈裕菁，译订. 北京：中华书局，2009.

[299] [日] 上田信. 海与帝国 [M]. 高莹莹，译. 桂林：广西师范大学出版社，2014.

[300] [日] 小岛毅. 中国思想与宗教的奔流 [M]. 何晓毅，译. 桂林：广西师范大学出版社，2014.

[301] [日] 盐野七生. 罗马人的故事 [M]. 计丽屏，等译. 北京：中信出版社，2011.

[302] [瑞典] 龙思泰. 早期澳门史 [M]. 吴义雄，等译. 北京：东方出版社，1997.

[303] [以] 尤瓦尔·赫拉利. 人类简史：从动物到上帝 [M]. 林俊宏，译. 北京：中信出版社，2014.

[304] [意] L. 贝纳沃罗. 世界城市史 [M]. 薛钟灵，等译. 北京：科学出版社，2000.

[305] [意] 哥伦布. 航海日记 [M]. 孙家堃，译. 上海：上海外语教育出版社，1987.

[306] [意] 利玛窦，[比] 金尼阁. 利玛窦中国札记 [M]. 何高济，等译. 北京：中华书局，1983.

[307] [意] 马可·波罗. 马可·波罗游记 [M]. 梁生智，译. 北京：中国文史出版社，1998.

[308] [英] H. 裕尔. 东域纪程录丛 [M]. [法] H. 考迪埃，修订，张绪山，译. 昆明：云南人民出版社，2002.

[309] [英] C. R. 博克舍. 十六世纪中国南部纪行 [M]. 何高济，译. 北京：中华书局，1990.

[310] [英] 爱尼斯·安德逊. 英国人眼中的大清王朝 [M]. 费振东，译. 北京：群言出版社，2001.

[311] [英] 彼得·伯克. 制造路易十四 [M]. 郝名玮，译. 北京：商务印书馆，2007.

[312] [英] 波斯坦. 剑桥欧洲经济史 [M]. 王春法，等译. 北京：经济科学出版社，2002.

[313] [英] 弗格森. 文明 [M]. 曾贤明，等译. 北京：中信出版社，2012.

[314] [英] 科大卫. 近代中国商业的发展 [M]. 周琳，等译. 杭州：浙江大学出版社，2010.

[315] [英] 肯尼思·O. 摩根. 牛津英国通史 [M]. 王觉非，等译.

北京：商务印书馆，1993.

[316] ［英］莱芒·道逊. 中华帝国的文明 ［M］. 金星南，译. 上海：上海古籍出版社，1994.

[317] ［英］雷蒙德·卡尔. 西班牙史 ［M］. 潘诚，译. 上海：东方出版中心，2009.

[318] ［英］李约瑟. 四海之内：东方和西方的对话 ［M］. 劳陇，译. 北京：生活·读书·新知三联书店，1987.

[319] ［英］林格堡. 鸦片战争前中英通商史 ［M］. 康成，译. 北京：商务印书馆，1964.

[320] ［英］马戛尔尼，［英］马罗. 马戛尔尼使团使华观感 ［M］. 何高济，等译. 北京：商务印书馆，2013.

[321] ［英］麦迪森. 中国经济的长期表现：公元 960—2030 年 ［M］. 伍晓鹰，等译. 上海：上海人民出版社，2008.

[322] ［英］麦迪森. 世界经济千年史 ［M］. 伍晓鹰，译. 北京：北京大学出版社，2003.

[323] ［英］屈勒味林. 英国史 ［M］. 钱端升，译. 北京：东方出版社，2012.

[324] ［英］斯当东. 英使谒见乾隆纪实 ［M］. 叶笃义，译. 北京：商务印书馆，1963.

[325] ［英］温斯顿·丘吉尔. 英语国家史略 ［M］. 薛力敏，林林，译. 北京：新华出版社，1985.

[326] ［英］亚·沃尔夫. 十八世纪科学、技术和哲学史 ［M］. 周昌忠，等译. 北京：商务印书馆，1991.

[327] ［英］亚当·斯密. 国富论 ［M］. 唐日松，等译. 北京：华夏出版社，2004.

[328] ［英］杨国伦. 英国对华政策（1895—1902）［M］. 刘存宽，等译. 北京：中国社会科学出版社，1991.

[329] ［英］约翰·巴罗. 我看乾隆盛世 ［M］. 李国庆，等译. 北京：北京图书馆出版社，2007.

[330] 陈季同. 中国人自画像 ［M］. 黄兴涛，等译. 贵阳：贵州人民出版社，1998.

[331] 费孝通. 中国绅士 [M]. 惠海鸣，译. 北京：中国社会科学出版社，2006.

[332] [韩] 金正善. 甲午战争以前中朝宗藩关系和中朝日对朝鲜藩属问题的争论 [J]. 四川师范大学学报（社会科学版）. 1997-1：126-134.

[333] [日] 福泽谕吉. 脱亚论 [J]. 时事新报. 原载明治 18 年（1885）3 月 16 日.

[334] 程厚思. 清代江浙地区米粮不足原因探析 [J]. 中国农史. 1990-3.

[335] 郭蕴深. 中俄茶叶贸易初探 [J]. 社会科学战线. 1985-2.

[336] 何平. 近代科学为什么不能在中国产生——评近年来中西学者的若干解释理论 [J]. 史学理论研究. 2005-4：63-75.

[337] 鞠海龙. "本土安全"思想对中国近代海疆安全战略的影响 [J]. 中国历史地理论丛第 23 卷第 3 辑. 2008-7：92-99.

[338] 林仁川. 明代私人海上贸易商人与倭寇 [J]. 中国史研究. 1984-10：94-108.

[339] 吕洪年. 中国稻作的起源与韩国的传播 [J]. 杭州大学《韩国研究》第三辑：314.

[340] 宋岩. 中国历史上几个朝代的疆域面积估算 [J]. 史学理念研究. 1994-3：149-150.

[341] 王仁杰. 宋元之际的回回巨商蒲寿庚 [J]. 江南商论. 2004-3：158-159.

[342] 肖东发，陈慧杰. 功魁祸首——评乾隆编《四库全书》[J]. 黑龙江图书馆. 1985-3：45-47.

[343] 徐明德. 论十四至十九世纪中国的闭关锁国政策 [J]. 海交史研究. 1995-1：19-37.

[344] 许振兴.《皇明祖训》与郑和下西洋 [J]. 中国文化研究所学报. Journal of Chinese Studies No. 51-July 2010.

[345] 庄国土. 论郑和下西洋对中国海外开拓事业的破坏 [J]. 厦门大学学报（哲社版）. 2005-3：70-77.

[346] 庄国土. 论中国海洋史上的两次发展机遇与丧失的原因 [J]. 南洋问题研究. 2006-1：1-9.

[347] 吴宾，党晓虹. 论中国古代粮食安全问题及其影响因素 [J]. 中国农史. 2008-1：24-31.

后 记

本专著为社科项目"明清社会转型困厄源流研究"（项目编号：G2019SK12）的最终成果，写于人类第四次工业革命正悄然展开的21世纪第一个十年即将结束之时，是我从专业思维出发，对中国在人类第三次社会发展大转型时期，为何迟误甚巨、耗损惨重这一历史败笔进行多重探究的梳理和表达，整个过程经历了读博以前、期间和之后三个阶段。

关于中国古代社会的农工转型，学界早有著述。但人类历史全局之下的中国局部自我解剖式论析却不多。作为一个生在中国、长在中国、学在中国、住在中国的地道的中国人，在把握全球各地社会历史发展演进共性和个性的大提前和视域下，通过独立深潜，对中国古代传统文化内核及其构成要素，以及它们相互作用的机理、机制进行解读论析来审视这一历史现象，是必要、可行的，而且具有外国人难以具备的优势。尽管这个过程充满艰辛和痛苦，但却是富有意义的。现在将它付梓出版，是与同道交流的很好方式，也有助于在此基础上进行更多思考和后续研究。

在此，感谢妻儿对我中年选择读博的理解和支持。感谢恩师韩国圆光大学柳智元（유지원）教授的悉心指导和提供的所有帮助。感谢对我完成本研究提供了指导和帮助的林常薰教授、金周溶教授、丁圣美教授等所有韩国老师、中国同行和亲朋好友。感谢玉林师范学院的经费支持。最后，还要感谢。

作者谨记

二〇二三年二月于广西玉林